江苏省住房与建设厅科技计划项目
——江苏省城市慢行交通规划编制导则研究(09R02)
江苏省交通科学研究计划项目
——江苏省城市发展绿色交通技术政策研究(JS09R04)

城市步行与自行车交通规划
Urban Pedestrian and Bicycle Transportation Planning

过秀成　崔　莹　等编著

东南大学出版社
SOUTHEAST UNIVERSITY PRESS
·南京·

内容简介

我国正处于新型城镇化建设阶段，既有步行与自行车交通系统难以全方位满足居民对出行路权、安全、可达和环境等的需求，建设更加人性化、精细化的城市步行与自行车交通系统迫在眉睫。本书结合作者及团队多年的科研实践，吸收国内外最新研究成果，在步行与自行车交通系统调查，需求分析，慢行空间规划，步行与自行车交通网络规划、设施规划、环境设计，休闲性步行与自行车交通网络规划，公共自行车规划及保障体系等方面的系统总结。

本书在特征分析、现状调查分析与需求预测的基础上，从"空间-网络-设施-环境"展开不同层面的步行与自行车交通规划内容，并通过实际案例侧重分析了老城区、新城区、居住区等特殊片区的步行与自行车交通规划。

本书可以作为城市规划、交通规划及交通管理部门的技术及管理人员参考，也可作为高等学校相关专业的教材和参考书。

图书在版编目(CIP)数据

城市步行与自行车交通规划/过秀成，崔莹等编著. —南京：东南大学出版社，2016.12
 ISBN 978-7-5641-6878-0

Ⅰ.①城… Ⅱ.①过… ②崔… Ⅲ.①步行—交通规划 ②自行车—交通规划 Ⅳ.①U491.2

中国版本图书馆 CIP 数据核字(2016)第 294450 号

城市步行与自行车交通规划

出版发行	东南大学出版社
社　　址	南京市四牌楼 2 号
邮　　编	210096
出 版 人	江建中
网　　址	http://www.seupress.com
电子邮箱	press@seupress.com
经　　销	全国各地新华书店
印　　刷	虎彩印艺股份有限公司
开　　本	787 mm×1092 mm　1/16
印　　张	24.25
字　　数	490 千
版　　次	2016 年 12 月第 1 版
印　　次	2016 年 12 月第 1 次印刷
书　　号	ISBN 978-7-5641-6878-0
定　　价	68.00 元

本社图书若有印装质量问题，请直接与营销部联系。电话(传真)：025-83791830。

前　言

我国正处于新型城镇化建设阶段，既有步行与自行车交通系统难以全方位的满足居民对出行路权、安全、可达和环境等需要和诉求，建设更加人性化、精细化的城市步行与自行车交通系统迫在眉睫。东南大学Bluesky团队自1991年起，致力于步行与自行车交通系统规划的研究与实践，本书是结合作者及团队多年的科研实践，吸收国内外最新研究成果，是步行与自行车交通系统调查，需求分析，慢行空间规划，步行与自行车交通网络规划、设施规划、环境设计，休闲性步行与自行车交通网络规划，公共自行车规划、规划保障体系等方面的系统总结。

本书旨在构建能够与城市空间、现代化运输体系以及城市生活品质密切联系、满足新时期发展要求的步行与自行车交通规划体系。在城市空间方面，通过规划应能够形成独立且与其他交通网络相联系、能够适应城市格局与空间肌理的步行与自行车交通网络；同时，作为一种独立的、个体化的出行方式，步行与自行车交通系统也应积极地融入现代化公共交通运输体系的建设当中，做好衔接工作；在步行与自行车交通空间与环境的营造方面，规划也应积极融入城市品质的提升中，发挥步行与自行车交通系统的生态功能和社会功能。

本书在特征分析、现状调查分析与需求预测的基础上，从"空间-网络-设施-环境"展开不同层面的步行与自行车交通规划内容，并通过实际案例侧重分析了老城区、新城区、居住区等特殊片区的步行与自行车交通规划。全书分三大部分，共15章。第一部分为1～3章概述部分，第1章绪论，第2章步行与自行车交通规划体系，第3章步行与自行车交通特征分析。第二部分为4～13章理论部分，第4章步行与自行车交通系统调查分析，第5章步行与自行车交通需求分析，第6章慢行空间规划，第7章步行与自行车交通网络规划，第8章步行与自行车交通设施规划，第9章步行与自行车交通环境设计；第10章休闲性步行与自行车系统规划与设计，第11章公共自行车系统规划，第12章步行与自行车交通保障体系。第13章步行与自行车交通规划指引。第三部分为14～16章实例部分，第14章老城区步行与自行车交通系统更新；第15章低碳新区步行与自行车交通系统规划；第16章生活片区步行与自行车交通系统规划。

全书由过秀成教授统稿,各章的编写分工如下:第1章过秀成;第2、6章过秀成、崔莹;第3章张晓田、李居宸;第4、12章崔莹、李居宸;第5章邓一凌、徐玥燕;第7章崔莹、刘贝贝;第8章刘贝贝;第9、10章崔莹;第11章徐玥燕;第13章张倩、何翔(镇江市规划设计研究院)、张海冰;第14章陈玥(南京泛华设计院)、张政(无锡市城市规划编制研究中心)、张倩;第15章龚小林、熊曲波(无锡市城市规划编制研究中心)、张倩。

需要说明的是,在该书的第14章、第15章、第16章,由于对彩色图采用黑白印刷并对原图进行了大幅缩小,致使对阅读造成影响,特此致歉。如果需要进一步阅读该部分内容,请联系作者。

特别感谢苏州市规划编制中心陈双燕、南京市城市与交通规划设计研究院有限责任公司梁浩等在项目研究、学术研讨和资料分享中给予的支持。

本书在撰写过程中参阅了国内外大量文献,由于条件所限未能与原著者一一取得联系,引用及理解不当之处敬请谅解,在此谨向原著作者表示崇高的敬意和由衷的感谢!

由于作者的时间和水平有限,书中难免有疏漏之处,恳请读者批评指正。

电子信箱:seuguo@163.com。

著 者
于东南大学
2016年8月

目 录

第1章 绪论 ·· 1
  1.1 步行与自行车交通规划发展沿革 ······································ 1
  1.2 步行与自行车交通功能定位 ·· 2
  1.3 步行与自行车交通规划的转变 ··· 6
  1.4 本书内容与特点 ·· 10

第2章 步行与自行车交通规划体系 ··· 12
  2.1 步行与自行车交通规划要求 ·· 12
  2.2 步行与自行车交通规划内容 ·· 17
  2.3 与城市规划体系的协调 ·· 20

第3章 步行与自行车交通特征分析 ··· 23
  3.1 步行与自行车交通行为特征 ·· 23
  3.2 步行与自行车交通流特征 ··· 27
  3.3 步行与自行车出行特征 ·· 32
  3.4 步行与自行车交通出行者特征 ··· 43
  3.5 电动自行车交通特征 ··· 46

第4章 步行与自行车交通系统调查分析 ······································ 54
  4.1 步行与自行车交通系统组成 ·· 54
  4.2 系统基础资料调研 ·· 58
  4.3 步行与自行车交通出行分析 ·· 66
  4.4 步行与自行车交通设施分析 ·· 68
  4.5 步行与自行车交通运行分析 ·· 80
  4.6 公众意见征集 ··· 87

第5章 步行与自行车交通需求分析 ········· 89
5.1 步行与自行车交通需求影响因素 ········· 89
5.2 步行与自行车交通需求分析层次 ········· 92
5.3 步行与自行车交通需求分析方法 ········· 93

第6章 慢行空间规划 ········· 101
6.1 慢行空间基本属性 ········· 101
6.2 慢行空间构建目标 ········· 104
6.3 慢行空间布局 ········· 107
6.4 慢行政策分区 ········· 111
6.5 慢行空间控制 ········· 122

第7章 步行与自行车交通网络规划 ········· 130
7.1 步行与自行车交通网络组织 ········· 130
7.2 步行交通网络规划 ········· 133
7.3 自行车交通网络规划 ········· 136
7.4 步行与自行车道路路权控制 ········· 141
7.5 步行与自行车道路断面设计指引 ········· 149

第8章 步行与自行车交通设施规划 ········· 157
8.1 过街设施规划 ········· 157
8.2 自行车停车设施规划 ········· 164
8.3 步行与自行车交通衔接设施规划 ········· 170

第9章 步行与自行车交通环境设计 ········· 175
9.1 步行与自行车环境构成 ········· 175
9.2 面向新建性规划的设计指引 ········· 179
9.3 面向改善性规划的调查设计与数据采集 ········· 183
9.4 交通稳静化技术 ········· 188

第10章 休闲性步行与自行车系统规划与设计 ········· 194
10.1 绿道规划目标与原则 ········· 194

10.2	绿道的分类与分级	198
10.3	绿道选线及设置原则	199
10.4	绿道基础设施建设指引	202
10.5	绿道配套设施建设指引	208
10.6	其他形式的休闲性步行与自行车系统规划	211

第 11 章 公共自行车系统规划 … 217
11.1	公共自行车系统基本属性	217
11.2	公共自行车系统构建	221
11.3	公共自行车系统建设与运营	232
11.4	公共自行车系统推广保障机制	238

第 12 章 步行与自行车交通规划保障体系 … 241
12.1	步行与自行车交通规划保障体系框架	241
12.2	法规保障体系	243
12.3	政策保障体系	246
12.4	规划协同保障体系	251
12.5	组织机制保障体系	254

第 13 章 步行与自行车交通规划指引 … 256
13.1	城市规划中的步行与自行车交通规划内容	256
13.2	交通专项中的步行与自行车交通规划内容	258
13.3	其他专项规划中的步行与自行车交通规划内容	262

第 14 章 老城区步行与自行车交通系统更新 … 264
14.1	南通老城区步行与自行车交通系统更新	264
14.2	镇江老城区步行与自行车交通系统更新	285

第 15 章 低碳新区步行与自行车交通系统规划 … 299
15.1	南京红花机场地区步行与自行车交通系统规划	299
15.2	无锡太湖新城慢行空间与设施规划	314

第 16 章 生活片区步行与自行车交通系统规划 … 326

16.1 南京市六合区生活片区步行与自行车交通系统规划……………… 326
16.2 无锡市新区商贸区步行与自行车交通系统规划………………… 341

附录 …………………………………………………………………………… 353
参考文献 ……………………………………………………………………… 372

第 1 章　绪　　论

1.1　步行与自行车交通规划发展沿革

从原先的"自行车王国",到机动交通发展导致的步行与自行车出行比例的下降,再到慢行交通方式的回归,步行与自行车问题贯穿于我国城市发展的进程当中。从交通规划的角度来看,步行与自行车交通大致历经了三个主要阶段。

1982年,"全国城市规划工作会议"上讨论了《中华人民共和国城市规划法(草案)》,形成了80年代初城市规划编制工作的第一轮高潮。城市规划法提出了城市综合交通规划的要求,各地在开展相应城市综合交通规划时都针对步行与自行车交通出行的问题做了专项的研究。在过去的城市发展过程中,城市中以步行与自行车交通出行为主,由此形成了适应步行与自行车出行的城市格局与空间尺度。在快速城市化进程中,居民的出行范围逐渐超越了步行与自行车的出行尺度。在90年代初,机动车开始快速进入家庭。由于机动交通所占用的时空资源远大于步行与自行车交通占用的资源,使得城市与交通规划师更多的将关注点集中在了如何处理机动交通对城市带来的影响上,引入了一些欧美国家较为成熟的机动模型来预测城市的交通需求。机动交通的发展使得城市原有适应步行与自行车交通的空间尺度快速的扩展,破坏了原有的空间肌理,在有限的道路资源内不得不通过路权的调整,即压缩自行车与步行的交通空间来满足机动交通出行的需求。在这个阶段的城市交通规划中,以强化机动车交通设施、强调机动性为主,尚未构建独立的步行与自行车交通网络,使得步行与自行车交通设施以及交通网络的可达性被忽视。

这样的规划模式一直持续到2008年,第十届全国人民代表大会常务委员会第三十次会通过了《中华人民共和国城乡规划法》。随着新的城乡规划编制办法的出台,各地开始陆续开展步行与自行车交通的规划工作,比如杭州、上海等地都进行了积极的尝试。上海市中心城步行与自行车交通规划中提出了慢行岛和慢行核的概念,步行交通规划以"岛际安全""岛中和谐""核内优先"为原则,自行车交通规划以"岛内畅达""岛间连通"为原则进行了规划和梳理。杭州市步行与自行车交通规划中梳理了步行与自行车网络；划分了步行单元；根据各类型步行单元中步行活动组织的不同特点，针对性提出规划措施；规划衔接公共交通的非机动车停车场。在规划过程中，也促进了公共自行车、绿道等步行与自行车交通子系统的诞生。这个阶段的规划更加关注机动交通系统与慢行交通系统的融合，致力于解决快速机动化给步行与自行车交通带来的种种问题。

2012年9月住房城乡建设部、发展改革委、财政部联合发文颁布了《关于加强城市步行和自行车交通系统建设的指导意见》（建城[2012]133号），对城市步行和自行车交通系统建设提出了明确的发展目标，要求设市城市政府"组织编制完成城市步行和自行车交通系统规划"，"合理规划步行、自行车道及停车设施，并提出近期建设方案"，明确了步行和自行车交通系统的重要性和规划的地位。《国务院关于加强城市基础设施建设的意见》（国发[2013]36号）明确提出要加强"城市步行和自行车交通系统建设"，"切实转变过度依赖小汽车出行的交通发展模式"。北京市、江苏省等省市也制订了相应的步行与自行车交通系统规划与设计导则，有效规范了区域步行与自行车系统的建设。至此，步行与自行车交通成为了综合交通规划中的一项重要的专项规划。规划中更加注重"两张网络"（机动交通网络与慢行交通网络）与服务体系的建设，注重城市步行与自行车交通出行品质的完善和服务水平的提升。

目前，各地已基本完成了步行与自行车交通的专项规划，在对自身步行与自行车交通出行特征、规划方法的研究上也有了一定的基础。步行与自行车交通规划是一项系统工程，与城市规划体系、各项交通专项规划都有着深刻、紧密的联系。现有城市规划体系下总体规划阶段、控制性详细规划阶段步行与自行车交通规划的内容、控制点，与各交通专项规划间应如何协调、落实哪些内容，在发展的新时期，都需要我们重新认识、思考并回答。本书的编写旨在通过对步行与自行车交通规划体系的完整论述，引导和指引读者深入思考，以更好地提升对步行与自行车交通规划的认识。

1.2　步行与自行车交通功能定位

1.2.1　步行与自行车交通在出行链中的定位

步行与自行车交通是城市居民最普遍的出行方式。在大多数中小城市，高达60%~80%的出行由步行与自行车交通完成。城市步行与自行车交通不仅是城市交通出行中一种独立的、主要的出行方式，也是衔接各类机动化方式"最后一公里"出行的重要组成，即使采用其他交通方式，从交通出行的全过程分析，每次出行的始、终都需步行与自行车交通承担。步行与自行车交通是最基本的绿色交通方式，在提高短程出行效率、填补公交服务空白、促进交通可持续发展、保障弱势群体出行便利等方面，具有机动交通所无法替代的作用。因此，步行与自行车交通不但在城市综合交通系统中发挥着不可替代的作用，在城市可持续发展中也扮演着重要角色。保障步行与自行车交通出行权利，提高步行与自行车交通出行品质，将成为引导城市交通出行方式结构合理化的重要环节。

城市步行与自行车交通系统贯穿于城市的邻里空间、公共空间的每个角落，既是城市交通出行方式中，特别是组团内出行中一类独立的、主要的出行方式，也是其他机动化出行方式不可或缺的衔接组成。步行与自行车交通除去其本职的交通功能外，更承担了居民休闲、购物、锻炼等城市活动的功能，不但可以实现与他人之间的沟通，满足生活需求，还可以提供良好的休闲、健身、旅游环境，直接关系到居民的居住水平和生活舒适度。步行与自行车交通在提高短程出行效率、填补公交服务空白、促进交通可持续发展、保障弱势群体出行便利等方面，具有机动交通所无法替代的作用，通过与私人机动化交通和公共交通相互竞争、相互配合，共同构成了城市的客运交通系统，如图1-1所示。因此，以出行产生点、出行吸引点、轨道交通（换乘）站点等为中心的慢行圈的高品质建设能够保障步行与自行车交通权利，提高步行与自行车交通品质。

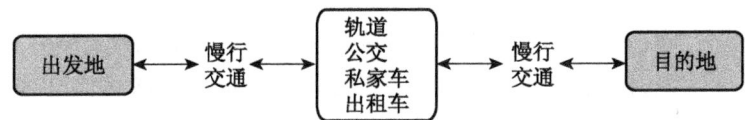

图1-1 步行与自行车交通在城市综合交通中的地位图

1.2.2 步行与自行车交通的功能

与其他机动交通方式不同，步行与自行车除了满足居民出行的需求外，在城市的经济、社会、环境等方面都承担着重要的功能和角色。

1. 交通功能

根据步行与自行车出行的性质，步行与自行车交通系统同时承担着休闲性出行、独立性出行和接驳出行。针对独立性出行，步行与自行车交通系统主要提供短距离的出行服务；对于接驳性出行，步行与自行车交通系统主要与公共交通系统相衔接，提供由起终点到站点之间的出行可达性服务；对于休闲性出行，步行与自行车交通系统主要完成与城市人文与自然景观间的串联和协调，提供良好舒适的出行环境。

2. 社会功能

在当今这个高度商业化的社会，人们更加呼唤人与人之间的相互交流与交往。

步行与自行车交通系统作为整体而连续的公共空间体系,为人们提供了更多公共交往的空间,人们的步行与自行车活动可以更加轻松,并可以有许多与不同阶层人们接触、交流的机会,从而有利于恢复良好的城市社会生活。

3. 经济功能

步行与自行车交通环境的改善,不仅降低了汽车的干扰,使人们更加充分地享受步行与自行车乐趣,同时也能够增强城市临街界面的公共交往活跃度,促进商务活动的发展,使人们能在轻松散步的过程中接触商品并购买商品,从而促进消费活动,提高城市经济活力。以德国慕尼黑的商业街为例,能够比同等规模的商场增加了近1倍的客流量,并带来了130.4%的商品营业额,步行与自行车交通系统的经济功能不言而喻。

4. 环境功能

步行与自行车交通系统在环境方面的功能分别体现在自然生态环境和历史人文环境两方面。

自然生态方面,步行与自行车作为最清洁、占用资源最少的交通方式,为降低机动交通运行产生的尾气和噪音提供了良好的方式。同时步行与自行车交通系统与自然水系和绿色植被的关联性在不断加强,因地制宜、亲近自然、以人为本的步行与自行车交通系统规划设计理念逐渐深入人心,使步行在自然生态保护方面的功能更加显著。

历史人文方面,步行与自行车交通系统的建设,通常可以融入保护历史文化风貌特色的总体构思,作为保护历史文化的重要措施。例如开辟传统商业步行街,或将历史文化特色地区纳入步行与自行车系统,使之成为以步行与自行车为主的,空间环境舒适宜人的街道或街区,免受现代城市交通干扰、污染。步行与自行车交通系统的建设和完善,对解决现代城市建设手段与城市古文化遗产、传统形态特色保存之间的矛盾,创造可持续的城市发展道路有着重要意义。

1.2.3　步行与自行车交通发展定位

1. 特大城市、大城市交通发展定位

城市交通的发展应符合未来的环保、健康、安全和高效等要求,高机动化条件下的特大、大城市应构建以公共交通网络为主体,步行与自行车交通作为公共交通的辅助和补充的多层次、多元化综合交通体系。同时积极引导"慢行+公交"的出行方式,扩大公共交通服务范围,满足慢行居民不断增长的自行车休闲、健身需要。

特大城市、大城市的步行与自行车交通定位是作为机动化交通的辅助交通工具,主要功能包括三个方面:一是直接服务于短距离的出行,充分发挥步行与自行车交通的近距离优势,限制步行与自行车交通的长距离出行,实现较为合理的城市客运交通结构;二是作为轨道交通等的接驳交通工具,扩大公共交通的覆盖范围;

三是满足居民休闲、健身需要,增加城市的活力,提高城市居民的生活品质。

2. 中小城市交通发展定位

中小城市是我国城市体系中的重要组成部分,约占我国建制市数量的80%以上,其城市尺度适合于发展步行与自行车交通与公共交通出行。我国中小城市与大城市相比,在城市用地规模、城市用地布局、城市经济发展水平、城市形态、居民消费水平等方面差距很大,所以中小城市与大城市的交通发展模式不同。国内大部分中小城市的主要出行方式为步行与自行车交通,部分城市的步行与自行车交通出行比例甚至高达80%以上,步行与自行车交通导向型明显;在地形地貌因素上,平原型步行与自行车交通出行比例较丘陵与山地型高,步行与自行车出行相对均匀(例如常熟、眉山、蚌埠)。山地型步行与自行车交通出行比例与其他地形相比较低,但仍在50%左右,步行与自行车交通出行占有重要地位,只是在其结构上是以步行为主。因此,中小城市交通发展应选择步行与自行车交通导向型或"慢行+公交"导向型发展模式。

3. 电动自行车交通功能定位

电动自行车是城市步行与自行车交通系统的组成部分。在城市交通体系中,电动自行车与机动车、自行车和步行者之间均存在一定的冲突,加大了城市交通管理的难度。而由出行分担率的分析可知,不同规模的城市均存在一定的电动自行车出行需求。对中低收入群体,电动自行车是其以低成本提升出行机动性的交通工具。在制定城市的电动自行车发展政策时,应充分考虑交通资源对所有出行者的公平分配,在保证城市交通运行效率与安全、符合城市总体发展要求的前提下,尽可能为电动自行车交通创造条件。

电动自行车的出行距离介于自行车、公交之间,且与公交的合理出行距离有部分重叠,一定程度填补了公交和步行的某些不足,能够服务于居民中短途出行。对于长距离出行,居民更多会考虑公共汽车、小汽车和地铁等适合长距离运行的交通方式。

因此,对于大城市及大城市以上城市,对于公交体系较发达的情形,或城市中短距离出行比例减少的前提下,可将电动自行车视为公共交通的有效补充与公交的接驳方式;在公交系统不完善、轨道站点接驳不便的情况下,或对于组团内部出行率高的组团型城市,电动自行车是一种有效的中短距离出行工具,承担部分中短距离出行。

中小城市的中心城区的规模总体尺度较小,居民的短距离出行占有较大比重,出行次数相对较高。电动自行车作为低碳环保、节约能源的交通工具,可充分体现交通公平性和以人为本的城市管理理念。在中小城市的综合交通体系中,电动自行车可作为中小城市绿色交通体系的主要组成部分,承担大部分中短距离出行需求。

对于旅游型城市与生态型城市,电动自行车可作为一种重要的交通出行方式,充分发挥其节能、环保的特点,承担部分的游客观光需求及居民日常出行需求。

1.3 步行与自行车交通规划的转变

1.3.1 国外步行与自行车交通规划发展现状

在美国,伴随着两部冰茶法案的颁布,多模式交通规划受到关注,极大推动了步行与自行车交通规划的发展。从 20 世纪 90 年代起,很多城市如西雅图、安娜堡、阿灵顿、波特兰都开展了步行与自行车总体规划,很好地指导了城市步行与自行车交通的改善。美国步行与自行车交通规划的规划范围有着不同的地理空间尺度,既包括了小尺度的地理空间(如社区公交站的步行与自行车衔接),也包括了大尺度的地理空间(如州步行与自行车总体规划、城市步行与自行车总体规划)。在这些规划中,尽管有一些基本的元素(比如公众参与)是所有步行与自行车项目都需要包括的,但这些项目面向不同的实际情况,差异非常大。

不同层面的步行与自行车交通规划有不同关注点:

(1)州步行与自行车交通规划主要目的是为州相关部门(如州交通运输局)确立适应步行与自行车交通发展、改善步行与自行车交通环境的策略、目标、行动。规划往往包括大都市区规划委员会(MPO)或地方政府使用的设计标准或设计指引,重视教育和安全问题统筹安排。

(2)大都市区步行与自行车交通规划主要目的是辖区间的协调、为地方政府提供规划和设计指引、建立大都市区资金使用优先顺序、建议步行与自行车交通相关的土地使用与交通问题的处理方法。

(3)城市和镇的步行与自行车交通规划对于步行与自行车交通环境有直接的影响。为了成功争取到联邦资金,地方必须承诺提供匹配的资金,并且有详细的项目、资金预算等。并没有一个简单和完美的公式来完成一个地市或镇的步行与自行车交通规划,成功的规划需要根据地区的需求和机遇量身定做。但是它们也有一些共同的特征:①广泛的公众参与,包括所有的利益相关者;②使用 GIS 分析现有的步行与自行车设施、街道环境;③对已有交通和土地使用政策的评价并提出政策保持或调整的建议;④建立关键设计过程来改善可能给出行者造成障碍的步行或自行车出行环境;⑤确定需要改善的区域或街道,首先是步行与自行车活动频繁但环境糟糕的地方。可选的改善方案包括:加宽人行过街通道、闭合人行道网络存在的缺口、新建自行车道、为重要的社区和商务区制定小区域的规划、将太宽的街道作为道路瘦身计划的备选、确定需要交通宁静化改善的区域。

欧洲城市一贯重视步行与自行车交通的发展,哥本哈根、赫尔辛基、斯德哥尔摩、阿姆斯特丹、伦敦、柏林等都是国际步行与自行车交通发展的典范。

以伦敦步行交通规划(2004)为例,规划包括三个部分,第一部分为2015年愿景,通过分析什么是步行友好的城市来设定2015年愿景;第二部分为步行现状,阐述为什么需要鼓励步行、在过去几十年中步行比例下降的原因、问卷调查中反映的阻碍步行出行的因素、影响步行环境的政策等;第三部分为行动规划,提出一系列政策、项目、行动,实现在步行规划中提升协调性和包容性、促进步行、改善街道环境、改善新开发区域、改善安全性、规划实施及监督等6个目标。

荷兰代尔夫特自行车规划的规划目标是鼓励自行车的使用,使自行车出行更安全、快捷、舒适,并减少小汽车出行。规划基本理念为网络化,这个网络特征最显著的特征是它的层级结构。这一网络包含三个子网络,每一个子网络都有各自的功能和设计特征:(1)市级网络服务于内外和直达的自行车出行,需要较大的投资(隧道和桥梁);(2)区级(城市内部)网络用于联系区内的主要设施,集散市级网络上的自行车交通,需要较少的投资(自行车专用道、自行车道、小的桥梁、交叉口布局的改善等等);(3)次区级自行车网络服务于社区内部的出行以及提供可达性(需要提供捷径、自行车专用道以及小的桥梁等)。网络的建设旨在增加安全性、直达度和舒适度。

除了步行与自行车交通规划的实践,美国、新西兰等国家也出台了指导步行与自行车交通规划实践的技术指引。如美国联邦公路局(FHWA)和美国联邦运输局(FTA)都发布的用于州和大都市区层面步行规划的技术指引,如地方政府需要争取联邦政府的资金支持,其步行与自行车交通规划必须满足技术指引的要求。技术指引的关键点如下:

(1) 规划需要包括目标、政策、特定的工程和项目等内容;

(2) 规划需要确定规划实施所需要的资金;

(3) 工程和项目应包括依附于道路内的步行与自行车交通设施和独立于道路外的步行与自行车交通设施。若独立于道路外的步道具有很好的交通功能,应在规划中予以考虑;

(4) 任何寻求FHWA和FTA资助的项目必须包含在大都市区的交通改善项目(TIP)中;

(5) 步行与自行车交通规划中内容需要包括:①目标、目的和评价标准;②现状情况和需求预测;③确定实现目标、目的所需要的行动;④规划实施的效果评估;⑤公众参与。

1.3.2 国内步行与自行车交通系统规划问题

改革开放以来,城市规划与建设过程中,城市空间结构与原本以步行与自行车为主的交通出行结构不相协调，对城市步行与自行车交通系统建设重视不足，使得现阶段展开规划时产生了许多遗存问题。

1. 步行与自行车交通出行预测

既有步行与自行车交通预测方法多沿用传统机动车预测的四阶段法，利用现状与未来的人口、就业分布状况，根据交通网络特征和居民出行行为建立现状和未来的出行需求模型。目前国内对步行与自行车的交通需求预测通常只基于人口与就业岗位数据以及居民出行行为数据，来估计每个交通小区产生的步行交通总量，即只做交通生成和交通方式划分两个阶段。由于步行与自行车在交通出行特性上与机动车交通存在本质的不同，利用四阶段生成的步行与自行车交通预测模型会存在如下的问题：

(1) 交通小区范围划分过大。四阶段模型需要将研究区域划分为多个交通小区，进而重点研究交通小区间的出行规律。目前国内城市城区的交通小区面积一般为 $1 \sim 3 \, km^2$，郊区的交通小区面积则更大，步行与自行车出行距离较短，导致了在预测结果中大量的步行交通出行将在小区内部生成，这些出行的起讫点均为该交通小区的形心点，也就无法准确的估计步行与自行车出行的位置、距离以及时间。

(2) 对接驳性出行的忽视。步行与自行车交通除了作为单独的出行方式，还是其他交通方式的首末端衔接交通方式，尤其是公共交通。传统的居民出行调查中并不会对作为首末端衔接交通方式的步行与自行车出行进行调查，数据的缺失使得建模无法进行，同时也存在与问题(1)相同的区内出行问题。

(3) 步行与自行车的出行分配精度无法满足。通常机动车交通和公共交通主要集中在主次干路上（支路在总的出行中所占比例小，通常仅起到汇流和分流的作用)，因此城市道路网络模型通常只建模快速路、主干路、次干路及一些比较重要的支路。然而步行与自行车交通在各等级道路上均有普遍分布，并且交通流量与道路等级无明显对应关系，因此传统的城市道路网络的精度无法满足步行与自行车交通的分配的要求。另外道路的步行与自行车环境（比如路径的舒适性、安全性等）是步行与自行车出行者选择出行路径的重要因素，而传统的四阶段模型并不会考虑这些因素。

2. 步行与自行车交通网络设施

由于城市规划建设中缺乏针对步行与自行车交通功能的系统性的独立规划，衍生出了如下的一些问题：

(1) 网络结构与实际功能不匹配。既有城市步行与自行车交通规划中道路的网络功能多根据其所属的机动交通道路等级确定，但影响步行与自行车交通出行强度的因素与机动交通出行因素不尽相同。这样的等级体系使一些土地利用混合度高、步行与自行车交通出行活跃的路段未能得到合理的设施配置。

(2) 网络密度不足。目前存在很多大型的封闭地块,包括大型住宅小区、办公用地等,很大程度上降低了步行与自行车交通网络的通达性。规划中的步行与自行车交通网络停留在支路系统,而汇集了大量步行与自行车交通出行的街巷却缺乏规划的指导,恶劣的出行环境导致了功能的浪费,也造成了整体网络密度水平无法提升。

(3) 出行环境缺乏人性化和特色化。步行与自行车交通的出行环境一直是规划中容易被忽略的问题,规划深度停留在相应的技术指引层面,缺乏对设施的精细化和特色化深入的研究。在规划的统一标准和技术指引下,缺少对步行与自行车出行者环境需求的调研,也就无法进行精细化、人性化的设施设计来满足实际出行需求。在满足基本通行要求的基础上,很少融入城市特色元素进行一体化的规划设计。

3. 步行与自行车交通规划协同

(1) 上下位规划的无法对接。既有的城市规划体系和交通规划体系之间的协调互动关系尚未理清,经常出现由于上位规划没有做好相关土地预留以及空间控制而导致下位规划无法展开的情况。步行与自行车交通规划上位规划的内容牵扯到城市总体规划、城市控制性详细规划、城市综合交通规划等方方面面,步行与自行车交通系统对于用地的需求,特别是步行交通系统并不仅仅局限于道路红线空间内,建筑后退空间、建筑空间、地下空间等都需要为步行交通设施的空间使用有所准备。

(2) 与其他交通系统规划的衔接不畅。公共交通站台与过街设施、自行车道路设施的协调,公共交通站点与自行车换乘设施,地块开口与步行交通设施等问题都有可能在步行与自行车交通规划中被忽略,公交站台设计时缺乏站前空间(街角集散空间不足)、缺乏站前过街设施(乘客需绕行、等待甚至冒险穿越)等都是由于没有做好规划协同工作,导致无法落实步行与自行车交通规划的成果。

1.3.3 规划影响因素的转变

1. 从"机动思维"向"以人为本"的理念转变

在城镇化和机动化的发展过程中,步行与自行车交通系统一直以来作为道路系统的附属设施,既有步行与自行车交通系统难以满足步行出行者对出行路权、安全、可达和环境等方面的需要和诉求。转换"车本位"思想,对城市步行与自行车交通系统的改善与更新迫在眉睫。

步行与自行车是不同身体素质、不同经济条件的人都能够选择的交通出行方式,良好的步行与自行车交通系统不仅事关城市居民的出行和生活品质,更关乎着社会的公平。保障步行与自行车交通的出行权益就是保障居民最基本的出行权益。步行出行者中很大部分是学生和老年人,在目前老龄化社会的进程中,更需要加强对老年人及残障人士的出行需求的关注。因此在步行与自行车交通系统规划时，应该与强调效率、以供定需的机动交通设施配置理念相区别，更加注重其公共服务的功能。将交通规划的侧重点更多地转向无障碍设施、安全保障等设计的人性化和精细化。唯有如此，才能真正构建"以人为本"，人人有路可走、有车可骑的现代城市步行与自行车交通系统。

2. 从"道路建设"到"用地协调"的思想转变

随着城市的快速化发展和规模扩张，道路建设为了适应爆炸式增长的机动车交通而应接不暇，街道成为了一种单纯的交通设施，失去了原有的活力。在以往机动道路的规划中，通常只关注道路断面的设计是否能够承载通过的流量，配置的设施供给量能否与使用需求量平衡。但步行与自行车交通由于出行范围小、灵活度较高，因此与用地和其他交通系统的衔接更为紧密。步行与自行车交通特别是步行交通不仅发生在道路红线空间内人行道上，也存在于诸如公园、广场的公共空间和建筑退线区域中，因此在规划时，应将更多的关注点从传统机动交通、通行能力、需求预测等数量方面的计算转向与沿街用地、与轨道交通等公共交通系统的衔接当中。

3. 从"千城一面"到"城市特色"的观念转变

建筑和道路的大拆大建使得一些城市原有的建筑风格和历史设施都渐渐淡出人们的视线，一些城市特别是快速发展中的中小城镇，正在逐步地失去原有的文化和个性。由于步行和自行车交通出行速度慢，与城市的接触更为紧密，这种"千城一面"的现象更影响步行与自行车交通出行的感知与体验。在对城市步行与自行车交通进行规划时，应充分地考虑当地的文化和特色，融合历史城区保护、文化脉络传承等要素，串联城市特色节点，既满足交通服务功能，也能够实现社会功能和景观功能，为步行与自行车出行者带来更好的环境体验，也实现城市特色的营造与彰显。

1.4 本书内容与特点

本书面向的对象主要是城市规划、交通规划等相关专业的学生及技术工作者，旨在为不同知识体系结构及阅读需求的读者解答城市步行与自行车交通规划理论学习与实践过程中的困惑。全书由理论衍生到实践，针对不同尺度步行与自行车交通规划重点和要求的区别与联系，按照"规划-建设-管理"的线索和"宏-中-微"的逻辑结构构建整体框架体系。同时，各章节以阶段性不同引起的差异为切入点，层层剖析各阶段步行与自行车交通规划的要点和方法等，为读者提供更具针对性的启示与指引。

第一部分为概述部分，阐述了步行与自行车交通的发展背景、功能定位以及现阶段步行与自行车交通规划面临的问题；梳理了步行与自行车交通规划体系框架，明确步行与自行车交通规划的目标与指标、构成要素、分类及与城市规划体系的协调；介绍了步行与自行车交通的行为、交通流、出行及出行者特征。

第二部分为理论部分，提出了现状调查和评估的方法；研究了适用于步行与自行车出行特性的需求预测方法；在慢行空间规划方面提出了包括空间布局、政策分区和空间控制方法；在步行与自行车交通网络规划方面提出了适用于步行与自行车的道路功能分类、网络结构和布局模式、路权控制及断面设计方法；在步行与自行车交通设施规划方面研究了过街设施、自行车停车设施以及衔接设施的规划方法；研究了面向新建性和改善性规划的环境设计方法；研究了休闲性步行与自行车交通系统的分级分类、选线和配套设施的规划方法；研究了公共自行车站点布局、设施设计、建设运营和推广保障方法；提出了步行与自行车交通规划保障体系，以及针对规划在法规、政策、协同和组织机制方面的措施手段。

第三部分为实例部分，运用理论部分提出的各类方法，针对老城区、新城区及居住区三类不同类型的地区特征，研究了慢行空间规划、步行与自行车交通网络规划、设施规划及环境设计等理论方法在实践当中的应用。

第 2 章 步行与自行车交通规划体系

2.1 步行与自行车交通规划要求

2.1.1 步行与自行车交通出行诉求

美国心理学家马斯洛认为，人类的各种需求之间，是有先后顺序与高低层次之分的。该理论的一个基本出发点就是人人都有需求，在某层需求获得满足后，另一层需求才出现。一般来说，某一层次的需求相对满足了，就会向高一层次发展，追求更高一层次的需求就成为驱使行为的动力。相应的，获得基本满足的需求就不再是一股激励力量。马斯洛理论把需求分成生理需求、安全需求、归属与爱的需求、尊重需求和自我实现需求五类，依次由较低层次到较高层次排列。

步行与自行车活动的需求层次也应大致满足马斯洛需求中的五个层次。依据马斯洛理论的框架，基于步行与自行车出行者的相关特征，提出由可行性、可达性、安全性、舒适性和愉悦性构成的需求层次，如表 2-1 所示。

表 2-1 步行与自行车出行需求层次表

	马斯洛需求	出行要求	出行诉求	影响因素
第一层次	生理需求	可以走路/骑车	可行性	年龄、体重、健康状况、时间允许……
第二层次	安全需求	有路可走/骑	可达性	网络连续性、与其他交通系统的衔接性、地块可达性……
第三层次	归属与爱的需求	安全行走/骑车	安全性	地区犯罪率、街道照明状况、地区行人多寡……
第四层次	尊重需求	舒适行走/骑车	舒适性	人行道/自行车道宽度、路面平整度、机动车流量及车速……
第五层次	自我实现需求	愉悦行走/骑车	愉悦性	街景趣味、绿化率、公共空间质量……

1. 可行性诉求

步行与自行车出行最基本的诉求是步行出行的可行性,提高城市居民的步行与自行车出行率,构造良好步行环境首先需要关注的是老人、儿童、残疾人等弱势群体。对于正常人来说,步行是较为省力、不需要借助任何工具就能完成的出行方式,是最平常、最普遍的交通方式。但对于上述弱势群体而言,步行出行可能是唯一的、需要耗费一定体力并承担一定风险的交通方式。因此在城市步行与自行车交通系统设计时,应重点考虑弱势群体的出行需要,落实无障碍设施、休憩设施以及标识系统的规划和设计,切实提高步行与自行车分担率。

2. 可达性诉求

可达性诉求主要对步行与自行车路径的便捷程度以及步行与自行车系统与其他系统间协调衔接等方面提出要求。在空间层面主要反映两点,一是网络的合理规划,包括了路网的空间形态、网络密度、道路间距等内容;二是与其他交通系统的衔接,通过合理的衔接和服务来发挥和提升城市步行与自行车交通系统应有的接驳功能。

3. 安全性诉求

安全性诉求是出行者对防范街区潜在交通危险和社会危险的本能自我保护的表现。根据数据和研究表明,步行与自行车出行者是所有交通事故中死亡人数最多的出行人,在步行与自行车交通系统构建中,交通安全方面应通过路权保护、交通组织等手段尽量减少路段与交叉口上行人、自行车与机动车冲突;社会安全方面应从街区功能规划、沿街界面设计等要素展开研究。

4. 舒适性诉求

舒适性诉求是完整支撑必要性出行流程中最为关键的一环,是通过步行与自行车能够顺利到达目的地的基本要求,主要反映为对慢行空间和环境的设计要求。空间上通过步行道宽度、自行车道宽度、路权分配,断面设计等控制有效出行空间;环境上对步行与自行车交通设施的精细化设计提出了相应的要求。

5. 愉悦性诉求

愉悦性诉求相较于前四个层次的诉求,更多地强调在出行过程中精神和感知方面的需求,可以包括视觉审美、社会氛围两方面。视觉审美上对具体的慢行空间以及街道建筑、景观提出了人性化和美学设计的要求;社会氛围一方面指街区文化特点,包括沉淀的历史文化、构建的城市意象、街道空间肌理、建筑风格、文化印记等;另一方面指街区的社交环境,通过不同功能空间的融合和设置,促进社会交往活动的产生和发展。

2.1.2 步行与自行车交通系统规划目标

城市步行与自行车交通系统应满足可行性、可达性、安全性、舒适性、愉悦性的步行出行诉求，提供能够自由、可达的网络和舒适、愉悦的环境，充分发挥交通、社会、经济和环境功能。基于出行诉求、环境要求和功能定位的分析，步行与自行车交通系统应满足公平性、可达性、安全性、品质化、特色化、系统性及多样化的规划目标，如图2-1所示。

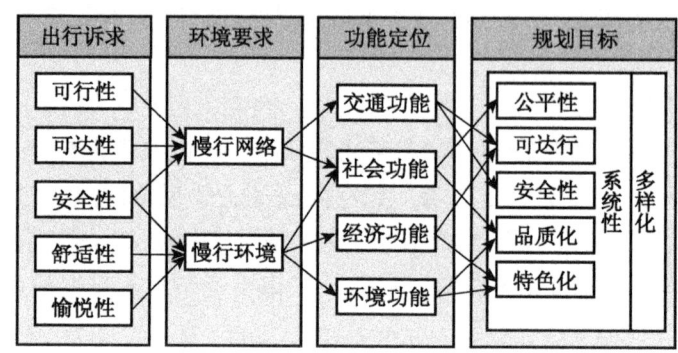

图2-1 步行交通系统功能定位与规划目标图

1. 系统性目标

步行与自行车交通系统作为一个完整、独立的系统，在规划时首先应满足系统性目标，提高城市步行交通出行分担率。系统性目标包括了要素的完整性和功能的层次性。要素的完整性从宏观上来说包括了网络的完整，微观上表现为路径的完整。整体步行与自行车交通设施应在区域内具有连续性，为行人提供连续的服务；各设施的服务质量要有统一性，步行与自行车出行的质量需要系统的整体提升作为保证，而非新建一条风景路、改造一条步行街能够完成的。功能的层次性目标是指合理分配步行与自行车交通系统中各设施的功能，使系统整体结构合理，各部分都能发挥最大效用，不同功能层次的设施应承担不同的服务作用，使得整体运行顺畅。

2. 可达性目标

步行与自行车交通系统规划的可达性包括自身系统对于城市功能的可达性以及外部系统接入步行系统的可达性。满足城市功能的可达性是指注重网络对交通设施、公共建筑、公园广场等的串联和衔接，促进社会活动活跃，方便和丰富市民的日常生活。外部系统接入可达性主要指在规划时应充分考虑与公共交通、城市用地等系统的衔接性，促使更多的长距离出行采用步行、自行车和公共交通组合的方式。步行与自行车交通系统作为城市系统中的一部分，与许多系统在空间和功能上都有所交集。系统的建设不能游离于城市结构之外，应与城市公共空间、景观绿地、滨水空间、主要公共场所、城市结构性景观廊道等规划相协调结合,建设共享步行空间。

3. 公平性目标

步行与自行车交通系统不仅提供交通服务,作为最经济、简便的出行方式,它更是维护社会公平性的体现。每一位公民都拥有步行出行的权利,在规划时应保证步行与自行车系统串联的一系列公共空间能被城市中的每一员分享。在规划时充分考虑到各弱势群体(老年人、残疾人与儿童)的需求,提高他们自主活动的能力与范围,并深入地推进无障碍步行环境建设,力图为社会每一个成员,尤其是残疾人、老年人及其他特殊需求的人士,提供一个可连续使用的、不受约束的出行环境。

4. 安全性目标

出行者的交通安全是交通系统中最为重要的环节,一个安全的步行与自行车交通系统是在满足其他目标之前首先需要考虑的。由于行人和骑行者是所有交通参与者中保护最少、最易受到伤害的群体,在规划时,应充分考虑行人、骑行者与其他交通方式的冲突,保护步行与自行车出行者的安全。

5. 特色化目标

步行与自行车交通系统在规划过程中,应充分结合当地风土人情、民俗文化,构建与自然人文环境相适应,体现城市文化与城市形象元素的步行与自行车交通系统。在赢取居民认同感的同时,延续城市的历史文化,实现对城市精神资源的保护和可持续发展。

6. 品质化目标

城市是建立在一种适应于人类感官与潜能尺度之上的,鼓励步行与自行车交通并建设具有活力的可持续的交通系统和城市系统,必须全面充分地运用人性化的、朴素适中的尺度,切实提升步行品质,使步行与自行车活动成为一种愉悦身心而又具有审美情趣的体验,步行与自行车经历变成一种有价值并且是具有享受意义的活动。规划设计时应充分考虑人的真实需求,设施的设计与管理从人的习惯出发,提高设施的利用率和使用品质。通过塑造场所归属感,维护公共环境,提高公共空间的安全性和活力,营造社区氛围,构筑邻里关系。

7. 多样化目标

步行与自行车交通系统规划的多样性包括了系统功能的多样性和规划功能的差异性。步行与自行车出行活动的多样性要求系统功能的多样性。应结合用地性质、出行特征、出行习惯,提供多样化的设施供给,如兼顾商业、轨道、步行的一体化设计,因时制宜,采用灵活的设计手段与管理模式。规划功能差异性是指不同区域不同设施应区分功能,体现地区特色和差异性。各级城市道路应明确其功能,突出快、慢两极。干道上应以机动车出行为导向,确定步行与自行车交通的时间、空间承受阈值,满足交通运行的效率与安全;生活区与商业区则应以步行与自行车交通为导向，限制机动车流量，打造适宜步行与自行车出行的街区。

2.1.3 步行与自行车交通规划指标体系

针对步行与自行车交通系统规划的各项目标，提出规划过程中方案应遵循的指标内容、类型及建议取值，如表 2-2 所示。

表 2-2 步行与自行车交通系统规划控制指标体系表

规划目标		规划指标	指标要求	指标类型
公平性	步行与自行车	步行与自行车空间占道路比例	>50%	控制
		出行比例	>55%	控制
	步行	步行道路网络密度	>8 km/km²	控制
		无障碍设施连续率	100%	控制
	自行车	自行车道路网络密度	>5 km/km²	控制
可达性	步行	地面公交站点可达性	3～5 min	控制
		轨道交通站点可达性	5～10 min	控制
		公共绿地步行可达性	3～5 min	引导
	自行车	地面公交站点可达性	3～5 min	控制
		轨道交通站点可达性	5～10 min	控制
		公共绿地可达性	5～10 min	引导
		轨道交通站点公共自行车租赁点设置率	100%	控制
		公交场站公共自行车租赁点设置率	40%	控制
安全性		交叉口过街信号灯设置率	>80%	引导
		过街设施间距	<300 m	控制
		人非高差分隔比例	>75%	引导
		交通稳静化	路幅宽度<12 m 时，机动车速度<30 km/h	控制
品质化		绿荫覆盖率	>80%	引导
		公共服务设施 300 m 覆盖率	100%	引导
特色化		结合历史资源、绿化资源、文化资源布设		引导

2.2 步行与自行车交通规划内容

2.2.1 步行与自行车交通空间形态

从形态学角度入手，可将步行与自行车交通系统逐层分解为"面""网""线""点"四个层面。各层面形式如图2-2所示。

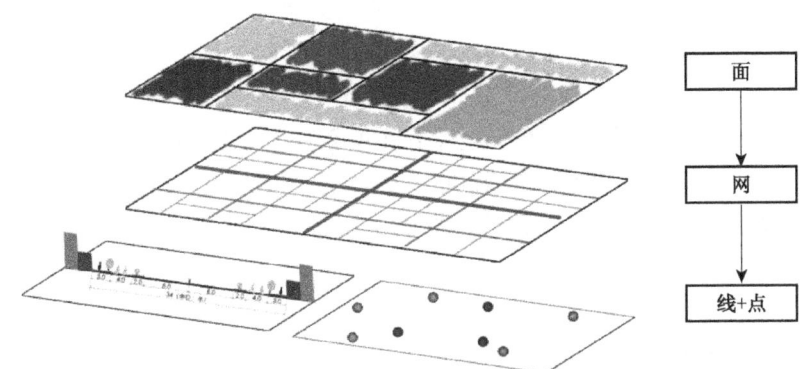

图2-2 步行与自行车交通规划空间要素图

"面"层面需解决的问题包括步行与自行车核、廊、区等功能组织和空间布局形式，根据不同的功能和出行需求梳理步行与自行车交通系统结构，对不同区域提出不同管理政策，并细化不同步行与自行车的技术指引，实现区域差异化发展，并指导下属三个层次的规划和设计。

"网"层面主要指步行与自行车网络的相关分析。人的路径选择是基于网络结构展开的，它为系统中步行与自行车空间的相互连接提供了最主要的方式，是保证系统高效率运行的基础。通过控制指标的设计和不同道路的功能分级等指导具体的设施布设，与"面"相同，是较为抽象的形态层面。

"线"层面主要关注人行道和自行车道设施的规划设计，基本形式包括道路、街道、通道等。需重点关注的是道路空间中步行与自行车路权的分配和相关横断面设计细则。

"点"层面重点落在设施设计上，包括了作为网络节点的交叉口、换乘枢纽、自行车停车场，以及慢行核、广场等具体慢行节点。

2.2.2 步行交通系统规划分类

1. 不同规划层级

（1）战略层面。城市步行与自行车交通系统规划应依据城市的地域特征及发展规划，结合城市交通特征及步行与自行车交通系统现状，明确其定位，确立发展目标,提出未来的发展对策。应将城市看作整体,通过选择与城市环境相适应的慢行空间结构,协调整体交通的生态性、系统性、网络化设计,注重步行、自行车与其他交通方式的转换、疏散设计,并且有必要将"慢行城市"的理念提升到城市发展模式的高度,划分不同步行区来系统组织慢行空间网络,形成与生态、景观建设并进的步行与自行车出行环境建设。并将步行理念反馈给城市总体规划及综合交通体系规划,指导相关专项规划与建设。

(2) 系统层面。步行与自行车交通系统规划即在中观层面划分步行与自行车分区,明确各分区的规模及功能,引导城市未来交通结构的合理化发展,由宏观层面的定位落实到区块,再到步行核节点、通道,逐步形成网络,同时结合居民的各项步行与自行车活动,运用城市设计及开敞空间的设计手法,加强分区范围内的出行结构体系构建。从公共空间和城市土地利用的角度,具体分析步行、自行车交通与机动车交通、城市地形、用地、绿地景观系统等之间的关系。

(3) 设施层面。在城市的重要地段如城市中心区、商业步行街区、滨河地区等,塑造高品质的慢行空间;与周边建筑、构筑物协调;注重步行与自行车环境的人性化设计,完善步行设施的配套。

2. 不同规划性质

(1) 新建性规划。步行与自行车交通系统新建性的规划主要以目标为导向,是一种蓝图式的规划类别,主要研究步行交通系统的功能定位,分析基础发展条件,配置满足需求和支撑地区发展的步行与自行车交通基础设施。通过系统的设计来引导区域产生理想中的交通出行结构模式。目前大城市的新建性步行与自行车交通系统规划多是配合新区、经济开发区的开发和完善,以构建步行与自行车交通系统框架为主,重点在于步行与自行车交通网络和路径的规划,步行与自行车设施与环境设计仅给出控制指标和技术指引,待下位细部分区进行规划。

(2) 改善性规划。目前各大城市的交通系统框架已基本形成,除部分尚未建设轨道交通系统的城市外,大规模交通基建建设已基本完成。随着城市功能的不断集聚,有限的空间资源与日益增长的使用需求之间的矛盾凸显,城市发展受到了政策和资源的双重制约,城市更新迫在眉睫。

步行与自行车交通改善性规划除了在宏观上对交通网络进行规划,并在城市街道上进行交通空间的落实,还应该关注对于已有步行交通设施的改善。相比于新建交通设施,在发展成熟的城市,改善已有交通设施的工作应占据更加大的比重。改善性规划就是将城市中已经不适应现代化城市社会生活的地区作必要的、有计划的改建的规划形式。相较于新建性规划,改善性规划更注重以问题为导向,对已有系统特征的把握和已有设施资源的整合。步行与自行车交通系统的改建性规划,就是在不大规模新增设施的基础上,梳理并组织原有的步行与自行车网络功能和结构,通过精细化、人性化的环境与设施的设计,提升步行与自行车出行环境,提高城市步行与自行车出行的效用。

2.2.3 步行和自行车交通系统规划异同

1. 步行与自行车交通协同规划

步行与自行车交通作为非机动交通的主要出行方式,在传统交通系统规划中都是共同编制的,因此在规划原则、内容等方面存在一定的重合和交叉。

(1) 出行安全性。非机动交通出行首先需要解决的就是出行的安全问题。在与机动交通的冲突上,由于非机动出行者不像机动出行者一样有金属外壳的防护,在遭受撞击时却承担着相同的冲力,在各类交通事故中,步行与自行车交通死亡人数最高,通常占到了事故死亡总数的 1/2 以上。在规划设计时应该引起足够的重视,在路段和交叉口过街设施以及路段隔离带上协同规划,有条件时应根据历史事故数据分析事故频发黑点并进行相应改善设计,为步行和自行车营造安全、舒适的出行环境。

在步行与自行车的交通冲突点中,应细分步行与自行车的交通空间,做好隔离和渠化,保证步行交通享有最高的通行优先权。

(2) 与公交系统的衔接。步行与自行车交通作为公共交通的"最后一公里",能够有效帮助公共交通拓展服务范围。在规划时应统筹考虑步行、自行车交通与公共交通的衔接度。以不影响步行与自行车交通正常运行为前提,做好公交站点、轨道站点与人行道、自行车道的一体化设计;在重要公交站点、轨道站点附近完善人行道、自行车停车场的衔接。

(3) 街巷横断面协同规划。城市街巷体系中的道路多为一块板断面,只有一条或没有机动车道,步行与自行车交通在街巷运行中占据了主导地位,在城市机动道路系统规划中也应注重街巷体系在完善步行与自行车交通网络通达性上的作用,协调好街巷道路沿街用地、商铺及停车位对步行与自行车的影响,维护步行与自行车在街巷道路中的通行优先权。

2. 步行与自行车交通规划的差异

(1) 规划对象特征——行人流与自行车流。步行与自行车虽同属于非机动交通出行方式,但在出行特征上却存在着较大的差别。步行交通不借助任何交通工具,是每个人都可以选择的交通方式,因其灵活性使得步行者可以快速地转变方向、实现更多目的的出行;而自行车出行速度明显快于步行者,出行距离较长,从整体来看也更接近车流的运行状态,符合"速度-流量-密度"曲线的基本关系。

(2) 规划范围——步行空间与自行车空间。步行与自行车交通在进行专项规划时虽同被归为慢行交通,但在通行空间上却有所区别。自行车交通设施可以跟随机动车设施协同布设,通过一块板、两块板等形式实现;而步行设施的规划设计需要结合沿街城市建筑和公共空间一同规划组织。这样的区别导致二者在与其他专项规划协调、规划的落实上也应有所不同,规划者需把握好各阶段步行与自行车交通规划的侧重点。

（3）规划侧重层面——步行设计与自行车网络。步行环境的提升在微观设施层面，即微观设计上效用较为显著，以学校、居住区、商业区和高密度地区为规划中心或步行核展开规划可取得更好的效果；自行车规划应考虑到自行车运行的交通流特性，做好宏观出行需求的预测，构建更高效的中观地区性自行车道路网络以满足其出行需求。

2.3　与城市规划体系的协调

步行与自行车交通规划是城市交通规划的重要组成部分，城市步行与自行车交通系统规划严格意义上来说虽属于城市综合交通体系规划的范畴，但其内容在城市总体规划层面下的控制性详细规划及修建性详细规划中均有所体现，只是其层面不同，关注的侧重点有所区别。步行与自行车交通系统规划的理念应落实到各层次的规划中，才能从根本上改变城市交通发展模式，最终实现"公交优先、步行与自行车友好"的绿色出行结构。城市步行与自行车交通规划体系如图2-3所示。

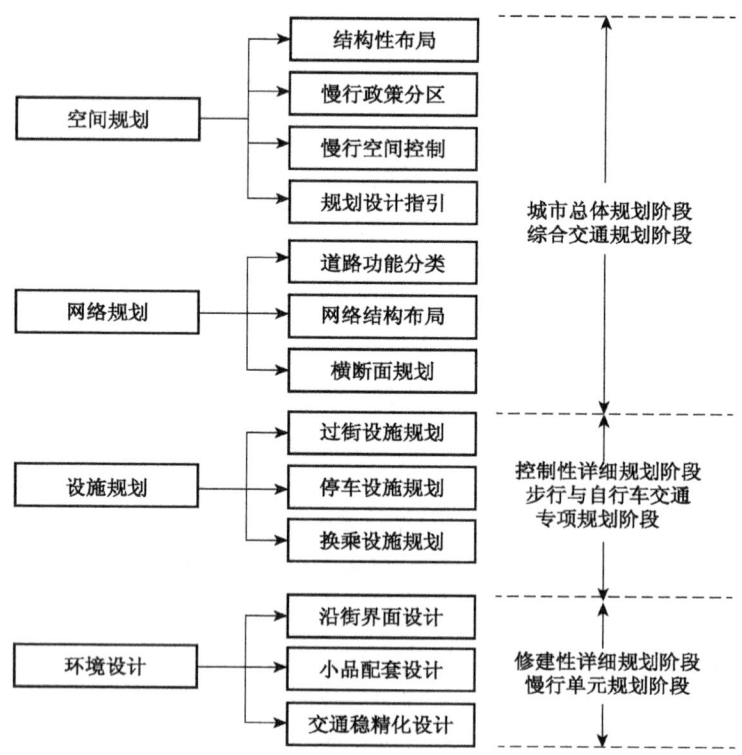

图2-3　城市步行与自行车交通规划体系图

2.3.1 城市总体规划阶段规划内容及要求

城市总体规划阶段的交通规划,重点在于城市综合交通体系规划,确定交通系统中各种交通方式的发展定位、发展目标、功能组织以及各交通子系统的布局和建设原则。针对步行与自行车交通,应重点明确以下三方面的内容。

1. 明确步行与自行车交通在城市综合交通体系中的地位和作用

在城市综合交通体系规划中,最主要的任务就是确定各交通方式的发展定位和目标,来有效分配和利用城市有限的交通资源。但由于步行和自行车的出行特征和对交通设施的需求各不相同,单纯静态的定量化方式分担率不足以支撑和指引深入的发展战略规划。应结合具体城市的规模和特征,明确步行与自行车方式在不同城市综合交通体系中的功能定位。

对于大城市,特别是已经建成轨道交通系统的大城市而言,城市规模尺度较大,居民平均出行距离较长,因此步行和自行车交通应重点发展与公共交通接驳的"最后一公里";而对于中小城市而言,步行与自行车交通特别是自行车交通往往与公共交通呈竞争关系,如果通勤距离在自行车可接受出行范围内,则可将自行车交通作为主导型的交通方式;对于拥有良好生态和自然条件的城市来说,可大力发展步行与自行车交通使其成为健身、休闲的重要活动载体。差异化的功能定位将直接影响到不同城市对待步行与自行车交通设施的组织思路,从而在总体规划中对相关设施布局和空间预留产生重大影响。

2. 明确步行与自行车交通分区

分区的目的也是为了体现不同区域间的差异化发展策略和规划设计要求。借助总体规划阶段综合交通体系规划中较为翔实的交通需求预测模型以及对土地利用空间布局的较好掌握,应在总体规划阶段对步行与自行车交通的空间组织形式进行梳理,并通过战略性的分区为下位规划打下基础。

3. 明确建立独立于机动车道路分级系统的步行与自行车道路系统

现有规划体系中,大都以"车本位"为指导理念,根据机动车交通的通行条件作为主要判定标准来制定红线宽度,使得步行与自行车交通的规划完全依附于机动车道路体系之上,而与实际的步行与自行车需求完全脱离。一些高快路的步行与自行车空间十分宽阔,但实际使用效率却不尽如人意,而次、支道路的步行与自行车空间狭窄,与其承担的繁复的生活性功能不相匹配,步行与自行车体验极差。因此,应在综合交通体系规划中,以实际步行与自行车需求为根基,建立独立于机动车道路分级系统的步行与自行车道路系统,通过典型道路横断面有所体现,并与总规中相关红线宽度的控制有所互馈。

2.3.2 控制性详细规划阶段内容及要求

控制性详细规划阶段的步行与自行车交通设施规划和设计,是针对布局规划中步行与自行车交通的各类节点设施、通道设施、网络设施的新建、改建计划,例如步行与自行车过街设施、步行与自行车通道(包括康体绿道、自行车道等)、步行与自行车网络的可达性等,在城市的重要地段如城市中心区、商业步行街区、滨河地区等,通过步行与自行车交通设施规划和设计来塑造高品质的步行与自行车空间;与周边建筑、构筑物协调;注重步行与自行车环境的人性化设计,完善步行与自行车设施的配套。

1. 落实控规图则

将控制性详细规划及法定图则和社区步行与自行车交通系统及设施设计规划相结合,形成互动,有助于步行与自行车交通设施的落实。步行与自行车交通设施落实到控规图则中,其目的是为了借助控制性详细规划的法定效力,强制性落实步行与自行车交通设施建设,为步行与自行车交通设施的建设寻求法律支撑。控规图则中落实相关步行与自行车交通设施的控制要求,有助于步行与自行车交通设施与开发建设的实施,开发建设的时候可以根据需要分阶段实施,远期实施的设施也能在控规的指导下,预留好空间,避免被占用空间而无法实施的现象出现。

控制性详细规划法定图则中,涉及步行与自行车交通相关的内容主要包括道路系统的确定、红线断面、地块出入组织、交通开口、静态交通设施布局要求及城市设计指引方面的公共空间与设施环境要求。

控规图则中道路系统的确定基本是对上位规划中确定的城市快主次道路系统的落实。在居住型社区的步行与自行车系统通道设施中,除了依托城市道路建立的步行与自行车通道外,还有相当部分的滨水、绿地专用步行与自行车通道,这部分应纳入图则控制范围。道路红线断面方面,除了控制道路红线的宽度,也需根据道路等级推荐道路断面的布置,对于断面上快、慢交通空间的分配问题应做出详细控制说明。地块的交通开口和出入组织、控制方面,应明确地块在周边道路开口中禁止开设机动车出入口的区域,考虑地块可能的步行与自行车交通出行要求。静态交通设施布局在考虑机动车停车需求的同时,应增加关于自行车停车的要求。城市设计指引方面可融合交通稳静化等理念,提升步行与自行车交通系统的人性化和精细化。

2. 步行与自行车交通分区

步行单元的理念按照步行交通的适宜尺度范围(500~800 m)划分,在实际规划中对步行单元提出差异化的发展策略和要求,可将步行分区、自行车分区与控规分区进行一定程度的结合,比如一个控规分区可包括一个或几个步行交通分区、自行车交通分区,则便于进行单独的步行或自行车交通规划设计,可以将规划策略、要求和最终规划方案与控规图则进行有效的结合,保障规划的落地。

第3章　步行与自行车交通特征分析

3.1　步行与自行车交通行为特征

3.1.1　步行行为特征

1. 个体特征

对于基本路段上的步行者,通常用步频、步幅和步行速度等参数描述个体步行特性;对于过街设施,则主要研究不同年龄和性别的步行者其不同的心理特征。

(1) 步频。步频指在步行者两腿在单位时间内交替的次数。个体步频通常介于每分钟 80~150 次,平均值为 120 次。

(2) 步幅。步幅指步行者两脚先后着地,脚跟至脚跟或脚尖至脚尖的距离。步幅多为 0.5~0.8 m,不同年龄、性别、身高都会有步幅差异。其中老年人和儿童的步幅较小,中青年人步幅较大;男性要比女性步幅大;高个子比小个子步幅大。同时,步幅大小也与上下坡和步行者精神状态有关,下坡时候步幅大,精神愉快的时候步幅较大。

(3) 步行速度。步行速度为步行者单位时间内行进的距离。相对其他交通方式来说,步行由于受到人的体力限制,因而速度比较缓慢。当出行目的相对明确时步行速度较快,相反则步行速度较慢,有时呈现出无目标的随机行为。

相关统计资料显示步行速度平均介于 0.7~1.7 m/s。表 3-1 列举了各年龄段人的步行速度以供参考。

表 3-1　各年龄段步行者的平均步行速度

年龄段	平均步行速度(m/s)
13~19 岁	2.7
20~49 岁	1.8
50~74 岁	1.5
大于 75 岁	1.1

不同的步行动作也会带来不同的步速。在立体步行空间中,楼梯步行上行速度一般为 0.55 m/s 左右,下行速度为 0.75 m/s,在我国的相关规范中,一般使用 0.5~0.8 m/s 的步速进行相关设施的设计。

2. 群体特征

(1) 占用宽度。如表 3-2 所示。

表 3-2 各类行人携负不同物品时占用步行设施的宽度

	一手提物或怀抱轻物	两手携轻物或一手与一肩负轻物	背负重物	背负重物手提物品	大人带一小孩同行	两肩挑重物
占用路宽(cm)	70~80	75~85	80~90	85~100	90~100	100~180
空间要求(m^2/人)	0.39~0.44	0.42~0.47	0.44~0.50	0.54~0.63	0.50~0.55	0.63~1.13

(2) 行人所需空间。人行道或排队区内提供给每位步行者的平均面积称为行人空间,单位为 m^2/人。行人密度是行人空间值的倒数。空间参数可在现场样本区域内观测到,通过给定时间间隔内最大行人数也可以确定该参数。

如图 3-1 所示,步行者站立时平均占用空间仅为 0.2 m^2/人,相较于其他交通方式(小汽车 1.8 m^2/人,自行车 1 m^2/人),步行具有明显的空间容量优势,且不需要停车等附加空间。因此在描述群体中个人空间的占用情况时一般取 0.22~0.26 m^2。各类行人空间对应的状态和相应通行能力描述如表 3-3 所示。

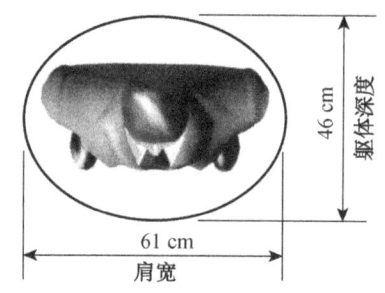

图 3-1 步行者站立时平均占用空间图

3. 步行心理特征

(1) 省力心理。步行出行是所有交通方式中自由度最高的一种出行方式。步行者可以自由支配体力,不用借助其他交通工具或手段就能顺利完成出行,因此在出行中步行者往往存在省力心理。

步行者们在选择步行路径时较为简单直接,从几何意义上来说会尽可能地选择最短路径向目的地移动。平面上来说,只要能够以最短的路径、最少的时间到达目的地。而从立体上而言,高差较耗费体力,因此是步行路径选择中一个非常关键的因素。目前的城市和交通设计中,为实现土地集约利用,解决人车冲突,行人空间特别是过街空间通常采用立体空间布设的形式。而从行人心理出发,步行者更愿意选择较短的平面路径,某些障碍物或是伴随着一定的危险性并不能成为他们绝对的阻碍。因此在规划设计时应充分考虑高差的因素,通过辅助工具(如扶梯、缓坡等)减少高差对行人路径选择带来的干扰。

表 3-3 各类行人空间状态和相应通行能力

人均空间 (m²/人)	通行能力 [人/(h·m)]	状态描述	图形说明
≥3.5	1 000	可站立或自由穿过排队区,自由选择步行速度,不会干扰其他人	
2.5~3.5	1 440	可以正常的步行速度行走,可完成同方向的超越	
1.5~2.5	1 830	步行速度和超越自由度受到限制,该密度仍在人舒适范围内	
1.0~1.5	2 500	站立时可能与他人接触,步行活动受到较大限制,只能随着人群一起向前走,长时间处于该密度下较为不舒服	
0.5~1.0	2 940	站立时不可避免同他人接触,不能按照正常步行速度行走,部分区域出现停滞人流	
≤0.5	3 600	人群中所有人与周围人都有直接的接触,处于交通瘫痪状态,且人群中存在潜在的恐慌	

当步行作为一种休闲活动方式时,一般不具有较明确的目的。此时的步行路径选择较为自由化,无明显规律可循,人的步行速度也较为缓慢。此时步行行为与沿街用地将产生充分的互动关系,为城市带来活力。在配置相关休闲步行网络时应充分考虑这些心理因素。

(2) 过街心理特征。不同年龄和性别的步行者有不同的步行心理特征,如表3-4所示。对步行者心理特征的了解有利于步行交通设计和管理。

表 3-4　不同年龄层步行过街心理特征

年龄层	过街特性	原因分析
儿童和少年	不注意/游戏/跑步穿越	活泼好动,反应快,但是生活经验少,认识力有限,对交通安全常识认识不足
青壮年	正常过街	感知敏锐,反应快,应变能力强,比较熟悉交通规则
老年人	犹豫不决	反应较慢,不能正确估计车速和自己横穿道路的速度

人的行为方式可划分成四种类型:迟钝型、轻率型、机敏型和慎重型。在研究过街行为时,机敏型和轻率型的人都趋于选择较小的车头间距,区别在于后者成功的概率低,发生事故的可能性大;慎重型和迟钝型的人都趋于选择较大的车头间距,区别在于后者都会错过一些可接受车头间距。

(3) 从众心理。从众心理在步行行为中的表现为:步行路径的选择容易受到外界人群选择的影响,从而产生与大多数人相同而非理性思考后的路径选择结果。例如违章穿越马路的行为;无法辨认目的地方向时倾向于选择去往人多的地方等。数据显示在地理距离完全相同的情况下,72%的步行者会选择人较多的路径而不考虑其他因素。

3.1.2　自行车行为特征

1. 个体空间

自行车骑行者需要一定的空间来参与交通。这个空间是由自行车及骑行者的尺寸以及横向运动(偏离行驶路径)决定的。自行车被限制在一条直线上,只能通过改变速度来实现稳定的行驶。在 20 km/h 左右的速度下,可通过轻微转向或肢体运动保持自行车稳定。速度越低则需要越多的肢体运动来保持车辆的平衡。当速度超过 11 km/h 时,由于路径偏离所需求的道路宽度为 0.2 m,在侧风及路面干扰的影响下,保持自行车平衡所需要的道路宽度则扩大到 0.3 m。若骑行者将自行车的速度降低到 11 km/h 以下,则需要更多的净空间来活动车把以保持平衡。例如,在遇到交通信号灯时,骑行者需要从站立开始启动。自行车制造商和骑行者决定了自行车的尺寸,同时与摆动量一起决定了所需要的净空间,如图 3-2 所示。

2. 骑行阻力

自行车是由骑行者的肌肉力量来驱动的,而骑行者所能产生的能量是有限的。额外的阻力无法通过对加速踏板施加简单的力来克服,这就需要通过更多的物理运动来克服。适合自行车骑行的道路设计的目的是将能量的损失尽可能地降到最低。因此,有必要对造成能量损失的这些主要部分进行研究观察,其主要包括:链条及轴承摩擦造成的损失;轮胎及路面之间的滚动阻力;风阻(包括可能出现的逆风);车架、车座及轮胎振动造成的损失;制动及齿轮传动;上斜坡时重力引起的损失。一辆保养良好的自行车本身所包含的摩擦阻力只占全部阻力的很小一部分（1%～1.5%），对此道路设计者无能为力。而其他部分产生的阻力则与道路设计者息息相关。

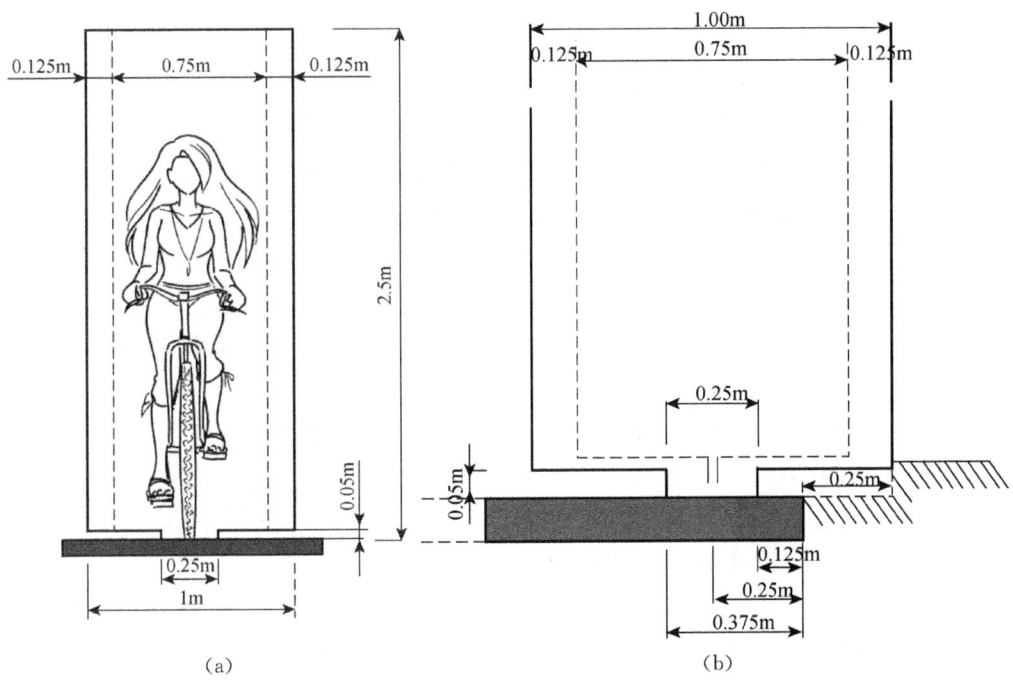

图 3-2　自行车占用空间与侧向净空间

滚动阻力和振动引起的能量损失主要是由路面状况造成的。空气阻力只有在高速（大于 20 km/h）情况下才开始起作用，它也会随着车速的增加而变得更加重要。自行车无法像帆船一样利用侧风，而由侧风产生的大量摩擦却使骑行者感觉到阻力。例如，建筑物之间产生的湍流以及风的强度的变化都给自行车行驶带来了更多的困难。

3.2　步行与自行车交通流特征

3.2.1　步行交通流特征

步行交通流特性包括行人流量、人流密度、人流平均速度等。步行者群体的交通特性是规划、设计行人交通设施的重要依据。

➢ 行人流量（P）：即在单位时间通过某一点的行人数量，是最重要的设计参数,单位是人/(h·m)、人/(min·m)或人/(s·m)。
➢ 人流密度（D）：单位步行空间里行人个体的数量，单位是人/m^2。一般用单位行人所拥有的交通面积表示更加易于理解。
➢ 人流平均速度（S）：某一时刻一段步行道范围内，所有行人步速的平均值，单位是 m/min 或 m/s。

行人步行速度通常用单位时间内通过的距离表示。当与人行道联系在一起时，速度一般指在人行道设计范围内，该路段上所有行人的平均速度。

当没有被拥挤的人群密度和其他交通阻碍影响时，行人步行速度的变化范围很大。各类步行速度的平均值一般变化于 0.5～2.16 m/s，主要集中在 1.0～1.3 m/s。美国的 HCM2000 中取 1.2 m/s 作为行人步行速度，同时又指出行人步行速度依赖于老年人（超过 65 岁）的比例，当老年人比例超过 20% 时，HCM 推荐采用 1.0 m/s 作为行人的步行速度。相关调查分析显示，国外步行速度较我国一般约高 0.2 m/s。

（1）水平路段步行速度。各国学者研究的自由步行速度在 0.5～1.5 m/s，平均为 1.3 m/s，我国规范采用 1.0～1.2 m/s。

（2）行人过街人行横道上的步行速度。行人过街的步行速度较人行道上的步行速度高，原因是行人想尽快穿过车行道的危险区。

（3）行人上下天桥、地道的步行速度。天桥、地道上行速度稍慢，而下行速度稍快，老年和妇女更加明显。我国观测出的步速和日本观测值相近，其平均值大致为 0.55～0.94 m/s，我国规范采用 0.5～0.8 m/s。

3.2.2 自行车交通流特征

自行车车流的形态同机动车车流相比存在着根本的差别。机动车车身有相当的宽度，行驶在固定宽度的道路上不便也不宜在横向任意穿插，行动受到前车的严格限制。特别是在划分车道的道路上，机动车基本上（除超车过程外）在一条车道上跟着前车行驶，车流总体上呈一条车道形成一条跟车行驶车流的形态。而自行车车身狭窄，特别是车头、车尾远较车把更为狭窄，加上转向灵活，在道路上行驶时，前后车之间可互相任意穿插、绕越。即使在十分密集的情况下（红灯时停车线前的停车），后车的前轮尚可穿插在前车的后轮之间，不会也不必像机动车那样后车必须紧跟前车形成一条车流，而是在道路上成群成团行驶。交通量大时，特别是在信号灯交叉口下游路线上，自行车流在道路整宽上呈成团行驶的形态。

1. 自行车交通流总体特性

（1）摇摆性。自行车转向灵活、反应敏捷，在骑行过程中可以在自行车道宽度方向随意行驶，没有固定的车道线来限制其前进路线，自行车在前进过程中经常偏离原有的前进方向而呈现左右摇摆的"蛇行"前进状态。同时自行车在行驶中也常因为超车、让车或避让障碍物等情况而出现横向摆动。

(2) 群体性。自行车交通流在路段上并不严格保持有规则的纵向行列前进，而是经常出现成群前进。造成自行车成群前进的原因有两个方面：一是受上游交叉口红灯的集聚作用，导致在路段上某一时间断面的自行车流明显高于其他时间的自行车流强度，而出现"集团式"的行进状况；其次是骑行者因为共同的出行目的而喜欢在道路上并排骑行，从而影响后面车辆的超越，形成自行车成群前进的现象。自行车团是一个动态的过程，当后面期望车速较快的自行车寻找到空档完成超越后，自行车团就消失，在下一个较慢的车辆集中处，又会形成新的自行车团。

(3) 离散性。与成群性相反，有些骑行者为了不受自行车群中其他骑行者的约束与干扰，或不愿在陌生人群中骑行，也不愿紧紧尾随在别人之后，往往选择车辆少、空档大的路段骑行，与其他车辆保持一定的距离，或者超前单行，或滞后一段单行，这样行驶起来可以自由、机动，这一点在女性群体中尤为显著。

(4) 多变性。由于自行车机动灵活、易于转向、加速或减速，因此骑车速度与自行车流向经常发生变化。骑行速度较快者经常穿插空档，因此自行车的速度、方向呈现多变的特点。速度与方向的变化与自行车流量大小有关。当流量较低的时候，自行车能够自由骑行，此时自行车的速度不会发生太大变化，而方向则会呈现自由摆动。当流量上升到一定程度后，自行车的速度变化增加，方向变化则更加明显，主要方向变化在于寻找前方的空档超车穿行。但流量继续上升后自行车行驶受到限制，基本没有空档可以穿插，这时车队的速度都保持较为均一，方向变化也减少。

(5) 连续性。连续性假设是自行车流流体力学分析的理论基础。真实流体的连续性本质上是相对的概念，自行车车流也可以相对的把它看作连续介质，这其中只是一个时间或空间粒子的大小选取的问题，或者是典型时间和典型长度的选取问题。

自行车流密度大约为 $0.01\sim0.7$ 辆/m^2。正常流动的自行车流，其密度就以 0.05 车辆/m^2 计，车辆与车辆之间的平均距离为 9 m，至少也要 900 m 左右的典型长度才能将自行车流看作是连续的，而这 900 m 的距离实际上往往是道路上两个交叉口之间的距离。因此，典型长度意义上的严格的连续的自行车流是不存在的。严格来说，理论上的自行车流不能作为一种连续流，但是从工程的角度出发，也不排斥应用自行车流的连续性假设解决实际问题。

(6) 胀缩性。由于在交叉口自行车的加速与减速随意性很强，加力与刹车均是在自我保护的意识下完成的，自行车在路段上和交叉口上都可以很快地完成自我调节。因此自行车交通流具有可压缩性。自行车流的密度是随通行空间的宽度和自行车流量而变化的。

(7) 行为性。自行车流的每一个"质点"(单辆自行车)都是由人力驱动控制的,渗透了人的某种行为现象在其中。每个人都有自己的目的地和期望车速,即自行车流的行为性。

2. 自行车流路段运行特征

(1) 自行车流沿车道的横向分布特征。高峰时间内自行车流的横向分布是不均匀的,自行车交通流主要集中在自行车道的靠近机动车道的部分。自行车交通与机动车交通在路段上的相互干扰主要源于自行车交通对行驶空间的需求。对于空间的需求越高,自行车插入机动车道行驶的可能性越大,进入机动车道的自行车也越多。当自行车道负荷度较大时,骑行者的自由行驶空间受到限制,这时自行车往往要借助机动车道来完成超越其他自行车的行为。公交站点及路边停车的设置占用了自行车行驶空间,也会导致自行车在路段上插入机动车道行驶,如图 3-3 所示。

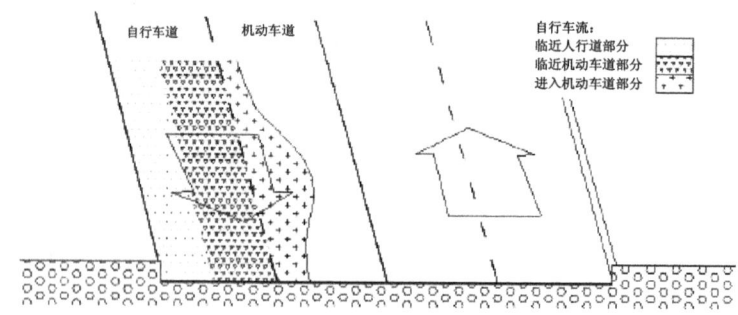

图 3-3 自行车流的横向分布特征示意图

(2) 自行车流的渗流运动特征。在机非混行的道路上,当机动车道上的车辆拥挤或排队时,由于机动车道宽度要宽于车辆本身,骑行者会利用机动车道慢慢向前移动,穿插入机动车交通流中,形成渗流运动。有研究表明自行车的这种渗流运动能提高饱和流量,而很少带来机动车辆的延误。并且当机非混合交通流中自行车比例为 25% 时,渗流运动使得饱和流量提高了 40%,而对道路通行能力没有任何的影响。

3.2.3 自行车流交叉口运行特征

交叉口内自行车的骑行特性主要有以下几点:

1. 集团的散布与迭加

自行车交通流在交叉口处呈现离散和迭加的趋势。绿灯启亮后自行车以集群形式驶出交叉口,随着行驶时间的增加,由于速度上的差异,自行车交通流表现出明显的离散趋势。当下一周期绿灯驶出的速度较快的自行车汇入本周期自行车集群中时,自行车集群又表现出了局部的迭加趋势。但从整体来看,自行车离散的趋势大于迭加的趋势。

2. 车速的自我调节

自行车出行者在行驶过程中,会受到前方交叉口信号灯的提示作用而自行调节行驶速度,以便尽量不停车通过交叉口,从而形成了一种车速自我调节的机制。虽然随着流量的增大,这种调节机制有所减弱,但仍然非常显著。

3. 启动损失时间小

由于自行车自身的特性,在交叉口的运行中,启动损失时间很小,完全可以忽略不计。

自行车交通流启动损失时间和绿灯损失时间很小,集群的离散趋势较大,并且车速的自我调节机制较强,因此一般对于相邻交叉口间不采用信号协调控制,而是采用较短的周期,减少停车次数和等待延误时间,发挥自行车对于车速的自我调节机制,避免因在交叉口处闯红灯抢行造成交叉口交通秩序混乱。

图 3-4 展现了混合交通流绿灯初期速度,图中的纵横坐标分别为距离和时间。图 3-5 是混合交通流的饱和状态比较。S 表示距离,T 表示时间,Q 表示流量。当时间 T 在 $A_1 \sim A_2$ 范围内时,机动车速度<行人速度<自行车速度,而当时间 T 大于 A_3 时,机动车速度>自行车速度>行人速度。混合交通流在绿灯的不同阶段,特别是绿初和绿尾阶段运行速度存在着较为显著的差异。

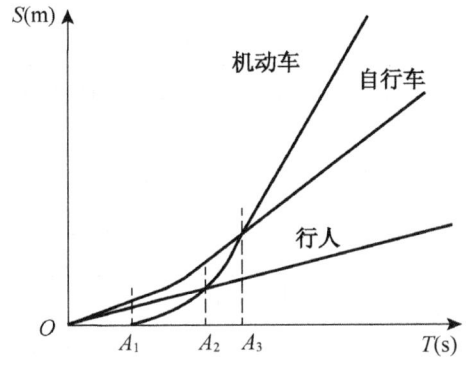

图 3-4 混合交通流绿初速度比较

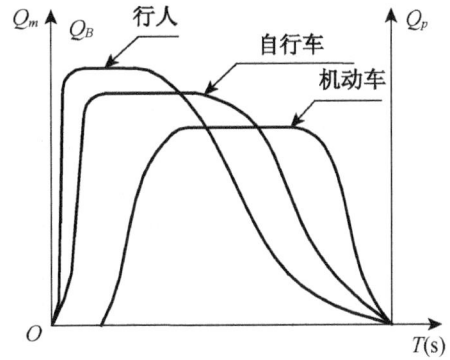

图 3-5 混合交通流饱和状态比较

由图 3-5 可以看出,绿灯启亮后行人和自行车交通流比机动车交通流维持的饱和状态时间短,饱和状态出现的时刻则相对较早。城区的街巷体系中,机非混行的道路较多,应当充分利用混合交通流之间的在启动时间以及饱和状态出行时间上的差异性,在时间资源上协调信号相位,在空间上减少交通流之间的相互冲突,有效地提高通行能力、通行效率和安全性。

3.3 步行与自行车出行特征

3.3.1 步行与自行车出行分担率

表 3-5 为江苏省部分城市近二十年步行与自行车交通出行方式分担率的变化情况,在近二十年中大部分城市的步行交通出行方式分担率超过 25%,自行车交通方式(包括电动自行车)的分担率超过 40%,这表明步行与自行车出行方式一直都是江苏省城市居民最主要的出行方式之一。但随着机动化交通的快速发展和城市规模的扩大,步行交通与自行车交通出行方式分担率大幅下降,需要从城市用地布局、道路系统的合理布置等方面为步行与自行车交通提供适宜、舒适、方便的环境,确保步行与自行车交通在城市交通中的重要地位。

根据住房城乡建设部在 2012 年的《关于加强城市步行和自行车交通系统建设的指导意见》中规定的发展目标,到 2015 年,市区人口在 1 000 万以上的城市,步行和自行车出行分担率应达到 45%以上;市区人口在 500 万以上、建成区面积在 320 km² 以上或人口在 200 万以上、建成区面积在 500 km² 以上的城市,步行和自行车出行分担率应达到 50%以上;市区人口在 200 万以上、建成区面积在 120 km² 以上的城市,步行和自行车出行分担率应达到 55%以上;市区人口在 100 万以上的城市,步行和自行车出行分担率应达到 65%以上。

表 3-5 江苏省部分城市居民出行方式构成比例的变化(%)

城市名称	步行	自行车	常规公交	摩托车	出租车	单位车	私家车	统计年份
南京	26.3	29.5	27.1	0.4	2.8	2.0	11.7	2014
	26.8	42.7	18.6	1.3	3.8	2.3	2.6	2006
	25.5	57.9	8.2	2.2	0.9	4.5	—	1997
徐州	21.8	54.7	14.7	3.8	1.0	2.0		2003
	37.1	50.3	2.7	0.8	1.4	1.9		1998
苏州	26.5	17.9 (20.7*)	10.4	7.5	10.4	4.3		2006
	27.7	41.8 (12.6*)	6.4	6.7	6.4	2.9		2000
	18.8	63.7 (4.8*)	4.3	5.5	4.3	2.9		1996
泰州	15.6	58.4	5.7	12.1	0.4	0.7	5.4	2011
	15.5	53.5	4.7	21.3	1.4	1.5	1.4	2003

注释:* 为电动自行车出行方式分担率;—为无数据。数据来源自南京市、徐州市、苏州市、泰州市综合交通规划。

1. 步行交通分担率

在过去的 30 年里,国内城市的步行交通分担率总体上呈现缓慢下降的趋势,但依然占有很大的比重。表 3-6 为 11 个国内城市在过去的 30 年中步行交通分担率的变化情况,计算这些城市步行交通分担率的均值可以发现在过去的 30 年中城市平均的步行交通分担率从 41% 下降到 33%。

表 3-6 14 个国内城市步行出行分担率变化情况

城市	年份	分担率(%)	年份	分担率(%)
上海	1986	38.00	2006	28.30
天津	1981	42.63	2009	22.60
重庆	1985	69.20	2014	46.30
沈阳	1985	29.63	2004	29.70
西安	1987	29.05	2005	26.80
杭州	1986	27.60	2005	30.80
合肥	1992	47.40	2010	25.52
贵阳	1987	69.74	2007	43.57
昆明	1994	33.22	2006	33.05
马鞍山	1993	38.17	2003	47.10
佛山	1994	27.00	2010	34.48

注释:数据来源自石家庄市、天津市、沈阳市、合肥市综合交通规划,杭州市慢行交通规划,上海市中心城步行交通规划,徐州市公共交通发展规划,佛山市道路交通安全规划,昆明市交通发展年报,交通工程手册(中国公路学会),不同城市交通出行特征分析(清华大学交通研究所),Walkability and Pedestrian Facilities in Asian Cities:State and Issues(亚洲开发银行)。

步行是城市居民最主要的出行方式之一,不但在城市综合交通系统中发挥着不可替代的作用,也在城市可持续发展中扮演着重要角色。步行交通出行是指具有一定的出行目的,行走在城市道路上,时间在 5 min 以上的步行行为。与其他交通方式不同,步行交通因其灵活、距离短等出行特性,可分为独立性出行和接驳性出行两种形式:独立性步行是指以步行方式完成全部出行的过程,即只采用了步行这一种方式的出行,在通勤、通学等出行中,步行交通承担着 1~2 km 的短距离出行;接驳性出行是指通过步行衔接出行起讫点与以小汽车、公共交通(地面公交、轨道交通、公共自行车)、自行车等路径以及中间换乘的出行,也就是通常所说的"最后一公里"。

不仅仅是步行的出行比例,城市的交通出行结构也影响着步行交通相关的体系构建和设施配置。例如山地或丘陵城市中自行车的出行比例较低,意味着城区道路资源中自行车的行驶路权要小于平原地区城区的路权分配,而对步行设施尤其是立体步行设施就提出了更高的要求。以长三角地区的大城市为例,现阶段各城市出行结构和步行出行分担率如表 3-7 所示。

表 3-7　长三角地区部分城市出行结构(%)

城市	年份	步行	自行车	公共交通	私家车	其他
南京	2015	26.3	29.5	27.1	2.8	14.3
杭州	2005	30.8	33.1	20.6	0.8	14.7
无锡	2013	22.2	37.4	18.1	0.9	21.4
苏州	2006	26.5	38.6	10.4	4.4	20.1
常州	2008	21.4	34.1	11.9	0.8	31.8
连云港	2006	27.2	45.3	7.1	1.9	18.6
镇江	2012	20.7	36.2	15.5	5	22.6
南通	2012	22.1	50.3	9.4	0.9	17.3

数据来源:2015 南京交通发展年度报告、杭州市慢行交通规划、镇江市慢行交通规划、南通市慢行交通规划。

由表 3-7 中数据可看出,步行交通分担率均在 20% 以上。但不同的城市规模步行的出行比例不同,在公共交通系统较发达,特别是轨道已开通并运营一段时间的大城市,步行的出行比例较高。这是因为其步行出行除了独立性出行外,包含了更多接驳性出行。因此提高城市步行分担率不仅需从完善城市步行交通设施入手,也可通过加强公共交通系统的建设及与公共交通系统的衔接来达成。

近十年来南京市交通出行结构方式变化如图 3-6 所示。南京建设用地面积从 2009 年的 203.9 km² 增长到了 2014 年的 212.5 km²,年均增长率约为 0.83%。而公共交通客运量也由 2005 年的 12.4 亿人次增长到 2014 年的 18.8 亿人次。这期

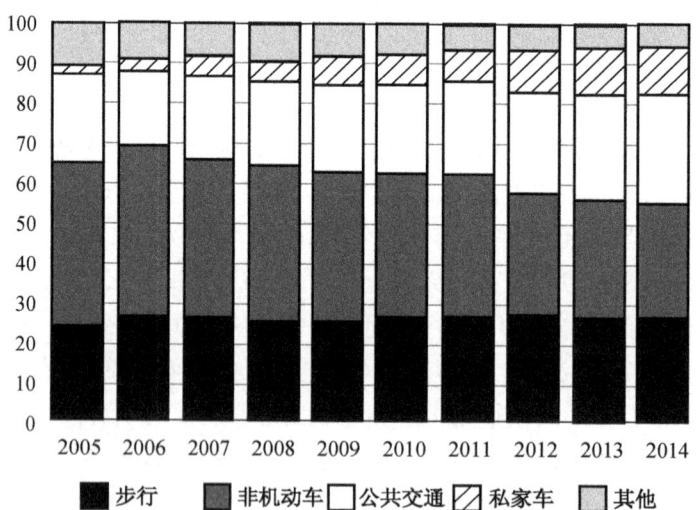

图 3-6　2005—2014 年南京市主城中心区交通出行结构方式变化

数据来源:2015 南京交通发展年度报告

间步行交通的出行分担率始终稳定在25%左右,现阶段步行出行仍然是对城市居民吸引力较大的出行方式。

但值得注意的是,步行出行不需要借助任何交通工具,且出行距离和时间都较短,在实际的居民出行调查中,一方面在多模式出行的过程中,传统的调查只能记录其中的公共交通出行而遗忘两端的步行出行,另一方面在回忆的过程中,一些较短距离、非通勤的步行出行容易被忽略而漏报。因此大城市中心区的步行出行实际远高于居民出行调查中反映的数据。

2. 自行车交通分担率

近三十年来,自行车交通逐步进入下降期,依据不同城市出行调查数据的对比,绝大多数城市的自行车交通方式分担率呈现下降趋势,平均下降率在2%左右,电动自行车在自行车中所占的比例显著上升。虽然一些城市自行车出行比例仍然较高,但是随着机动车交通的快速发展和城市规模的扩大,自行车交通出行方式分担率仍然可能出现一定幅度的下降。表3-8为国内部分城市近三十年来的自行车出行分担率的变化情况。

表3-8 国内部分城市自行车出行分担率变化情况

城市	年份	分担率(%)	年份	分担率(%)
上海	1995	38.4	2004	25.2
北京	2000	38.5	2009	18.0
天津	1993	60.5	2005	47.6
沈阳	1996	54.1	2004	38.9
郑州	1987	63.1	2000	48.7
西安	2000	33.6	2008	11.5
杭州	1997	60.8	2014	35.8
哈尔滨	1986	28.5	2000	14.3
无锡	1986	55.7	2013	33.5
常州	1986	52.4	2005	34.2
镇江	1993	58.1	2012	36.2
绍兴	1986	72.0	2007	30.4
常德	2001	27.1	2007	14.0

3.3.2 步行交通出行特征

出行特征数据主要参照各城市居民出行调查中起讫点的相关数据及规划。数据的预处理以2012年南京市居民出行调查数据为例,调查数据中共记录了11种交通方式,分别为步行、自行车、电动自行车或助力车、地面公交、轨道交通、私家车、出租车、摩托车、单位小车、单位大车以及其他,根据研究重点,将出行方式整合为五大类,分别为步行、非机动车(对应自行车、电动自行车或助力车)、公共交通(对应地面公交和轨道交通)、私家车及其他(对应出租车、摩托车、单位小车、单位大车和其他)。出行目的中将原始的9类整合为6类,分别是上班、上学、公务、购物、其他(对应休闲娱乐、探亲访友、看病及其他)与回程,其中回程与其他出行目的间存在明显的关联性,故相关研究不展开对其的讨论。

1. 步行出行目的

在服务不同出行目的时,步行在所有交通方式中所占的比例存在较大差异,如图3-7所示。利用步行出行完成购物活动占到了所有出行方式中的近1/2;而上学和其他次之,学生大多就近入学并采用步行方式,其他目的中也大多是步行能够完成的短距离简单出行,步行比例约占到了1/4;办理公务需要追求效率和形象,步行出行的比例最少,仅达到不足1/6的水平。

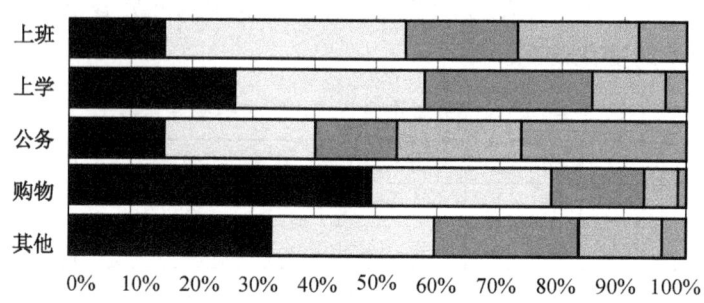

图3-7 南京市主城中心区不同出行目的的出行方式比例

数据来源:2012年南京市居民出行调查报告

不同出行方式的出行目的比例如图3-8所示。在步行完成的所有出行中,上班、购物和其他的绝对数量较高,分别占到了16.6%、15.8%和13.1%。与图3-7

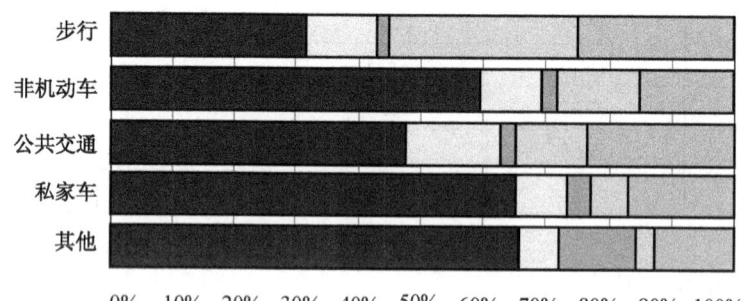

图3-8 南京市主城中心区不同出行方式的出行目的比例

数据来源:2012年南京市居民出行调查报告

对比可发现,虽然步行在上班出行中的分担率不高,但从绝对数量上来看,通勤出行仍是步行出行中重要的组成部分。相较于非机动车和私家车,通过步行完成的购物及其他目的有着非常高的比例和绝对数量,说明步行在这些目的的出行中占有重要的优势。

2. 步行出行时耗与距离

在居民出行调查中没有直接的出行距离数据,只能通过出行的起讫点来大致估算出行的距离。但由于步行的出行距离较短,有很大一部分步行出行属于交通小区内的出行,根据传统的出行距离推算方法这些出行的起讫点都将是同样小区的形心点,在数据的分析中无法准确的进行估计。虽然国内外学者对区内外出行距离的提取进行了诸多探讨,但由于不同条件下的步行速度浮动不如机动交通显著,可从出行时耗数据中推算出行距离的分布。

以 5min 为间隔,统计出步行出行的时耗分布规律如图 3-9 所示。可以看出步行出行的时耗峰值集中在 5~10 min,平均出行时耗为 19 min(全方式出行平均时耗为 30.9 min)。步行出行的中位数为 6 min 左右,75% 位数在 12 min 左右,绝大多数步行出行集中在 40 min 内,40 min 以上的出行仅占到了 4.1%。

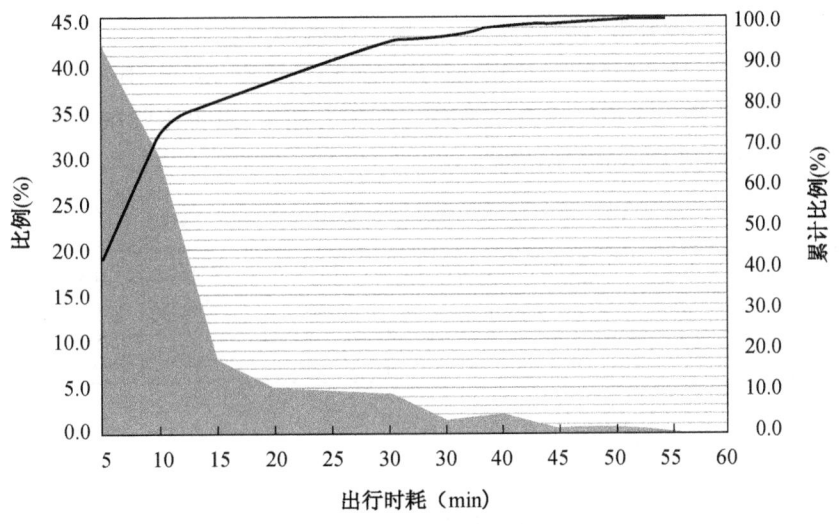

图 3-9 南京市主城中心区步行交通出行时耗

数据来源:2012 年南京市居民出行调查报告

步行距离受到人体自身技能较大的约束,一般人很少使用步行完成中长距离的出行。人们可接受的步行出行距离也受到许多外部环境因素的影响,如气候、高差、步行环境等。根据上文步行速度和出行时耗的特征分析,平均步行出行距离在 1.4 km 左右,1 km 以内的出行(出行时耗为 12 min 以内)占所有步行出行中的 75%

左右,3 km 以内的出行(出行时耗为 30 min 以内)占所有步行出行的 95%左右。

4. 步行出行起讫点用地类型

居民出行调查中将起讫点用地类型分为了 10 种,分别为居住、商业金融、商务办公、科研院校、医疗卫生、体育运动、文化娱乐、公园绿地、工业仓储和其他。

不同用地性质的步行交通发生吸引量有所区别,如表 3-9 所示,科研院校、商业金融和居住的步行比例较高,是步行活跃的发生吸引源所在,而工业仓储步行比例较低。

表 3-9　不同用地性质的步行交通发生吸引比例

步行分担率	居住	商业金融	商务办公	科研院校	医疗卫生	体育运动	文化娱乐	工业仓储	公园绿地	其他
出行发生地(%)	18.06	20.25	12.48	19.32	2.45	2.13	3.12	3.68	14.91	3.59
出行吸引地(%)	18.40	20.33	12.77	19.26	2.31	2.48	3.07	3.60	15.50	2.29

根据这些数据可分析步行出行对各土地功能的连接。在 90 种连接类型中,筛选出超过步行出行总量 2%的用地类型组合,得出分布如表 3-10 所示。可以看出居住是步行出行中最多相关的起讫点,占到了所有出行的 89.1%,与之有着较强出行联系的用地类型从高到低分别是商务办公、商业金融、学校、其他、公园绿地和文化娱乐,对比上文关于步行出行目的的分析较为符合,说明这些用地类型在步行交通系统规划中应予以高度的重视。

表 3-10　不同用地性质的步行交通发生吸引比例

步行连接的土地使用	居住-商务办公	居住-商业金融	居住-科研院校	居住-其他	居住-公园绿地	居住-文化娱乐	合计
比例(%)	27.9	18.7	16.3	12.1	11.0	3.1	89.1

3.3.3　自行车交通出行特征

自行车交通出行特征可以从出行方式、出行目的、出行距离、出行时耗和出行时空分布特征来进行研究。本节的研究数据来自于苏州古城区 2013 年居民出行调查数据。

1. 出行目的

如图 3-10 所示,苏州古城区的通勤比例为 23%,低于全市的交通性出行的比例 28%;休闲性出行比例高,达到 32%,比全市高出 5%。苏州古城区自行车出行目的主要为回家、上班和购物餐饮,交通性出行和休闲性出行所占比例分别为 29.7%、26.5%。如表 3-11 所示,对于不同的出行目的,自行车出行选择的比例都处于30%~40%区间内,交通性出行和休闲性出行中自行车出行所占比例分别为38.6%、34.4%。

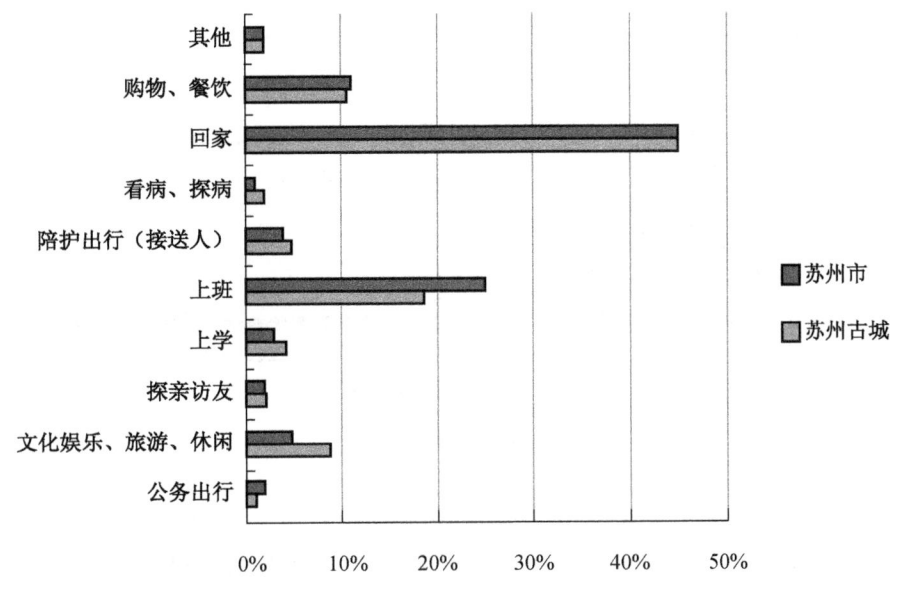

图3-10 自行车出行目的对比

表3-11 不同出行目的中自行车出行方式所占比重

出行目的	公务	购物餐饮	回家	看病探病	陪护出行	其他	上班	上学	探亲访友	娱乐旅游
比重(%)	23.3	31.6	29.3	9.9	38.8	28.0	40.6	30.5	29.1	12.0

2. 出行距离与时耗

从出行空间距离上看,自行车的出行距离在4 km范围内,占85.56%。其中,0~2 km范围最集中,占到59.32%。超过4 km以上的自行车出行者仅占总数的15%左右,如表3-12所示。电动自行车出行距离较自行车更长,83.34%的居民日常电动车出行距离在6 km以内,骑电动车出行6 km以上的仅占16.66%,如表3-13所示。相关出行中电动自行车方式平均出行距离6.2 km,地铁的平均出行距离11.6 km,公交方式平均出行距离8.7 km,小汽车方式平均出行距离11.0 km,如图3-11所示。

表3-12 普通自行车出行距离分布

出行距离(km)	0~2	2~4	4~6	6~8	>8
比重(%)	59.32	26.24	7.98	4.71	1.75

表 3-13 电动自行车出行距离分布

出行距离(km)	0~3	3~6	6~9	9~12	>12
比重(%)	52.27	31.07	7.28	4.69	4.69

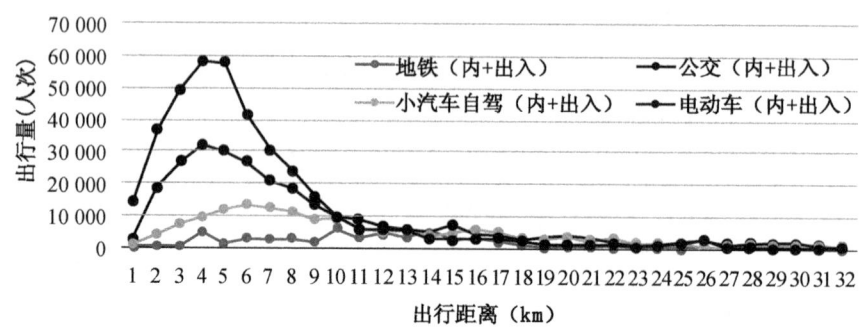

图 3-11 不同出行方式出行距离分布

表 3-14 可以看出,电动自行车平均出行时耗为 23.5 min,出行时耗主要集中在 30 min 以内,占 89.22%,出行时耗在 6~30 min 的电动自行车出行比例占总电动自行车出行的 86.7%。普通自行车平均出行时耗为 19.8 min,出行时耗也主要集中 30 min 以内,出行时耗在 10~30 min 以内的占比约 87.8%。电动自行车与普通自行车相比,出行时耗在 21~30 min 的比例稍高一些,在 20 min 以内的比例稍低一些,差别较小,并且出行时间在 5 min 以内的比例很低,这可能是由于出行时耗在 5 min 以内,距离较短,步行的出行选择意愿较高,如图 3-12 所示。

表 3-14 自行车出行方式的出行时耗结构(%)

出行时耗(min)	0~5	6~10	11~15	16~20	21~25	26~30	31~35
电动自行车	2.55	18.34	20.40	17.78	5.27	24.88	2.05
普通自行车	3.46	21.66	23.98	16.21	5.61	20.29	1.59
出行时耗(min)	36~40	41~45	46~50	51~55	56~60	60~65	>65
电动自行车	3.51	1.75	0.94	0.19	1.78	0.42	0.15
普通自行车	2.49	1.59	0.79	0.23	1.36	0.51	0.23

分析不同时耗的出行方式结构,如表 3-15 所示,出行时耗在 20 min 以下的出行者以步行为主,出行时耗在 20~40 min 的出行者首选电动自行车,出行时耗在 40 min 以上的出行者倾向于使用公共汽车出行。

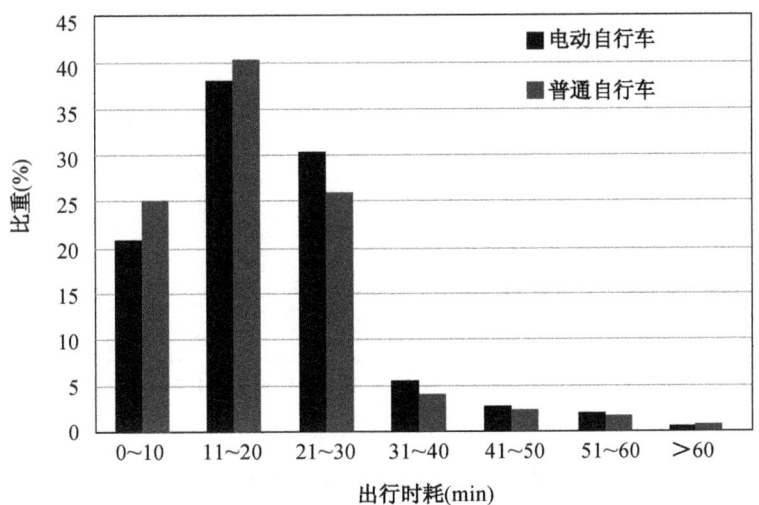

图 3-12 普通自行车与电动自行车出行时耗对比分析

表 3-15 不同出行时耗的出行方式结构(%)

时耗(min)	公共汽车	单位班车	出租车	摩托车	小汽车	普通自行车	电动自行车	步行
0~10	1.0	0.3	0.4	1.3	18.2	7.9	17.5	52.8
10~20	4.5	0.8	0.3	0.9	19.1	9.6	31.4	32.8
20~30	11.7	1.0	1.1	1.1	25.5	9.0	33.5	16.6
30~40	23.1	4.8	0.2	0.5	23.9	4.8	33.0	8.3
40~50	31.8	7.3	1.3	0.8	25.4	5.6	22.3	5.0
50~60	39.6	9.0	1.1	0.6	25.4	1.1	19.8	2.3
>60	47.3	15.1	0.0	0.5	10.4	2.4	14.3	7.3

3. 出行时空分布特征

(1) 出行时间分布特征。图 3-13 展示了苏州古城区电动自行车和普通自行车在不同的时间点的出行比重。电动自行车和普通自行车在不同时间点表现出了高度的一致性,主要呈现出两个高峰,其出行量占全天出行量的 60% 以上。早高峰时间段为 7:00—9:00,占全天出行量的 38.53%,其特点是流量集中,主要出行目的为交通性出行。16:00—18:00 是城区早晚出行的晚高峰期,占全天出行的 22.71%,出行目的较为多样化,一般为下班顺带购物及休闲娱乐出行。中午前后自行车出行量较少,可能是由于中午时间居民回家吃饭较少,选择自行车出行的也比较少。

(2) 出行空间分布特征。表 3-16 展示了 2010 年苏州古城区道路高峰小时自

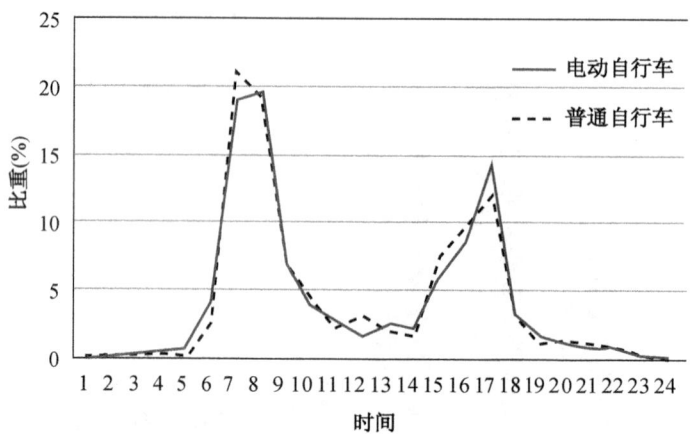

图 3-13 自行车出行时间分布

行车交通量。由表可以看出自行车高峰小时双向流量大于 10 000 辆/h 的路段共有 5 个,这 5 条路段是自行车交通的重要通道。自行车交通流量主要还是分布与主次干道上,这可能是因为与居民出行的流量主方向有关,并且主次干道上自行车专用道对于骑行者的吸引更大。

表 3-16 2010 年苏州市城区道路高峰小时自行车交通量

路段名称	道路走向	双向交通量(辆/h)
人民路	南北向	12 668
三香路	东西向	12 552
凤凰街	南北向	7 671
十梓街	东西向	7 896
养育巷	南北向	12 560
闾胥路	南北向	4 162
莫邪路	南北向	8 058
广济南路	南北向	9 109
西环路	南北向	6 557
桐泾北路	南北向	5 911
北环西路	南北向	3 531
南环东路	东西向	3 902
南环西路	东西向	10 549
杨枝塘路	东西向	12 776

3.4 步行与自行车交通出行者特征

3.4.1 步行交通出行者特征

1. 步行出行的性别特征

由于居民出行调查的抽样性质,需通过研究每天每人使用不同交通方式出行的平均次数来分析不同性别对步行出行率的影响。此次调查的数据中共有男性2 893人,女性3 081人,不同性别在不同交通方式上的出行比例如图3-14所示。

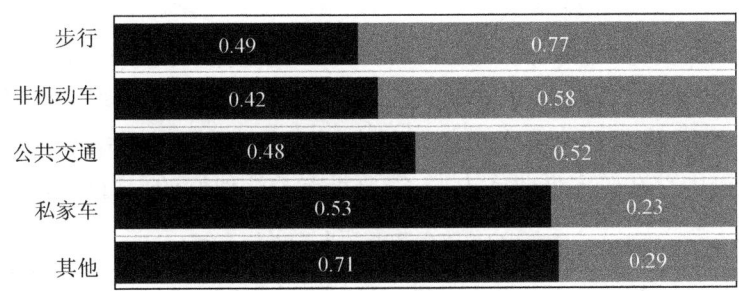

图 3-14 不同性别在不同交通方式上的出行比例

可以看出,女性的步行出行率明显高于男性,约为1.5倍;而私家车和其他方式,女性的出行率远低于男性。这可以一定程度上说明性别对出行方式选择的影响,女性倾向于选择保守、安全的非机动化出行方式,而男性则偏好激进、快速的机动化交通,在我国目前一户一车的国情下,男性私家车使用频率要远高于女性。在道路路权的分配和步行交通设施规划和设计时,也应充分考虑性别差异带来的设施特征的不同。

2. 步行出行的年龄特征

不同年龄段的步行出行率和出行比例如图3-15所示。可以看出步行出行者的年龄都集中在6～19岁的青少年以及40岁以上的中老年之间,呈现首尾分布态势。其中步行出行率最高的是大于60岁的老人,达到了1.28次,6～14岁的步行出行率也为0.81。青少年和老年在出行上属于弱势群体,机动性较为受限,活动范围较小,出行距离短,选择步行出行的几率较大。在设施设计和步行环境改善等方面需要充分考虑老人、儿童这类需要特殊照顾的群体,充分体现步行交通系统的人性化和公平性。

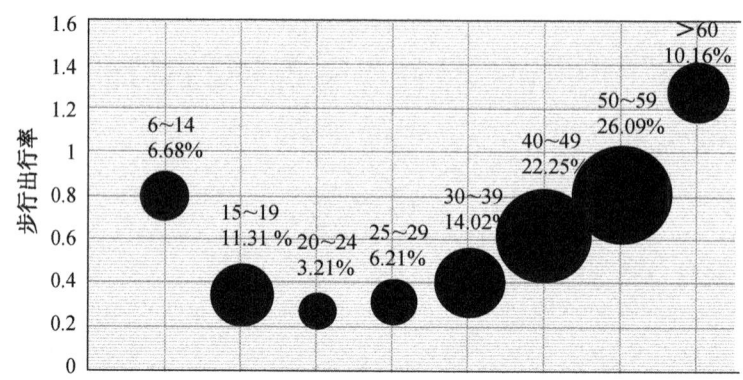

图 3-15　不同年龄段的步行出行率和出行比例

3. 步行出行的职业特征

不同职业的步行出行比例如表 3-17 所示。离退休人员、中小学生是步行的主要群体,占到了步行出行总量的 70.11%,与上文关于步行出行率和年龄之间的关系相吻合。下岗、失业和待业人员的比例占到了 6.19%,说明中心区采用步行出行方式的人群中存在较多低收入人群,需要重点关注他们的出行诉求。

表 3-17　不同职业的步行出行比例

职业	工人	公务员	教师文体医务	科研设计	商业服务	企事业单位	司机	中小学生	大专院校学生	离退休人员	下岗人员	失业人员	待业人员	其他
比例(%)	6.40	1.37	2.39	0.42	2.33	3.80	0.46	17.20	0.14	52.91	2.18	2.01	2.00	6.38

3.4.2　自行车交通出行者特征

不同的出行个体对于出行方式的选择具有差异性,自行车出行选择受到出行者的年龄、职业、文化程度、小汽车拥有量等特征的影响。本节以 2013 年苏州古城区居民出行调查数据为分析基础。

1. 年龄特征

居民的年龄影响居民生理特征、日常消费观念、生活习惯,对不同的交通方式的适应性有较大的差别。历史城区自行车出行者的年龄集中于 20~70 岁,占比 88%,年龄高于 70 岁的出行者使用自行车的比重很小。这主要是因为自行车的出行对于体力的要求较高,不适合老年人和儿童作为出行工具,如表 3-18 所示。

表 3-18　不同年龄自行车出行所占比例统计表

年龄	6～19岁	20～29岁	30～39岁	40～49岁	50～59岁	60～69岁	70～79岁	80岁以上
比重(%)	7.96	11.33	16.17	19.24	23.63	17.57	3.81	0.29

2. 文化程度特征

居民文化程度影响居民的收入水平，进而导致不同出行方式的倾向性，同时不同的文化程度对于不同的交通方式服务水平的感知能力有一定的影响。表 3-19 显示，苏州古城区自行车出行者中初中、高中和大专文化程度的比例较高，占 77.7%，本科及研究生以上文化程度对于自行车出行的选择比重较小。这主要是由于文化程度较高的出行者时间价值较高且不愿在出行上耗费过多精力，对自行车出行方式选择的意愿较低。

表 3-19　自行车出行不同文化程度所占比例

文化程度	小学及以下	初中	高中	大专	本科	研究生及以上
比重(%)	12.1	29.3	29.8	18.5	9.8	0.4

3. 职业特征

不同的职业水平影响居民收入水平，对于不同出行方式时间成本的可接受程度不同。公务人员、离退休人员、商业服务业人员自行车出行比重较高，占自行车出行总量的 63.5%，如表 3-20 所示。

表 3-20　自行车出行不同职业所占比例

职业	公务人员	院校学生	离退休人员	普通工人	商业服务人员	中小学生	专业技术人员	其他人员
比重(%)	16.5	1.5	31.8	4.8	15.2	6.8	6.4	15.8

4. 小汽车拥有量

小汽车拥有量对于居民选择出行方式有重要的影响，有小汽车的家庭或个体选择机动化出行的意愿要高于无小汽车的家庭或个体。表 3-21 是自行车出行不同小汽车拥有量所占比例。

表 3-21　自行车出行不同小汽车拥有量所占比例

小汽车拥有量(辆)	0	1	2	3
比重(%)	68.6	28.4	2.9	0.1

如上表所示,随着小汽车的拥有量增加,选择自行车出行的比例迅速下降,选择自行车出行的基本上是小汽车拥有量不多于 1 辆的家庭或个体,占比 97%。

3.5 电动自行车交通特征

本节分析的主要依据为 2015 年针对南京市电动自行车出行情况开展的问卷调查,其他补充数据的来源也在文中相应标出。

3.5.1 电动自行车工具特征

电动自行车是传统自行车的升级产品和普通二轮车的替代产品。1999 年 10 月 1 日我国正式实施的《电动自行车通用技术条件》(GB17761—1999)对电动自行车的定义是:"以蓄电池为辅助能源,具有两个车轮,能实现人力骑行,电动或电助动功能的特种自行车。"电动自行车的参数规定如表 3-22 所示。

表 3-22 《电动自行车通用技术条件》中电动自行车参数表

项目	指标	备注
最高车速	20 km/h	—
整车质量	不大于 40 kg	—
脚踏行驶能力	不小于 7 km/30 min	—
最小续航里程	大于 25 km	—
骑行噪声	不大于 60 dB(A)	电动匀速(15 km/h～18 km/h)
百公里电耗	1.2 kW·h	—
电动机功率	不大于 240 W	额定连续输出功率
蓄电池电压	≤48 V	—
制动距离	干态下不大于 4 m,湿态下不大于 15 m	最高速度下制动时
车胎宽度	不大于 54 mm	—
其他未尽项目	按《自行车安全要求标准》	—

(1) 行驶方便。电动自行车续航能力强,一般单次充电可行驶 50～60 km,较普通自行车更为省力,即使电力耗尽也可通过蹬踏装置骑行,能满足上班族、中老年人以及农村用户等许多群体的中、短途出行需求。目前使用电动自行车无需专门的培训且无需申领驾驶执照,会骑普通自行车的人,经短时间的自行练习即可自如骑行电动自行车。

(2) 价格低廉。在我国,电动自行车的价格远比小汽车便宜。普通电动自行车的市场价格为 1 000~2 000 元,性能较好的约为 3 000 元,使用过程的电费支出也很低廉,适合普通居民的消费水平。

(3) 节能环保。电动自行车主要以蓄电池提供动力电力驱动,在使用过程中不会产生任何排放物,对城市环境不会造成任何污染,电机工作时十分安静,对城市环境不会产生过多的噪音污染。其驱动系统相比机动车(摩托车)较简单,修理、维护和保养都比较简便,电机工作时的能耗水平较低,平均每百公里仅消耗 1 千瓦时左右的电能,不会给社会造成较大的能源负担。

与普通自行车、摩托车相比,电动自行车显示出一定的性能优势,如表 3-23 所示。

电动自行车的活动范围与摩托车相当,且较摩托车更为节能,其动态道路占用面积也较小。与普通自行车相比电动自行车活动范围与行驶速度都更具优势。电动自行车的平均长度 170 cm、平均宽度约为 64 cm,而普通自行车分别为 170 cm 与 58 cm。尽管不同品牌、车型的自行车尺寸均有所不同,电动自行车的尺寸总体上大于自行车,两者在行驶过程中需要的道路资源存在差异,在设施的规划设计中应考虑其需求的不同。

表 3-23 三种交通工具综合性能对比

参数	普通自行车	电动自行车	摩托车
车速(km/h)	10~15	15~20	20~25
活动范围(km)	15	30	30
是否省力	否	是	是
载重(kg)	80	100	100
整体车重(kg)	<40	<45	>50
平均价格(元)	350	1 500	3 000
能源消耗	低	低	高
环境污染	无	低	严重
动态占用道路面积(m^2/人)	8	10	22

3.5.2 电动自行车运行特征

《道路交通安全法》中规定电动自行车在非机动车道行驶时,速度不得超过 15 km/h。而实际运行中,很多电动自行车的行驶速度超过了该限定值。根据南京市的调查结果,电动自行车平均速度可达 19.93 km/h,其速度频率分布如图 3-16 所示。

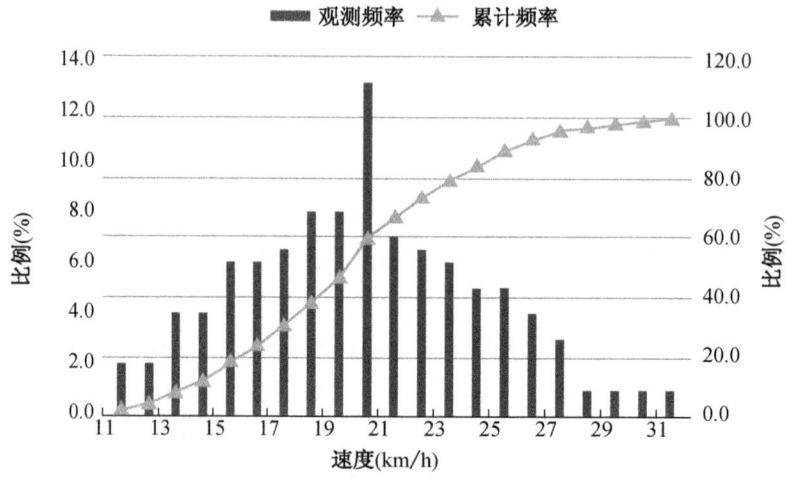

图 3-16 电动自行车速度频率分布

电动自行车超速行驶的原因是,一方面,使用者缺乏对相关法规的了解。调查显示,仅有不到半数的使用者了解该项规定。由此可见电动自行车使用者的法律意识和安全意识淡薄,需要加强监督和教育。对电动自行车期望限速值的调查表明,60% 的使用者认为电动自行车最高车速应控制在 20 km/h 以内,其余使用者则认为合理的车速可提升至 25 km/h 以上甚至 30 km/h。另一方面,使用者出行距离的远近会从主观上影响其期望的骑行速度。出行距离较大的使用者往往期望能以更高的速度行驶。认为电动自行车合理限制车速在 25 km/h、30 km/h 及 30 km/h 以上的人群中大半均为出行距离超过 10 km 的使用者。中短距离出行的使用者要小心谨慎得多。值得一提的是出行距离超过 15 km 的使用者中仅有 11.1% 的人认为合理限制车速应在 25 km/h 以下。

另外,也应注意市场上存在速度配置不符合规定的电动自行车,是造成电动自行车超速行为的重要原因之一,应加强电动自行车生产和销售环节的监管。

3.5.3 电动自行车出行特征

1. 出行分担率

电动自行车发明于 20 世纪 80 年代,90 年代开始投入市场,受到广泛的关注。90 年代中期以来,我国电动自行车保有量逐年增加,如表 3-24 所示。从 1998 年的 5.8 万辆到 2014 年的 1.91 亿辆,其增长速度远超摩托车和小汽车。在旺盛的出行需求带动下,至 2012 年,电动自行车产量基本保持稳步增长势头。

第3章 步行与自行车交通特征分析

表 3-24 我国电动自行车产量和保有量一览表(单位:万辆)

年份	1998	2000	2002	2004	2006	2008	2010	2012	2014
产量	5.8	29.3	159	675	1 950	2 188	2 954	3 505	3 551
保有量	5.8	47.3	253	1 250	4 154	7 918	11 505	16 200	19 100

数据来源:中国自行车协会网。

电动自行车在不同规模的城市中使用情况不同,不考虑限制电动自行车发展的城市,电动自行车的出行分担率与城市的公共交通发展情况有关。在公共交通系统较不完善的城市及多数中小城市,电动自行车的分担率相对较高。

超大城市及特大城市中,以上海市为例,如表 3-25 所示在全市的全方式出行结构中电/助动车出行比例逐年上升,相对于自行车的比例也不断增长。1995 年电/助动车出行比例仅为 3.0%,而同期自行车比重为 38.7%;至 2014 年底,电/助动车出行比重达 20.2%,是同期的自行车比重的近 3 倍。

表 3-25 上海市全市人员全方式出行结构(%)

交通方式	1995	2004	2009	2014
步行	30.4	27.3	26.2	—
自行车	38.7	25.0	13.5	7.2
电/助动车	3.0	5.3	15.2	20.2
个体机动	7.9	17.8	20.0	—
其中:小客车	—	—	—	17.3
公共交通	20.0	24.6	25.2	—
其中:轨道交通	—	—	—	8.3

资料来源:上海市五次综合交通调查。

作为 I 型大城市,根据 2013 年济南市综合交通调查研究报告,济南市正常工作日居民出行方式结构中,自行车(含电动车)的出行分担率达 30%,而步行、公交、小汽车的分担率分别为 27%、18%、15%。

中山市为全国 II 型大城市,城市公交系统相对不完善,2013 年,城区公交出行分担率达到了 20%,而乡镇公交出行分担率很小,公交系统在整个城市交通出行分担率为 5.4%左右。根据调查数据,中山市个人交通出行方式以电动自行车、摩托车、小汽车为主,其中电动自行车出行占比达 40.71%,已成为市民出行的重要交通工具。(数据来源:2013 年中山市交警支队《中山市民对超标电动自行车不得上路的民意调查》)

中小城市以江西省上饶市为例,2014 年该市综合交通调查数据显示,从出行结构看,步行、自行车出行占比分别为 40.0%、7.3%,电动自行车占比为 34.7%;机动化出行占比为 18%,其中公交出行分担率仅为 3.8%;人均出行时间约为 22.5 min,出行时间为中、短耗时出行为主,30 min 以内出行总量占全部出行量的 84%。该市中心城区全方式人均出行次数达 3.48 次/d,平均出行距离为 3.0 km。

2. 出行特性

(1) 出行目的。电动自行车的使用主要集中在上班、购物以及回程这三类用途。其中上班这一项达到 70%,表明工作日的早高峰时段为电动自行车出行的高峰期;购物、换乘这两项所占比例近 50%,应加强电动自行车在超市、商店、车站等场所的停车管理。

(2) 出行时段。电动自行车的出行高峰时段为早上 6 点到 8 点与下午 16 点到 18 点这两个时间段,如图 3-17 所示,而中午 11 点到下午 4 点的电动自行车出行量比较少。其早晚高峰主要出行目的为上下班、上学放学,这两部分占电动自行车总出行次数的 82%。因此要注意对于电动自行车的分时段管理,协调其与其他车辆之间的运行,提高道路整体出行效率。

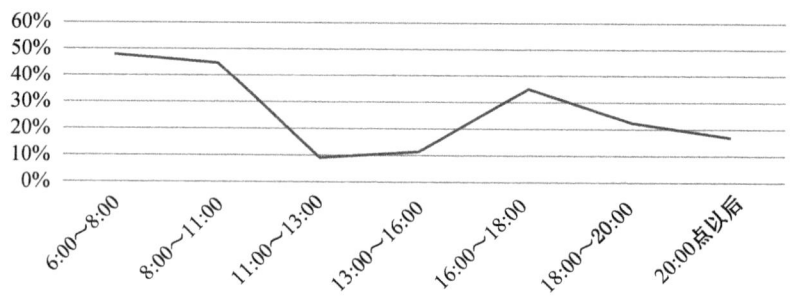

图 3-17 电动自行车使用者出行时段统计

(3) 出行距离与出行时耗。电动自行车使用者骑行里程集中在 2~10 km,其比重占到 70% 左右,如表 3-26 所示,平均出行距离超过 6 km,较普通自行车的平均出行距离有所拉长。可见电动自行车较适用于中短距离出行,而长距离出行的使用者则不倾向于使用电动自行车。与出行距离相对应,电动自行车出行时耗在 10~30 min 范围内的使用者占多数,其比例超过 70%,如表 3-27 所示。在超过 45 min 的电动自行车长时间出行中,有 70% 出行目的为上班。而生活购物主要集中在中短程出行,45 min 以上的长时间出行只占生活购物的 16.7%。

表 3-26 电动自行车使用者出行距离统计

出行距离(km)	<1	1~2	2~5	5~10	10~15	>15
比例(%)	3.80	13.53	38.48	28.03	9.74	6.42

表 3-27　电动自行车使用者出行时耗统计

出行时间（min）	<10	10～20	20～30	30～45	45～60	>60
比例(%)	9.81	34.69	34.69	12.20	5.50	3.11

随着出行距离的增加,使用者对于电动自行车的续航能力也更加注重。超过45 min的长时间出行中,大部分人采用电动自行车都是因为公共交通不方便,因而从改善公共交通出行便捷度与舒适度的角度,来研究和提出解决方案尤为重要。其次,20 min以内的短距离出行中公交不便的因素较小,大部分人选择的原因是电动自行车方便快捷,因此如何在电动自行车出行源及停放密集的地方做好电动自行车的管理是值得关注的一个方面。

3.5.4　电动自行车交通出行者特征

由于电动自行车使用简单,其适用范围较广。使用者中男、女比例相当,占比分别为52.6%和47.4%。电动自行车使用者的年龄跨度较大,如表3-28所示,且主要集中在20～49岁,占总使用群体比例的86.6%。其中20～29岁年龄段占比最高,为37.5%。总体上,其比例随着年龄的增长呈减小趋势。

表 3-28　电动自行车使用者年龄分布

年龄(岁)	<19	20～29	30～39	40～49	50～59	60～69	>70
比例(%)	4.4	37.5	29.6	19.5	5.7	1.8	1.5

根据电动自行车使用者收入分布情况,如表3-29可知,电动自行车使用者的收入总体集中在中低等收入水平,其中2 000～5 000元/月居多。居民的收入水平一定程度上影响出行方式的选择。此外,电动自行车使用者中有58.5%所在家庭没有购置小汽车。

表 3-29　电动自行车使用者月收入分布

月收入（千元）	<1	1～2	2～3	3～4	4～5	5～6	6～7	7～8	>8
比例(%)	10.1	4.7	28.4	15.1	22.5	13.8	2.0	0.7	2.7

对使用者而言,电动自行车最大的优势在于其使用方便,电动自行车的经济性次之。公共交通不方便也是部分使用者选择电动自行车的原因。在购买电动自行车时,影响购买者选择的主导因素为价格,使用者较关注的因素还有电动自行车的速度、续航能力与防盗性能。

3.5.5 电动自行车事故特征

1. 事故数量

2003 年以来,全国由电动自行车引发的交通事故数不断上升,在 2006 年之后反超自行车引发的交通事故数。从事故增长率看,自行车交通事故数呈下降趋势,自 2002 年后增长率均为负值,而电动自行车在 2004 年之后,事故增长率几乎均为正值,如图 3-18 所示。

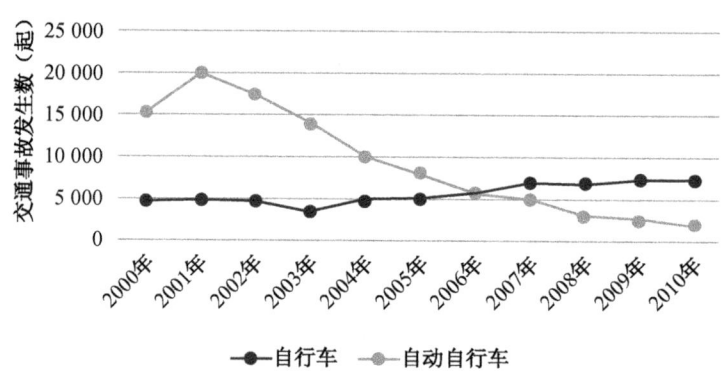

图 3-18 电动自行车和自行车交通事故发生数

数据来源:中国统计年鉴。

2. 事故形态

电动自行车具有两轮交通工具的稳定性差、安全保护设施少的特点,其交通事故形态与自行车、轻便摩托车的交通事故形态基本一致,主要表现为侧面碰撞、正面碰撞、同向刮擦与尾随相撞。

3. 事故时空分布

(1) 时间分布。根据统计资料,电动自行车的交通事故"高峰"期,并非发生在交通出行高峰期,而是城市交通由拥挤到消散的时期。主要原因可能为城市道路基本处于拥堵状态,电动自行车的行车速度相对较慢,而骑行人也较谨慎。另外,电动自行车较严重的事故多发生在傍晚或夜间,由于视线不良,骑行人观察不足及车速过快等原因,易导致严重事故。

(2) 空间分布。根据全国 2007 年 1 月到 7 月的事故统计情况,从事故发生所处的道路断面看,在机动车道上发生的电动自行车事故数量占比 50%,在机非混合车道上发生的事故占比为 27%。总体上在机动车道上电动自行车事故比非机动车道上更为严重,如表 3-30 所示。与机动车的冲突是电动自行车事故的重要原因,有必要将电动自行车与机动车分离。

表 3-30　电动自行车肇事死亡事故道路断面分布

道路断面类型	机动车道	人行横道	人行道	机非混合道	其他	非机动车道
电动自行车肇事起数占比(%)	50	2	1	27	3	17
电动自行车肇事死亡事故起数占比(%)	60	2	1	26	3	8

数据来源:交通安全参阅资料.公安部交通研究所.2007.8.总第12期

4. 事故原因

(1) 电动自行车质量问题。"超标"自行车流入市场给电动自行车交通带来隐患。电动自行车的制动性能、最高车速不合格等"超标"问题,给电动自行车的速度控制管理带来困难,而速度过快及过大的惯性可能带来制动失效。另外,部分电动自行车存在整车质量不合格、车架前叉组合件振动强度不合格等质量问题。

(2) 驾驶人的不安全行为。电动自行车发生事故的因素如表 3-31 所示。其中,电动自行车占用机动车道、超速与闯红灯当前行为的占比为 78%,是造成电动自行车交通事故的主要原因。电动自行车违法行驶行为不仅影响城市道路的交通秩序,也为电动自行车出行造成安全隐患。

表 3-31　电动自行车发生事故因素占比统计

事故发生因素	走机动车道	超速	闯红灯	骑车带人	逆行	其他
占比(%)	36	27	15	13	6	3

数据来源:交通安全参阅资料.公安部交通研究所.2007.8.总第12期

应加强对电动自行车使用者的交通安全宣传教育,提高使用者的安全意识与守法意识,以规范电动自行车的出行。在道路网络与设施规划中,也应确保非机动车道的安全、畅通与连续,保障其合理的通行空间,引导电动自行车的合法使用。

第4章 步行与自行车交通系统调查分析

4.1 步行与自行车交通系统组成

4.1.1 通行道路

人行道与自行车道是城市里最常见、存在最广泛的慢行空间,是城市道路重要的组成部分,改善人行道与自行车道的存在质量对于慢行环境的改善有重要意义。

1. 独立人行道/自行车道

独立人行道/自行车道是指与机动车道路处于同一红线空间内,拥有独立路权的步行/自行车空间。通常可通过硬质隔离、高差或铺装等手段与机动车的通行空间进行分隔,使行人和骑行者能够安全、自由的出行,并且不与其他车流产生冲突。

独立人行道/自行车道一般被用来设置道路附属设施及埋设地下管线,并为未来机动车道路的拓宽留有余地。同时,独立人行道/自行车道上的行道树、分隔带等也是城市绿化系统的重要组成部分。

2. 共享道路

共享道路是指行人和骑行者没有专用的道路路权,即机动车或自行车和行人交通间不存在物理分隔或高差的城市道路。主要可分为自行车-行人共享道路和共享街道。

自行车-行人共享道路的出现多是由于道路空间资源有限,难以满足机动交通的通行需求而压缩了步行和自行车的通行空间,在次干路和支路的交通组织中较常见。其中运行的交通流包括了行人、自行车、电动自行车和少量助力车、三轮车等。

共享街道主要是"一块板"断面形式的道路。机动车道、自行车道和人行道间几乎没有界线,整个路宽通常建设为带特殊铺装的连续路面。"共享空间"概念倡导在特定的环境区域内以安全的方式混合机动车与行人,辅以交通稳静化手段,实现交通与活动的融合并鼓励步行出行。这种设计理念强调行人具有使用全部道路宽度的优先权,并严格要求机动车速度不得超过步行速度。由于缺少较为有效的机动车速控制手段,一般在居住区内部道路以及支路和街巷中,"一块板"的步行环境无法得到有效的保障。

4.1.2 过街设施

过街设施作为分离步行、自行车交通与机动交通的重要设施,为行人和骑行者提供了安全、连续的慢行空间。从设置形式上可分为平面过街设施和立体过街设施两大类。

1. 平面过街设施

平面过街设施指与机动交通处于同一空间,为满足行人和骑行者自由过街、避免与行车的冲突、保证行人和行车通畅运行而设置的过街设施。一般由过街横道、信号灯和其他交叉口渠化设施组成。根据控制方式的不同可分为无信号控制和信号控制两类。

无论是路段还是交叉口,过街横道都是最普遍的平面过街设施,也是保障行人和骑行者安全及交通秩序的关键设施,有较强的适用性。设置形式上主要分为平行式和条纹式两种。平行式主要设置在设有相应信号灯的交叉口,而条纹式适用于未设过街信号灯的交叉口或路段。

过街信号灯是解决人车、机非冲突,方便过街的一种设施,可分为预设式和触控式两种。预设式是根据交叉口的统一信号灯配时来分配各过街横道在时间上的通行权,主要有静态或动态显示、有无倒计时显示这几种形式。触控式过街横道信号灯,主要设置在机动车流量不高,且行人较少或过街行人具有明显潮汐性的次干路和支路路段上,有行人时只需按一下灯杆上的绿色按钮,系统会根据目前的信号灯状况进行相位分配,对机动交通流和过街行人流进行组织,指示灯变绿时,行人就可以安全通过。如果不按按钮,指示灯则始终显示为红色。

与行人和骑行者过街有关的交叉口渠化设施主要指安全岛。安全岛主要设置在尺度较大交叉口,为二次过街提供安全的等待区域。《城市道路交通规划设计规范》中规定:当道路宽度超过4条机动车道时,过街横道应在车行道的中央分隔带或机动车道与自行车道之间的分隔带上设置安全岛。对于我国大中城市交通繁忙地带的灯控交叉口,若路宽度大于15 m,且无条件修建过街天桥或地道,可以在道路中央设置安全岛,供行人和骑行者二次过街。

2. 立体过街设施

根据规划区域的功能、土地利用布局、道路等级及功能、机动车流量与行人流量、沿街建筑及景观环境等因素,具体条件下有时需考虑设置立体过街设施。在高等级或通过性机动交通流量较大的道路、步行交通密集的商业中心及交通枢纽地带、学校及医院等特殊位置,需设立立体过街设施,形式主要包括人行天桥和地下通道,应根据具体情况选择合适的设施形式。

随着城市立体空间的开发,除了通行功能外,立体过街设施也常与商场、地铁站、文化体育场所等人流量较大的集散点直接连通,并配合进行相应的商业功能开发,形成具有活力的城市立体步行空间,相关内容见下文步行街的阐述。

4.1.3 特殊道路

1. 步行街(区)

步行街是指限制机动车通行、保障步行的唯一通行权的街道。

根据对机动交通限制的程度可分为全封闭式、限定时间通行、转运式等形式的步行街(区)。全封闭式步行街指路段全天候禁止其他交通方式进入,为步行者提供了一个良好的步行空间,常作为商业街区或历史文化街区;限定时间通行的步行街可分为高峰时段限制和高峰节日限制,主要在行人流量较大时保障行人的路权;转运式步行街可允许地面公交和出租车进入,但不允许停车,即停即走来保证行人的集散。应从街道的功能要求、可达性、行人流量和容量等方面综合考虑,选择最合适的组织模式。

根据活动界面的不同,可分为地面、地下和空中三种步行街形式。地面步行街即上述传统意义上的步行街道,结合沿街土地利用,通过良好的步行环境设计使人在其中自由活动;地下步行街主要与地下过街通道相结合,随着商业的不断开发,地下步行街的功能也逐步综合化;空中步行街在结合空中过街设施的同时,也多见于山地城市,为行人提供全天候、人性化的步行环境,拓展了行人的活动空间。

2. 绿道/健身步道

绿道是指结合区域和城市特色、贯通城乡的一种线性绿色开敞空间,连接水系、山体、田园、自然保护区、风景名胜区、城市绿地以及城镇乡村、历史文化古迹、现代产业园区等自然和人文资源,集生态保护、体育运动、休闲娱乐、文化体验、科普教育、旅游度假等为一体,是供城乡居民、游客步行和骑游的绿色廊道。

根据绿道所处区位和目标功能不同,将绿道分为生态型、郊野型和都市型三种类别。生态型绿道主要沿城镇外围的自然河流、小溪、海岸及山脊线设立,通过对动植物栖息地的保护、创建、连接和管理,来维育生态环境和保障生物多样性;郊野型绿道主要依托城镇建成区周边的开敞绿地、水体、海岸和田野设立,包括登山道、栈道、慢行休闲道的形式;都市型绿道主要集中在城镇建成区,依托人文景区、公园广场和城镇道路两侧的绿地设立,为人们慢跑、骑行、散步等提供场所。

健身步道是指在公园、体育场馆等公共场合设置的,供人们进行行走、跑步、自行车骑行等体育活动的专门道路。健身步道与一般道路在路面颜色、材质等方面有明显区别,一般由能保护锻炼者的特殊材质铺设而成,并在路面及周边设有里程标识、健身指南标识以及其他健身设施等。

3. 步行桥

步行桥是步行系统中重要的连接设施,用以横跨交通量大的高等级道路或河流等天然屏障。一般是步行独立路权,也存在与自行车共板的现象。随着人们对步行出行重视程度的提高,步行桥已从单纯的交通连接功能发展为公共空间的延伸,具有较高的景观意义和生态意义,已逐渐发展成为各城市中重要的节点甚至是地标。

4.1.4 衔接设施

步行与自行车,特别是步行出行中有很大一部分是与公共交通等方式接驳的端末出行,因此衔接设施也是步行与自行车交通系统中的重要组成部分。

1. 公交与轨道站台

公交站台是公共交通网络的节点和终端,是公交出行和步行出行的重要服务衔接点。公交站台的布设形式、位置以及公交站台周边行人设施的布设都会对乘客的出行产生影响。

随着各大城市轨道交通线网的不断完善,轨道站点日益成为城市交通网络中客流集散的重要节点。轨道站点及周边是步行人群高密度聚集活动的地区,站点外的购票及地下空间都是步行交通系统的有机组成部分。

2. 自行车停车设施

自行车停车设施与机动车静态交通相同,也分为路内、路外两类。路内自行车停车设施一般设置在人行道上,利用行道树间的空间划线或放置锁车设施。路外自行车停车设施主要包括与机动停车场、停车楼一起设置的自行车停车区域。

4.1.5 配套设施

配套设施指除交通设施之外步行与自行车交通系统的组成部分,包括市政基础设施、标识设施和服务设施。

1. 基础设施

基础设施是指各步行与自行车交通通行空间中的基础市政设施,包括照明设施、通讯设施、给排水设施和供电设施。

道路照明是夜晚行人与骑行者活动时一个最重要的设计要素。高水平的照明可以减少交通事故,降低犯罪率,改善行人与骑行者的交通安全状况和对地区的印象。照明设施包括路灯、泛光灯等形式,也可通过一些景观设计,例如雕塑、有吸引力的建筑物等来实现。

通讯设施应结合道路报警系统,配备完善的通讯系统及应急呼叫系统,消除手机信号盲点,保障通讯畅通。

给排水设施连接城市供水管网,有条件的节点地区应设置规范化的净水设施,提供饮用水。

供电设施应根据电源条件、用电负荷和供电方式,本着节约能源、经济合理、技术先进的原则进行设计和配置,做到安全适用,维护管理方便。

2. 标识设施

标识设施系统包括信息标志、指路标志、规章标志、警示标志、安全标志和教育标志六大类。信息标志用于标明行人与骑行者的位置,并提供关键设施线路描述等方面的全面纵览。指路标志用于标明线路的信息。大部分指路标志用图形并配以简单文字进行说明。规章标志用于标明法律、法规方面的信息以及政府的有关具体举措。警示标志用于标明可能存在的危险及其程度,且至少要在危险路段前80~100 m处设置。安全标志用于明确标注行人与骑行者所处的位置,以便为应急救助提供指导。教育标志用于说明自然与文化特征的差异,并作为向普通公众,特别是青少年普及知识的重要举措。

3. 服务设施

步行与自行车交通系统的服务设施包括铺装设施、无障碍设施、街道家具、绿化设施、便民设施等。

步行道路的铺装在将步行空间与其他交通方式通行空间区别开的同时,也承担着排水、防滑等效用,在保证平整度、透水性的同时,也应关注其与景观环境的协调和匹配度。

无障碍设施包括无障碍通道、缘石坡道、坡道、梯道、盲道、过街横道、电(楼)梯、平台、盲文标识和音响提示以及通讯,信息交流等其他相关的生活设施。无障碍设施并不仅仅为残疾人服务,使步行设施便于和有助于残疾人使用的设计目标也直接地为所有行人与骑行者改善了设施的有效性和服务。比如路边斜坡的服务对象不仅限于轮椅,也可以为婴儿车、购物车或是行李的移动提供方便。

街道家具包括休憩设施(座椅等)、遮蔽设施、街景小品等,应舒适、耐久、实用,易于维护,并拥有统一风格,有识别性,与周边建筑和环境相协调。

绿化设施是步行与自行车交通系统的重要组成部分,通常采用乔木、灌木、地被植物等布设,竖向设计应与相关市政设计相协调。

便民设施包括街边的垃圾桶、电话亭、邮箱、信息亭、ATM机、活动厕所等,为步行与骑行者提供除交通出行以外的功能服务。

4.2 系统基础资料调研

4.2.1 调研内容

步行与自行车交通调查的对象涵盖慢行空间使用状况,以及与之有关的内容,其调查内容主要包括：基础规划资料、出行调查资料和设施相关资料。

1. 基础规划资料

整理与慢行交通规划有关的规划和报告，有效利用现有资源不仅能减少重复工作，更能避免规划结果与其他规划的冲突，比如城市轨道交通规划衔接等。建议收集的规划和基础资料如下：

（1）城市规划基础资料。步行与自行车交通系统规划、建设与管理属于城市规划中的一个环节，因此具有一定的延续性，必须在已批准的相关规划的基础上进行步行系统设计。已完成综合交通规划的城市，可收集综合交通规划成果以及基础资料汇编，并根据基础年限要求进行补充。

总体规划确定了城市用地布局结构，直接影响其道路交通布局与功能分区，间接影响居民步行出行目的、步行距离与交通方式选择。

控制性详细规划控制土地利用性质及布局、容积率、建筑高度、建筑密度、绿化率、各个交通分区就业岗位数、就学岗位数等方面，直接影响到土地开发强度与功能复合程度，同时影响交通设施数量规模，间接影响居民步行需求。

修建性详细规划控制各区域建筑布局、空间形态、场地设计、环境景观等方面，直接影响中心区内外部空间品质，间接影响居民步行感观体验。

此外交通专项规划、景观专项规划、市政专项规划均对步行与自行车交通体系有直接或间接的影响。

（2）综合交通基础资料。经济社会状况。反映城市居民收入、各行业产值等，直接决定中心区产业布局与经济承受水平，间接影响步行及自行车方式选择、步行空间品质等，主要包括：①人口总量、分布、构成以及增长状况等；②国民经济指标（国民收入、各行业产值、投资状况）；③产业结构及布局；④运输量及各种运输方式的比重；⑤交通工具拥有量及构成。社会经济现状数据可以在政府相关部门获取。

自然地理情况。包括地理位置、地质、地形地貌、气候气象、地面水环境、地下水环境、土壤和水土流失、动植物与生态等。这些方面直接影响居民步行方式、步行时间及步行感观，从而间接影响步行和自行车方式的选择。

人文情况。主要包括名胜古迹保存状况、人文习俗与地区传统建筑特色等，这些内容直接影响居民生活方式与美观价值、城市形象历史承载，间接影响步行需求、步行空间选择等。

道路设施现状。包括城市道路长度、道路网形态、等级结构、密度、道路交叉口、停车场等。

公共交通现状。包括公交公司运营管理发展状况调查、公交线网发展现状调查、公交基础设施现状调查三个方面。公交公司运营管理发展状况包括公交公司运营主体、公交线路的经营模式、公交运营时间、票价等；公交线网发展现状包括公交线网长度、站点个数及分布、公交线网现状布局等；公交基础设施现状调查包括场站设施(公交首末站、中途站点、停车场、保养场、维修厂等)和公交车辆发展状况。

客运枢纽现状。客运枢纽数量、布局、规模、功能、运量、班线班次、管理体制等。

2. 居民出行调查

居住出行方式与步行及自行车出行特征是最直接反映居民慢行状况的数据,其应该包括路段步行流量、步行速度、骑行速度、静态活动分布状况与特色活动分布状况等。考虑到步行网络的可持续发展,而通勤与休闲步行有自己的活动时间与空间需求,因此为保障中心区步行网络 24 h 活力,建议对步行特征分时间段进行调查。居民出行特征大部分可以通过现场踏勘与观察调查汇总归纳,但居民出行结构与出行目的、频率需要制定抽样调查问卷,在各交通接驳点发放。

3. 步行与自行车交通设施相关内容

步行与自行车系统的设施配置与环境质量关系到慢行空间的品质,有助于提高慢行空间的吸引力,在为居民提供舒适步行环境的同时,潜移默化中可以促进居民驻足、交流、观演、游憩等行为活动的发生。因此慢行系统设施的调查与分析有助于合理完善步行环境设施,对步行与自行车活动的安全性、连续性以及活动舒适性有着重要意义。

(1) 服务设施配置。服务设施配置主要包括座椅、邮箱、报刊亭、垃圾筒等,通过现场踏勘调研需要了解服务设施落点是否满足服务要求,同时还要对服务设施的造型是否与环境相复合进行评价,此外需要特别关注残疾人等弱势群体服务设施设置合理性。服务设施的合理设置直接影响步行活动连续性、舒适性与美观度,尤其是座椅的位置会影响到居民的逗留,从而引发交流、休憩、观演等活动。

(2) 景观设施配置。景观设施配置调查主要包括绿地植被分布状况,铺地的样式及材料,雕塑、喷泉、广告、标志物等小品摆放位置及造型特色,值得关注的是照明设施布局,其不但影响空间夜景特色、步行舒适性,更影响到步行活动吸引度及安全性。此外建筑底层界面也属于步行环境相关性内容的重要部分,需要调查建筑底层界面是否具有连续性与吸引度,以及界定的街道空间尺度,因其直接影响到步行感观与步行连续性。

4.2.2 调研方法

1. 调研方法分类

步行与自行车交通系统基础资料调查方法的选用取决于系统组成要素及其相应的影响因素,涉及的调查内容繁杂,需要通过不同调查方法的综合运用来较为全面地认识系统现状要素。一般有如下四种方法。

(1) 现场踏勘观察。现场踏勘观察调查是最基本的调研方法之一,用以描述步行与自行车交通的实际情况,适用于步行与自行车活动分布与特征、交通体系与接驳点分布、服务设施与景观设施配置等步行与自行车网络、环境相关内容。

(2) 文献资料运用。文献资料运用有助于掌握有关步行及自行车交通系统的基础资料,及相关规划研究成果等。相关资料包括:

• 相关设计规范、工程规范,如《城市道路交通规划设计规范》(GB 50220—95)、《城市道路设计规范》(CJJ 37—90)、《城市人行天桥与人行地道技术规范》(CJJ 69—95)等。

• 步行和自行车设施设计资料,包括自行车道、人行道、慢行过街设施、自行车停车以及公共自行车、绿道使用现状等,以及城市未来可用于发展慢行交通的空间、经济资源等。

• 与步行和自行车相关的交通事故数据,从公安部门收集的步行、自行车的交通事故资料,应至少使用一整年的事故数据以避免季节偏差,事故应分为交叉口和非交叉口事故两类,并尽可能准确地标出事故点。资料包括各类交通事故的起数;以及与步行和自行车交通相关的事故状况(包括事故位置、事故原因、伤亡情况、当时道路交通设施情况等)。

• 与步行和自行车相关的交通管理措施与交通政策、法规。

• 过往出行调查中与步行和自行车有关的部分。

• 城市自行车拥有量发展历程与现状情况等。

相关规划资料包括:

• 与步行和自行车交通相关的城市规划项目成果、专项规划、控制性详细规划。

• 历史文化与景观等游憩资源、旅游规划。

• 历史文化名城、街区保护规划。

• 近期重大建设项目。

(3) 抽样问卷调查。抽样问卷调查针对无法通过观察及资料整理获取的数据,网络及步行环境满意度调查等内容。涉及文献包括历年统计年鉴、城市(县)志等,适用于居民出行方式与出行目的调查等。

(4) 访谈座谈调查。访谈座谈是与被调查者面对面交流,该方法适用于调查无资料记载的民俗民风、历史文化以及居民使用意愿与城建部门设想等方面。

2. 典型方法介绍

在上述基本调查方法的基础上,国内外典型的步行与自行车交通调查方法主要包括 PABS 调研方法与 PLPS 调研方法。

(1) PABS 调研方法。PABS (Pedestrian and Bicycling Survey)是一种面向社区的步行和自行车调研方法,该调查能用来分析社区中步行和自行车出行规模、目的、使用者属性和频率等特征。

PABS 包括的问题主要围绕以下几个主题:①受访者是否在过去的一周、一月中步行和自行车出行(问题3),用以分析在社区中谁使用步行和自行车出行方式。②在过去的一周中多少天使用步行和自行车完成不同的出行目的(问题4～11),采用天数而不是出行数可以使得问题更加容易回答。这些问题能提供步行和自行车的使用频率信息。③在一周中平均有多少天是使用步行和自行车上下班或上下学的(问题16),这个问题可以提供步行和自行车出行行为的数据,从而避免仅调查过去一周的出行容易造成的偏差。交通规划师对通勤数据往往是很感兴趣的。原始的PABS调查表见附录2。

(2) PLPS调研方法。PLPS(Public Life Public Space)调研方法由丹麦著名城市规划师杨·盖尔(Jan Gehl)教授创建,是一项专门针对步行、自行车交通和设施空间环境的调研方法。该方法于1968年首次应用于丹麦哥本哈根,并在近半个世纪内不断完善,应用延伸至伦敦、悉尼、纽约、墨尔本、西雅图、旧金山、苏黎世、斯德哥尔摩以及鹿特丹等国际城市。

PLPS调研方法包括对公共生活(Public Life,PL)和公共空间(Public Space,PS)两方面的调研。其中,公共生活调研又可分为行人流量统计(PL1)和停留活动统计(PL2)两个子项,通过了解人对城市公共空间以及步行、自行车设施的使用模式和规律,发现问题并进行客观分析评价。公共空间调研重点关注为行人、骑车者提供的活动和停留场所,如街道(特别是人行道)、过街设施、广场、公园等。PLPS调研的主要目的是:①审视城市步行和自行车交通的现状;②分析未来的需求;③指导步行和自行车交通规划设计,确定近期示范重点;④评估项目实施效果,调整技术思路。

1. 公共生活调研

(1) 行人流量统计。采用路旁人工观测的方法,全日分时段进行,类似于机动车断面流量统计。机动车断面流量通常是城市的常规数据,行人流量统计能够提供可比较的补充数据,以便更好地理解街道使用者的优先级,理解街道在地区中的等级以及使用时间维度分布。

(2) 停留活动统计。公共生活分析描绘了人们对街道、广场、公园和交通节点全日随时间变化的使用规律,同时还提供了其他资料,例如在城市中,人们在哪里行走、如何行走、在哪里坐(站)或进行各种固定的活动,包括休闲活动、街头摆摊、儿童游玩等,以及其他在公共空间积极参与的活动。

具体操作中,在工作日(星期二～星期四)和星期六各选天气良好的一天进行公共生活调研,以确保调研结果具有典型性。一般在每个调研点以两人为一组进行定点调研,时间为8:00—22:00,其中每小时取开始的 20 min 先后进行行人、自行车流量各 10 min 统计,每两小时利用部分剩余时间进行一次停留活动统计。所需调研材料见图 4-1。

第4章 步行与自行车交通系统调查分析

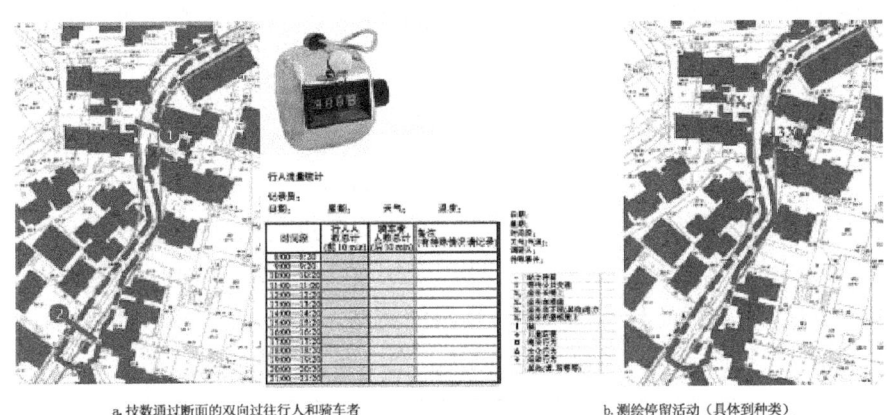

a. 技数通过断面的双向过往行人和骑车者　　　　b. 测绘停留活动（具体到种类）

单点流量调查表
1. 调查点编号：_____
2. 过街设施处信号配时情况：_____
3. 过街设施宽度：_____米
4. 调查点主要的人流吸引点：_____
5. 调查点路段人流量：_____人/30 min
6. 调查点路段自行车（含电动车）流量：_____辆/30 min
7. 过街设施处观测人流量：_____人/30 min
8. 过街设施处观测自行车（含电动车）流量：_____辆/30 min
9. 过街设施处道路断面形式及示意图：

10. 有哪些配套设施（包括交通诱导标志、隔离设施等）：_____
11. 过街设施处有没有违章现象：
□①没有　□②很少　□③较少　□④很多
12. 如果有违章，有哪些违章现象：_____
13. 请拍摄几张反映问题的照片。

公共活动调查表
1. 调查点编号：_____
2. 观测点附近有无行人停留：
□①没有　□②很少　□③较少　□④很多
3. 道路沿线公共空间座椅数：_____
4. 停留人数观测（30 min 内）：
◇站立停留____人
◇等待公交____人
◇坐在长椅上____人
◇坐在非正规地方____人
◇坐在折叠椅上____人
◇躺着____人
◇儿童玩耍____人
◇商业行为（购物等）____人
◇文化行为____人
◇体育运动____人
◇其他____人
5. 问询记录（人数、停留目的、停留活动方式、停留时长）

请记录：如 2 人坐着休息，15 min，来此处目的（休息、锻炼或路过等），是否经常来。问询人数应占观测人数的 10% 以上。

6. 请拍摄几张照片。

图 4-1　公共生活调研材料示例和调研内容

2. 公共空间调研

公共空间调研包括对公共空间若干特定方面的评估，调研内容因项目而异，一般包括：公共空间质量（见表 4-1），交通可达性，街道家具的位置和数量，沿街立面质量（见图 4-2），使用人群的性别和年龄分布，违章穿越道路，沿途行走、骑车的通畅性等。

具体操作中,可在任何一天展开公共空间调研,不少于3人一组,采取走访式实地调研,沿途经过所有对象地段为止。

3. 案例——某市老城区的 PLPS 调查

（1）公共空间（PS）调查。PS 调查包括城市道路空间、铺装、座椅设施、公交站台、出租车停靠点、绿化、街道家具、重点景观节点、沿街立面等方面内容。通过步行对张家港老城商业内公共设施类型、数量及位置进行观测记录（如公共座椅个数、道路空间分配情况、铺装质量等），沿街底层立面特征调查时,立面特征可根据业态混合程度、尺度特征分为 A,B,C,D 四种类型。

表 4-1 公共空间调查内容

安 全 性		
避免交通事故 低交通事故风险 良好的过街可视性	避免犯罪和暴力 足够的照明 允许被动监视 空间中的使用功能保证在不同时段都有	避免不愉快的感官经历 强烈阵风 雨、雪 寒冷、炎热 污染 灰尘、强光和噪声
提供步行的可能性 步行空间 重要节点的可达性 有趣的立面 无障碍设计 优质的沿街立面 视觉、听觉和语言的联系 统一的道路指示系统 无视线障碍 吸引人的景观 照明 低噪声	邀请人们站立、停留 有吸引力和丰富的沿街立面 提供停留地点 可以依靠或站立的物体 白天、傍晚、夜晚的活动 ① 24 h 的城市 ② 全天功能的变化 ③ 窗户内射出的灯光 ④ 功能混合 ⑤ 符合人体尺度的路灯照明	邀请人们落座划定的坐处 经过优化的座椅摆放位置和朝向 优美的景观 公共空间和咖啡座的完美结合 玩耍、休闲和互动 允许体育运动、游玩、互动和娱乐 临时活动 提供可选择的活动 为人们的互动创造机会
愉 悦 性		
遵循人的尺度 　建筑和空间的尺寸应遵循人的尺度，包括感受、活动、大小和行为	气候的正面影响 　阳光、树荫 　温暖、凉爽 　微风、通风	审美和感觉 　优质的设计、精致的细节、耐久的材料 　景观、对景 　美好的感官体验

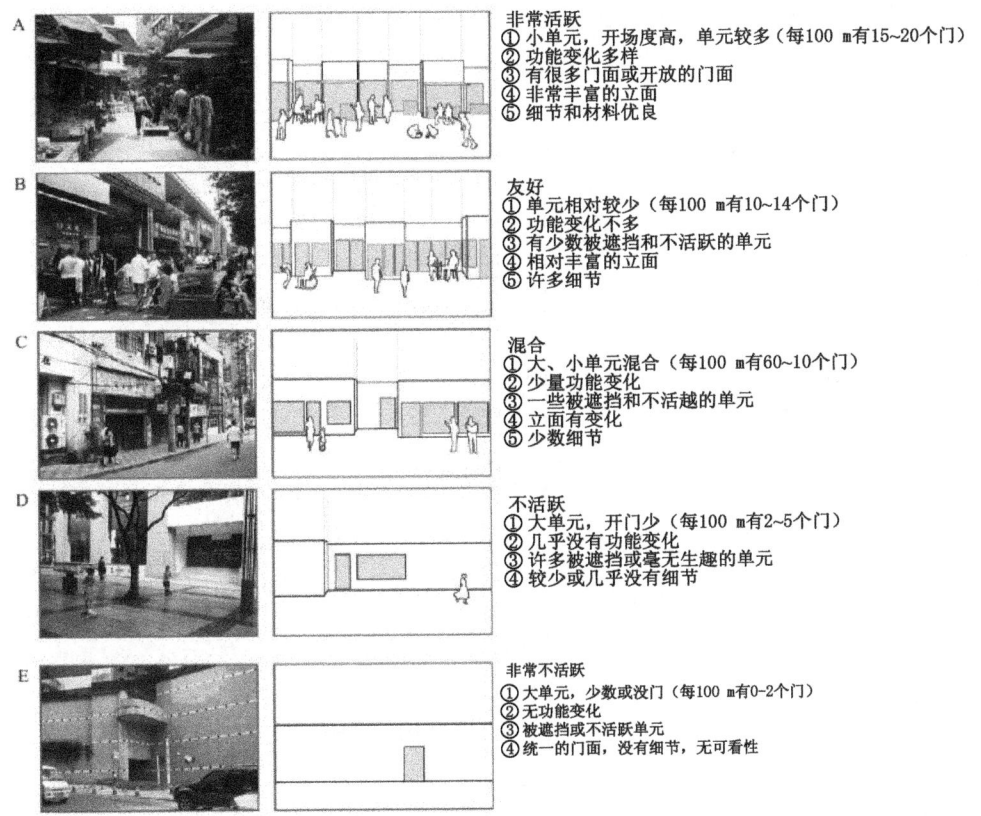

图 4-2　沿街立面质量调研内容

（2）公共生活（PL）调查。PL 调查包括主要路段断面的自行车、行人流量观测以及停留活动记录。

流量观测：在老城区范围内选择人流量较大的典型路段，主要观测路段过街的自行车及行人流量。考虑到老城区作为张家港的商业中心，周末人流较多，故选择周六下午 17：30—18：00 进行调查，每处观测半小时。

表 4-2　沿街底层立面划分一览表

A 完全开放	1. 小型店铺，营业的较多（15～20/100 m）；2. 功能多元化；3. 立面连续；4. 立面细部和材质
B 行人友好	1. 相对小尺度的店面（10～14/100 m）；2. 有一些功能的混合；3. 非常少有封闭的单元；4. 立面有设计；5. 立面有细部
C 混合界面	1. 大小尺度店面均有（6～10/100 m）；2. 少有功能混合；3. 少有个性化立面；4. 少有细部
D 封闭界面	1. 大尺度店面，少有门面（2～5/100 m）；2. 功能基本没有变化；3. 很多单调单板的立面；4. 没有细部

停留活动调查：选择流量观测点附近公共空间进行停留活动调查，记录半小时内各区域人们的停留活动数量，并通过观察、询问等方式记录活动分布和类型。

公共生活调查表示意图如图4-3所示。

单点流量调查表	公共活动调查表
1. 调查点编号：	1. 调查点编号：
2. 过街设施处信号配时情况：_____	2. 观察点附近有无行人停留：_____（①没有 ② 较少 ③很多）
3. 过街设施宽度：_____	3. 道路沿线公共空间座椅数：_____
4. 调查点上的人流吸引点：_____	4. 停留人数观测（30 min 内）：
5. 过街设施处观测人流量：_____人/30 min	站立停留_____人 躺着_____人 儿童玩耍_____人 等待公交_____人 商业行为_____人 坐长椅上_____人 文化行为_____人 非正规地方坐____人 文化行为_____人 其他_____人
6. 过街设施处观测非机动车流量：_____辆/30 min	5. 问询记录（人数、停留目的、停留活动方式、停留时长）
7. 过街设施处道路断面形式及示意图：	
8. 配合设施：_____	
9. 过街设施处有无违章现象：____（①没有 ②较少 ③很多）	

图4-3　公共生活（PL1＋PL2）调查表示意图

4.3　步行与自行车交通出行分析

步行与自行车交通出行的部分数据可以从现有的居民出行调查和交通量调查资料中获取，但实际情况是大多数出行调查和交通量调查中都缺乏对步行与自行车出行的关注，一些调查中甚至完全剔除了步行出行方式，对于短途出行、不在路网中的出行、儿童出行以及以休闲娱乐为目的的出行都缺乏统计。事实上，大多数出行都包含了步行与自行车出行交通方式，比如传统定义中的"机动出行""公交出行"方式是"步行-小汽车-步行"或者"自行车-公交-步行"这样的方式，但往往被规划者和规范、导则制定者忽略。有研究发现步行与自行车出行实际的数量比传统调查方法所统计的数量要多出六倍。因此，准确、全面地掌握城市步行与自行车出行交通出行现状对于正确认识城市步行与自行车出行交通发展现状，以及做好深入的步行与自行车出行交通规划都有非常重要的意义。在前述居民出行调查的基础上,可从以下几方面对步行与自行车出行方式进行分析。

4.3.1 步行与自行车出行调查

与传统居民出行调查相区别,步行与自行车交通出行调查需要搜集更为详细的出行意愿信息来支持进一步的规划。根据出行活动发生的原理,步行与自行车交通出行调查可以概括的从出行者、出行时间、出行地点、出行目的四个方面搜集相应信息。

- 出行者信息:包括年龄、性别、居住地、工作状况和收入等。
- 出行时间:分别以天、周、年等为单位调查,以及出行的条件,例如天气、道路状况和交通状况等。
- 出行地点:即出行的起讫点,包括与其他交通方式的衔接(主要是公共交通)。
- 出行目的:除了出行目的外,还应包括关于影响出行方式选择因素的调查(如假设道路或设施条件改变了,是否还会继续选择慢行交通出行方式)。

调查方式可采用路边或家访等方式进行问卷调查,抽样率根据城市现状人口规模确定,并应注意针对特定区域和群体。200 万人口以上城市抽样率一般为 0.5‰~1‰,200 万人口以下城市 1‰~3‰,人口规模较小的城市抽样率宜相应取较高值。对近三年来没有开展过居民出行调查的城市,可以用该表开展调查来获取城市居民选择步行与自行车出行的需求信息。表格见附录 2。

4.3.2 步行与自行车出行调查内容

1. 出行分担率

首先应明确城市出行结构,以确定步行与自行车交通在城市交通出行中的作用。由于电动自行车和人力自行车在出行距离、速度等方面具有显著的差异,有条件时应在分担率分析中予以区分。同时也应注意到城市交通出行结构中,步行与自行车交通与其他交通方式的竞合关系。如大城市公共交通出行的比例是否与步行与自行车出行比例协调;中小城市步行与自行车交通比例是否远高于公共交通出行。

除分析步行与自行车交通在城市交通出行中所占的比例外,也应重点关注在不同出行目的下慢行交通的出行分担率,以帮助规划者更好地了解城市步行与自行车出行现状。例如,若在上学、上班过程中慢行出行比例较低,则考虑是否需要注意职居平衡的土地利用开发;若上学目的中步行与自行车出行比例较高,则应重点关注学校周边的步行与自行车出行安全设计。

2. 出行时耗和距离

通过了解城市的平均出行时耗和出行距离,可以帮助明确未来步行与自行车交通应承担的定位。如平均时耗在 15 min,则城市规模较小,适宜大力发展步行与自行车交通作为城市居民主要出行方式;如时耗较长则说明未来步行与自行车交通应承担公共交通接驳的职责,做好"最后一公里"服务。

出行距离也与城市空间形态和功能组织模式密切相关。由于体力的限制，步行与自行车交通的适宜出行距离较为固定，是一种普遍的特性：步行出行的平均距离一般在 2 km 内；人力自行车多为 4 km 内；电动自行车多为 6 km 内。如果城市步行与自行车交通出行距离远小于该方式能承受的合理范围上限，则说明还存在一定的发展空间。

3. 出行期望线

步行既可以作为一种独立的交通出行方式，也可以作为公共交通、私家车、自行车等交通方式的接驳方式，因此较难通过传统的 OD 调查来匹配出行起讫点。因此步行上应更多关注人流量较大地段的运行状况，以及较少地段的设施完整性。

除了公共自行车外，城市自行车出行大多为独立出行，一次出行有明确的出行起讫点。在居民出行调查或其他条件允许的情况下，可搜集相关起讫点信息绘制城市自行车出行期望线图，来帮助判断应重点关注的路段。

4.4 步行与自行车交通设施分析

4.4.1 网络设施分析

1. 步行与自行车网络密度

城市道路系统是步行与自行车系统的重要支撑空间，而支路是连接城市活动的重要载体，因此道路系统是否成熟对于步行与自行车系统的建设至关重要。支路和街巷的密度对步行与自行车活动的发生有十分重要的影响。步行与自行车网络包括依附于城市道路的人行道、自行车道、步行与自行车专用通道以及街巷等。

步行与自行车交通网络密度计算公式如式（4-1）所示。

$$\sigma_w = \frac{\sum_{i=1}^{n} L_i}{S} \tag{4-1}$$

式中　σ_w——步行/自行车网络密度（km/km²）；
　　　L_i——第 i 段步行道/自行车道的长度（km）；
　　　S——调查区域面积（km²）。

自行车网络密度一般略高于城市道路网络密度，步行网络密度应明显高于城市道路网络密度，但为了统计方便，还是应首先明确各级道路（特别是生活性次干路和支路）在各地区（特别是老城区、中心区等）的密度是否能够支撑慢行活动。表 4-3 为《城市道路交通规划设计规范》（GB 50220—95）中提到的道路网络密度建议。

表 4-3 道路网络密度建议值

城市规模与人口(万人)		快速路	主干路	次干路	支路
大城市	>200	0.4~0.5	0.8~1.2	1.2~1.4	3~4
	≤200	0.3~0.4	0.8~1.2	1.2~1.4	3~4
中等城市		—	1.0~1.2	1.5~1.8	3~4

2. 网络连续性

网络连续性是指人行道和自行车道在区域的完整性和连通性。步行与自行车网络的缺失或通行不畅,导致出行者难以沿着连续的步行与自行车网络从出发地到目的地,间接导致出行率的下降。连续的步行与自行车网络可以给出行者提供良好的服务水平,吸引更多的步行与自行车出行。步行与自行车网络应连接居住、就业、商业、休闲、娱乐等日常生活节点空间,缩短绕行距离,减少出行时耗,方便出行者到达目的地。

导致人行道和自行车道连续性不足的原因有:(1)机动车停车占用人行道和自行车道,导致通行困难;(2)部分区域人行道和自行车道被城市快速路等高等级道路打断;(3)不同等级道路的步行与自行车道衔接不顺畅。对城市步行与自行车网络连续性的评价可参照表 4-4。

表 4-4 网络连续性评判标准

连续性	通 行 条 件
连续性好	可以自由选择出行路径,步行与自行车网络可达性高
连续性良好	有少部分道路缺失,需要与其他交通混行,基本可以自由行走/骑行
连续性一般	经常需要与其他交通混行,出行过程受干扰
连续性差	步行与自行车网络经常中断,出行过程受到很大干扰
连续性非常差	几乎没有设置步行与自行车道

4.4.2 道路设施分析

1. 步行与自行车道宽度

根据《城市道路设计规范》(CJJ 37—2012),自行车车道宽度包括自行车带总宽度及两侧路缘带宽度,其中一条自行车带宽度为 1 m,两侧路缘带各 0.25 m。自行车道如果混行电动自行车,自行车道应适当加宽,加宽值取 0.25~0.35 m。自行车道过窄,会影响自行车交通的通畅性和安全性;但经物理隔离的自行车道宽度过宽(如超过 3~4 m),就有可能会出现机动车违法停车的情况。因此应视具体情况分析,表 4-5 给出宽度和通行条件的判断关系。

表 4-5 慢行道宽度评判标准

宽度设置 (单向通行)	通行速度(km/h)	通行条件
3~4 m	>25	可以自由选择骑行速度,行人可以穿越
2.5~3 m	20~25	自行车道很少受到干扰,骑车人尚舒适,车速可以改变,但稍有约束
1.5~2 m	15~20	有干扰,不可以随时变更骑行路线,可以保持安全车速
<1.5 m	<15	受到很大干扰,骑行经常被打断,难以保持安全车速

人行道宽度不仅用作行人通行,也包括沿街商铺公共生活、休闲游憩及相关设施带宽度等,因此参照《城市道路设计规范》(CJJ 37—2012),仅给出最小宽度限制,如表 4-6 所示。

表 4-6 人行道宽度标准

项 目	人行道最小宽度(m)	
	一般值	最小值
各级道路	3.0	2.0
商业或公共场所集中路段	5.0	4.0
火车站、码头附近路段	5.0	4.0
长途汽车站	4.0	3.0

2. 隔离设施

隔离设施是城市道路设计中的重要内容,不仅直接关系到不同等级道路的基本功能,还直接影响到交通流的通行效率和安全性。

(1)机非隔离。自行车与机动车道的隔离方式主要有 3 种:①依靠绿化带隔离;②依靠栅栏隔离;③仅用划线的方法进行隔离,尽量避免机非混行。其中第一种方法适用于道路宽度较宽的道路或新建道路,方法一与方法二采用物理隔离,机动车对自行车通行影响较小。方法三采用非物理隔离,方便自行车灵活过街,但仍受机动车通行的影响,如表 4-7 所示。

表 4-7 机非隔离评判标准

机非隔离设施	通行状态	使用条件
绿化带隔离	物理隔离,自行车速度高,骑行舒适性高	道路宽度较宽或新建道路
栅栏隔离	物理隔离,不受机动车影响,自行车速度高	道路宽度较小
划线隔离	非物理隔离,方便自行车灵活过街,但仍受机动车通行影响	道路宽度较小
无隔离设施	与机动车交通混行,不能保障安全骑行状态	等级较低道路

(2) 人非隔离。自行车道与人行道的隔离主要有 3 种方法:①依靠路缘石抬高人行道;②等标高设计,依靠绿化带分离或用不同铺装区分;③等标高设计但不做任何分离措施。其中,第一种方法最为常见,通过空间的分离将行人与自行车隔离开,同时可在人行道上布置一定的绿化带,当人行道宽度达到一定要求时,对行人行走和自行车骑行的舒适性有相当大的提高,行人对自行车的干扰越少。由此人非隔离设施评判标准如表 4-8 所示。

表 4-8 人非隔离设施评判标准

人非隔离设施	通行状态	使用条件
绿化带隔离	物理隔离,自行车速度高,不受行人交通影响	道路宽度较宽或新建道路
依靠路缘石抬高人行道	利用高差隔离,仍受行人交通影响	道路宽度较小
等标高设计,采用不同铺装区分	慢行交通一体化设计,但经常受行人交通影响	道路宽度较小
无隔离设施	与行人交通混行,不能保障安全骑行状态和行人步行安全	等级较低道路

3. 慢行空间通行情况

一般来说,影响步行与自行车通行的路边障碍分为两类,一类属于可移动的暂时性障碍,比如停在人行道/自行车道上的汽车、占道经营的小贩等;另一类属于不可移动的或较难移动的永久性障碍,比如位置不恰当的电线杆。人行道和自行车道上的道路障碍往往是无效或不健全的设计准则和管理规范导致的后果。无论是暂时性的还是永久性的,从某种程度上来说,所有的路障都影响着人行道的有效宽度。因此,道路两旁的障碍的管理必须被规范。

路障的评价标准可以有主观和客观两种。客观指标有:步行与自行车道有效宽度、利用率等。定性描述如表 4-9。

表 4-9　道路障碍评价等级

评价	描　述
好	没有永久性障碍,临时障碍也能很好地被接受
较好	有一些障碍,但人行道有效宽度>1 m
一般	障碍有些影响步行,人行道有效宽度≤1 m
较差	障碍较多,步行困难但仍行走在步行道上,人行道有效宽度<1 m
差	步行道被障碍阻塞,完全无法使用

4.4.3　过街设施分析

1. 过街横道间距

如果街道不为步行与自行车出行者提供足够的过街机会,就有可能导致横穿马路等违章行为,从而增加交通事故的概率。同时,过街便捷性也体现了城市交通系统对步行与自行车出行者的尊重程度。

过街的形式有过街横道、过街天桥和过街地道(对于弱势群体及骑行者较为不便)、信控交叉口以及路段开口等其他形式,这些过街形式的设置间隔应在一定范围之内以满足行人过街的需求。较高的过街设施密度能够提高整个街区的路网连通性,为行人提供更多样化的路径选择,在一定程度上来说意味着出行时间的缩短。通常历史文化街区中街巷结构紧凑,行人过街机会较多,本书参照 HCM2000 中的数据,使用表 4-10 的标准。其中过街设施的平均间隔距离可以通过 GIS 平台中标定设施后,取各设施与相邻设施最近的距离,沿各自街道分组统计得出。

表 4-10　过街设施平均间隔距离评判标准

过街设施平均间隔距离(m)	[0, 120)	[120, 150)	[150, 200)	[200, 250)	[250, ∞)
评价	好	较好	一般	较差	差

2. 过街等待时间

在设有信号设施的路口或路段中,平均的等待时间调查较为困难,数据也不精确,因此用行人信号延迟(信控交叉口或设置过街信号控制处行人的过街等待时间)进行代替能够提高数据采集的可行性。对于行人最大等待时间的相关研究非常多。英国 N. Rouphail 等人通过对有、无信号控制 2 种交叉口处行人延误和强行穿越行为研究,得出当地行人可忍受等待时间为 45~60 s;德国行人可忍受等待时间为60 s。同济大学李克平所在团队在杭州市进行了小样本调查,初步确定杭州市行人可忍受等待时间约为70~90 s。基于这些研究,本文以区域内各行人信号的红灯时间的均值作为评价指标,相应的评价标准如表4-11所示。

表4-11 过街平均等待时间评分标准

过街平均等待时间(s)	[0, 30)	[30, 45)	[45, 60)	[60, 70)	[70, ∞)
评价	好	较好	一般	较差	差

3. 交叉口信号相位设置

鼓励人行过街与机动车右转信号相位分离设置,并对人行过街信号实行优先。鼓励将交叉口处的自行车停止线靠近交叉口设置;对自行车设有单独信号控制、且实施信号优先时,可将自行车停止线布置在机动车停止线之前。人行过街可参照路段过街横道相关要求,自行车过街信号相位设置评价如表4-12所示。

表4-12 交叉口信号相位设置评判标准

过街设施设置	通行状态
自行车过街信号优先或结合信号灯将停车线提前设计	高效安全骑行
自行车信号控制	安全骑行
无信号控制,机动车让行	在机动车流量很大的情况下仍受机动车的干扰
无信号控制,等待机动车流间隙过街	自行车的通行权在机动车后,需要经常滞停寻找合适机会过街
没有路段过街设施	自行车自由过街常常暴露在危险中,交通流组织混乱

4. 弱势群体过街

与其他交通方式相比,步行与自行车交通一个较为显著的特征就是其路径选择的灵活性,而这个灵活性与安全性之间存在的最主要的矛盾就是过街时步行与自行车出行者与机动车的冲突。无论是交叉口还是路段,无论有没有信号控制,步行与自行车出行者随时都可能产生过街的需求。步行与自行车过街的权益如何保障对于研究怎样为步行与自行车出行者创造一个安全的出行环境是至关重要的。

交叉口作为步行与自行车交通与机动交通冲突最严重的区域,在整个安全性的评价中有着重要的地位。因其本身也是一个由许多要素组成的复杂的系统,所以需要从多方面去综合判断交叉口的安全性。交通设计方面主要涉及到交叉口的设施设计、交通组织等,但归根结底的矛盾还是出在慢行与其他出行方式的冲突点上,相关要求以及各地规范中也给出了详细严格的规定,本书不做过多讨论。这里讨论有信号控制的交叉口,其中包括行人暴露在危险冲突中的时间、行人的过街时间等。最主要的问题还是行人是否有充足安全的时间安全过街,这里的"充足"对于不同的人会有不同的答案,尤其是老人、孩子等弱势群体可能需要更长的时间。从量化角度来说,统一的标准不利于全面的考虑行人群体,因此本书以行人感受的视角来评判,采用的语义量表各级描述如表 4-13 所示。

表 4-13 过街安全性评价等级

评价	描述
好	充足的时间:对于老人和孩子等都绰绰有余
较好	足够的时间:对于老人和孩子等刚刚好
一般	大部分行人足够,但部分老人和孩子不够
较差	不充足的时间:老人和孩子不够
差	不足的时间:大部分人觉得时间不够

4.4.4 配套设施分析

1. 路面铺装及平整度

(1) 自行车道。自行车道表面质量影响整个行程的舒适程度。如果路面坑洼不平或有大的裂缝,避开它们可能会给骑行者带来一些不便。在车道表面质量好的路面上,骑车者会采用较快的车速行驶,在质量较差的路面上,驾驶员采用的速度则相对较低。因此,平整耐磨的路面给骑行提供良好的舒适性和安全性。使用不同颜色或不同材质的材料铺装自行车道,不仅能很好地与人行道区分,而且可以给骑车者提供良好的视觉愉悦感。车道表面质量评分标准如表 4-14 所示。

表 4-14 车道表面质量评分标准

车道表面	通行状态	舒适性与安全性
路面平整耐磨,非常清洁	自行车行驶舒畅,无颠簸感,能保持较高速度	安全性与舒适性高,且有视觉愉悦感
路面整体平整、清洁,偶尔存在小坑洼和小裂缝	自行车能保持正常行驶速度,偶尔会有小颠簸,但不影响骑行	安全性与舒适性较高
路面经常存在小坑洼和小裂缝	自行车行驶速度下降,经常有小颠簸	安全性与舒适性一般
路面偶尔存在大坑洼和障碍物	自行车行驶速度明显下降,偶尔会有大颠簸	安全性与舒适性较差
路面坑洼不平或有大的裂缝,车道中间存在障碍物	自行车需要避开坑洼裂缝和障碍物通过,十分影响骑行	存在安全隐患,舒适性低

（2）人行道。许多对人行道服务水平的研究中都将道路平整度作为极其重要的要素，因为人行道的不平整有可能意味着其功能的完全失效。

关于平整度的判定，定量化的指标可定为平整道路的比例，但这样的工作量较大，且还是会根据测量者的主观判定而产生歧化和误差。本书通过行人的感受来确定道路的平整程度，各级描述如表 4-15。

表 4-15 路面平整度评价等级

评价	描述
好	路面铺装完整，且非常平整
较好	路面铺装完整，但少数地砖错位
一般	部分铺装被破坏，路面比较不平整
较差	铺装很不清洁，上面有泥土等污痕，且缺失严重、参差不齐
差	步行环境恶劣，铺装缺失严重甚至没有铺装

2. 自行车停车系统

（1）轨道交通站点停车场。自行车停车设施的选址应设置在便捷醒目的地点，并尽可能接近目的地。轨道车站、交通枢纽等应在各出入口分别设置路外自行车停车场，距离不应大于 30 m。已有的自行车与轨道交通衔接停车场布局模式有：

➢ 在车站出入口附近路侧设置自行车停车场

此类型主要设置在城市中心区的一般换乘站附近。车站周边土地利用开发已成熟，用地较紧张，或是由于在轨道交通规划时对自行车接驳方式的忽视，主要利用车站出入口附近的小面积用地设置临时自行车停车场和停车带。此类停车场便于自行车的停靠和存取，但是易干扰行人交通，由于停车面积较小，不易挖掘自行车接驳客流潜力。

➢ 在高架桥下设置自行车停车场

此类型适合高架轨道线车站与自行车的衔接，直接利用高架桥下面的空间配置自行车停车场。此类停车场最节约用地，但是自行车的停靠和存取不便，高架桥下机动车车速较高，应保障行人从停车场到轨道交通站点的步行安全性。

➢ 在站前交通广场设置自行车停车场

对于换乘客流较大和换乘方式复杂的城市轨道交通枢纽站，宜设置布设有公交车、小客车、出租车和自行车等多种换乘设施的交通广场。由于交通广场客流大、各种交通方式混乱，自行车停车场应靠近车站的出入口布置，并尽量避免与机动车衔接设施混合布设，以减少自行车流与机动车流的交织。

➢ 在地下站厅同层设置自行车停车库

结合车站大厅的布局,直接在车站地下大厅同一层设置地下停车库,同时车站出入口宜设计带有斜坡的台阶,以方便自行车出入。此类停车场"立体化"最强,换乘距离最短,换乘最方便,自行车管理方便,但造价较高,并要求停车库与车站同步设计和同步建设。

轨道站点自行车停车场各布局模式如表4-16所示。

表4-16 轨道站点自行车停车场布局模式

停车场设施	特 点
地下站厅同层设置自行车停车库	规模大,停车后步行距离短,且停车场有很好的管理措施
站前交通广场设置自行车停车场	规模较大,停车后步行距离较短,满足现有停车需求
高架桥下设置自行车停车场	规模较小,对道路空间进行了合理利用
轨道交通站点出入口路侧设置停车场	规模较小,停车后步行距离短,自行车停放容易对行人造成干扰
没有设置停车场,自行车利用站点附近空地停靠	自行车停放散乱,经常发生自行车失窃事件

(2) 路段停车场。按照设置地点的不同,可以将自行车停车场分为路内停车场、路外停车场两种。

➢ 路内自行车停车场

路内自行车停车场有三种形式:①在城市道路的两边或一侧的人行道上划出带状区域供自行车停放的场所。②利用绿化带空隙设置自行车停车位,利用乔木间的空间布置自行车停车位。在设计中考虑到绿化带宽度的限制,常采用斜向停放方式。③沿机非分隔带设置自行车停车位,该方式适用于机非分隔带上有行道树,且宽度不小于1.5 m的情况。路边停车场的优点都是存取方便,至目的地的可达性好,可有效地利用非通行空间的资源。但是车辆的安全性较差,干扰了行人的通行,而过多的路边停车对城市的景观有一定的影响。

➢ 路外自行车停车场

路外自行车停车场是位于城市道路系统以外,专门划出场地供自行车进行停放的场所。路外停车场通常投资较大,停车后步行至目的地的距离较远,但是为自行车的安全性和维护性提供了保障。路外停车场可分为自行式和机械式停车场两种:①自行式自行车停车场指自行车的存放和取出均由骑车者进入停车场停放,其优点是建设费用省,停车方便、自由,缺点是占地大,单位面积停车少,难以保持停车秩序,易被偷盗,维护管理较为困难。②机械式自行车停车场指具有机械手段放置自行车于固定存放场所的装置,其优点是占地面积少、空间利用率高,使用于市中心商业区及交通站点等高效利用土地的地区,缺点是维修费用高,需设管理人员。

> 停车场服务设施及管理设施

在轨道交通站点附近,设置购物、休闲、休息等设施为停车换乘者提供服务,另外,停车场内有修车、租车、卖车等全方位的优质服务都为自行车停车换乘提供良好的基础。而且为保证自行车停车场的正常运营和防止自行车失窃,应配备实时监控系统和流动管理人员。

> 公共自行车租赁点

公共自行车系统是一种自行车共享机制,具备使用方便、使用成本低、面向大众的特点。为了集约停车资源,公共自行车服务可以成为私人自行车的重要补充。公共自行车租赁点应在轨道车站出入口就近布置,距离不宜超过 30 m;有多个出入口时,宜在各出入口分别布置。

路段自行车停车场设置形式如表 4-17 所示。

表 4-17 路段自行车停车场设置形式

停车场设施	特　　点
机械式自行车停车场	占地面积小、空间利用率高,缺点是维修费用高,需设管理人员
自行式自行车停车场	停车方便、自由,缺点是难以保持停车秩序,易被偷盗
利用人非绿化带空隙设置自行车停车位或沿机非分隔带设置自行车停车位	规模较小,对道路空间进行了合理利用,车辆的安全性较差
人行道上划出带状区域供自行车停放	规模较小,自行车停放容易对行人造成干扰
没有设置停车场,自行车利用道路附近空地停靠	自行车停放散乱,经常发生自行车失窃事件

3. 标示系统

考虑到慢行交通出行中有大量的出行目的是观光、旅游、购物等,各设施及地区的指示标志组成的指示系统显得尤为重要。指示标志是有助于确定慢行交通空间需求、交通补充信息和帮助的可视手段。当指示标志被设计师当作与出行者交流的媒介时,人们能够更清楚地理解这些信号设置元素。

评判一个区域指示系统的优劣可以从多方面去考虑,如道路指引的系统性、信息表达的清晰性、系统设计的规范性、文字指引的多样化、视觉效果的多样化、艺术效果的活泼性等,也可以从指示标志的设置密度,相应类型设施的指示比例等量化指标去判别。如果是对使用效果来做评价的话,自然是从使用者的角度去评判会更好。因此,本指标采用的语义量表各级描述如表 4-18。

表 4-18 指示系统评价等级

评价	描述
好	能很清晰地知道目标地点,并能根据指示系统规划自己的行程
较好	信息不充足,但通过指示系统还是可以找到目的地
一般	虽然有些混乱,但配合询问行人还是能够较快地找到地点
较差	容易迷路,需要花较长的时间才能到达目的地,经常绕路
差	指示信息混乱,经常找不到地方甚至走错

4. 照明设施

(1) 自行车道。照明是保证骑行环境安全的重要元素,路灯的间距和照度应保证夜间安全,并避免光污染。安全问题突出的重点区域应加强照明。宜采用节能灯具,并使用暖色调光源。如果自行车道就在道路的通道之内,不单设照明设施。地道内要设专用照明。自行车道与其他车道相交的道口,要有良好的照明。照明设施视线保障与安全性评分标准如表 4-19 所示。

表 4-19 照明设施视线保障与安全性评分标准

视线保障与安全性	评价
照明视野好,能保障骑者在夜晚良好的视线,骑行安全性高	好
较明亮,能够看清周围环境,夜间骑行安全性较高	较好
能满足骑者在夜晚基本骑行的视线,夜间骑行安全性不高	一般
路灯昏暗,不能保障骑者在夜晚安全骑行的视线,骑行不安全	较差
只能借助月光骑行,夜间骑行十分不安全	差

(2) 人行道。道路照明是夜晚行人活动时一个最重要的设计要素。高水平的照明可以减少行人交通事故,降低犯罪率,改善行人交通安全和地区的印象。因此街道照明设施的情况对于其步行环境的影响也是不可忽视的。

街道照明的形式除了传统的路灯外,还可以通过行人过街设施的泛光灯,以及一些景观设计,例如雕塑、有吸引力的建筑物等来实现。照明的水平取决于光源的类型(灯以及其反射装置),它的设置高度,以及支撑灯柱的空间。所以仅通过统计路灯数量来概括夜晚的照明水平是不可信的。一般的规范中采用照明单位来作为评判标准,市区支路要求的平均照明度为 3 流明/m。鉴于设备的缺乏,本文通过调查行人感受来获取该项评价内容,需注意的是,在调查时应更多的参考历史文化街区中夜晚出行经验较为丰富的步行者的意见,如附近的居民、店主、工作人员等。采用的语义量表各级描述如表 4-20。

表 4-20 照明设施评价等级

等级	描述
5	照明视野很好,灯光宜人,环境优美
4	街道较明亮,能够看清对面而来的行人、车等
3	不影响正常步行,但存在一些照明死角,有被侵犯的危险
2	照明情况不佳,可视范围在 10 m 之内,感觉危险
1	路灯昏暗,大部分路段没有照明,感觉很危险

5. 公共卫生设施

城市道路沿线公共厕所和废物箱设置应符合《城市环境卫生设施规划规范》(GB50337-2003)要求。环卫设施和公共厕所评分标准如表 4-21 所示。

表 4-21 环卫设施和公共厕所评分标准

环卫设施和公共厕所设置	供给与需求
环卫设施和公共厕所设置间隔较小,且干净	供给大于需求,可以随时丢弃垃圾或去厕所
环卫设施和公共厕所设置间隔较大,较干净	供给约等于需求,可以丢弃垃圾或去厕所
只在人流量较大的地方设置环卫设施和公共厕所,有股臭味	供给小于需求,需要去特定的地点丢弃垃圾或去厕所
环卫设施和公共厕所设置缺失,脏乱,气味不好闻	供给远小于需求,需要去附近建筑内部丢弃垃圾或厕所
没有设置环卫设施和公共厕所	给出行者带来不便

6. 绿荫/廊道遮盖率

对于慢行系统来说,绿化的实用功能要远大于审美功能。无论是天然的绿荫还是人造的廊道,都可以为行人遮阳挡雨。与种植时间长的老行道树相比,相同面积还未成形的行道树,树冠小、遮阳效果差,因此统计每公里道路上树木的数量是不够准确的。考虑到计算的简便性,无论是树荫还是廊道,只要是有遮盖的慢行道面积就都算在遮盖率里。通过粗略估计有遮盖道路的长度占总道路长度的比例来判断,具体评价标准如表 4-22 所示。

表 4-22 绿荫/廊道遮盖率评分标准

绿荫/廊道遮盖率(%)	[90,100)	[80,90)	[70,80)	[60,70)	[0,60)
评价	好	较好	一般	较差	差

7. 环境小品

环境小品,一般泛指室内外空间中能与环境充分融合的,具有美感的,满足人们日常行为、情感需求的小型建筑物。例如一块新颖的导向指示牌、一座造型独特的雕塑、一盏富有设计性又节能的路灯、一个新奇又符合人体工程学的垃圾桶、一座诗情画意的亭子等等。这些环境小品是形成一个富有特点的、给人们直观的愉悦享受的城市街道空间环境不可或缺的要素,能直接地反映一个城市的精神面貌、人民生活状况等。

步行与自行车不仅仅是一种为了到达目的地的出行方式的选择,更是一种集休闲、健身、娱乐于一体的户外运动。环境小品对街道景观具有不可忽略的视觉影响。对于环境小品的独特性与趣味性,每个人都可能持有不同的看法,各级描述如表 4-23。

表 4-23 街景/环境小品评价等级

等级	描 述
5	街景色彩丰富,地域特色鲜明,环境优美,想要慢慢欣赏
4	街道环境优美,有一些有特色的小品,但很难为之驻足观赏
3	较有特色,但景观很少
2	街道景观设计没有特色,很难引起注意力
1	街景单调,毫无亮点,只想快点经过

4.5 步行与自行车交通运行分析

步行与自行车交通运行状况主要指步行与自行车交通设施服务于出行的相关水平,主要考察宏观上的运营指标,参考微观出行感受。下列调查应采用连续式观测方法,连续观测时间一般不少于一个高峰持续时间段。对购物、休闲、旅游、健身等场所,可结合该类场所的客流时间分布特征进行补充调查。

4.5.1 步行交通系统运行

人行道行人交通服务水平是步行交通评估的重要标准,用以反映步行者对步行设施提供给自己的服务质量的主观感受。从运行特征的角度来看,主要包括人均步行空间、行人流率、平均步行速度、饱和度、冲突频率等分析指标。在步行流量集中的高峰时间和地点对步行交通流量进行调查,抽样调查点的空间上应覆盖规划范围内主要道路,重点考虑在城市中心区、交通枢纽区等人流聚集区,获得网络流量分布和问题节点等信息。

对于受机动车和自行车等影响较小的专用人行道路段来说,行人所感受到的服务质量是步行流量与街道属性综合作用结果。平均步行速度、人均步行空间以及人行道负荷度等都是评价步行运行状态的常用指标,其中行人流率及速度与人均步行空间紧密相关。而在允许行人与自行车混行的路段上,自行车的速度要明显高于行人,对路段上行人的通行能力与服务水平产生了负面影响。一定时间内,自行车与行人对向或同向相遇的频率能够在一定程度上反映出步行交通流的状态。

1. 人流量

即单位时间内通过特定人行道横断面单位长度的人数。与社区、城市中心区等其他区域不同的是,历史文化街区的行人往往不是本地住户,具有很大的流动性。因此,相较于人口密度和居住密度等指标,检测人行道上实际的人流量无论是对于步行环境拥挤程度的判断还是使用频率的高低都显得更有帮助。

在某一地点,测量人行道宽度和 5 min 内街道某单侧截面上通过的步行人数后,计算每分钟每米通过的人数。与此同时也可观测一下使用轮椅、婴儿车、拉杆箱等需要无障碍设施的人数,为无障碍设施的评价提供参考依据。具体的人流量评价基于《Pedestrian Planning and Design》人行道服务水平评价指标,根据实际情况加以相应调整,结果如表 4-24。调查时可选取区域内具有代表性的(人流量较大和较小)街道计算后取均值代表区域评分。

表 4-24 人流量评分标准

人流量[人/(min·m)]	[0,40)	[40,60)	[60,80)	[80,100)	[100,∞)
评价	好	较好	一般	较差	差

2. 人均步行空间

步行道路的拥挤程度通常以人均步行空间为标准,即密度的倒数。条件允许的情况下,可以测算在一定时间内通过某一面积样本区域内的最大行人数,从而直接得到人均步行空间值,计算公式如式(4-2)所示:

$$A_p = \frac{S_p}{v_p} \tag{4-2}$$

式中 A_p——人均步行空间(m^2/p);

S_p——行人步行速度(m/min);

v_p——单位人行道有效宽度行人流率[p/(m·min)]。

将之前获得资料中的小时行人流量换算为高峰 15 min 的流量,进而可以得到单位行人流率,即单位有效宽度内每分钟行人数,如式(4-3)、式(4-4)

所示：

$$v_{15} = \frac{v_h}{4 \times \text{PHF}} \tag{4-3}$$

$$v_p = \frac{v_{15}}{15 \times W_e} \tag{4-4}$$

式中 v_{15}——高峰 15 min 行人流率(p/h)；

v_h——单位小时行人流量(p/h)；

PHF——高峰小时系数；

W_e——人行道有效宽度。

3. 步行自由度

行人在人行道上选择自己想要的速度和超越别人的自由度也反映了步行交通的运行情况，如穿越行人的难易度（或超越慢行者的可能性），与主要行人流反方向行走的能力，以及不必改变步行速度或步伐且不与他人产生冲突的行为能力等。我国《交通工程手册》中对人行道各服务水平的步行自由度作出了描述，如表 4-25 所示。

表 4-25 人行道行人步行自由度标准

一级	有足够的空间可供行人自由选择速度及超越他人，亦可横向穿越与选择行走路线
二级	可以较自由地选择步行速度、超越他人，反向与横穿行走要适当降低步行速度
三级	选择步行速度与超越他人有一定的限制，反向与横穿行走常发生冲突，为免于挤擦碰撞，有时要变更步速和行走线位
四级	正常步速受到限制，有时需要调整步幅，速度与线路，超越、反向与横穿十分困难，有时产生阻塞或中断
五级	所有步行速度、方向均受限制，只能"跟着"人流前进、经常发生阻塞、中断，反向与横穿绝不可能

4. 人行道负荷度

即路段人行道高峰小时行人流量与该人行道通行能力的比值（v/c）。当路段负荷度较大时，行人的步行空间可能受到限制，此时行人的步行感受将受到负面影响，同时也将影响行人的步速。

5. 行人与自行车的冲突频率

在步行与其他交通方式（如自行车等自行车方式）混行的路段上，由于自行车等速度比行人速度高，行人通行能力及感受到的服务水平通常会受到负面影响。此时步行交通流会受到许多因素的影响，如不同方向各交通方式的流量等。

行人每小时遇到或被自行车超过的次数由式(4-5)、式(4-6)、式(4-7)计算。

$$F_\mathrm{p} = \frac{Q_\mathrm{sb}}{\mathrm{PHF}}\left(1 - \frac{S_\mathrm{p}}{S_\mathrm{b}}\right) \tag{4-5}$$

$$F_\mathrm{m} = \frac{Q_\mathrm{ob}}{\mathrm{PHF}}\left(1 + \frac{S_\mathrm{p}}{S_\mathrm{b}}\right) \tag{4-6}$$

$$F = F_\mathrm{p} + 0.5 F_\mathrm{m} \tag{4-7}$$

式中 F—— 路段上每小时行人与自行车冲突的总次数(次/h);

F_p—— 行人被自行车超过的次数(次/h);

F_m—— 行人与自行车相遇的次数(次/h);

Q_sb—— 同方向自行车的流量(veh/h);

Q_ob—— 对象自行车的流量(veh/h);

PHF—— 高峰小时系数;

S_p—— 路段上行人平均速度(km/h);

S_b—— 路段上自行车平均速度(km/h)。

行人与对向自行车骑行者相遇是能够互相看到对方,对向骑行者给行人造成的障碍相对较小,因而理论上在计算总频率时给对向相遇的次数乘以折减系数。数据充足的情况下应根据当地的实际情况确定该系数,条件不允许时建议值为0.5。

4.5.2 自行车交通系统运行

服务水平是描述城市道路上自行车流运行条件及骑车者所感受的一种质量标准。运行条件包括自行车行驶速度、自行车流的饱和程度、行驶安全性、行驶舒适方便等。实际确定服务水平等级标准时,要全面考虑这些因素是困难的,只能以其中最有代表性的几种影响因素来作为评定的依据。对路段的服务水平一般可以用骑行速度、占用道路面积、交通量负荷与车流状况来衡量,对交叉口的服务水平还应考虑延误时间和停车率。

一般选取现状城市建设用地范围内的主要干路,根据需要确定调查路段和交叉口,观测自行车交通高峰时间的自行车(含电动自行车)流量、速度等数据,获得网络服务水平和问题节点等信息。

1. 交通负荷系数 X

交通负荷系数指路段高峰小时自行车交通量与该路段自行车道通行能力的比值如式(4-8)所示:

$$X = \frac{N}{C} \tag{4-8}$$

式中 N——路段高峰小时自行车交通量(辆/h);

C——路段自行车通行能力(辆/h)。

比值 X 越大表明道路负荷越重,越小则表明道路运行条件越好。城市主干线上,交叉口的交通负荷均较重,一般为 0.5,一些路段和交叉口甚至达到或接近 1,因此,可将 0.5 作为一级服务水平指标值,1 作为最差的五级服务水平指标值。

2. 速度比例系数 Y

速度比例系数指某种服务水平条件下自行车骑行速度与自由状态下骑车人实际选择的舒适理想行车速度比值,如式(4-9)所示。

$$Y = \frac{V_{实}}{V_{max}} \tag{4-9}$$

式中 $V_{实}$——某种服务水平条件下的实际骑行速度(km/h);

V_{max}——理想条件下骑行者所选择的速度(km/h)。

这个比值为 0~1 无量纲的系数,越大表示速度越高,服务质量越好,反之则服务水平下降。

据马鞍山和天津自行车运行速度观测,在有分隔带的三块板城市道路的自行车道上,平均车速为 20 km/h,自由状态下可达 30 km/h,对于没有分隔带的自行车道上测得的平均车速为 15 km/h。

城市交叉口观测表明,左转弯运行速度变化较大,一般为 4~15 km/h,平均 8~9km/h。直行自行车速度较稳定,一般为 10~15 km/h,平均值 13~14 km/h。右转弯自行车速度也较稳定,一般多为 10~15 km/h。

路段上速度比例系数为 0.3~0.8,交叉口情况较差,速度较低,一般为 0.2~0.6,为更直观和明确表达,服务水平标准中可直接采用运行速度。

3. 密度饱和系数

密度饱和系数指在某种服务水平条件下实际行车密度与最大行车密度之比,如式(4-10)所示:

$$q = \frac{q_{实}}{q_{max}} \tag{4-10}$$

式中 $q_{实}$——某种服务水平条件下实际的行车密度(辆/m²);

q_{max}——最大行车密度(辆/m²)。

这个 0~1 的无量纲系数表示自行车实际运行时所占用的空间大小,越小自行车可占用的空间越大,骑行的自由度也越大。德国在路段上规定 9 辆/m^2 为最大自行车空间占有率,此时自行车可自由行驶,4 辆/m^2 为最低服务水平。对于交叉口,停车线附近对空间面积规定为 2.5~2.1 辆/m^2,相应行车速度为 3.5 km/h。北京市对交叉口停车线前的观测值,平均停车密度为 0.54 辆/m^2,最大停车密度为 0.63 辆/m^2,相应的行车速度为 4.05~3.75 km/h。因此,可以采用 9 辆/m^2 为最大值,2 辆/m^2 为最小值,即直接采用每辆车占用的道路面积。

4. 车流状况

车流状况指某种服务水平下车辆可以自由运行的程度,如加减速、超车转向等,即运行时所处的状态。一般用自由运行、基本自由运行、稳定运行、接近(准)稳定运行和束缚(受限)运行等表示。

5. 停车率

停车率主要说明通过交叉口时停车等候的车辆数占全部流量的百分率。停车率大表示交叉口通过困难,小则表示通过容易。根据北京市交叉口高峰小时观测,平均停车率为 35.9%~52.4%。南京市观测表明,高峰时停车率大约为 50%。停车率指标可以定为 20%~50%。

6. 延误时间

延误时间主要指自行车在通过交叉口处于红灯受阻情况下,等待绿灯开放的时间延误,另外还包括过停车线后在交叉口内的二次延误。《美国通行能力手册》(HCM 2000)中给出了信号控制交叉口自行车延误与服务水平评价值,如表 4-26 所示。

根据北京市交叉口高峰小时观测资料,延误时间平均为 18.8~25.2 s。南京市早上自行车高峰小时观测资料表明,延误时间有的长达三个周期,更多的是 1~2 个周期,平均延误时间约为 70 s。考虑我国混合交通流实际状况,可取 30 s 为最高服务水平,90 s 为最低服务水平。

表 4-26 交叉口自行车延误对应的服务水平

服务水平	平均延误(s/辆)
A	<10
B	10~20
C	20~30
D	30~40
E	40~60
F	>60

4.5.3 步行与自行车交通安全运行

在影响居民是否选择步行或自行车交通方式的因素中,交通安全是非常重要的影响因素。通过研究如何进行步行和自行车交通事故的分析,发现城市中步行和自行车交通事故黑点,并在慢行交通规划中开展示范性的改善设计或将其纳入到近期改善项目列表中是非常有必要的。应进一步突出慢行交通安全在整个慢行交通规划中的地位,增加慢行交通事故调查、分析方法的说明。将现状慢行交通事故分析结果纳入到规划图件中,在近期规划中增加慢行交通事故黑点的示范性改善设计要求。

根据公安部门收集的步行、自行车的交通事故资料,应至少使用一整年的事故数据以避免季节偏差,事故应分为交叉口和非交叉口事故两类,并尽可能准确地标出事故点。交通事故分析:当使用事故数据来确定慢行交通事故黑点位置时,由于步行和自行车交通量在城市不同区域分布上存在较大的差异,因此建议充分利用步行和自行车交通流量调查或需求预测的结果,使用事故率指标代替事故数指标表进行慢行交通黑点分析。对事故黑点处人行道和自行车道空间被挤占情况,隔离与安全设施,行人、自行车与机动车冲突影响等进行调查,进而分析事故黑点产生原因。

4.5.4 公共自行车运行

公共自行车的运行状况应尽量基于公共自行车运营公司的公共自行车系统运行数据进行,分析公共自行车使用次数、平均使用时间、借还车以及停车位空满的空间和时间分布状况,发现系统运行中存在的主要问题。当公共自行车系统运行数据难以获取时,可选取平峰和高峰时间,对公共自行车租赁点进行抽样调查。

(1) 换乘距离。人们选择使用公共自行车出行,是看中其短距离使用灵活、省时方便的优点。在公共自行车使用者的短距离交通中,换乘距离占全程的比率非常重要。换乘距离如式(4-11)所示,指使用者从出发地或者换乘点到租赁站点的距离(即租车前步行距离)与另一租赁站点(也可为本站点))到目的地或者换乘点的距离(即还车后的步行距离)之和。

$$X = D_t + D_n \tag{4-11}$$

式中 D_t——租车前出发地到租赁站点的步行距离;
D_n——还车后租赁站点到目的地的步行距离。

(2) 有效道路比例。有效道路比例是指自行车行驶的道路中不被机动车所占用的长度比例。自行车专用道虽然从理论上拥有绝对的路权,但是机动车非法占用等现象导致专用道的有效性并不能得到保障。有效道路比例可以在一定程度上反映公共自行车出行效率。

有效道路比例如式(4-12)所示,指某一 PBS 服务线路上没有被占用的道路长度(包括专用自行车道、自行车道、胡同及其他未施划行道线的道路),即路权没有侵占的道路长度在此条 PBS 服务线路总长中的比例。

$$P = \frac{L_{bv}}{L_b} \times 100\% \tag{4-12}$$

式中　L_{bv}——路权没有受损的道路长度;
　　　L_b——公共自行车服务线路总长。

(3) 隔离设施比例。隔离道路比例如式(4-13)所示,指采取绿植、栅栏、隔离桩等设施隔离机动车和自行车行驶路面的道路比例。由于和机动车、行人有路权纷争,自行车的行驶环境受到了极大的影响,由此引出出行者考虑是否使用公共自行车的一个最重要的因素,即在道路上行驶的安全性。对于道路上行驶的自行车,是否有隔离设施或者绿化带将它们与机动车隔离,将大大影响使用者的安全性。一方面,机动车在行驶中不能随意的插入自行车行驶的道路;另一方面,由于机动车不能随意进入,也会降低其在自行车行驶道路上的停放量。

$$X = \frac{L_{bi}}{L_b} \times 100\% \tag{4-13}$$

式中　L_{bi}——进行隔离保护的道路长度;
　　　L_b——公共自行车服务线路总长。

4.6　公众意见征集

城市步行和自行车交通规划与市民的出行安全、出行感受直接相关,其服务对象和主要使用者始终是城市居民,步行系统的便捷、安全、舒适、美观等原则只有使用者才最有发言权,因此成功的步行与自行车交通系统需要得到当地政府和市民的广泛支持。一方面应强调市民对交通规划编制管理过程的参与以维护公正,另一方面可通过集思广益来提高城市步行与自行车交通规划与设计的智慧。相较于其他交通方式,步行和自行车交通规划中的公众参与活动更为简便、更易操作。

公众包括当地居民、规划师、建筑师、开发商、经济顾问、政府官员等,公众参与可以分为多种形式,根据不同的参与时期大概可以分为:

(1) 参与调研。在前期调研阶段,就可以组织公众进行访谈,大概了解各方面的总体需求、规划目标与执行力度。

(2) 参与策划。在方案设计阶段,可以不定期组织讨论会,反复进行方案比选,确定下一步方案目标。

(3) 参与论证。当核定最终实施方案并投入使用后,可举行公众论证会,陈述切身使用感受,提出完善修改意见,也为以后的设计积累经验教训。

步行与自行车交通规划除了在宏观上对交通网络进行规划,并在城市街道上进行步行与自行车交通空间的落实,还应该关注对于已有步行与自行车交通设施的改善。相比于新建步行与自行车交通设施,在发展成熟的城市,改善已有步行与自行车交通设施的工作应占据更加大的比重。交通规划师很难自己发现所有城市里需要改善的社区和街道中具体的实施项目,也不会有居民对自己生活和工作的场所周边街道的慢行环境有生动的感悟,因此建议通过网站的形式征集需要改善的步行与自行车交通规划项目,一方面增强步行与自行车交通规划的参与程度,另一方面交通规划师应对反映较多的问题进行实地调研,将其纳入到步行与自行车交通规划中的示范性改善设计项目或近期建设项目中。

可通过网站等形式征集城市中步行与自行车交通存在的主要障碍,对于反映较多的问题规划单位应予以实地调研并在规划方案中进行反馈。样表可见附录3。

第5章 步行与自行车交通需求分析

步行与自行车交通需求分析的目的有五个：(1)分析用地和交通规划的相互作用，用地密度、多样性、设计对步行与自行车出行生成、方式选择的影响，以及如何通过提高容积率、用地多样性政策来提高步行与自行车出行活力；(2)通过追求可达性最大化、连通度最佳化，分析出行者对设施类型、陡坡、过街等的喜好，追求高效的步行与自行车网络；(3)体现步行与自行车可达性对运输服务水平的重要性；(4)分析不同出行目的出行者对步行和自行车需求的差异。

5.1 步行与自行车交通需求影响因素

步行和自行车交通出行要求的影响因素可以分为五个：土地利用和建筑环境、设施覆盖率和类型、自然环境、社会经济、认识度，可以帮助规划师和分析师尽可能地去挖掘步行和自行车的潜能。

1. 土地利用和建筑环境

在步行和自行车行为塑造上，城市规模、大小是最基本的影响因素，其中又包括：密度(人口、就业)、多样性(土地利用混合度)、设计(保证行人可达性，例如行人设施、交叉口类型、人行道)、站点密度(公共交通覆盖率)。表5-1表示各分量对步行的影响程度，表5-2表示土地利用和建设环境的影响。

表5-1 步行的建设环境影响因素的加权平均弹性

变量	方式	弹性
密度	居住密度	0.07
	就业密度	0.04
	商业密度	0.07
多样性	混合度	0.15
	职住平衡	0.19
	最近商店距离	0.25

续表

变　量	方　式	弹　性
设计	交叉口间距	0.39
	十字型交叉口比例	−0.06
	最近公交站点距离	0.14
终点可达性	通勤距离 1.6 km 内	0.15

表 5-2　土地利用和建设环境影响

步行	1. 高密度、紧凑设计、高混合度的地区步行使用率高，尤其是通勤出勤； 2. 密度的重要性小于混合度和网络的连通度(小街区和小尺寸)； 3. 与公共交通紧密衔接可减少机动车的依赖性和促进步行出行； 4. 在办公和商业地区的紧凑、高混合设计可鼓励其他交通方式(步行)取代机动车出行； 5. 有趣和吸引人的景色和建筑可鼓励步行出行。
自行车	1. 密度对自行车影响较小，网络连通度更重要； 2. 紧凑型带来的短距离出行将促进产生更多的自行车通勤出行； 3. 安全方便的自行车停车很重要。

2. 步行与自行车交通设施

设施方面的影响包括设施类型、设施安全性、爬坡道、交叉口等，表 5-3 总结了设施因素与步行自行车出行之间的显著关系。对于任何一种出行方式来说，首要考虑的是出行距离和出行时间，第二个重要因素是与机动车的冲突安全。

表 5-3　设施因素与步行、自行车出行方式的关系

步行	45%的步行出行发生在人行道； 连通度和直达率很重要——提高 12%可以降低对距离的要求； 在商业区，人行道的重要性大于在居住区； 小街区和四路交叉口，使过街更加连贯、高效、安全，信号配时最重要。
自行车	最短距离和小交通量是首要因素； 交通安全是偶尔骑行的人最关心的因素，出行时间是自行车通勤人员首要关注因素； 道路坡度； 安全停车。

3. 自然环境

在机动车出行中，人们较少考虑是否需要上坡、雨天、温度、舒适度、白天黑夜，

相反,因为步行和自行车出行受人的体能影响,这些因素,就显得重要。自然环境对步行和自行车有显著影响,又可细分为:气候、温度、天气、冰雹、黑暗、地形。表5-4总结了这些影响因素与步行和自行车的相关性。

表5-4 自然环境因素与步行、自行车出行方式的关系

步行	气候:极其炎热和潮湿的地方的步行比例比气候适宜的地方少一半多; 温度:高温比低温的消极影响更大; 天气:雨天影响明显; 冰雹:冰雹比温度影响大; 黑暗:步行的一个很消极的因素,但比自行车影响小; 地形:斜坡,尤其是通勤时。
自行车	气候:冬天将减少50%,雪天将减少80%; 温度:当温度达到32℃时,将显著增加; 天气:对休闲娱乐影响最明显; 冰雹:冰雹比温度影响大; 黑暗:是步行影响的5倍; 地形:山丘、斜坡影响骑行积极性,骑行者对斜坡敏感度比行人高,有经验的骑行者能忍受一定的斜坡。

4. 社会因素

就步行而言,男性和女性步行去上班的接受度相似,但相比女性,男性很少愿意步行去娱乐、锻炼等。步行和自行车比例随着年龄和收入下降,一些深入研究显示,女性和老人更关注交通安全、环境创造的人身安全以及交通网络。表5-5总结了社会影响因素与步行和自行车之间的关系。

表5-5 社会因素与步行、自行车出行方式的关系

步行	性别:男性和女性有相同的可能步行上班;男性少13%步行去娱乐和锻炼;在出行距离上没有差异; 年龄:比例随年龄下降;65岁及以上的人少25%为特定目的步行,但多39%为了娱乐和锻炼; 收入:当收入达到30万美元时,为特定目的的步行将下降,但为娱乐和锻炼的上升; 小汽车拥有:没有小汽车的家庭每年的步行量是有一辆小汽车家庭的3.5倍。 教育:步行比例随教育水平上升。
自行车	性别:男性是女性的2~3倍; 年龄:随年龄下降; 收入:收入达到100万美元的人比收入<35万美元更有可能使用自行车; 小汽车拥有:负相关; 教育:正相关,大学教育可提升2.8倍。

5. 认知度

认知度与前面都有相关性,这一因素与人息息相关。虽然,这一影响因素与社会因素有相似性,但是它更主要的是反映出行者的选择感受,而社会影响因素更多反映客观事实。表 5-6 总结了认知度影响因素与步行和自行车之间的关系。

表 5-6 认知度因素与步行、自行车出行方式的关系

步行	步行的首要原因:健康(24.5%)、天气(22%)、忙碌(18.8%); 非步行的次要原因:更快地其他方式(4%)、不喜欢步行(3.5%)、不安全(3%)、拥有小汽车和喜欢驾驶(2.5%); 安全:机动车制动性能和速度是仅次于距离的第 2、3 要素; 安全感:老人、女性更多地考虑人身安全,尤其是晚上。
自行车	安全性是最重要的因素,骑行者不愿意骑行在车流量高的最短路径上,有经验的骑行者较少考虑安全问题,但是他们还是关注此方面内容。

5.2 步行与自行车交通需求分析层次

由于步行与自行车交通规划可以分为整区规划、分区规划、单点规划,所对应的需求分析对象、分析内容也不尽相同。

整区规划即一个城市或者城市中某个区域的步行与自行车交通规划,其规划目的是步行和自行车达到一定活动水平,步行和自行车达到一定出行比例,分析步行和自行车选择对机动车出行、拥堵的影响。因此需求分析对象为整个城市范围或者城市中某一区域,其分析重点是步行与自行车交通活动水平、可达性、分担率、方式选择。整区规划的需求分析方法是在传统四阶段模型的基础上,对其进行改进,提高步行与自行车和用地之间的敏感性,可以分为三种改进手段:出行生成阶段,提高对用地的灵敏度,以及减小交通小区尺寸;利用 GIS 精确反应用地差异,修订最初的基于出行模型的;利用仿真技术,模拟某一节点的出行,突显特定点的交通特征,并精确分析用地特征。

分区规划即城市中走廊、活动中心、街道、TOD 地区的步行与自行车交通规划,确保有良好的连通度和可达性是其规划目标。因此需求分析对象为多通道走廊、公交走廊、市中心、街道,分析重点是可达性、交通冲突、网络覆盖率、连通度。需求分析方法一种是利用 GIS 描绘用地和交通设施情况,然后分析其对出行行为的影响,另一种是分析步行与用地和交通网络特征的关系,此模型与四阶段模型具有相似性,但是其划分了步行交通小区。

单点规划即某个节点周边的步行与自行车交通规划,其规划目的是确保在道路网络上步行和自行车有较好的可达性和服务水平、评估改善措施的优先级和分析建筑物的影响,其需求分析对象可以是交叉口、开发节点 等,网络覆盖率、连通度、安全性、需求水平是它的分析要点。相较于整区规划,单点规划能很好地反应实际的步行与自行车交通出行,且对于规划师来说,更易掌握和使用。需求分析方法包括依靠方式选择调查或者既有人口慢行使用情况;根据现状数据,进行回归分析是比较常用的方法;基于人口、岗位、密度、天气等因素去分析整区的慢行出行水平;量化路径选择影响因素,构建路径选择模型。

5.3 步行与自行车交通需求分析方法

步行与自行车交通需求分析可以分为两大类:一类是基于方式分析,另一类是基于设施分析,两类分析的本质差异是是否基于传统的四阶段模型。步行与自行车交通需求分析的基于方式分析是对传统四阶段模型的改进,模型内容包括出行生成、出行分布、方式划分、交通分配、设施流量;步行与自行车交通需求分析的基于设施分析是直接得出设施流量,如图 5-1 体现了基于方式分析与基于设施分析的区别。下面将对两种类型的步行与自行车需求分析模型进行介绍:基于方式分析-基于出行链模型、基于 GIS 的步行可达性模型,基于设施分析-自行车路径选择模型和直接需求模型。在此,不再赘述"四阶段"方法,主要阐述各模型的改进之处,不同类型方法所对应分析过程和特征分别如图 5-2 和如表 5-7 所示。在需求分析模型过程图中,淡色表示在传统模型基础上进行了改进,深色表示仍采用传统的分析,具体内容将在后面模型章节进行阐述。

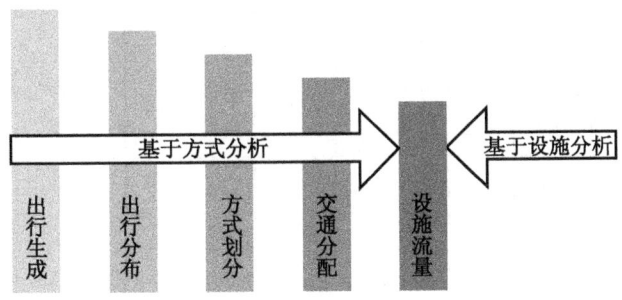

图 5-1 基于方式分析与基于设施分析区别

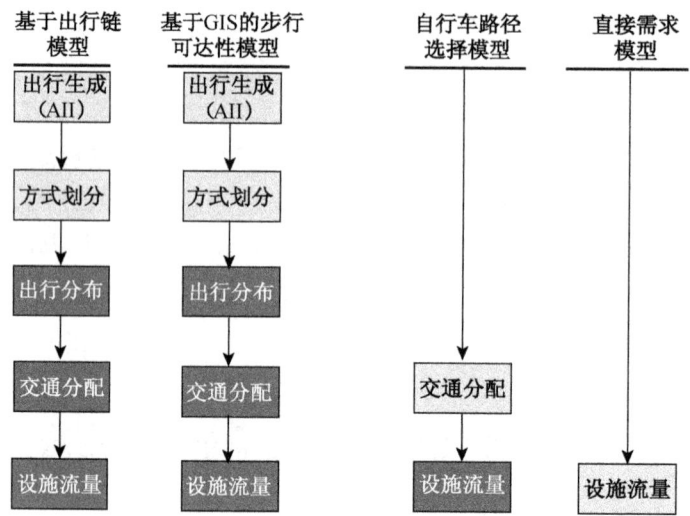

图 5-2 需求分析模型过程

表 5-7 步行与自行车交通需求分析模型特征

方法	适用范围					出行目的					
	整区		分区		单点		工作	上学	娱乐	基于工作	不基于家	其他
	区域	通道	片区	工程	设施						
基于出行链模型	√	√	√			√	√	√	√		√
基于GIS的步行可达性模型		√	√	√		√			√	√	√
自行车路径选择模型		√	√			√					√
直接需求模型		√	√	√							

方法	规划应用							基础知识		
	方案规划	精明增长	公共交通	方案比选	交通影响评价	慢行设施规划	安全分析	公平	出行模型	GIS工具和技术	数据管理
基于出行链模型	√	√	√	√			√		√	√	√
基于GIS的步行可达性模型	√	√	√	√	√	√	√	√	√	√	√
自行车路径选择模型	√		√		√	√		√	√	√	√
直接需求模型		√		√	√	√					√

续表

方法	预测对象					数据需求							
	汽车所有权	出行生成	出行分布	方式划分	交通分配	出行调查	用地	人口就业	路网	步行线路特征	自行车线路特征	区域模型交通小区数据	公交站点
基于出行链模型		√		√		√	√	√	√	√	√		√
基于GIS的步行可达性模型		√	√	√		√	√	√		√			
自行车路径选择模型					√	√					√		
直接需求模型		√		√			√		√	√			√

方法	指标									灵敏度			
	分担率	步行出行	自行车出行	小汽车出行	公交出行	出行里程	步行流量	自行车流量	交叉口流量	土地利用	自行车路网	可达性	社会人口统计
基于出行链模型	√	√	√	√	√	√				h	h	h	h
基于GIS的步行可达性模型	√									h	h	h	m
自行车路径选择模型							√	√		l	h	l	m
直接需求模型							√	√		m	l	l	l

注：h—高，m—中，l—低。

5.3.1 基于出行链模型

此模型是基于出行链建立的四阶段模型。与传统四阶段模型相比，模型使用一个高度分解的建模方法，从地块层级的个人出行生成和方式选择来说明自行车和行人出行选择的影响因素，特别是土地利用和通过本地及区域可达性测算出的网络连通度。该模型强调了步行和自行车路网特征在计算出行时间方面的重要性，以及步行和自行车路网特征是测算可达性和设计有效路网的关键。

通常行人和骑行者对基础设施和土地利用的行为反应包含以下元素：地块或地点土地利用详细数据；每个地块或地点周边土地利用和街道网络、交叉口数据；使用街道的实际距离；自行车网络、自行车设施、其他关键影响因素如标高；在自行车路网中构建广义距离函数来为方式选择和模型其他部分挑选合适的路径；使用包含所有街道路段和交叉口以及人行道编号和标高的单独行人路网；对公交站点位置、每个OD点对之间的公交步行可达性和出行时间特性等数据的使用。

此模型构建自行车和行人模型，从中获得各种关系，补充到已有四阶段模型中，将对方式选择和出行产生生影响。有两种情况：

（1）起终点方式选择模型改进。基础设施和用地的改善，促使短距离出行的其他出行方式向步行和自行车转移。这可以纳入已有的已知起讫点的出行或出行链的方式选择模型中，通过合并起讫点的方式选择模型中的变量实现。通常包括以下步骤：

A. 选取既有出行方式选择模型中的与出行目的相对应的"基础变量"，比如步行距离、机动车出行时间。

B. 为模型添加一些可获得数据的新变量，在转移模型中赋予相同的相关性系数值，因此，模型中使用的系数将是现有模型中的基础变量系数乘上转移模型中新变量系数与基础变量系数的比例值。

C. 添加新变量之后，模型应用基础年数据，重新校准特定方式的常数，这样模型仍与任何校准目标下的方式分配相匹配（比如用于校准最初方式选择模型的分配）。

上述的讨论假定原始的方式选择模型已经包括了步行和自行车方式，或者至少包括一些基础的方式。如果原始方式选择模型只包括机动车方式，仍有可能使用上面列出的更新过程，但是有必要对出行生成模型过程做一些调整，以便模型在早期阶段不会排斥自行车出行。

（2）仅有起点的方式选择模型改进。基于出行和出行链模型生成的是所有方式的出行，然后使用两阶段的方式选择过程，在进行出行分布之前，使用预方式选择分别生成机动车出行和自行车出行，然后只有机动车出行会被用于随后的分布或目的地选择以及起终点方式选择模型中。如果在只知道出行者、路段或者居住区周边的社会人口特性的情况下，可以使用方式选择模型的只知起点，并把它用于相应的出行目的。一般的转换或改进过程和之前提到的起终点方式选择模型是一样的。如果没有可选的基础变量，最好的方法是简化模型（或至少简化适用的变量）来代替已有的只知起点的方式选择模型，并校核已有模型中的参数。

在出行分布之前，如果保留或采用只知起点的方式选择模型，在随后的将自行车和行人出行分配到适当的路网的过程中仍需要进行方式选择。出行分布吸引变量与其他方式的出行分布中的变量一样，但每种方式有特定的阻抗变量。就自行车而言，到每个可能的目的地的最好路径的广义距离是一个合适的阻抗变量，只要它是和自行车出行分配中线路选择使用的特定路径阻抗一致就可以。

对于开发或者改进基于活动或出行链模型，需要家庭和个人的社会属性以及每次出行目的、出行方式和出行目的地经纬度位置，调查应包含步行和自行车；在适当的空间上（比如人口普查组块）分配与人口普查相匹配的家庭和个人的综合人口；地块和街区的用地信息；路网信息，包括步行和自行车设施以及用于创建每条线路权重阻抗的线路特性信息，比如设施类型、设施等级；每个地块的可达性、用地性质、路网、公交覆盖率，这些数据可以在 GIS 上获得；通过对可能的方式和目的地（汽车和公交方式的选择主要受时间和成本的影响）的综合测量获得的地区通达度；基于活动和出行链模型以及 GIS 的高水平专业知识。

此模型适用于地区层面的步行与自行车交通需求分析，包括区域、通道、片区。在区域层面，虽然如果步骤合适，此模型可以用于基于出行模型，但是最合适的是在已开发或待开发的基于活动或基于出行链模型上使用；在通道和片区层面，为了保持 SED 和出行流在研究区域和剩余区域的一致性，研究的区域将作为建模地区的窗口；使用土地利用或情景开发提供的初始条件将可以获得更优的地点或工程分析。

该模型建立的目的是：利用目前最先进的出行需求分析模型获得步行与自行车交通的出行规模和细微差异；将地块或地点的数据取代传统的交通小区；考虑将实际出行根据土地利用和交通可达性划分为基于家和基于工作的简单和复杂出行，这是方式选择的重要决定因素；帮助正在开发或者想要开发一套基于活动或基于出行链的模型平台来代替已有的基于出行模型的使用者，已经有基于活动或者基于出行链模型并想要改进模型提高步行与自行车交通需求分析的使用者，想要改善基于出行模型中对自行车和行人分析的使用者，追求土地利用、路网连通度以及自行车和行人对政策或教育目的需求之间的重要关系的使用者。

该模型的优势之处在于：对基于出行者对地区利用率、优势及个人或家庭出行需求（比如合乘或者接送乘客）评估的出行方式选择具有深刻见解；可以直接分析土地利用和路网可达性；并且通过当地土地利用分析，得到出行者简单出行与复杂出行的差异，这对有特定出行目的（工作、上学、购物、基于工作以及其他）的方式选择具有很大的影响；同时可以得到自行车或行人路网中影响可达性的重要物理属性，比如直线长度和出行长度、坡度、人行道和自行车道的存在以及人口和就业度；考虑了出行者社会经济因素，如性别、工作职务、家庭规模和组成、收入和车辆可用性。同时，它还存在不足之处：该模型的建立需要大量的资源，包括数据、专业知识、软件和硬件投资，因此，对于已经有或者正在建设基于出行链模型平台的地区是合适的，转换过程和部分应用可以减少工作量，但是对于没有或未打算建设基于出行链模型的平台，将会比较麻烦，产生较大工作量；最好的应用是要在一个基于出行链或者活动的模型环境中工作，对出行链和单次出行有明确的区分，但是这个问题是通过一些简化假设克服的；鉴于模型在应用于个体相对于应用在家庭（重要的个人特性丢失）或者小区（聚合影响精度）时是最相关的，所以理想的应用应将个体组成的综合人口进行开发和使用；为了获取地区或者设施的明确使用估计，需要额外的工具确定目的地和路径的选择，外加对估计结果的检验。

5.3.2 基于 GIS 的步行可达性模型

该模型完全依赖于 GIS 工具和数据,来创建土地利用活性、路网可达性和方式选择之间的关系。该模型的关键点在于步行可达性得分,来估计步行潜力和方式选择。

1. 建模

可达性关系从下列数据的整合中获得:出行调查数据,包括出行方式、出行目的、出行时间、出行距离、出行起讫点的地理信息(经纬度、地块或街区位置);社会经济数据,人口数、岗位数;GIS 路网,包括步行与自行车所有道路和潜在小径。

计算考虑到的所有方式的模型可达性是必要的(在这里只有步行),建模可以按照以下步骤完成:

第一步,距离衰减特征分析。用于解释出行者对给定出行方式的出行距离或出行时间的意愿,这是在出行分布中完成的,依据考虑到的而每种出行方式的出行时间(区别开出行目的),然后用拟合曲线表示随着出行时间的增加需求下降(一般用对数关系表示)。

第二步:步行可达性分析。GIS 分析可以确定出行的吸引,吸引量是居住人口或就业人数,吸引点可以从人口普查数据中获得。目的地是根据相对应的阻抗(加权的出行时间)得到,在实际的路网中,经距离衰减率折减,确定每个给定点的可达性得分。

第三步:方式选择。可从可达性得分中衍生,将可达性信息的所有出行样本根据增量、样本数量、偏差数量进行分类,这样可以确定不同出行目的不同方式分担率。用曲线拟合确定方式分布特征,用于方式划分中。寻找最佳拟合曲线是反复的过程,应考虑曲线的拟合度、每种可达性类别的样本大小、特定出行目的和起讫点下典型的可达性属性。

2. 模型应用

模型应用步骤包括研究区域确定、用地数据库创建、出行生成、步行可达性、步行出行产生和吸引、步行出行分配、小汽车和公共交通的影响、情景方案测试。

研究区域确定:研究区域应由若干个交通小区组成,从而促使信息的分享以及后续方式划分的修改。实际分析区域处研究区域以外,还包括研究区域以外的影响区域。

用地数据库创建:社会经济数据、人口、岗位类型、家庭车辆拥有量。

出行生成:使用从当地的 MPO 模型提供的出行生成率或默认值来估计每个街区的出行发生和吸引量。

步行可达性:使用网络分析方法,计算用地单元(地块或街区)之间的步行时间。只有研究区域内的用地单元(地块或街区)才是出行起点,出行讫点除研究区域内,还包括影响区域内的用地单元。步行时间可以用于计算步行可达性得分。

步行出行产生和吸引:每个街区的步行生成量或吸引量是分出行目的根据步行可达性得分和建模中方式选择关系计算出。

步行出行分配:将步行量分配到路网,然后计算设施需求流量。

小汽车和公共交通的影响:对其他方式影响可以根据 MPO 模型中各方式分担率的变化情况确定。

在数据方面,首要的是利用 GIS 采集的路网数据。对于初始模型校准还需要居民的出行调查数据,包括出行端点、岗位数;对于模型应用需要人口数、家庭数、岗位数;区域模型中的出行生成表、出行生成率。

此模型适用于片区或者单点的步行与自行车交通需求分析,最有效的范围是大约 30~40 个人口普查街区,或者 3~6 个交通小区;理想的规模是步行时间 15~30 min;较大的区域如走廊,如果分为几个较小的区域,可以得到更好的解决。

该模型建立的目的是:量化用地和路网服务水平对行人出行需求的影响;依靠 GIS 的工具和数据,来创建"可达性"的关系,其可以被用来解释/预计自行车出行需求;计算步行可达性评分,可以作为一种手段,用于估计地区的步行出行量和比例;通过改变用地(类型和活动位置)或路网,步行可达性的变化可以计算出,并转换成步行出行和方式划分的数量变化。

该模型的优势之处在于:基于 GIS 的模型比基于交通小区的出行模型更加直观和逼真,它通过传统模型的编码和计算的地理空间关系完成;校准需要出行调查和 GIS 网络数据,但是一旦校准,主要应用于街区层级;可达性同时涵盖了用地和网络质量、网络覆盖的因素,同时为地区规划提供分析平台;分别考虑了四种出行目的:基于家的工作出行、基于家的非工作出行、基于工作出行和非基于家的出行;在交通分配中,起讫点的可达性今年考虑。同时,它还存在不足之处:仅仅考虑了步行,没有将自行车纳入其中;在方式选择中,没有直接考虑社会人口属性,而是通过出行生成间接考虑;没有考虑连通度;采用 MPO 模型的出行生成等式来估计总人口出行生成,然后从中提取/估计步行出行;步行出行生成不包括内部分配方案来估计设施交通量。

5.3.3 自行车路径选择模型

根据自行车出行的 GPS 数据,将直线率、设施类型、梯度、转弯以及交通风险等作为自行车路径选择影响因素,开发自行车路径选择模型。模型结果可为设施规划中的属性赋值或全面规划模型提供出行加权阻抗测量。

在数据方面,需要骑行者 GPS 调查数据、GIS 路网、设施类型、梯度、交叉口延误等。该模型适用于单独的线路,也适用于整个路网,可以是整区,也可以是分区或者单点。该模型的目的:通过观察 GPS 记录的骑行者行为数据,量化自行车网络中与路径选择相关的属性重要性;了解自行车路径选择的设施或设计影响属性,可以帮助设计建设更好的自行车系统;辨别出行者性别或出行目的之间的差异;提供额外的输入来确定自行车的可达性和方式选择。

该模型的优势之处在于:评价设施和路网设计特性;使实际观测的出行生成数据来量化可选择线路的物理属性;权重计算和线路选择可用于设施、路网的设计或可选方案的比选优化;权重属性可以使出行阻抗更敏感,反映道路特性对出行时间的重要性。不足之处:只分析自行车;只分析路线选择,而不是自行车方式的全面选择或者有关自行车可达性的目的地选择;不预测设施流量。

5.3.4 直接需求模型

该类模型一般是一个特定的地点或规划定制开发,用于预测一个节点的步行或自行车需求水平,辅助交通安全研究或者评估工程建设项目。

由于此模型与当地的环境及出行水平相关,且需要从头开发,因此,建议在以下 4 种情境下使用直接需求模型:对研究中的特定区域和特定设施的现有条件校准较好;模型包含的变量的敏感性与模型使用的决策有关;模型不是从一个地区或研究区域转移到另一个区域;模型受双向出行的影响,从区域出行者调查中还原行人或自行车数量、人口统计数据以及选择特性。

参考其他地方的模型建立模型,主要是改变其中的影响参数,或者参数系数。任何直接需求模型都需要高质量的流量统计信息,如果要考虑社会人口特性、出行目的或起终点位置的话,还要补充使用者调查信息。在数据上,需要用地和路网,该模型适应于分区或单点分析。

该模型目的:由于相关规模和自行车方式特殊处理的限制,传统的基于出行模型未解决的设施使用或需求问题,此模型可以弥补这一缺失;为路段或交叉口安全研究和设计提供步行和自行车需求预测;辅助步行和自行车路网规划和设施规划设计。

该模型的优势之处在于:简捷,避免了四阶段模型构建的复杂性;提供了一种测量住宅区与非住宅区项目开发对行人和自行车活动水平及通行能力需求影响的方法;基于观测到的当地步行和自行车行为而不是个人记录的出行;提供特定时间段(比如早高峰或周末)的出行预测。不足之处:没有将活力水平与决策的要素(出行生成、方式或目的地选择)进行系统的连接,而是考虑了有相关性的环境因素(开发水平、主要出行生成点、公交活力/使用水平、人口或就业群体);一般不考虑出行者或出行(如社会经济因素,出行目的、起终点)的特征,模型通常基于相关性满足工程使用水平;在分析单个路段或交叉口时不考虑路网连通度特性。

第 6 章　慢行空间规划

6.1　慢行空间基本属性

6.1.1　慢行空间构成

步行、自行车出行，特别是步行出行与机动出行最大的不同，在于其交通活动除了发生在如今大量建设的机动性道路上外，还大量发生在街道空间中，这与以往我们所认知的以通行能力为衡量准则的道路不同，步行与自行车空间除了城市道路本身外也涵盖了由城市道路两侧建筑围合所形成的城市公共空间。

慢行空间包括了交通性的慢行空间与非交通性的慢行空间，前者服务于行人和骑行者的通过性需求，包括人行道、人行横道、人行地道、人行天桥、自行车道等设施所占的空间；后者可分为休闲旅游性质的慢行空间（绿道、林间步道、山间道、滨水道等）和商业性质的慢行空间（商业步行街等）。

图 6-1 体现了慢行空间在城市系统中的特殊性，人行道既属于红线内道路空间，也属于公共开放空间；立体过街设施和通廊虽然在红线内，但也通常与建筑体相连接，成为建

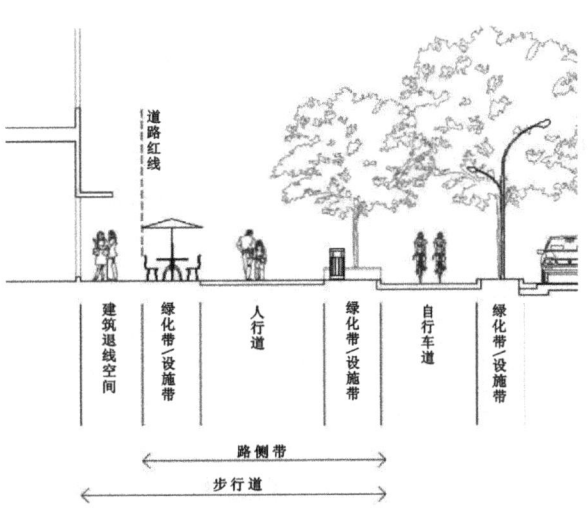

图 6-1　慢行空间在城市系统中的地位

来源：《城市步行与自行车交通系统规划设计导则》，住房城乡建设部 2013 年 12 月。

筑体不可分割的一部分;公园和广场等地处建筑与公共开放空间的交集地带,同时也作为步行与自行车交通系统中不可缺少的一部分。可以看出的是,慢行空间它既属于通行空间,也属于公共空间,更包含于各类建筑中,对于其功能需要辩证地看待。

在传统城市设计中,由于城市道路用地权限的限制,慢行空间的研究范围限定在道路红线中,随着理念的不断更新,部分外界有用地条件的区域结合红线外地块统一设计的慢行空间也逐步出现。在慢行交通系统的实际使用过程中,除了传统道路断面设计中关注的断面通行能力外,对于步行与自行车出行的连续性、安全性和舒适性才是亟待解决的问题。在规划时应打破传统道路红线的约束,将沿街地块提供慢行活动空间的部分共同纳入研究范围当中。因此,本文研究的步行空间范围除了传统道路红线范围内的人行道、设施带、绿化带和自行车道等内容,也包括道路红线外的慢行活动空间,如图 6-2 所示。

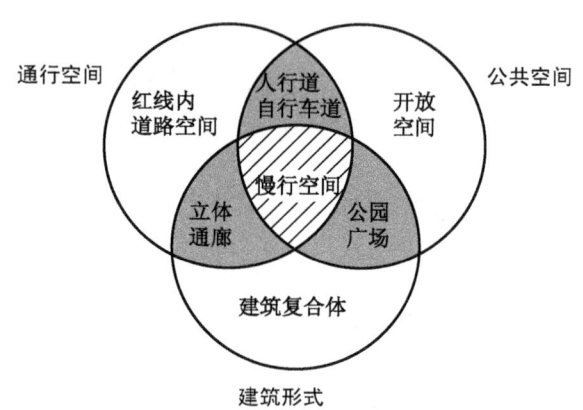

图 6-2　步行空间与环境研究范围

6.1.2　慢行空间分类及功能

城市慢行空间是与人们日常生活紧密联系的环境空间。城市居民的生活习惯与城市的不同区域相结合,形成了具有不同功能、特点的慢行空间,主要分为以下几种形式:

1. 交通性慢行空间

随着城市交通复杂程度的不断增大,慢行交通系统承载着交通枢纽的作用,可以称其为交通性慢行空间。交通性慢行空间,顾名思义,是以通勤为主要功能,串联各个慢行节点,起到交通疏导的作用,同时满足休闲、生活等综合要求。创建安全舒适的交通性慢行空间,能够减少人们对汽车的依赖,从而使人们在慢生活中享受其舒适感和安全感,缓解城市拥堵和环境污染,构建更科学合理的城市交通出行结构。

2. 商业性慢行空间

商业空间具有多元化、复杂化等特征,交通形式主要以步行与自行车为主,其中步行街在这里承担着重要角色,因此形成了商业性慢行空间。商业性慢行空间大多以开敞通透的空间特质满足人们的使用需求,并以完善的休息设施为使用者提供舒适的休息空间。同时,慢行空间良好的空间氛围能够为商业区吸引更多的人流,以此达到慢行空间与商业发展相互促进的效果。

3. 居住性慢行空间

居住区的慢行空间主要以休闲、健身为主要目的,以步行和自行车的路径为主线,将公共空间、住宅及景观环境相融合,同时掺杂商业、交往等社会功能。居住性慢行空间可以为周围居民提供休闲娱乐的户外场所,满足人们日常生活中散步、骑行的要求;适当增加休闲娱乐的种类,可以吸引更多的居民参与其中,有益于增强人们的身体素质。

4. 文化街区慢行空间

每个城市都有区别于其他城市的历史文化特征,城市中的历史文化街区是城市文脉、城市特色的展现,具体表现为具有某一历史时期的传统风貌特色街区和建筑群。这类慢行空间可以成为人们接触城市文化和了解城市历史的载体,在为人们提供感知城市特色空间的同时,也有益于彰显城市的魅力、改善城市景观、促进生态宜居水平提高,从而带动周边发展。

6.1.3 步行和自行车活动分类

步行和自行车出行与小汽车出行不同,因其活动的灵活性,步行和自行车出行不仅仅是为了从起点移动到终点,这其中也包含了很多类型的活动。

1. 交通性出行

交通性出行(derived travel)属于传统交通规划意义上的出行(trip),表现为一种派生性的需求,指通过步行与自行车交通方式来实现从出发地到目的地的活动,如工作、娱乐、购物、就医等。交通性的步行与自行车出行一般发生在交通性的慢行空间中,表现为通勤目的的出行和与公共交通等机动方式的接驳。接驳流多集聚于轨道慢行接驳辐内,越靠近轨道交通车站、公交车站,出行强度越大;通勤流朝发夕归于社区核,朝至夕始于商业文娱核、行政办公核、校园核等,早晚高峰强度较大。

2. 休闲性出行

休闲性出行(recreational travel)是一种主动需求,指以步行与自行车运动为目的的健身、出游等活动。休闲性的步行与自行车出行一般发生在商业性、居住性和文化街区等慢行空间中,对环境的要求较交通性出行要明显升高。

虽然这两种出行拥有不同的特征,在设施配置和规划层面上也有着不同的需求,但步行与自行车的交通性出行与休闲性出行发生的时空较难分离,无法单独剥离研究。在慢行空间规划时应充分考虑两者的异同,在统一的城市空间中统筹规划,兼顾两方面出行的需求。

6.2 慢行空间构建目标

6.2.1 慢行空间外部环境

1. 城市环境

影响城市步行与自行车出行的城市环境要素不仅仅是微观上的步行道路环境，还包括了宏观上城市整体的自然形态、城市景观。

（1）地形与自然环境。山地与河流的影响不仅表现为道路网络与土地利用之间的带状公共空间的线性波动，在成为步行与自行车出行路径中的"沟壑"和"断点"的同时，也承担了慢行空间很大部分的公共交往场所和游憩功能。

（2）城市景观。城市景观是在人类聚居环境中固有的和所创造的自然景观美，它们使人们在城市生活中具有舒适感和愉快感。城市景观着重影响着城市的步行与自行车出行体验。与机动车行驶空间相比，无论从接触距离还是从接触范围来看，慢行空间与城市景观的联系都更紧密。当城市景观作为步行与自行车出行的目的地时，慢行空间也提供了交通出行的路径。

2. 土地利用

交通是土地利用类型中特殊的一类，不仅表现在空间上的连续性，在与其他土地利用类型联结方面也具有不可比拟的拓扑性，如图 6-3 所示。但交通也不仅仅是土地利用的一种类型，交通设施和通行空间也不仅仅是土地利用的划分中随意的一个片段，从传统尺度的聚落到现代都市的诞生，交通系统

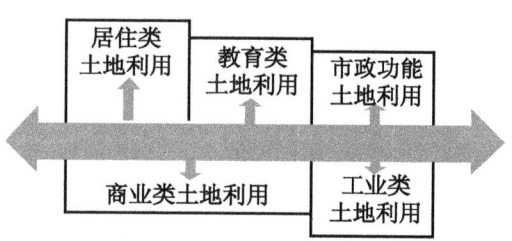

图 6-3 交通与土地利用的关系

的运行影响着城市的形成和生长。在很大程度上，慢行空间的形态都受到交通流动的几何形态以及路径链接的拓扑结构的影响。

城市步行与自行车交通系统连接着城市中的各类土地利用，形成了城市的公共空间。因此，慢行空间的空间组织功能，在影响城市运行的方面，要比其单纯的交通通行功能更重要。

土地利用对步行与自行车交通的影响主要是通过影响出行主体及行为来实现。对出行主体的影响体现在城市的步行与自行车出行分担率和流量上，不同的土地利用性质主导不同的出行目的，也就产生了不同方式的出行行为，例如商业中心区的出行以购物为主，而购物通常通过步行或自行车来完成。而流量则是土地

利用的功能对步行与自行车出行吸引强度的体现,不同的出行强度对应了不同的步行道路设施。综上,土地利用影响了步行与自行车出行方式的选择和在慢行空间中的分布,是慢行空间重要的影响因素。

3. 交通系统

步行与自行车交通作为交通系统中的重要环节,与地面公交、轨道交通、出租车、社会车辆等交通方式均有所衔接。其中,慢行空间与公共交通系统的交集是公共交通的站点,在公共交通的站点及周边完成从慢行到公交或者从公交到慢行的方式转变。由于到达公共交通站点的出行方式大部分是步行或自行车,因此某个公交站点乘客的多少能够反映该站点周边慢行特别是步行出行的大致强度,这对于慢行空间的构建也是至关重要的。

与慢行空间有所交集的交通系统除了公共交通系统外,还有同一设计空间内的机动道路系统。机动交通道路系统对步行与自行车出行的影响主要在于其对慢行空间的分隔,城市高等级机动车道路例如快速路、主干道等,对慢行空间的割裂作用十分明显,机动车道路两侧的人行道和自行车道也是慢行空间中不可或缺的组成部分。

6.2.2 慢行空间塑造要求

1. 安全性要求

应优先保障步行和自行车交通使用者在城市交通系统中的安全性,在满足安全性的前提下统筹考虑连续性、方便性、舒适性等要求。保障步行和自行车交通通行空间,不得通过挤占人行道、自行车道方式拓宽机动车道,杜绝安全隐患。步行和自行车道应通过各种措施与机动车道隔离,不应将绿化带等物理隔离设施改造为护栏或划线隔离,不得在人行道及自行车道上施划机动车停车泊位。在过街设施、道路照明、市政管线、街道界面等的设计和维护中应考虑步行和自行车交通使用者的安全,降低交通事故或受犯罪侵害的风险。

2. 连续性要求

应根据不同等级的城市道路布局与两侧用地功能,结合滨水、公园、绿地空间,形成由城市道路两侧人行道、自行车道与步行专用路、自行车专用路构成的步行和自行车交通网络,保证行人和自行车通行的连续、通畅。在步行和自行车交通网络与铁路、河流、快速路等相交时,应通过工程及管理措施保障步行和自行车交通安全、连续通行。应研究探索步行和自行车交通穿越公园、小区以及大院的可行措施,增强网络密度,提高连通性。在设计道路交叉口和过街设施时,应特别注意人行道和自行车道的连续性,避免出现断点。

3. 方便性要求

在既有城区改造、新区建设、轨道交通建设、环境综合整治等重大项目实施过程中,应充分考虑步行和自行车交通系统设施布局,并可贯通周边公园、大型居住区内部路网,作为城市路网补充,形成步行和自行车交通系统的便捷路径,完善步行和自行车微循环系统。

鼓励结合城市水体、山体、绿地、大型商业购物区和文体活动区,建设步行和自行车专用道路或禁车的步行街(区)。在城市滨水空间和公园绿地中应设置步行专用路和自行车专用路,方便居民休闲、健身和出行。

步行和自行车网络布局应与城市公共空间节点、公共交通车站等吸引点紧密衔接,步行网络应与目的地直接连通,自行车停车设施应尽可能靠近目的地设置,以提高效率和方便使用。应特别注意步行和自行车系统的无障碍设计,以方便老人、儿童及残障人士出行。

4. 舒适性要求

在道路新建、改造和其他相关建设项目过程中,应保证步行和自行车通行空间和环境品质,保障系统舒适性,增强吸引力。除满足基本通行需求外,应结合不同城市分区特点,结合周围建筑景观,建设完善的林荫绿化、照明排水、街道家具、易于识别的标志及无障碍等配套设施,尽量提供遮阳遮雨设施,提高舒适程度和服务水平。应与城市景观、绿地、旅游系统相结合,将人行道和自行车道与城市景观廊道、绿色生态廊道、休闲旅游热线合并设置,尽可能串联城市重要景观节点和公共开敞空间,提升整体环境品质。在兼顾经济实用的前提下,应考虑地面铺装、植物配植、照明、标识及城市家具的美观性,力求体现当地环境特色,彰显地方文化特质。

5. 公共交通接驳要求

应着重处理好步行和自行车交通系统与公共交通系统的衔接,优化换乘环境,密切车站与目的地的联系,形成贯通一体的出行链,拓展公共交通覆盖范围,增强公共交通的吸引力。

6. 附属设施协调要求

市政设施、管线应结合绿化带、设施带布置,并考虑与周边环境的适应和协调,不得影响行人和自行车通行。公共服务设施应结合沿线区域的需求进行设置,并考虑与周边建筑已有服务设施整合,避免重复,不得影响行人通行的安全与顺畅。

7. 商业、休闲、健身活动要求

核心商业区、活动聚集区、广场等行人流量较大的区域,应适当提高步行和自行车交通设施标准,满足行人通行和休憩要求。城市绿道应结合城市水体、山体布置,并尽可能延伸到城市中心,与城市公园、绿地、公共空间相互贯通,连线成网,丰富和补充自行车交通系统,为步行和自行车出行和休闲提供良好的空间环境。城市绿道除休憩健身功能外,在中心城区应同时考虑交通功能,如设置最短路径的自行车道,并与城市道路相连通,使城市绿道系统与城市步行和自行车交通系统有效衔接。城市绿道应在铺装、街道家具、绿化景观、指示标识等方面满足步行和自行车交通的需求。

6.3 慢行空间布局

6.3.1 慢行空间布局形式

目前的步行与自行车交通规划关注点大都集中对在局部地块或地段进行技术性和景观性的设计,如中心区商业步行区,健身绿道等,对于城市整体慢行空间的组织和规划理论尚处于起步阶段。从空间协调发展的角度出发,引导以人为本、以提高人的出行舒适性为目标的步行与自行车交通规划,构建慢行空间组织。根据城市空间层次的划分,以及城市步行与自行车交通需求特性,慢行空间布局形式可以分为下列几个空间层次。

1. 慢行区

规划设计中结合城市干道及自然环境可以将城市慢行系统划分为若干个慢行区域,即慢行区。慢行区就是按照慢行系统的分割因素科学划分的拥有一定规模的城市慢行区域,区域内有系统的慢行设施及与之匹配的慢行空间规划。在慢行区内,通过低等级道路网、快速路及主次干道上的人行设施以及少量的自行车专用道,为居民的短距离出行提供独立、安全的慢行道路空间。对于跨越慢行区的出行需求,则考虑通过与公共交通接驳的方式来解决。

2. 慢行核

慢行核,又称慢行节点,即慢行交通发生吸引的核心区域,是区内慢行交通的核心(主要慢行目的地)。慢行核的设计在城市慢行交通规划中占有重要的位置,作为充满慢行魅力的区域,为人们提供丰富的慢行生活,进而改变人们的传统出行观念,降低机动车尤其是私家车的出行频率。慢行核在慢行交通规划中不仅是功能分区的重要依据,也是网络规划的重要控制点。

结合上海、杭州等城市慢行交通规划中的研究成果,进一步梳理了五类慢行核。

校园核——高等院校及非住宿类中小学;

社区核——高密度居住社区;

商业核——商业街区;

景观核——历史风貌区、风景名胜区;

交通核——轨道交通站、常规公交枢纽站等重要换乘设施。

通过慢行交通系统的精心设计,打造三类城市魅力区:城市吸引核——风景名胜中心、中心商业商务区；城市活力核——高等院校及非住宿类高级中学、职业中学；城市和谐核——大型居住社区、社区活动中心等；慢行核内交通设施的路权分配慢行交通处于绝对优先地位。充分体现人性化，与城市风貌、景观及城市教育、创意、休闲、观光、旅游以及商业紧密结合。

3. 慢行廊道

虽然快速交通支撑着城市的发展，也提高了城市的效率，但是明显割裂了城市慢行空间，进而限制了城市魅力空间的易达性与共享性，这在城市的旧城区表现地尤为突出，主要表现为对传统设计的分割，对城市文脉的破坏。在营建城市慢行区与城市慢行核的同时，还需要慢行廊道来沟通城市各个魅力点与魅力区，让城市慢行更具活力。慢行廊道是供步行、自行车等慢速交通方式通行的线形廊道，这些廊道连通各个慢行区及其内部的慢行核，进而构成城市慢行系统的网络结构。

慢行廊道，又称慢行带、慢行轴，是慢行系统中占据主导地位的线性联通空间，也起到了串联慢行核的重要作用。慢行廊道主要依托城市道路网，结合山系、绿带及河流水系形成结构化通廊，具有良好景观的高品质慢行空间，并一定程度结合旅游、休闲、生态等综合功能展现城市独特地域或人文景观。常见的形式有城市风貌慢行带、滨水慢行带、林荫慢行带、山海慢行带等。我国许多城市都具有丰富卓越的自然和人文景观，如能结合慢行廊道建设，将这些人文景观更加充分地展现出来，对于提升生活品质、展现城市特色、提高城市知名度等都具有积极的作用，例如南京的明城墙环城风光带、苏州环城水系、天津海河沿岸景观带等。城市慢行空间结构示意图如图6-4所示。

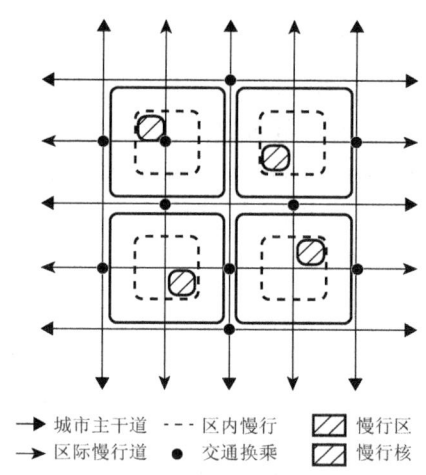

图6-4 城市慢行空间结构示意图

从服务对象的角度看慢行廊道包括两部分：自行车道及人行道。在慢行交通量大的路段上，建议自行车道与人行道分开设立，对于慢行交通量较小的路段或慢行核内以休闲、健身为主导功能的慢行通道，可将两者合并设置。

6.3.2 慢行空间布局与公交系统的协调

重视步行与自行车交通的合理地位和作用，并发挥其方便、绿色、可达性高的特点，对城市交通的长远发展至关重要。在倡导"公交优先、慢行友好"的发展背景下，城市慢行空间布局应与城市公共交通系统相协调，在完善接驳功能的同时，提升公共交通系统的使用效率和舒适度，从而促进城市可持续交通的发展。

1. 慢行空间沿公交轴线布局

TOD（Transit-oriented Development）即以公共交通为导向的发展模式，是新城市主义的主要思想之一，其核心在于交通和土地使用的整合，包括用地功能混合、密度梯度分布、提倡绿色出行等。空间布局上经常将公交（尤其是轨道交通）站点作为中心，将住宅、零售、办公、开放空间和公共设施等有机结合在一个适合步行的环境中。近年来，TOD模式也逐渐成为我国城市建设趋势之一，从城市交通、土地利用等方面对其进行了一定探讨，并在北京、广州、上海、济南等城市的概念规划中进行了初步的应用探索。

公交轴线，是指公共交通中承担主要客流运送的大运量交通，一般以轨道交通为骨架。相较于以小汽车出行为主导的城市空间呈现出的无序蔓延状态，TOD模式在城市空间组织上通过公交轴线引导城市功能布局，使城市空间活动沿公交走廊呈现紧凑有序的模式。做好慢行系统与公共交通系统的衔接，应在慢行空间上予以关注和控制，注重用地和交通一体化的发展，从而使城市布局紧凑多样。

其中以库里蒂巴为例，当库里蒂巴以公交轴线为发展轴逐步发展时，城市慢行系统也在随之规划发展，库里蒂巴从1971年开始实施城市中心步行化，步行街区迅速沿着公交轴线扩展到了49个街区。良好的慢行服务和接驳服务，促使城市总体的慢行空间布局沿着公交轴线紧凑发展，形成了今天的库里蒂巴，如图6-5。

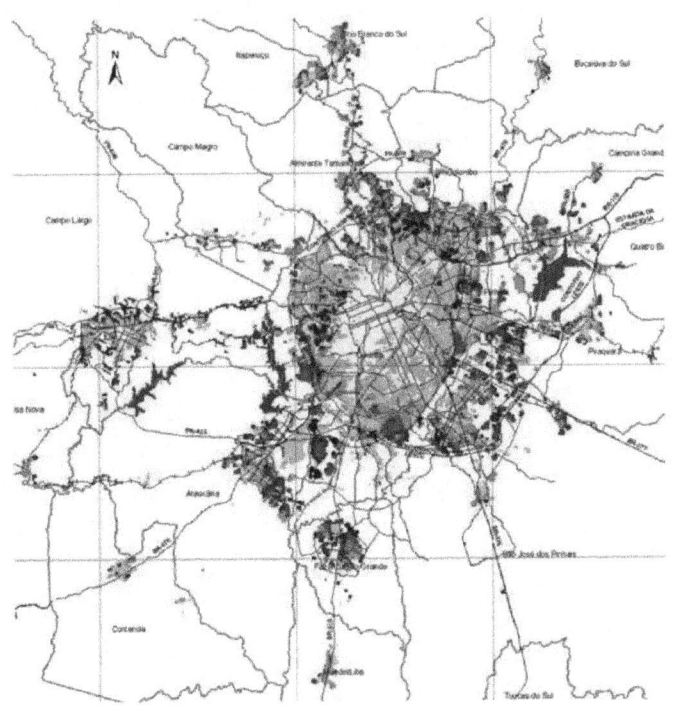

图6-5　库里提巴城市发展示意图

2. 慢行空间多中心聚集发展

多中心聚集发展,是指在慢行空间布局上形成多中心集聚发展的空间布局,城市除了传统市中心形成慢行中心以外,沿着公交轴线向外发展的过程中,一般在两条或多条公交轴线交叉和接驳的区域形成了另外的城市慢行中心。公共交通的发达和便捷使慢行空间多中心发展成为可能,在公交轴线的交叉点或者汇合处,慢行中心分布较为密集甚至相互有重叠,这主要有两方面原因,一是城市中心原本肌理上形成的慢行核促使城市原有中心形成公共交通核心枢纽和起始点,二是越来越发达的公交系统形成越来越多的交通枢纽,从而产生大量慢行核,这两者是互为存在条件的。之后,随着大运量公共交通的逐步发展和延伸,慢行中心的分布也随着公交轴线向城市各个方向疏密有序地分布延伸。

以哥本哈根为例,哥本哈根形成了五条轨道交通轴线,在传统市中心形成一圈环线以后从海边向内陆的五个方向延伸 30~40 km。将哥本哈根的城市轨道交通路线图(图 6-6)和城市空间分布图(图 6-7)叠合,可以发现,哥本哈根的城市公共交通轴线之间以绿地分隔,城市空间布局沿着交通轴线聚集和延伸,形成了"指状"布局。哥本哈根的传统城市中心区自 1962 年开始逐步改造成慢行主导区域,并与公共交通整合,传统市中心作为轨道交通中心的同时也是慢行网络布局的中心,各个慢行区域网络以轨道交通站点为中心相互组合和衔接,形成了今天世界闻名的慢行主导的城市中心空间格局。同时,沿着轨道交通的延伸,哥本哈根也出现了新的城市中心,并在轨道交通车站周围 1 km 内密集布置慢行交通设施,形成城市新中心的慢行空间布局。由此,轨道交通带动哥本哈根从一单中心向多中心发展,逐步发展为沿公交轴线多中心发展的慢行空间格局。

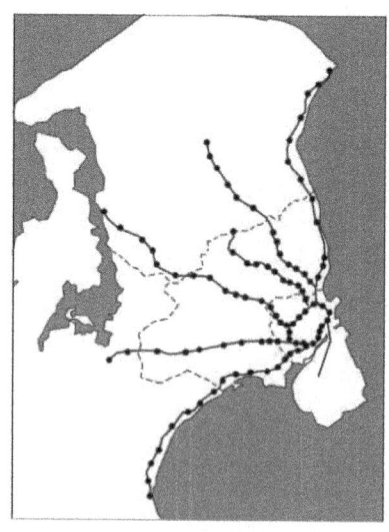

图 6-6 哥本哈根轨道分布图

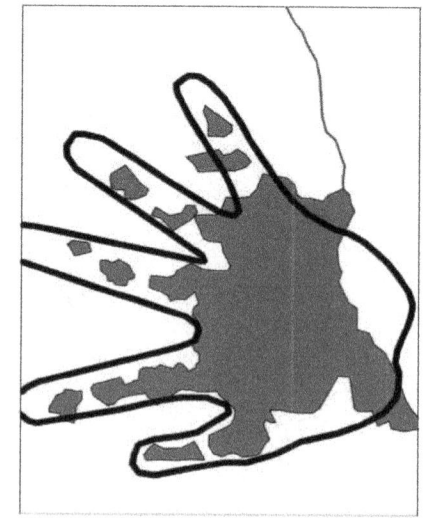

图 6-7 哥本哈根城市区域分布图

6.3.3 慢行空间布局与城市绿地的协调

城市绿地泛指存在于城市内部或者周边的较大型自然环境因素,通常有绿地、水体、农田等,在城市规划中通常承担限制城市无节制扩张,优化城市空间格局和自然环境的作用。理论上说,在交通轴线规划和实施的时候,会确立及强化城市绿色开敞空间范围,明确城市空间发展和自然环境之间的相互关系和空间格局,使城市紧凑、健康、可持续地发展。城市沿公交轴线呈现多中心发展,中心之间以城市绿地嵌入,注重慢行可达性的同时,又不破坏城市自然景观的发展。

在这种空间特征下,城市慢行系统也随着城市空间发展而在宏观上呈现出被城市绿地分隔的空间格局。但同时,绿地又作为城市大型绿色开敞空间,常常进行专项的休闲旅游规划,在这些专项规划之中,通常包括低密度的休闲旅游性慢行空间网络规划,这些景观休闲功能为主的慢行网络通常也具有很高的公交可达性,但有别于城市功能区的慢行空间布局,这些绿色空间的布局并不以紧凑和多样性功能为核心,而是强调与自然环境贴合的空间布局和舒适宜人的慢行感受。

6.4 慢行政策分区

城市不同片区由于承担的城市功能、慢行出行特点以及出行需求存在差异,其内部的系统构成也应有所区别,这就对慢行分区管理规划提出了要求。慢行政策分区应体现城市不同区域之间慢行交通特征的差异,确定相应的发展战略和政策,提出差异化的规划设计要求,以克服目前慢行交通规划政策设计在一些区域应用时难以落实、针对性不强的问题。

慢行政策分区依据不同片区的功能特征、现状存在的主要问题将相似性较强的区域划分为统一分区,设定相同的发展目标,采取相同的管理政策和措施,促进区域慢行环境整体优化。作为慢行差别化规划的第一步,其主要目的是实现"分区引导"的差异化管理模式。

6.4.1 政策分区原则

结合慢行系统规划发展目标,政策分区应以城市功能区划分为基础,重点考虑地区用地布局、慢行出行需求特点、公共服务设施分布、交通设施配置、地形地貌等因素,并遵循下列原则:

(1)功能一致原则:相同的用地功能具有类似的慢行出行特征及出行需求,对设施和环境的塑造差别性也不大。

（2）交通分割原则：考虑到日常短距离慢行活动一般较少跨越高等级道路、大型桥梁、铁路、河流等障碍，分区划分应尽量以这类障碍为界。

（3）速度一致原则：每个慢行分区内交通方式结构相近，对于交通的速度需求基本一致。

6.4.2 政策分区指标

1. 土地利用类指标

（1）土地利用密度。步行出行所连接的土地利用类型中，商业金融、居住、科研院校的步行比例较高，是步行活跃的发生吸引源所在。

① 商业办公用地比 σ_{b+c}。商业金融方面，主要考虑其对步行与自行车出行的吸引能力。商业用地占所有用地的比重，可以反映出地区商业活动的活跃性和便捷性；办公用地的比例则能够反映地区就业岗位的密度，也就间接反映了通勤步行与自行车出行的强度。定义某区域内的商业办公用地比计算方法如式(6-1)。在数据条件限制时，可忽略容积率直接使用占地面积。

$$\sigma_{b+c} = \frac{\sum_{i=1}^{j} A_{bi} \times FAR_i + \sum_{i=1}^{k} A_{ci} \times FAR_i}{\sum_{i=1}^{n} A_i \times FAR_i} \tag{6-1}$$

式中 σ_{b+c} —— 区域内商业办公用地比(%)；
A_{bi} —— 区域内第 i 块办公用地的占地面积(m^2)；
A_{ci} —— 区域内第 i 块商业用地的占地面积(m^2)；
A_i —— 区域内第 i 块用地的占地面积(m^2)；
FAR_i —— 区域内第 i 块用地对应的容积率；
n —— 区域内用地的数量；
j —— 区域内办公用地的数量；
k —— 区域内商业用地的数量。

② 居住密度 σ_r。居住用地是大量步行与自行车出行的发生源，居住用地的密度在某种程度上也可以代表地区步行与自行车出行的活力。定义某区域内的居住密度计算方法如式(6-2)。在数据条件限制时，可忽略容积率直接使用占地面积。

$$\sigma_r = \frac{\sum_{i=1}^{j} A_{ri} \times FAR_i}{\sum_{i=1}^{n} A_i \times FAR_i} \tag{6-2}$$

式中 σ_r——居住用地密度；

A_{bi}——第 i 块居住用地的占地面积(m^2)；

FAR_i——第 i 块用地对应的容积率；

n——区域内用地的数量；

j——区域内居住用地的数量。

（2）土地利用布局：土地利用混合度 mix。统计学中的熵表示了一种空间分布的均匀程度，分布越均匀熵就越大。在城市用地研究中，很多学者引入土地利用混合混合熵的概念来构造表征用地形态内在特征的指标。这样的熵反映了城市用地混合的均匀程度。本专著使用的土地混合利用度计算方法如式(6-3)所示。土地利用混合度的取值在 0 和 100 之间，0 表示土地利用类型及其单一，100 则表示各类用地占地面积相等且进行了均匀混合。

$$mix = -100 \times \sum \frac{A_i}{A_{all}} \ln \frac{A_i}{A_{all}} / \ln n \tag{6-3}$$

式中 mix——土地利用混合度；

A_i——第 i 种用地类型所占的总面积(m^2)；

A_{all}——区域内用地类型面积之和(m^2)；

n——需要计算的用地类型的数量。

经过反复试验，为保证区域之间有一定的差异性，本研究最终选取商业、居住、办公、服务四类用地类型来计算熵，即 n 值取 4，各类型代表的城乡规划用地类型如表 6-1 所示（由于数据限制采用旧分类标准）。

表 6-1 用地类型归纳

用地类型	类别	类别代号
居住	居住用地	R1 一类、R2 二类、R3 三类、R4 四类、Rb 住宅混合、Rxa 学生公寓、RXB 单身公寓、Rxc 老年公寓、Rx 其他居住
办公	办公用地	C11 市属、C12 非市属、C1 行政办公、C22 金融业、C23 商务办公、C65 科研设计
	工业用地	M1 一类、M2 二类、M3 三类
商业	商业用地	C21 商业、C24 服务业、C25 旅馆业、C26 市场、C2 商业办公、C2 商业金融业、C34 图书展览、C35 影剧院、Cb 商办混合
服务	公共服务	C3 文化娱乐、C4 体育设施
	居住服务	Rc 基层中心、Cc 社区中心
	教育设施	Re 普教设施、Rea 幼托、Reb 小学、Rec 中学 C6 教育科研、C61 高校、C62 中专、C63 成教
	医疗设施	C51 医院、C51b 社区医院、C51c 专科医院

2. 交通系统类指标

(1) 公共交通可达性：公交站点密度 σ_{bus} 与 σ_{metro}。鉴于实际步行与自行车出行中较高比例的接驳出行，在研究步行与自行车交通网络的空间结构时应重点衡量区域内的公交服务水平。公共交通可达性一定程度上表现为步行与自行车范围内公交站点的密度。这里的公交站点密度不仅仅是公共交通服务在地理上的分布，在城市不同区域的公交站点承担着不同的功能，在计算密度时也应综合考虑站点服务的线路数量。

① 地面公交站点密度 σ_{bus}。定义公交站点密度的计算方法如式(6-4)所示：

$$\sigma_{bus} = \frac{\sum_{i=1}^{j} n_{busi}}{A_{all}} \qquad (6-4)$$

式中　σ_{bus} —— 区域内公交站点密度；

　　　n_{busi} —— 区域内第 i 个公交站点服务的公交线路数量；

　　　j —— 区域内公交站点的数量；

　　　A_{all} —— 区域内土地面积之和(km^2)；

② 轨道交通站点密度 σ_{metro}。定义轨道交通站点密度的计算方法如式(6-5)所示：

$$\sigma_{metro} = \frac{\sum_{i=1}^{j} n_{metroi}}{A_{all}} \qquad (6-5)$$

式中　σ_{metro} —— 区域内轨道交通站点密度；

　　　n_{metroi} —— 区域内第 i 个轨道交通站点服务的轨道交通线路数量；

　　　j —— 区域内轨道交通站点的数量；

　　　A_{all} —— 区域内土地面积之和(km^2)。

(2) 交叉口密度 D_{int}。交叉口的密度影响着出行路径的选择，也就意味着其影响着步行与自行车出行起讫点之间的直接可达性。交叉口密度由单位面积内的交叉口数量衡量。由于交叉口分为三路交叉、四路交叉、五路交叉等多种形式，在交叉口密度的计算时也应考虑交叉口对于步行出行选择机会的提供。参照以往学者的研究方法，在计算时将不规则的多路交叉口转换为标准的四路交叉口后，再对交叉口的密度进行计算。计算如式(6-6)所示：

$$D_{int} = \frac{\sum_{i=1}^{n} N_i \times i \times 0.25}{A_{all}} \qquad (6-6)$$

式中　D_{int} —— 区域内交叉口密度（个/km²）；

　　　i —— 该交叉口的交汇路段数；

　　　N_i —— 区域内 i 路交叉口的总数；

　　　A_{all} —— 区域内土地面积之和（km²）。

③ 道路网密度 ρ_{road}。高密度的道路网络是保证步行邻接性、直达性、选择性（行人有多条可以到达目的地的路径选择）的重要因素。而城市中心区的大部分步行与自行车网络依托于机动道路系统，路网密度也受到机动车交通格局的制约。这里所指的道路网络是指一般规划中提到的主干道、次干道和支路以及可对行人与自行车开放的可用于慢行出行的道路的合集，计算如式（6-7）所示：

$$\rho_{road} = \frac{\sum L_{road}}{A_{all}} \tag{6-7}$$

式中　ρ_{road} —— 道路网密度（km/km²）；

　　　L_{road} —— 道路中心线长度（km）；

　　　A_{all} —— 区域内土地面积之和（km²）。

6.4.3　政策分区方法

在数据详实的情况下，可基于 6.4.2 中列出的政策分区量化指标，对需要进行政策分区的地区进行指标计算，按照本节方法辅助进行科学的政策分区。在数据缺乏的情况下，也可参考各指标，根据经验和定性分析划分 6.4.4 的分区类型。

1. 指标计算原理

政策分区量化指标多以区域为对象，在这些区域指标的计算过程中，引入缓冲区的概念，即以一条路段为中心，生成一定距离内的缓冲区域，以计算该缓冲区域中的指标值。

缓冲区是指在点、线、面周围一定宽度范围内建立的多边形实体，实质是空间实体的邻域，定义如式（6-8）所示。其中 R 为邻域半径，对于对象 O_i，其缓冲区域 B_i 是指所有与 O_i 的最小欧式距离不大于邻域半径的点的集合。

$$B_i = \{x : d(x, O_i) \leqslant R\} \tag{6-8}$$

在政策分区的指标计算中，涉及到点（公交站点等）、线（路网密度等）、面（土地利用等）多层级的缓冲区构建，构建方式如图 6-8 所示。点目标 P 以点 P 为缓冲距 E 为半径作圆，如图 6-8 中图 a 所示；线目标 L 以 L 为轴线，以缓冲距 E 为平移量向两侧作平行曲线并在轴线两端构造两个半圆弧，最后形成圆头缓冲区，如图 6-8 中图 b 所示；面目标 A 以 A 的边界线 LA 为轴线，以缓冲距 E 为平移量向边界线的外侧作平行曲线形成缓冲区，如图 6-8 中图 c 所示。

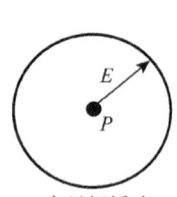
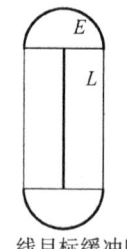
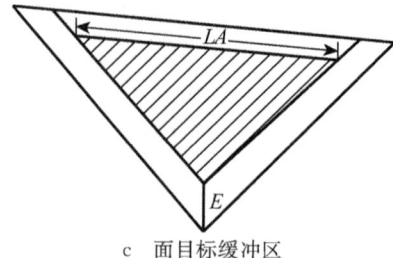

a 点目标缓冲区　　　　b 线目标缓冲区　　　　c 面目标缓冲区

图 6-8　点、线、面目标缓冲区生成方法

2. 数据处理方法

首先应选取区域内的路段和各类指标值,考虑到各指标需求的缓冲区范围不同,利用 ArcGIS 中 ArcToolbox 附带的 buffer 工具对交通网络分别建立 300 m、1 000 m 的缓冲区域,根据各指标图层属性利用 ArcToolbox 附带的 intersect 工具进行空间叠加分析,计算相应指标值,汇总如表 6-2 所示。

表 6-2　指标提取方法

序号	空间结构指标	图层属性	相交交通网络缓冲区范围	叠加内容
1	商业办公用地比	面图层	1 000 m	商业、办公用地面积
2	居住密度	面图层	1 000 m	居住用地面积
3	土地利用混合度	面图层	1 000 m	各类用地面积
4	公交站点密度	点图层	300 m	站点个数
5	轨道交通站点密度	点图层	1 000 m	站点个数
6	交叉口密度	点图层	1 000 m	交叉口个数
7	道路网络密度	线图层	1 000 m	线路长度

计算区域内各道路的指标值后,可使用分层聚类、K-means 聚类等聚类方法对道路进行分类,通过类内距离和类间距离判别聚类结果。基于聚类的结果,依照政策分区的原则对区域进行合理的划分。

6.4.4　政策分区发展策略

在数据缺乏的情况下,可依据各区域特征进行政策分区。根据各地实践经验,政策分区主要可分为慢行主导发展区、慢行优先发展区、慢行平衡发展区、慢行一般发展区四类,如表 6-3 所示。

表 6-3 各类慢行政策分区区域特征表

指标	慢行主导发展区	慢行优先发展区	慢行平衡发展区	慢行一般发展区
慢行出行比例(%)	根据慢行休闲道标准规划、建设	≥60	≥55	≥50
区内机动车限速(km/h)		≤40	≤60	≤60
慢行路网密度(km/km^2)		≥16	≥12	≥6
慢行空间占道路空间比例(%)		≥60	≥50	≥30
自行车公共租赁点150 m半径覆盖范围(%)		≥50	≥40	≥30
公交线路网密度(km/km^2)		≥3.5	≥3.0	≥2.5
公交站点300 m半径覆盖范围(%)		≥70	≥60	≥50

各类区域特征描述如下,区域的划分可参照但不局限于以下特征:

1. 慢行主导发展区

慢行主导发展区以绿地公园为主,绿地与广场用地承担着周边居民早晚健身、休憩娱乐的需求,是市民活动的聚集区,慢行交通出行需求、出行环境要求高。

这些区域区域内应大力倡导慢行交通,以打造高品质慢行环境为目标;构建景观慢行网络,综合运用各类稳静化措施,尽量减少过境交通或穿越,通过铺装形式、沿街建筑小品、休闲设施、标志标识的系统设计来提升公共活动空间的品质和活力。

2. 慢行优先发展区

出行距离较短,慢行活动密集度高,慢行网络密度高且设施完善,是充分体现慢行交通方式优先权的地区。内部用地以商业、居住、行政办公、医疗卫生、文化娱乐为主,在用地高度混合的城市中心区域,上班、上学、购物等活动慢行出行比例较大;大型公共设施(医院、剧场等)以及主要交通枢纽(火车站、轨道和公交枢纽等)用地对慢行出行有较强的吸引力,周边慢行活动拥有流量大且持续性强的特点。

区域内应保障"慢行优先";合理疏导机动车交通,缓解交通压力,处理好核心区小汽车停车与慢行空间的矛盾,实施机动车和慢行交通运行空间的分离;鼓励慢行方式以及公交和慢行组合方式出行,便捷枢纽内部以及与外部的换乘衔接,注重商业慢行环境品质的提升以及慢行交通和公共交通的有序衔接;配建高密度慢行网络满足接驳换乘需求;保障慢行交通通行路权,设置集散广场、立体过街设施等,构建多样、连续的慢行网络系统。

3. 慢行平衡发展区

慢行活动密集程度较高,在慢行优先的原则下兼顾其他交通方式的区域,配置一定慢行设施。此类区域拥有一定规模的居住用地,同时也兼有商业、行政办公以及其他公共服务设施,通勤及休闲慢行需求较大,安全与交通稳静化要求较高。

该类区域总体发展策略强调"快慢分离",减少慢行与机动车的冲突为主,保障慢行空间;应重点解决停车对慢行的干扰问题、公交与慢行接驳问题;注重区内慢行网络与公共活动中心、配套学校等的衔接,保障良好的通达条件与通行环境;综合运用各项稳静化设计措施,实现机动车交通量和通行速度的"双减",塑造安宁交通。

4. 慢行一般发展区

慢行活动聚集程度弱,在满足慢行需求的基础上应给予慢行交通基本保障的区域。该类区域以工业、仓储用地为主,兼有配套商业用地。慢行需求以通勤出行为主。应重点协调慢行与其他方式的关系、保障慢行的基本路权,以及安全、连续、方便的基本需求。

该类区域总体上体现"慢行保障",即机动车与慢行交通协调发展,减少慢行网络与货运线路的冲突,保障交通安全;慢行网络与公交站点衔接便利;加快滨河慢行网络与跨河通道建设。构建轨道站点周边与商业区步行网络,考虑上下班时的人流疏散;自行车公共租赁点与就业场所、公交枢纽站点结合设置。

6.4.5 步行单元指引

政策分区从宏观发展策略上对慢行活动进行了划分,但由于步行出行具有区别与机动化出行的特殊要求,设施规划和环境设计更需要体现差异化、人性化、精细化的要求,因此需要进一步划分步行单元,即更小的步行分区,才能针对性地提出规划设计指引,指导具体的设施规划和环境设计。

在步行单元划分边界时应尽量避免跨越航道、铁路等自然障碍,结合自然屏障和道路进行分割,鼓励单元内部的步行交通优先;选择步行适宜的尺度范围(500~800 m),尽量体现土地混合利用特征,倡导短距离的步行交通与中长距离的步行换乘;结合城市功能区布局,确定城市重要的步行活动区域,明确城市需要重点建设步行系统的范围;研究单元内部步行系统的规划要素、设计方法和设计指引,建立相应的标准,考虑现有规划分区,包括行政区划、控规分区、交通规划分区以及政策分区等,作为下位规划和详细设计蓝图中步行系统规划建设的基本要求和目标。

按照步行适宜尺度、用地类型与功能差异,在政策分区的基础上划分步行单元,根据主导用地类型将步行单元分类为商贸步行单元、居住步行单元、混合功能步行单元、交通枢纽步行单元、文化与旅游步行单元、科研办公步行单元、工业仓储步行单元等7类单元，各类步行单元的功能定位如下。

1. 商贸步行单元

城市规划体系划分的各级商业中心区，聚集了城市重要的商业、商务及文体娱乐活动，是整个城市步行系统的核心区域。在这一区域内，步行应该占到整体出行方式比例的40%～50%。这一区域必须强化步行的设计理念，全面贯彻"步行优先"的设计原则，合理地疏导机动车交通，加强交通管制，缓解交通压力，重点解决停车、公交与步行接驳问题。提倡土地的混合使用，采用较高标准建设步行设施和环境，进行统一规划，结合公共绿地，构筑连续的、多样的步行网络系统。

2. 居住步行单元

在以居住为主的步行单元中，步行出行方式约占整个出行方式比例的20%～30%，出行目的以上学、购物、休闲健身以及接驳其他交通方式为主。因此，应全面贯彻步行优先的设计原则，通过以人为本的道路设计和对机动车的交通管制，同时考虑老人、小孩、残障人士等弱势群体的步行出行需求，结合区域内公共空间的建设和步行设施环境品质的改善，营造环境优美、安静舒适的自由步行街区。

对于大型的居住街区，在有条件的情况下，应提供区域内的穿越步行通道，以满足周边功能区步行联系的需求。适当的增加公共空间，强化区域的门户节点，建立与周边区域关系良好的步行联系，通过加强管理与维护，对内部步行环境进行改善，有效的缓解路边停车难问题，构筑舒适、多样的步行空间。

3. 混合功能步行单元

在许多老城区及历史片区中，混合着商贸、文化、居住等多种功能的用地，其历史文化内涵和城市生活的多样性是城市宝贵的财富。在混合功能的步行单元中，根据实际情况的不同，步行在整个出行方式中所占的比例也会有所差异，约在20%～30%。步行系统的设计应兼顾不同功能的需要，整体梳理，增强公共空间和步行设施环境配套的建设，根据街道两边不同的用地功能，可以采取不同的步行设计标准和设计方法，但应保持区域步行系统的整体延续性，对机动车交通与步行交通线路进行全面规划，加强交通管理，特别是停车地统一管理，形成安全便捷地步行网络系统。

4. 交通枢纽步行单元

该类步行单元通过设计整合枢纽的场站设施、道路设施、人行设施，各种建筑设施以及其他物理设施，步行出行比例约在25%～30%之间，同时应尽可能增加枢纽内单位面积的利用率，缩短乘客的步行距离，减少交通流间的相互干扰，使得人流、车流在换乘枢纽内有序、安全、畅通地流动，各种交通方式之间衔接紧密。交通换乘空间整合设计由里及外可以分为三个部分：轨道车站、换乘枢纽设施以及道路疏解系统。

5. 文化与旅游步行单元

包括城市的历史街区及各类风景名胜区。风景区步行单元应根据风景区的保护等级要求,从实现景区可持续发展的要求出发,通过强化交通管制,完善公交系统建设,以减少景区内的机动车交通,创造安静、安全的步行环境。完善景区内部步行网络以及对外衔接部分,提高现有步行系统的连续性和完整性。

6. 科研办公步行单元

包括大中院校、科研机构聚集区。单元内步行活动以休闲、交流性出行为主,对步行环境的视觉景观要求较高。区域内应强调步行系统与办公、生活、休闲设施的畅达连接,强化休闲型步行道网络的构建,重点创造宁静化步行环境,规划优美、宜人、高可达的休闲型步行活动场所。

7. 工业仓储步行单元

在这类步行单元中,步行所占比例比较低,大约在10%～20%之间,单元内步行活动以厂区内的出行和厂区与工业邻里的联系为主。货物运输对行人安全和步行环境干扰较大,应处理好货运交通与步行交通的矛盾,建立区域内安全的步行网络系统,重点处理道路人行过街的安全问题。

各类步行单元划分依据如表6-4所示。

表6-4 各类步行单元划分依据

步行单元种类	用地类型	步行设施的特点
商贸步行单元	以商业金融为主	人流量较大,持续性强,需要较宽的步行道,并设置行人休息的设施
居住步行单元	以居住用地为主	为人们日常生活步行区域,总体流量较平均,需要良好的环境及景观
混合功能步行单元	居住用地、商业用地及绿化办公等混合	流量分布不均,需根据用地性质布置相应步行设施
交通枢纽步行单元	以大型换乘为主的用地	瞬间流量较大,全天总流量较为可观,以广场及疏散人流的设施为主,以交通换乘为优先考虑
文化与旅游步行单元	历史街区与公园绿地为主	结合景观突出步行游憩的功能
科研办公步行单元	科研办公用地为主	需要良好的环境及景观
工业仓储区步行单元	工业及仓储用地	主要考虑上下班时的人流疏散,尽量将厂区与职工宿舍用步行系统相连,减少货运交通的影响,峰谷流量明显
备用区步行单元	备用地	考虑慢行空间预留

6.4.6 自行车区块划分

自行车空间规划需要在政策分区的基础上,分析自行车出行、时空分布特征等现状,结合城市自行车交通的发展环境和需求预测结果,根据边界、用地、面积和短距离出行比例进行区块划分。

自行车区块划分是为了充分发挥自行车交通近距离出行的优势,将城市划分为若干个自行车交通区块,强化区块内出行的功能,限制跨区块的自行车交通出行,从规划的角度调控,使自行车交通成为城市近距离出行的主导方式,成为公共交通的合理补充。在分区内全方位组织自行车交通,充分利用街巷和居住区及大院内部道路,开辟相对独立的自行车通道,增大区内的自行车路网密度,提高路网的连通性,以提高区内自行车交通的吸引力。

自行车交通区块划分应遵循自行车的出行特性和居民的出行规律,依据主要功能分区的分布、自行车交通 OD 量分布、城市的地理、铁路、河流、山脉等分隔,将政策分区进一步划分为若干区块。自行车区块划分的主要考虑因素包括:

(1) 城市功能分区及组团布局:是自行车分区的第一层次主要架构,自行车出行主要发生在城市主要功能组团内部,跨组团的长距离出行需要加以限制;

(2) 城市用地性质:自行车出行主要发生于居住用地和工作用地(包括行政办公、商业金融、教育医疗等),可考虑以大型居住区或者就业岗位集聚地为自行车出行的主要发生源,以 0~3 km 出行半径范围划分自行车区块;

(3) 特殊点:高等院校及非住宿类中学、职业中学等公共机构也是自行车出行较为活跃的区域,大型公交及轨道换乘枢纽是限制自行车长距离出行的重要方式,在其周边自行车交通量较大,应考虑其分布范围划分自行车区块;

(4) 边界:自行车区块划分应选择自行车难以跨越的屏障阻隔为分隔界线,包括江、河、湖泊、铁路、快速路以及交通性主干路等;

(5) 车流:根据自行车需求分析结果,可考虑将短距离(0~3 km)自行车出行 OD,分布较为集中的区域划分在区内进行组织。

自行车的区块划分可分为高频生成区以及休闲运动区两种。高频生成区主要结合通勤自行车交通需求以及城市土地利用性质、用地容积率等进行划分,在区内以城市支路网和街巷道路为基础,采用高密度的自行车道路连接区内的自行车核,满足自行车到各用地单元的可达性;相邻区加强自行车与公共交通的衔接,满足自行车中短距离的出行,提高自行车出行者在相邻区间的出行便捷性;跨区自行车出行主要为长距离的出行,可通过有限的通道,将跨区的自行车出行转化为"自行车+公共交通"模式,弱化此类出行,跨区联系仅需要满足自行车出行的连通性。

休闲运动区主要根据自行车休闲旅游出行 OD 量,结合城市的风景名胜、绿地、水系以及历史文化等资源设置。休闲运动区需要加强与城市居住区、生活区和公共服务区的联系,形成连续可达、覆盖广泛、使用便捷的网络化自行车休闲交通网络体系。

不同自行车分区、区内与区间自行车交通设施供给及交通组织策略如表 6-5 所示。

表 6-5　自行车分区交通策略表

分区类型	自行车交通核联系	交通设施供应	交通组织策略
高频生成区	区内联系	高密度小街区式自行车路网,以低等级自行车道路为主	尽量成网,增加连通性,机非空间分离,自行车路权优先,鼓励自行车出行
	邻区联系	提供较为完善的邻区联系通道,满足自行车出行者的机动性	连接相邻分区,与换乘枢纽等有良好的衔接,鼓励公共自行车与"B+R"模式的实施
	跨区联系	提供有限的高标准自行车道路,以满足连通为目的	通过有限的通道弱化长距离的跨区出行,达到减少自行车长距离出行量的目的
休闲运动区	—	沿风景区、公园绿地及绿化带设置专用自行车景观休闲道	提供良好的通行条件,鼓励以休闲运动为目的的自行车交通出行

6.5　慢行空间控制

6.5.1　"慢行友好"的街区规模

1. "密路网、小街区"模式

以"稀路网,大街区,宽马路"为特征的传统空间规划模式暴露出越来越多的问题,诸如城市交通拥堵、土地资源浪费、城市空间尺度过大、城市景观单调等,但最关键的问题在于街区尺度对慢行出行活力的影响。

"密路网、小街区"模式是一种与密集路网相辅相成的城市街区形态,是基于土地集约原则的,强调高效、功能混合、适宜步行的街区空间,主张将人的活动从尺度巨大的综合体或者封闭式管理的社区中溢出,流到城市街道上去,重建街道的慢行活力,形成一个富有活力的、人性化尺度的、亲切的城市氛围。交通上,能够提高城市交通运行效率,为机动车提供多路径选择,有效避免了"宽道路疏路网"模式下大量交通聚集于城市主干路的现象;经济上,能够提供更多的临街界面。城市土地效益的关键是临街面多少和地块大小的比例,任何经济活动都需要临街界面。小街坊使城市中心区的商业利益最大化,充分挖掘了城市中心区的土地价值;活力上,能够加强城市渗透性,将城市从封闭的内向型转变为外向型。小街坊通过重塑街道活力,让人们回归街道生活。

当路网密度达到公交线路和公交站点布设需求时,就可针对地区组织机动车单向交通,增加出行起始点和出行目的地的路径选择,提高路网容量,从而提高地区的公交覆盖率,使公交线路深入到地块内部,对于公共交通来说有助于增加公交客源,而对于慢行者来说有助于减少到达公交站点以及从站点到达目的地的距离,从而鼓励更多人使用"慢行+公交"的出行方式。其次,提高路网密度,可以在路网面积率不变的情况下,降低单条道路的宽度,从而降低了行人过街的距离,减少慢行的迂回度,使道路空间更有利于慢行者的使用。道路密度提高带来的道路宽度的减少,使街道空间更符合人们对慢行系统安全性的需求和过街便捷性的需求。同时,路网密度的提高可以切断长街区,使街道变得短而宜人。较短的街道可以使到达一个地方具有路径上的更多选择,有利于避免单一路径带来的交通拥堵,也可以使区域内的任何一个地方更易到达,从而为慢行交通方式提供路网基础。同时,街道的短可以打破长街道空间带来的单一性和压抑性,使街道空间呈现出节奏和活力。短街道符合了人们在慢行中的"捷径心理",从而显得慢行空间更为便捷和人性。

2. 适宜的街区尺度

随着机械化程度的提高,不同历史阶段的交通工具,改变城市面貌的同时也使得街区的尺度在不断的变大。无论是在中国、在欧洲还是在美洲国家,街道的尺度都存在不断变大的趋势。在机动化交通工具出现以前,城市的主要出行方式是步行和马车出行,街道的尺度是以人体的尺度为标准设计的,而随着机动化交通工具的发展与使用,街坊的面积大大增加。也就是说,机动化交通背景下,街区的尺度变成了机器的尺度而非人体的尺度。

简·雅各布斯提出,由短街区、窄街道组成的城市区域非常舒适宜人。新城市主义的研究同样发现,小尺度的街区与窄街道最适于步行的环境,也就是宜居性高、充满活力的城市环境。国外著名城市的肌理也予以了证明,如墨尔本的街区为200 m×100 m,而巴塞罗那的街区为110 m×110 m,街道短、尺度小,慢行活力更高。

街区尺度包括街区两个方向的度量,而不是每一边的长度。这个尺度用宽度和长度,面积(比如英亩),或者周长来衡量。比如,基于分区原则,科罗拉多州的柯林斯堡制定的最大街区尺度是7~12英亩。对于街区的每一边而言,用面积或者周长衡量的街区尺度作为标准可能比街区长度更具有灵活性。然而,基于街区尺度和基于街区长度的方法对于两点之间步行和骑行距离的影响是不清晰的。考虑图6-9的两个简单例子。在方案A中,

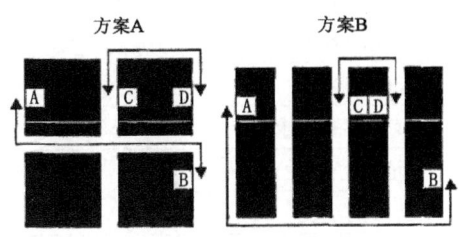

图6-9 街区尺度的方案比较图

每一个街区的长度是一样的。在方案 B 中,是四个相同的宽度只有第一个方案一半,长度是第一个方案两倍的街区。在两个方案中,街区的周长和面积都是一样的。现在考虑位于开发区对边的两点 A 和 B,显然,方案 A 比方案 B 的路径要短。但是,当两点(图中 CD)位于同一个街区上的一端附近时,方案 B 是更短的。

街区尺度可以通过计算达到某一标准尺度的街区所占比例或者平均街区尺度作为研究工具。目前国外对于街区尺度的研究中主要的界定因子有以下几种:

(1) 城市功能的容纳。对欧洲城市进行的研究,70 m×70 m 的街区作为一个合理的底线可以满足大多数城市功能的容纳。即街区规模需要大于 0.5 hm²。

(2) 城市空间的可渗透性。在城市中街区越小,能看到道路交叉形成的街道拐角就越多,实体与视觉的渗透性也就更好。研究表明最理想的是 70~90 m 的街区,即街区规模为 0.5~0.8 hm²。

(3) 城市交通的要求。我国对城市道路网密度进行了规定,城市支路的交叉口间距为 140~180 m。结合欧洲城市交通对街区的基本要求会使得结果较为合理——非主要道路上支路间距大于 70 m,主要道路上大于 90 m。故综合之后采用 90~180 m,估算出街区规模为 0.8~3.2 hm²。

(4) 土地效益的经济性。增加土地利益的关键是提升临街面比例。西方城市经验以 60 m~180 m 的临街面,和 1:1.3~1.5 的地块临街宽度和进深比例,最能发挥基础设施的效率,也最容易"裁剪"以配合不同的项目需要。由此估算出大致规模为 0.5~4.8 hm²。

(5) 街区的活性。国外有关学者对澳洲和美国 12 个典型城市 150~250 年城市形态演变的研究发现,80 m×110 m 的地块街区稳定性最好,即 1.0 hm² 左右。

(6) 新城市主义的设计建议。街区的尺度控制在长 600 英尺(183 m)、周长 1 800 英尺(549 m)范围以内,可以估算出约小于 2.0 hm²。

通过表 6-6 的统计,0.5~3.5 hm² 的街区尺度是比较理想的(不包括城市远郊的开发模式),本专著建议其中除了小范围的老城更新外,规模在 2 hm² 以上,街区边长 100~200 m 较为适宜。

表 6-6 街区规模的适宜大小影响因子表

适宜规模(hm²)	0.5	1.0	1.5	2.0	2.5	3.0	3.5	4.0	4.5	5.0
功能的容纳	■	■	■	■	■	■	■	■	■	■
空间的渗透性	■									
城市交通的要求		■	■	■	■	■				
土地的经济性	■	■	■	■	■	■	■	■	■	
街区的活性		■								
新城市主义的建议	■	■	■	■						

调查显示,针对日常通勤来说,能够接受步行 150 m 然后换成公共交通系统的占到 70%,能够接受步行 320 m 然后换成公共交通系统的占到 40%,而能够接受步行 800 m 然后换成公共交通系统的仅占到 10%。从这一调查我们可以看出,合理的对公交站点进行距离控制(200 m 以内),可以提高步行和公共交通的使用效率。故居住小区规模在以步行换乘为主时,最好不大于 150 m×150 m,如果该地区可以引入自行车换乘的话,以自行车速度为 10~12 km/h 计算,应不超过 3~5 min 的骑车距离(800 m)为限。同时由于实际距离往往大于空间距离,街区的长度以 400~600 m 为宜。

6.5.2 慢行导向下的用地开发

对在慢行为主导、公共交通为主体的地区,应因地制宜的实施合理的土地利用开发模式。在地区骨架道路和轨道沿线,实施 TOD 导向的用地开发模式,而在居住区内部、商业区内部以及风景旅游区内部应实施不同强度的慢行导向(POD/BOD)的开发模式。

"POD","P"代表 People/Pedestrian,包含两层要求。首先是城市建设和城市交通的改善要体现"以人为本"的原则,以人的发展、生活质量的提高为目标,提供当下以及后代可以享受的健康城市生活环境,使不同社会阶层的人以及行动不便者都能从中受益。交通出行是日常生活的一部分,必须充分考虑人们在出行过程中的体验,而不是像可以移动的物品一样被运送到城市的各个地方。我们需要充分、透明的信息以了解出行过程,掌握交通出行的主动权,而不是在交通的黑盒子中永远焦虑地等待。另外一层要求是城市开发和交通建设要以方便人们步行出行为导向。城市原本是我们能够方便步行的地方,而实际上许多城市建设已使人们在城市中步行变得越来越困难。

"BOD","B"代表 Bicycle。与公共交通相比,自行车交通系统并不需要政府过多的财政支持。在一个安全、清洁的环境中骑车可以锻炼身体、减少政府的医疗负担。自行车系统规划不仅仅在于交通规划中自行车网络的构建,还要注意在城市规划中强调用地功能的混合、小街区的设计,使人们在自行车活动范围内可以找到服务设施到达就业场所。自行车租赁系统与轨道交通和 BRT 相结合,可以大大扩大这些骨干公共交通系统的服务范围。另外,如果人们在城市中心地区可以选择自行车出行,就可以减少轨道交通和 BRT 的近距离乘客,留出更多空间为长距离出行的乘客服务,而这些乘客恰恰更易于选择小汽车出行。

1. 混合、紧凑、均衡的土地利用

有效的土地混合、合理的功能布局,特别是以短路径出行为目的的有效的功能混合,有利于减少居民的出行距离和时间,在短距离出行中提高非机动化交通方式出行的可能性。国外已有大量研究支持上述观点。Cervero(1996)指出土地混合使用有利于减少机动交通、平衡交通流量、鼓励拼车或合用停车场。Frank 和 Pivo(1994)认为土地混合使用程度越高,人们独自使用车辆的机率就越小。Kockelman(1997)用居民出行调查数据证明土地混合使用对车辆出行里程(VMT)以及步行和自行车出行比率具有重要影响,土地混合使用的程度越高,车辆出行里程越低。Rob.ert Gervero 对美国 59 个大型郊区办公发展项目所作的研究发现在楼板面积中每增加 20% 的零售和商业活动,会引起小巴共乘或公共交通的出行比例增加 4.5%。

以公交枢纽为中心,适宜的慢行距离为半径,将居住用地、工作用地、休闲娱乐、公共服务设施用地等混合布局,沿交通廊道布局商业中心、开放的空间网络和公共空间,可以在更短的通勤距离内进行更多的活动,鼓励步行和自行车出行,从而降低能源消耗,还可以加强人们之间的联系,有利于形成良好的公共交往氛围。控制各项基础服务设施的服务半径,使大多数日常需求都在步行距离内完成,在践行慢生活理念的同时满足人们基本生活、交往需求。通过对慢行中心地区的紧凑规划设计来提高人们日常生活的效率和公共服务效率,增加休闲时间,达到放松身心、提高生活质量和人文修养的目的。

凯文·林奇认为:"简单的、整体的、适宜的便是好的城市形态。"在城市特别是中心区的用地布局上应提倡"功能混合、空间紧凑"。紧凑用地要求适宜的密度、混合多样的土地利用,意味着慢行中心应在居住、商业、就业岗位和社会活动等方面的多样性。营造多样化、具有复合功能及使用特征的场所和空间,而不仅是一幢幢单一功能建筑群。混合功能的中心摆脱传统的单一功能,产生更强的辐射力和吸引力,并将人们出行时间分散错开,保证中心在空间上一天内各时段都有丰富的功能活动和街道生活。

但需要注意的是,土地使用混合强度过大可能形成商业聚集,增加私人汽车的出行。因此土地混合使用不应只注重混合的强度,应做到均衡混合,实现功能的多样化。但仅有均衡的混合功能还不利于实现 POD/BOD,混合使用的意义在于通过混合使用后能缩小不同目的出行间的距离,通过慢行空间将这些不同用途的土地连接。土地使用的均衡混合能带来步行与自行车的邻近性,实现慢行空间网络化。

2. 提升慢行出行率的高容积率

在发展公交主导、慢行优先的理念下,城市以轨道枢纽为中心,轨道线网为轴线,形成中心慢行化的发展特征。城市中心、慢行中心和轨道枢纽周边形成一个以站点为中心,范围由大到小的同心圆关系,其中,城市中心由于其规模和大小的差别,又分为一、二、三级城市中心。城市中心等级和交通枢纽等级与公交和慢行出行率存在一种正比关系;等级越高的交通枢纽,将汇集越多的公共交通线路,从而形成等级越高的城市中心。而城市中心等级越高,汇集的线路越多,公交优先的程度也越高,公交站点就越多,从而由公交产生的换乘、出行、休闲、停留等慢行行为就越多,从而产生的慢行中心就越大,范围就越广,由此城市中心也演变为以交通枢纽为依托的慢行中心。

城市交通系统和城市用地是不能分开的，它们是一体化发展的关系，同理，城市慢行系统也与其周边用地模式息息相关，以 TOD、POD、BOD 等为主的开发模式在城市用地上均表现出中心高容积率的特征。公共交通对于周边环境的可达性主要表现在距离公交站点的适宜距离之内，尤其是步行和自行车的适宜距离，因此，城市的土地利用表现出公交站点周边慢行距离内的"增长极"。土地的高密度和高效率利用形成密集的功能多样的建筑群，而站点周边的慢行系统既为交通枢纽将人群快速地疏散进周边建筑和地块，又为周边功能地块提供方便快捷到达公交枢纽的环保、快捷、舒适的交通途径。简单来说，就是公共交通代替小汽车为城市中心带来或带走密集人流，慢行系统疏散公共交通带来的密集人流，或组织密集人流汇入公交系统，而城市中心高容积率的用地模式用以安置来来往往的密集人流。公共交通促进高容积率，另一方面，公共交通适应高容积率。表 6-7 和表 6-8 列出公交都市东京和香港的慢行中心容积率，表 6-9 列出国家交通部正在建设的公交都市深圳的各个慢行中心容积率：

表 6-7 东京慢行中心开发容积率

分级	地区	枢纽周边土地用途	开发容积率
一级中心	银座	娱乐、零售、商业为主	10～16
	新宿	商业、饮食、文化、娱乐为主	10～15
	涉谷		9.5～2
	池袋		10.5～2
二级中心	上野	商业、饮食为主	8～10
	浅草		8～10
三级中心	中野	商业、饮食为主	5～8

表 6-8 香港城市慢行中心开发容积率

等级	名称	C	CDA	CR	R(A)	R(B)	R(C)	R(D)	R(E)
一级商务中心	中环	12～15	10～15		8～10	6～8			
二级商务中心	尖沙咀	12		6～7.5	5				
	湾仔	10～12		10	8	6～8			
零售商业中心	铜锣湾			12～15	7.5	5	2		
新市镇中心	荃湾	9.5	9.5/5	7	6～6.5	5		9.5/5	9.5
住宅区中心	九龙湾	12		6～7.5	5				
中心附近	坚尼地域	5					2.5	1.5	1

表 6-9 深圳轨道交通枢纽周边开发容积率

位置	周边土地用途	容积率
大冲村	商业、办公	1.98
南山商业文化中心	商业、办公	1.64
新安路站	居住	1.42
宝安中心站	商业、办公	1.48
龙华中心区站	居住	4.02

由此可以看出，我国城市的土地利用率还有很大的发展潜力，在城市总体规划阶段进行慢行空间控制时，应该首先提高慢行中心的土地容积率，发展大运量轨道交通和公共汽车交通。

6.5.3 建筑退界空间

建筑退界是指地块内建筑物垂直投影外轮廓线必须后退于地块边界的空间。建筑退界对于城市慢行空间特色的营造有重要作用，其限定了公共领域人的活动空间，也确立了街道的空间尺度，是塑造街道空间的决定因素。

在城市支路及次干道级别，较小的退界距离，使沿街的建筑更易呈现开放街区的形式，有更为活跃的街道生活；而较大的退界距离，则使沿线建筑因为远离道路而直接构筑围墙或设置绿化，成为封闭街区，沿线的城市道路显得更为空旷且仅表现为交通功能（见图 6-10、图 6-11）。

图 6-10 较小的道路退界距离，易于形成比较活泼的街道空间

图 6-11 较大的道路退界距离，导致街区的封闭、道路空旷

各地市城市规划管理技术规定在建筑管理部分均有对建筑后退规划道路红线最小距离的规定，并作为地方建设管理规定，具有一定的法律效力。在实际的控制性详细规划编制过程中，对道路断面的控制更多集中在道路红线范围内断面形式的布置，较少将退界空间一起纳入到道路断面中加以统一考虑。而在规划实施过程中，退界空间只有距离规定而无具体空间形式的规划引导，土地所有权者可以根据自己的意愿对这一空间进行建设。不同退界空间的土地使用方式如图 6-12 所示，不同形式的退界空间使用方式将导致退界空间与城市道路空间的衔接呈现不

同的面貌、乃至不同的高差。有些处理方式对道路空间品质的营造是积极的（如方式4），而大部分的处理方式则较为消极。道路退界越大，退界空间对城市道路空间的影响也越强，一定程度上它直接决定了道路空间的风貌。但由于土地产权及建设主体不同以及整体控制引导的缺失，退界空间与红线内人行空间难以形成统一的整体，从而对整个街道甚至是城市形象产生一定的负面影响。

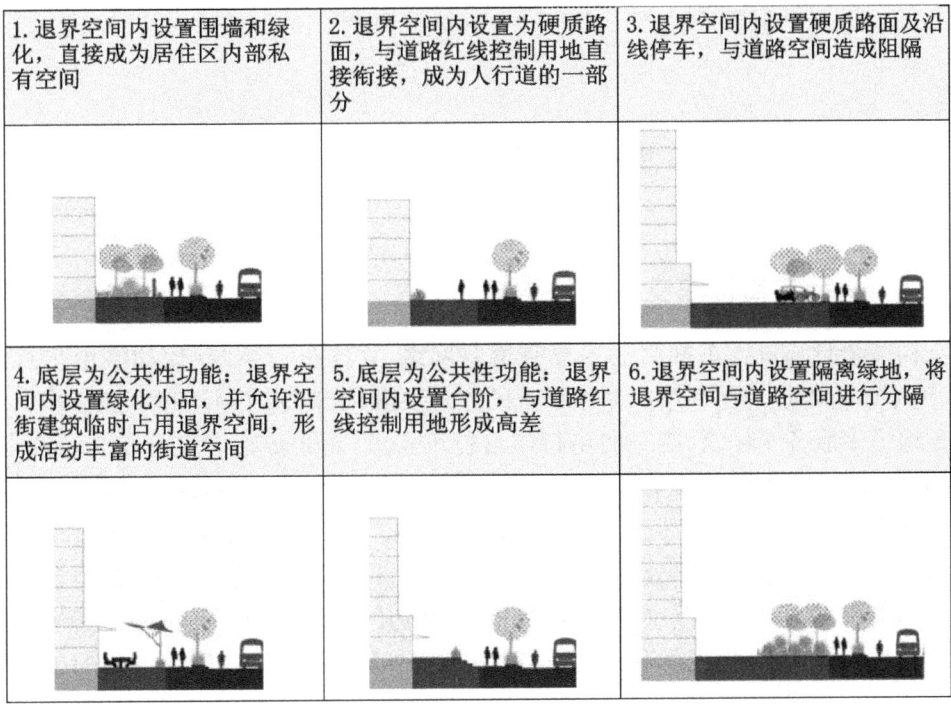

图 6-12　不同退界空间的土地使用方式图

因此，在控制性详细规划阶段，对于建筑的退后要把握好道路红线、建筑红线以及建筑后退红线三者之间的关系。通过小建筑退界，高贴线率形成连续街墙，统一街道界面，最终形成人性尺度的街道环境与慢行空间。

第 7 章　步行与自行车交通网络规划

7.1　步行与自行车交通网络组织

7.1.1　步行与自行车交通网络构成

构成步行与自行车网络的主要有道路网络,立体步行系统(比如空中步行连廊、地下步行廊道),与水系山体相结合的健身步道、景观绿道等。其中健身步道或景观绿道多服务于休闲、健身的步行与自行车需求,而非步行与自行车交通需求,规划设计中也以考虑景观要素为主,因此在步行与自行车交通系统规划中仅对其此类网络布局和衔接,而不涉及具体的落地内容。道路网络是步行与自行车交通网络中所占比例最大的部分,主要服务于步行与自行车交通需求,是步行与自行车交通网络规划所研究的重点。步行与自行车交通网络规划的核心旨在构建满足人们的日常出行需求,如工作和购物,同时也支持休闲、游憩和锻炼等目的的出行的步行与自行车网络。

步行与自行车交通设施包括城市道路两侧的人行道、自行车车道、过街人行横道、步行街、立体过街设施和散步小道等。这些步行与自行车设施相互连接,构成步行与自行车网络。根据服务功能的不同可分为日常性步行与自行车交通网络、休闲性步行与自行车交通网络及步行街(区),如图 7-1 所示。

1. 日常性步行与自行车交通网络

日常性步行与自行车网络主要满足城市居民通勤、通学、购物的等派生性交通需求。主要由依托于城市道路的人行道和自行车道系统,红线宽度小于支路的街巷、地块开放的公共路径组成,日常步行网络要求人行道连续、完整,确保组构的有效宽度以保障行人通行权。同时应根据分区要求,提升步行网络密度。日常自行车网络强调安全和便捷,以保证自行车交通的有序化,引导自行车交通流合理运行。

2. 休闲性步行与自行车交通网络

休闲性步行与自行车交通网络主要依托于城市的自然景观、历史文化资源,用以串联公园、景区、开敞空间、水系、历史文化遗存等资源点,由休闲型步行与自行

第7章 步行与自行车交通网络规划

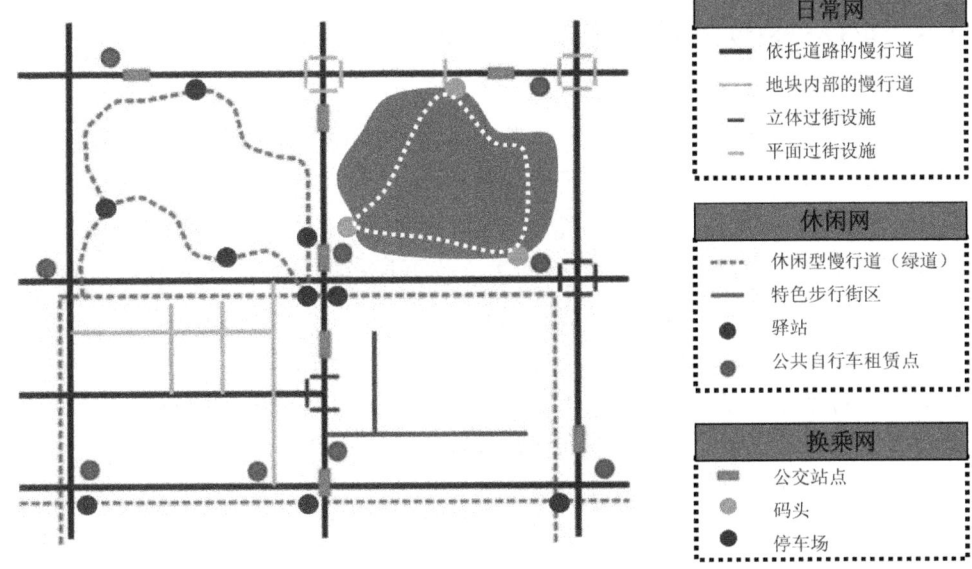

图 7-1 慢行网络构架示意图

车道(绿道)、驿站、特色步行街区组成。主要服务于休闲性步行出行,同时也兼具一定的日常交通功能。形式上主要以绿道、健身道为主,是提升城市形象、展现城市特色、满足市民休闲、体验需求的重要载体。

其中特色街区指步行专用的公共开放空间,主要由步行通道、商业步行广场构成,是提升商业价值,展现城市文化,打造城市商业及旅游品牌的重要平台。步行街区一般分为如下三类:

传统街区复兴:依托历史特色街道,结合传统建筑与旅游资源,打造特色商业品牌,如南京夫子庙、苏州观前街、扬州东关街;

中心商业区改造:既有中心商业区改造提升,人车分离形成独立的商业步行商业街区,如北京王府井、南京新街口、哈尔滨中央大街;

新商业中心建设:超大规模的商业综合体项目、商业集中之间步行空间联通,如上海五角场、南京仙林金鹰中心等。

3. 步行与自行车衔接网络

主要表现为步行与自行车交通网络与其他系统的衔接,包括公交站点、停车场等。除了在步行分区内提供良好的步行网络,加强步行网络与公共交通的衔接也很重要,能避免步行分区成为孤立的步行岛,需要依赖私人小汽车进行外部联系。

本章主要针对日常性步行与自行车交通网络的网络组织、横断面规划进行阐述,休闲性步行与自行车交通系统的内容将在第 10 章中展开。

7.1.2 步行与自行车交通网络组织模式

1. 日常性慢行网络

日常性慢行网络主要包括廊道、集散道、连接道和街巷四个层次。在慢行政策分区的基础上,区域间的联系需求通过集散道实现,区域内的主要慢行活动集中在廊道上,通过四个层次逐级分担。其中廊道线路贯通,沿线分布连续的居住、办公、学校或商业用地,慢行需求强度大,机动车干扰可控;集散道负责主要交通流向,联系一定规模的居住地与就业、就学点,慢行需求量与机动车交通量均较大;连接道主要为慢行廊道、集散道提供服务,线路较短,负责路网微循环中的"达"的部分。街巷属于慢行连接道中一种形式,在慢行网络规划层面只提供相应技术指引,在小区域(居住区、商业区等)慢行交通规划与设计中予以关注。

在这种组织模式下,慢行交通流主要通过慢行廊道、慢行集散道完成日常性慢行出行活动,车流交通则主要利用慢行集散道对应的城市机动车道路从分区外围绕行,从而实现快行、慢行适度分离。整体日常性慢行网络的组织模式如图7-2所示。

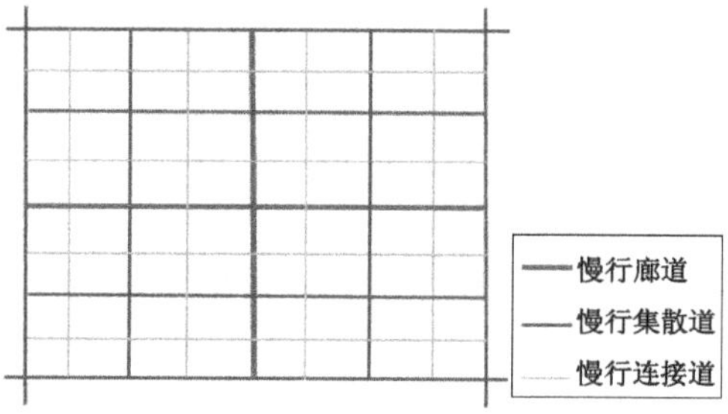

图7-2 日常性慢行网络模式

2. 休闲性慢行网络

休闲性慢行网络组织应根据城市绿地、水系、历史文化等资源的分布特征,由滨湖、沿江区域沿河流水系向区内带状绿地渗透,并联系主要的高等院校区、生活区和公共服务区,形成连续可达、覆盖广泛、使用便捷的网络化慢行休闲交通体系,如图7-3 所示。

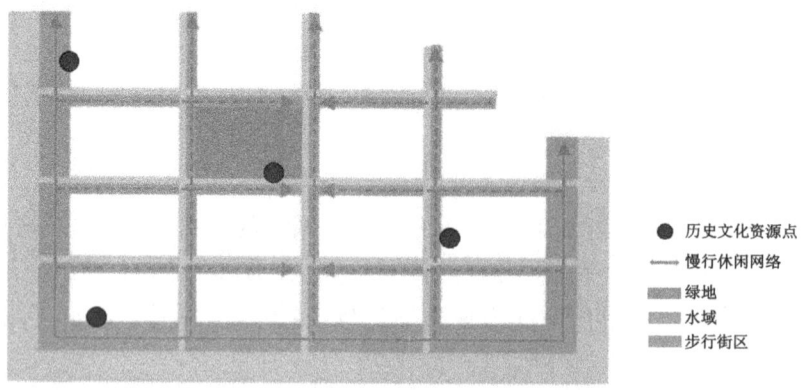

图7-3 休闲性慢行网络模式

3. 慢行衔接网络

在慢行衔接网络的组织中,需要关注步行分区内的公交线路与站点的现状分布情况,尤其是一些公交枢纽站点,以及主要的居住与就业聚集点至公交站点是否有便捷的慢行网络。特别是在郊区,结合公交枢纽型站点,以适当的慢行出行距离为服务半径形成公共活动中心,集中提供商场、娱乐设施、超市等公共设施,并通过慢行网络将社区中心、社区公园、中小学联系在一起,以满足居民的出行需要。慢行衔接网络组织模式如图 7-4 所示。

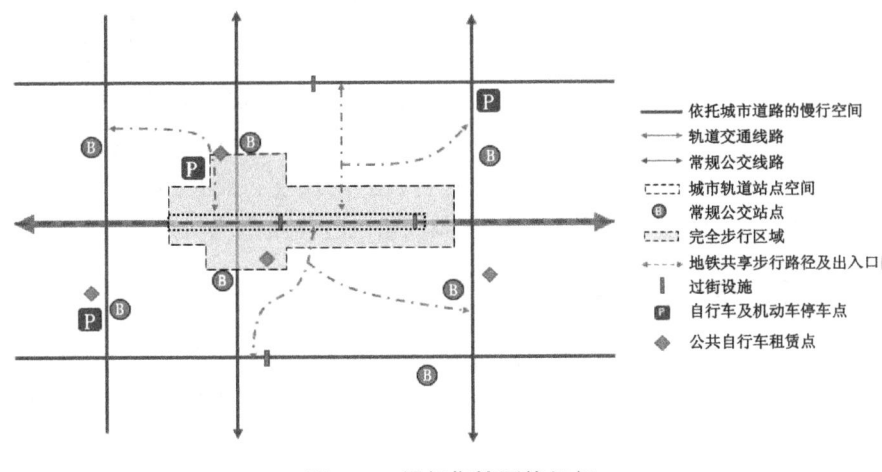

图 7-4 慢行衔接网络组织

7.2 步行交通网络规划

7.2.1 步行出行强度影响因素

步行交通网络规划需要基于人的尺度,如果将步行活动发生最频繁的道路作为步行交通网络中最为重要的道路,那么道路的重要程度与道路等级并不存在必然的联系,很可能较低等级的道路步行活动发生的频率会高于较高等级的道路。因此步行网络规划很难在城市整体的层面开展,目前一些国内城市在城市整体的层面开展的步行网络规划也仅仅只是规划了一些大尺度的步行廊道。鉴于此,城市步行交通规划中通常会在步行政策分区以及步行单元的基础上展开,以便在当前的步行交通规划和下位专项规划中提出全面细致的步行网络规划方案。

从满足步行交通需求的角度出发,步行活动强度应该是决定步行道等级最根本的要素。影响步行活动强度的因素多种多样,其中,在步行网络组织时应重点考虑与城市形态相关的要素,来辅助构建分级体系。与城市形态及步行网络相关的主要因素如下：

1. 临街土地利用

作为影响步行活动强度最重要的因素。临街的商业用地会产生大量的步行交通和商业活动，相比居住用地，步行活动强度往往较高，而居住用地步行活动强度又高于工业用地。另外，建筑密度与容积率高、地块尺度小、街道稠密的区域往往步行活动强度更高。

2. 建筑设计要素

可能影响步行活动强度的建筑设计要素包括建筑高度、体量、尺度与临街道路关系、入口朝向、退线、底层使用等。在步行活动强度高的区域，建筑往往更加临街且面朝街道，能够步行从街道上直接进入建筑的入口；建筑与街道空间通过零售摊点，建筑底层商户的透明玻璃、拱廊、提供户外的座位等形成交互；建筑会沿着街道形成街墙，建筑设计元素往往有趣、富有吸引力、符合行人的尺度。而在步行活动强度低的区域，建筑会更大幅度的后退道路红线，面朝街道的往往是围墙等无活力的界面。

7.2.2 步行道路功能分类

由于步行出行的特性与机动出行特性的不同，使得机动道路的功能分类不能很好地适应步行道路的网络功能。对步行道路功能分类的识别能够帮助满足步行网络多样性的维持和功能结构的完整性。

1. 步行廊道

步行廊道是区域内道路中步行需求较大、连通度与可达性较高的道路，构成了城市步行交通网络的主要骨架。所属道路机动等级较高，机动车流量较大且路幅宽度宽。

2. 步行集散道

步行集散道周边道路网络密度高，公交站点与轨道交通站点可达性较好，处于路网拓扑结构中承上启下的位置，主要承担单元内轨道站点/公交枢纽间的短途出行及接驳交通，以及向主廊道集散的步行需求。串联区域内高强度的慢行核如轨道站点、公园广场等，两侧建筑出入口较多，行人与建筑有一定的联系。街道界面应较为友好。

3. 居住步行道

居住步行道的服务对象多为周边居民、通勤者或购物者，此类人群多以步行交通方式为主要出行方式，人流量较高且街道上步行活动与公共活动发生频繁。一般位于用地密集区域，周边用地以居住和商业办公为主，路幅宽度较窄。

4. 商业步行道

商业步行道周边呈商办为主的混合开发类型，土地利用混合度高，出行吸引强度大。多处于步行廊道围合中，机动交叉口密度较大，需要考虑机动出行对步行的影响,应避免依托于红线宽度较宽的干路设置廊道,优先选择次干路或支路为商业出行人流服务。

5. 步行巷道

步行巷道处于拓扑结构中的末端,与整体步行交通网络连通度不高。周边步行网络密度稀疏,地区步行出行比例较低且需求较少,人行流量较低,街道界面缺乏活力,主要为地区步行出行提供基本的服务保障。在设置时应着重考虑步行交通与机动交通在路段及交叉口的冲突问题,优化时空资源,保障行人安全。

6. 步行休闲道

步行休闲道主要沿河流或绿道布局,连通重要慢行核与绿地、河岸。一般远离快速路和主干路。也可用于在外围区加密休闲道并提高建设标准,将其构建为带状公共空间。

7.2.3 步行交通网络结构

步行交通网络功能结构的等级递进关系明显要弱于效率为主的机动交通网络。以步行廊道为例,步行廊道在步行交通网络中承担了整体的疏通功能,但步行交通出行的大多数目的不是为了直接、快速地到达目的地,步行廊道也不需要像机动交通网络中快速路那样实施较高等级的设施配置原则。居住步行道和商业步行道分属于不同的网络功能,在城市系统和交通系统中起到的作用都有着一定的

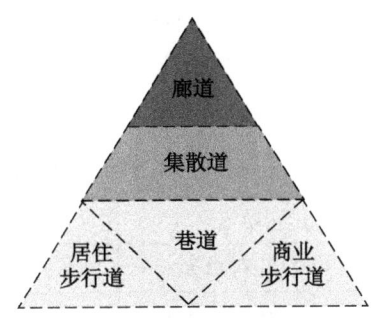

图 7-5 步行交通网络功能结构

差别,在空间环境构建和设施配置要求上都有着明显的差异,因此在步行交通网络组织时也应将两者剥离对待。步行交通网络功能结构如图 7-5 所示。

7.2.4 步行交通网络布局

1. 步行交通网络空间布局

在步行网络规划时,应考虑到道路所属的政策分区和步行单元性质,依据道路自身属性以及在步行网络发挥的作用进行合理的分级分类。在步行主导发展区内,以休闲性步行交通网络为主,兼顾与步行廊道和集散道的连通性能,最大程度的发挥休闲性步行交通网络的部分交通功能;步行优先发展区内,以步行廊道为框架,集散道为过渡,商业步行道为支撑;步行平衡发展区中,以居住、行政和科研用地为主,末端道路基本为居住步行道性质,由步行巷道的连通增加可达性;步行一般发展区中可对步行廊道和集散道的布设进行硬性控制,末端道路规划视具体情况而定。步行网络空间布局如图 7-6 所示。

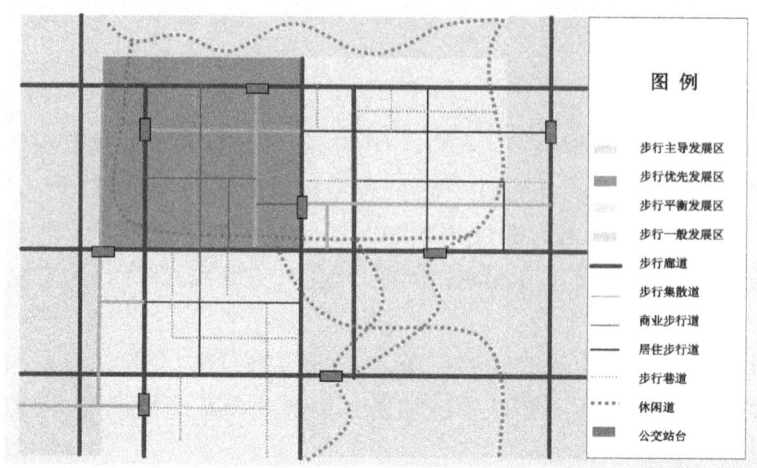

图 7-6 步行交通网络空间布局

2. 步行交通网络布局控制指标

对中心区等步行出行强度较大的步行单元,步行道网络密度可参考表 7-1,密度不足时,可通过加密支路、增设行人专用路等方式提高步行道网络密度。

表 7-1 主要步行单元的步行道网络密度和步行道间距建议值

步行单元	网络密度(km/km²)	平均间距(m)
中心区步行单元	≥13	≤150
公共设施区步行单元	≥11	≤180
居住区步行单元	≥10	≤200
交通枢纽区步行单元	≥10	≤200

注:步行道网络密度与间距统计包括各级城市道路和街巷。

7.3 自行车交通网络规划

7.3.1 自行车交通网络规划原则

自行车交通结合了机动性和可达性,与其他交通方式都有所区别。因此在自行车交通网络规划时应注意以下几点原则。

1. 与其他交通方式相协调

自行车的空间资源与机动车、行人之间存在较大的冲突,需要通过合理的空间资源分配,强化机动车路边停车管理等规划管理措施,保障自行车的合理通行权,同时限制自行车违章行驶和停放,减少自行车对其他交通方式的干扰。

2. 与自行车停车换乘设施相衔接

自行车道与自行车停车换乘设施的良好衔接能够提高停车和换乘设施的效率，同时能够最大程度避免违章停车现象的存在，减少管理成本。

3. 与自行车交通流量相协调

自行车道路布局应结合自行车交通流量进行布局，与自行车主流向保持基本一致，减少不必要的绕行，形成网络，并具备较高的连通性，并且机动车道的技术标准要能满足自行车通行的较高服务水平。

4. 充分依托机动车道路，改善自行车道

利用现有的道路设施条件，通过断面改造、添加隔离、宣传教育等方式，对自行车出行进行合理的引导和管理，改善自行车通行条件。

7.3.2 自行车道路功能分类

1. 自行车廊道

自行车廊道作为自行车交通网络的骨架道路，依托城市干路建设，作为慢行区之间自行车交通主廊道，贯穿城市主要的居住区、就业区，以满足城市相邻功能组团间或组团内部较长距离的通勤通学联络功能。廊道具有自行车交通快速、干扰小、通行能力大的特点，作为自行车道路网络的骨干通道，其设置应具有连续性和贯通性，为自行车提供相对舒适、安全的通行空间。处理好自行车与机动车之间的冲突，廊道路段应结合人行横道设置自行车过街空间，交叉口设计时应考虑自行车的优先通行。

2. 自行车集散道

自行车集散道主要是服务分区内部短距离出行，经过分区内部主要客流聚集点，承担分区内部主要客流。作为慢行区内连通各廊道的次级自行车道，具有分流和汇集廊道上的自行车交通流的作用。主要为功能区内部自行车交通需求服务，并保证各交通区与自行车廊道之间的联系，是区域与常规公交换乘枢纽的联系通道。其线路贯通性、车道宽度、隔离设施等建设标准均低于廊道。

3. 自行车连通道

自行车连通道是联系住宅、居住区街道与干线网的通道，是自行车路网系统中最基本的组成部分，对增强自行车的"达"的作用明显。主要起到连接慢行区内各个地块，不需要考虑贯通性，只需要保证连通性。以城市支路网和街巷道路为基础，要求路网密度较大，深入片区内部。基本上选用划线分隔的自行车道和混行的自行车道形式。

4. 自行车休闲道

连接公园绿地、滨河绿地的弱交通性、强休闲性自行车道，可以在既有道路上改建形成，也包括风景区、沿河绿化带内的新建自行车道。自行车休闲网络主要服务于较长距离的休闲健身出行，主要功能包括：满足快捷方便、连续安全的大体量的慢行休闲旅游资源的需求,同时还需要承担部分非休闲性质的交通。自行车休闲道要求提高此类自行车道的遮蔽率,建设成为林荫大道。

5. 自行车巷道

一些老城区和历史城区的支路网和街巷路网密度密度较大,支路系统主要由支路和弄堂组成,对自行车巷道的处理主要是构建自行车微循环路网即自行车专用道网络,充分挖掘小街小巷的自行车交通潜力,一方面使自行车交通形成一个独立的子系统,实现机非运行系统的空间分离,减少不同交通因子之间的相互干扰;另一方面是使自行车流量在路网中均衡分布,以减轻主、次干路上自行车交通的压力和满足日益增长的自行车交通发展需求。

7.3.3 自行车交通网络结构

1. 自行车骨干道路网络

自行车道路分级的主要目的是明确不同道路的自行车功能和作用,体现自行车道路级别与传统城市道路级别之间的差异性和关联性,并提出差异化的规划设计要求。自行车道路级别主要由其在城市自行车交通系统中的作用和定位决定,考虑现状及预测的自行车交通特征、所在自行车交通分区、城市道路等级、周边建筑和环境等要素综合确定。按功能、重要性及交通强度等因素,将自行车骨干道路网络划分为廊道、集散道、连通道、休闲道等四个等级,以期达到"主次搭配、级配分明"的发展目标。

根据自行车道在道路中所占的比例,各级道路的自行车优先权依次为:自行车休闲道>自行车连通道>自行车集散道>自行车廊道,道路等级和路权要求如表7-2所示。

表7-2 自行车道路等级与需求特征

自行车道路等级	功能定位	需求分析	自行车路权	道路类型	单向通行能力(辆/h)
自行车廊道	区域性自行车区之间,高标准建设的自行车专用道,自行车区与轨道交通换乘枢纽的连接通道	自行车主流向交通出行	相对优先	自行车专用道	3 600~7 200
自行车集散道	相邻自行车区之间或自行车区内的自行车集散道路,自行车区内与常规公交换乘枢纽的连接通道	自行车的中、短距离的出行	保证通行	自行车专用道、划线分隔的自行车道	2 000~3 000
自行车连通道	区内生活性出行的自行车道路	区内短距离、生活性交通	通达即可	划线分隔的自行车道、机非混行道	1 000~2 000
自行车休闲道	倡导自行车健身文化、亲近自然	休闲、运动性交通	机非分离	沿河道、风景区、公园景点和大型绿地附近等有宽度富裕的道路	1 500~2 250

2. 自行车微循环道路网络

微循环路网的主要根据历史城区现状的支路网和街巷宽度划分等级，并根据等级进行相应的空间重新分配以及交通组织和管理。自行车微循环路网主要划分为两个层次，一级专用道和二级专用道。

（1）一级专用道。一级专用道连接重要的慢行单元和骨干自行车路网，是自行车重要的出入道路，以集散功能为导向，以满足自行车交通与慢行单元的可达性为目标，强化街区内部的慢行活力。主要选取 5~8 m 的街巷道路，通过时空资源上划分道路路权，保障高峰时期的自行车专用路权。

（2）二级专用道。二级专用道主要结合机动车单向交通组织，划分出自行车道路空间，分流主干路上的过饱和自行车交通流。二级专用道以分流功能为导向，以服务短距离出行为目标，穿越多个慢行单元，有效分担不同慢行单元和街区的出行需求。

两种自行车微循环道路功能及路权空间如表 7-3 所示。

表 7-3 历史城区自行车专用道系统层次划分

微循环道路等级	宽度	功能	路权空间	对应道路等级
一级专用道	5~8 m	自行车主要出入道路，机动车干扰小，通行条件好	自行车专用路权，高峰时段禁止机动车进入	组团路（巷、弄）
二级专用道	9~20 m	自行车主要集散和出入道路，机非采取隔离措施减少干扰	机动车单向行驶，机非采用硬隔离措施	组团路（巷、弄）、支路

7.3.4 自行车交通网络布局

1. 自行车交通网络空间布局

自行车廊道尽量沿期望走廊和左右 300 m 内的平行道路布设，并且尽量穿过慢行核和换乘枢纽等控制点。廊道穿过的慢行核主要包括大型居住区、学校、商业、办公、行政中心，换乘枢纽包括：一级和二级换乘枢纽。可根据交通区位和出行模式确定廊道网形态，结合用地性质和截面流量确定廊道间距，考虑控制点和车流走廊确定廊道布局，在道路现状的基础上调整廊道布局，最后确定廊道工程标准。

自行车集散道和连接道结合自行车交通的重要流向，依附于自行车廊道进行衍生，平行于廊道或者联系廊道进行布设，主要控制点为慢行核及一级、二级换乘枢纽。以单个慢行区作为规划区域，沿着重要的交通流向，联系一定规模的居住地与就业、就学点，可根据慢行区的性质和廊道布局决定集散道密度。

休闲性自行车网络组织应结合城市绿地、水系和历史文化等资源，主要控制点为慢行核、公园、绿地、河岸等。应结合沿河绿带和水运巴士码头，由滨湖、沿江区域沿河流水系向区内带状绿地渗透,并与风景区道路和自行车租赁点相衔接,联系主要的高等院校区、生活区和公共服务区,形成连续可达、覆盖广泛、使用便捷的网络化自行车休闲交通体系。

自行车微循环道路网络沿期望走廊,填补骨干道路网络空隙,联系慢行核与一级、二级换乘枢纽。以单个慢行区作为规划区域,沿着重要的自行车流量走向,连接自行车骨干路网,分散主要流向的自行车流量,或连接慢行核与自行车骨干道路,增加自行车道路网络的可达性。

自行车交通网络空间布局模式如图7-7所示。

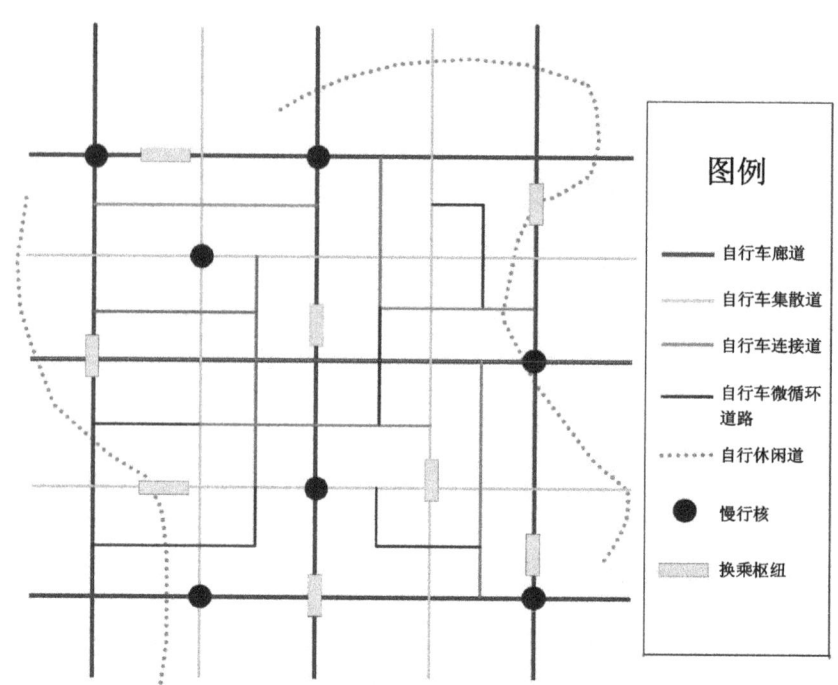

图7-7 自行车交通网络空间布局

2. 自行车交通网络布局控制指标

在城市道路网中,城市高速路是城市组团间高速便捷的干线通道,一般不承担自行车交通流量。历史城区的自行车系统的路网布置主要是依附于城市主干路、次干道、支路和街巷路网。主次干路的自行车道路路权相对较为明确,而密集的街巷和支路网提供了大量的可选的自行车通行空间。历史城区的道路网络组织有利于为居民提供多种路径,多种可能性的选择,同时有利于满足公交线路的布局要求,为公交和自行车便捷换乘提供条件。对各类自行车骨干道路网络密度与间距指标建议值见表7-4。

表 7-4　各级自行车道密度与间距建议值

自行车道路类别	密度指标(km/km²)	道路间距(m)
廊道	1.1～1.8	800～1 500
集散道	2.6～3.7	400～600
连通道	12～17	100～150
休闲道	—	—

注释:"—"表示不作具体要求。

7.4　步行与自行车道路路权控制

7.4.1　基于"完整街道"的路权分配原则

城市道路是城市的重要公共空间,既承担交通、管线敷设等市政功能,又是城市居民最常使用的公共活动场所。城市道路的设计和运行应注重为全部使用者提供安全的通道,各个年龄段的行人、骑行者、机动车驾驶人和公交乘客,以及所有的残疾人都能够安全出行和安全过街。道路的设计从交通安全、健康要求、低碳经济和环境改善等方面提出三个方面的目标:

安全街道:保障行人和自行车在道路上的出行需求,提高道路的安全性。

绿色街道:鼓励步行、自行车和公共交通的出行;减少硬化路面面积;减少能源消耗和环境污染。

活力街道:创建宜居社区,增加公共活动空间,增强街道吸引力,提高街道两侧土地价值。

道路横断面规划使用三种程度的交通控制原则(见表 7-5)。①强制性原则为横断面规划中必须遵循与体现的内容;②控制性原则为征求规划行政主管部门意见,可适度放宽的内容;③建议性原则为未作控制,但规划中应主动体现的内容,用以比选道路横断面规划方案。

表 7-5　道路横断面规划的不同交通控制原则

项目		强制性原则	控制性原则	建议性原则
空间范畴	完整空间	道路红线、绿线范围	办公、商业建筑至建筑退线	所有临街建筑至建筑退线
	交通空间	机动车道在道路红线内	人行道、自行车道在道路绿线内	人行道与建筑前区协同
	活动空间	建筑退线前 3 m 内	绿带与建筑前区协同	人行道、绿带、建筑前区协同

续表

项目		强制性原则	控制性原则	建议性原则
公交专用车道	公交专用车道	双向6车道及以上道路	双向4车道及以上道路	支路满足公交通行
	公交专用车道允许车辆	公共汽车、定制公交、班车、校车	旅游巴士、紧急车辆	客车、出租汽车
	公交车站	同时设计过街设施	紧邻交叉口	紧邻交叉口或立体过街设施
自行车道	路权保障	双向6车道及以上道路	双向4车道及以上道路	所有道路
	自行车与机动车隔离	双向6车道及以上道路	所有道路划线隔离	所有道路绿化隔离
	自行车与人行道隔离	合计宽度6 m以下高差分离	所有道路高差分离	所有道路绿化隔离
人行道	路侧人行道	有效宽度2.5 m以上	利用道路绿带	与道路绿带、建筑前区协同
	步行空间连续	建筑前区与人行道连接	建筑前区与人行道连续	建筑前区与人行道完整
	无障碍设施	盲道安全连续	缘石坡道设计满足轮椅出行	满足视力、听力、肢体障碍者出行
紧急车道	路权保障	其他车辆避让应急车辆	双向6车道及以上道路明确标注	双向4车道及以上道路明确标注
	允许车辆	消防车、救护车	警车、抢险工程车	
机动车道	车道宽度	3.5 m以内	3.25 m以内	3.0 m以内
	交叉口拓宽	非交通干路不拓宽	所有道路不拓宽	交叉口缩窄
	交叉口转弯半径	采用规范要求低值	半径10 m	半径6 m
路侧停车	机动车道停车	根据拥堵情况明确划线	配套管理措施	严格停车管理措施
	建筑前区停车	保障人行道、建筑前区步行连续	建筑前区停车与红线空间置换	建筑地下停车代替

7.4.2 道路空间分配

在步行与自行车道路横断面规划中,应重点关注道路中步行与自行车通行空间的比例，保障步行与自行车交通通行权益。加强对道路断面的设计引导，优先满足步行与自行车交通路权，充分保障步行与自行车的交通安全和行车安全。

1. 道路空间分配模式

道路空间的分配实际上就是对各种交通之间关系的协调与平衡。根据每一种交通模式的运动属性（速度、活动范围等）和交通工具荷载能力，梳理道路空间的活动模式

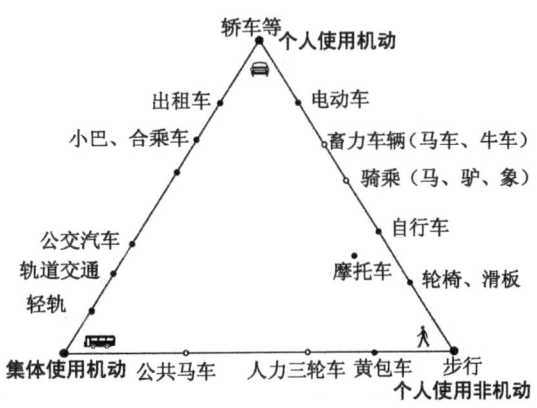

图 7-8 道路空间活动模式

如图 7-8 所示。从模式图中也可以看出，步行交通作为一种活动范围最小、运动性最低的交通出行方式，需要与集体性的交通出行方式联合才能形成与小汽车出行相竞争的模式。

在道路空间中交通参与者的活动主要包括三类：一是各种交通方式穿越道路的交通活动；二是与公共交通站台、停车泊位等相关的路缘活动；三是人行道上的非通过性活动，包括游憩、购物等。各类活动在道路的不同独立空间中展开，如表 7-6 所示。

表 7-6 道路空间与道路活动一览

	人行道			车道				
	退线带	步行带	设施带	人行道边缘	自行车道	机非分隔带	机动车道	中央分隔带
建筑物	游览、休憩区域，绿化、文化休闲设施设置区	步行交通过区域	行道树、街道家具设置空间	路内停车、公交停靠站、货运卸载空间	电动自行车、自行车、三轮车等行驶空间	公交站台、景观设置	机动车行驶空间	轨道交通、公交站台、高架基础、景观空间

2. 道路空间的层化

根据上文论述，步行与自行车空间最基础的塑造要求是安全性，而道路中的不安全因素终是由于不同交通方式之间的速度差值所导致的。因此道路空间的分配不仅仅是表面上看起来的将车行道、自行车道和人行道进行划分，本质上来说应是对道路空间中不同交通方式的速度区间的划分。各类城市道路中交通方式的速度区间可归为表 7-7 所示的 5 类。

表 7-7 各交通方式速度区间

速度层级	速度区间(km/h) 下限	速度区间(km/h) 上限	交通方式
高速 S5	60	80	最高速行驶的小汽车
中高速 S4	40	60	中高速行驶的小汽车、公交车
中速 S3	20	40	中低速行驶的小汽车、公交车，有轨电车，摩托车，电动自行车，较高速自行车
中低速 S2	10	20	低速行驶的小汽车，自行车，跑步
低速 S1	0	10	停车、慢速自行车、步行、慢跑

道路空间的分配通常由道路隔离设施完成，物理隔离设施包括绿化带、护栏等。道路速度层化示例如表7-8所示。

表 7-8 道路速度层化示例

断面形式	S1	S2	S3	S4	S5	备注
a	■	■				步行道
b	■	■	■			街巷
c	■	■	■	■		标准三块板
d	■	■	■	■	■	标准四块板
e	■	■	■	■	■	利用中央分隔带布设轨道交通/高架桥

3. 步行道路空间的分配

在各模式的道路空间分配中，应始终将步行与自行车的通行空间与通行安全作为设计考虑的首要要素。各类道路的单侧人行道、自行车道与道路总宽度间有适当的比例，可参考表7-9所示。

表 7-9 单侧人行道、自行车道与道路总宽度之比值参考

道路类别	横断面形式 单幅式 人行道	单幅式 自行车道	两幅式 人行道	两幅式 自行车道	三幅式 人行道	三幅式 自行车道
快速路			1/6~1/8	1/5~1/7		
主干路	1/5~1/7	1/4~1/6			1/5~1/8	1/4~1/7
次干路	1/4~1/6	1/4~1/6			1/4~1/7	1/3~1/6
支路	1/3~1/5	1/3~1/5				

(1) 专用路权。在道路空间允许的情况下,应当优先设置专用人行道。人行道空间应与建筑退线统一布局,以形成良好社会活动空间。在建筑前区应保持至少 3 m 的人行道空间,其中通行空间至少 2 m,街道家具带至少 1 m。步行道路空间专用路权示意图如图 7-9 所示。

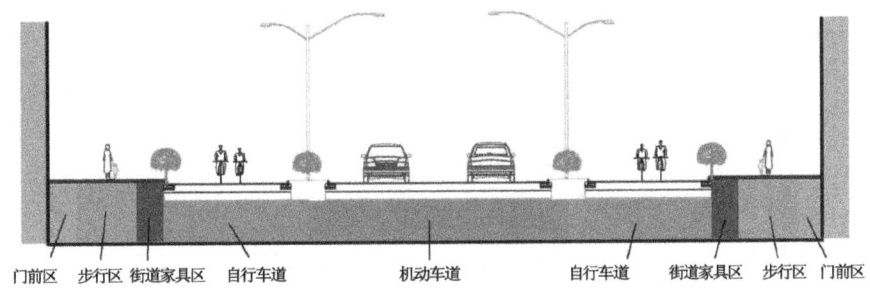

图 7-9 步行道路空间专用路权分配示意图

(2) 共享空间。在道路空间不允许时,可设置所有交通方式共板的断面形式,但必须遵循速度层化原则,在同一空间内的速度区间不应跨越三个,即需要通过交通宁静化等手段对自行车和机动车进行限速。当道路宽度小于 7.5 m 时,建议使用如图 7-10 所示的断面形式,当道路宽度大于 7.5 m 时,也可以借鉴共享形式,遵照速度层化原则保留步行与自行车共享区域。

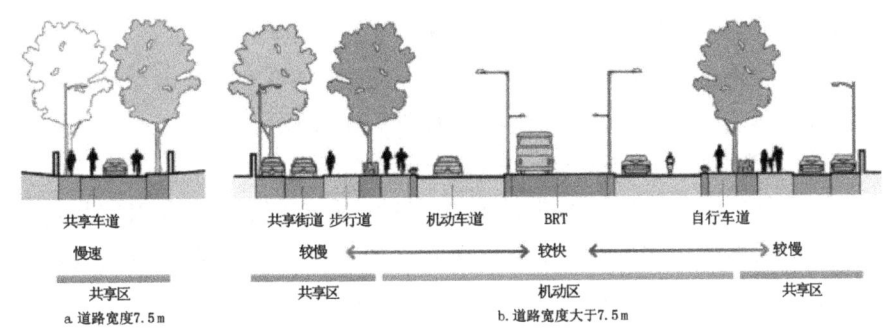

图 7-10 道路空间共享路权分配示意图

7.4.3 道路断面协调

本节在道路断面中主要考虑自行车道与其他交通方式之间的隔离形式。人行道在条件允许的情况下建议采用高差隔离的方式,不允许时优先考虑铺装隔离,尽量需要避免人机共板的情况以保障步行出行者的人身安全。

1. 自行车道与机动车道协调

自行车道设置在道路两侧路缘石之间,与机动车存在机非绿化隔离带分隔、机非隔离栏分隔、机非划线分隔、机非混行四种形式，如表 7-10 所示。

表 7-10　自行车道与机动道隔离形式表

隔离形式	特点	适用条件
机非绿化隔离带分隔	安全性和舒适性最高	机动车流量大或自行车流量大；道路宽度较富裕，即设置绿化隔离带后自行车行驶空间宽度不小于 3.5 m；机动车双向 4 车道及以上的干路
机非隔离栏（墩）分隔	安全性和舒适度略低	机动车流量较大或自行车流量较大；路段设置隔离栏（墩）后自行车行驶空间宽度不小于 2.5 m；机动车双向 4 车道及以上的干路和重要支路
机非划线分隔	自行车道受机动车行驶和停放侵占普遍	自行车行驶空间宽度为 2.0～2.5 m 的次干路和重要支路，或自行车行驶宽度为 1.5～2.5 m 的一般支路
机非混行	安全度和舒适度最低	道路交通量较小；自行车行驶空间宽度不足 2 m 的一般支路

需要处理好机动车单向交通时自行车交通的组织，因为道路管理上存在一定的难度，自行车单向交通也容易使骑行者违规在机动车外侧车道或人行道上行驶，增加了机非冲突，影响道路通行效果，因此建议在单行道上保留自行车双向交通或禁止自行车骑行。在协调自行车与机动车时，

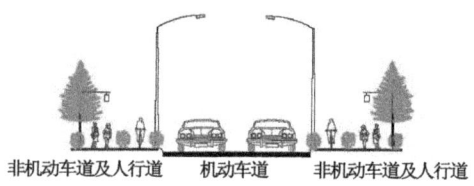

图 7-11　单向交通组织自行车断面图

建议采用物理隔离形式，减少机动车与自行车的交通冲突，提高机动车的路段运行车速以及自行车的安全性，推荐廊道断面如图 7-11 所示。

2. 自行车道与公共交通协调

（1）与公交专用道协调。在道路断面相对比较窄时，公交专用道与自行车道的路权矛盾显得较为突出，自行车与公交专用道在路权上的协调应当考虑路段上自行车流量与公交客流之间的关系。主要包括以下三种情况：

① 道路资源富裕——保留自行车道，改善其与公交枢纽之接驳。富余的道路资源能够支撑起自行车交通与公交专用道的设置没有牺牲任何一种交通方式的出行利益，不需对自行车道做出调整。断面形式如图 7-12 所示。

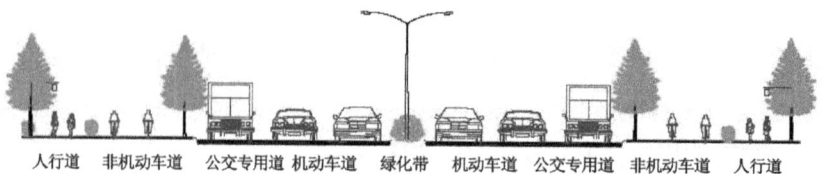

图 7-12　自行车道与公交专用道协调形式图（一）

② 道路宽度不足,且自行车长距离出行比例较高——公交专用道进行优先配置,可通过相邻的自行车道改善进行自行车交通分流。若在某些主干道路段,公交车道空间不足且自行车多为过境出行,可考虑缩短自行车道宽度,增加利用相邻的支路网和街巷规划自行车专用道。在较为极端的条件下,可以考虑取消独立的自行车道路,通过构建干道周边微循环自行车路网,提高自行车交通的通达性,断面形式如图 7-13 所示。

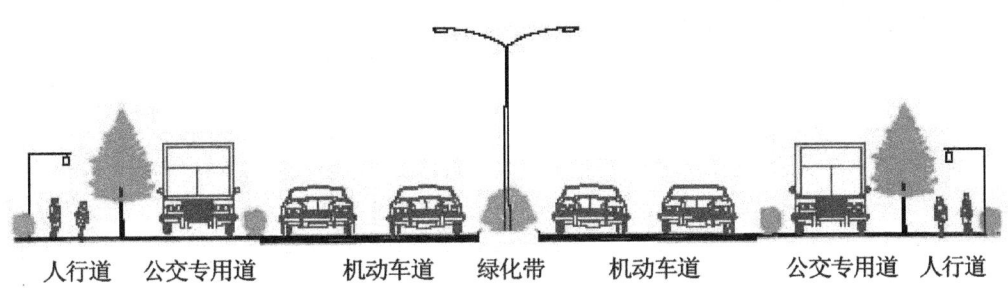

图 7-13　自行车道与公交专用道协调形式图(二)

③ 道路宽度不足,且自行车短距离出行比例较高或流量较大——可以将自行车道改为公交专用道,自行车道采用人非共板的形式。尽量采用人非共板且区分的形式,明确行人和自行车的道路路权,减少相互干扰。该类自行车道的断面形式需根据行人和自行车量慎重确定。断面形式如图 7-14 所示。

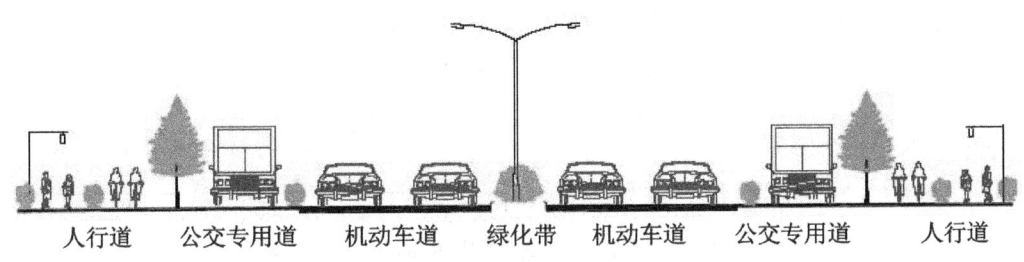

图 7-14　自行车道与公交专用道协调形式图(三)

(2) 与公交站点协调。公交车辆进出站特别是延边式车站对自行车交通的干扰程度比较严重,建议采用物理隔离形式改造自行车道停靠的公交站点,通过公交站点外绕自行车道模式,减少公交站的停靠对自行车交通的影响(见表7-11)。

表 7-11　自行车与公交站点协调形式

类型	特点	适用条件
A	港湾式车站。通过压缩路侧带设置而成，各通行主体的路权独立	机动车双向 4 车道及以上的干路；机动车流量、自行车流量较大；人行道和自行车道总宽度不小于 9 m
B	港湾式车站。通过与交叉口展宽段进行一体化设计设置而成，各通行主体的路权独立	设置在有展宽设计的交叉口出口；最外侧机动车道与路侧带间总宽度不小于 9 m
C	港湾式车站。通过压缩机动车道和自行车道设置而成，各通行主体的路权独立	机动车双向不小于 6 车道；压缩后机动车道宽度不小于 3.0 m，公交停靠区域宽度不小于 2.75 m，公交候车廊宽度不小于 1.5 m，自行车道宽度不小于 1.5 m
D	沿边式车站。占用 1 条机动车道设置公交停靠区，占用部分自行车道设置公交候车廊	机动车双向 6 车道及以上的干路；机动车流量不大，采用沿边式公共汽车站不会对道路交通产生较大影响；路侧带宽度不足 9 m，无法改造为形式 A，B，C；自行车流量、行人流量较大
E	沿边式车站。自行车在通过公共汽车站前进入人行道行驶，绕过公共汽车站后驶回自行车道。采用不同铺装进行人非分离，进出人行道处设置缘石坡道	一般设置于次干路及以下等级道路；路侧带宽度不小于 9 m；难以采用形式 A
F	沿边式车站。自行车在通过公共汽车站前进入人行道行驶，绕过公共汽车站后驶回自行车道。人非混行，进出人行道处设置缘石坡道	一般设置于次干路及以下等级道路；路侧带宽度为 7.5~9.0 m

3. 自行车道与路内停车协调

对于老城区中，存在大量的路内停车位，机动车的停车空间严重占用了自行车道路路权。协调好自行车通行与路内停车的关系，保障自行车道的畅通性和连续性，对于保障独立的自行车道空间具有重要意义（见表 7-12）。

表 7-12　自行车与路内停车协调形式

关系	适用条件
取消停车	沿街建筑设有配建停车场或路外公共停车场，且未被充分利用；沿街近期建设公共停车场，且基本满足停车需求；交通拥堵的旧城区，且道路沿线机动车流量或自行车流量较大；沿线路内停车位零星分布，且主要为弹性停车需求服务；设置路内停车位导致自行车道宽度无法满足需求，即干路自行车通道不足 2.5 m(极限为 2 m)，支路自行车通道宽度不足 1.5 m
调整停车	就近开辟路外停车场或结合道路绿化空间设置停车场；机动车流量小，车道数较多，在机动车道或辅路设置路内停车位；在有大量临时停车需求的位置考虑设置即停即走靠带
保留停车	保障自行车通道宽度满足需求，即干路自行车通道宽度不小 2.5 m(极限为 2 m)，支路自行车通道宽度不小于 1.5 m；道路两侧以刚性停车需求为主，且路外停车场十分有限

4. 自行车道与人行道的协调

自行车道与人行道处于同一平面，即"人非共板"车道时，自行车道与人行道的关系存在人非绿化隔离、人非隔离栏（墩）分隔、人非共板但分区、人非共板且混行四种形式（见表7-13）。

表7-13　自行车与人行道隔离形式

隔离形式	特点	适用条件
人非绿化隔离	路权明晰且无相互干扰，行人和自行车安全性、舒适度、通行环境最好	机动车流量大或自行车流量大；道路宽度较富裕，即设置绿化隔离带后自行车行驶空间宽度不小于3.5 m；行人通行空间宽度不小于3 m，人非绿化隔离带宽度不小于1.5 m，行道绿化带宽度不小于1.5 m；机动车双向4车道及以上的干路
人非隔离栏（墩）分隔	路权明晰且无相互干扰，行人和自行车安全性、舒适度好	机动车流量较大或自行车流量较大；道路宽度不足以设置人非绿化隔离；设置宽0.5 m的行人通行空间宽度不小于3.0 m，行道树绿化带宽度不小于1.5 m
人非共板但分区	路权明晰但容易相互侵占	无法机非共板且设置独立自行车道；路段路侧带宽度不小于7 m，即自行车行驶空间宽度不小于2.5 m、行人通行空间宽度不小于3.0 m、行道树绿带宽度不小于1.5 m
人非共板且混行	路权不明晰，易混行，且管理难度大	道路交通量较小；无法机非共板；路侧带中自行车行驶空间不足2 m

7.5　步行与自行车道路断面设计指引

7.5.1　步行与自行车通行能力

1. 步行道路通行能力

步行的平均出行速度在 1.0～1.3 m/s，与其他交通方式比有着本质的区别。对于步行交通来说，精确的人流量对于设施的配建仅仅是一种参考，更需要的是结合用地布局和城市形态预测步行出行强度大的核心点，做好周边设施的精细化、人性化设计。

根据相关研究内容，行人占用面积和通行能力的相关对应关系如表7-14所示。

表 7-14 步行服务水平分级

服务水平	人均占用面积(m²)	人均纵向间距(m)	人均横向间距(m)	步行速度(m/s)	最大服务交通量 [人/(h·m)]	运行状态描述
一级	>2.0	>2.5	>1.0	>1.1	1 580	可以完全自由活动
二级	1.2—2.0	1.8—2.5	0.8—1.0	1.0—1.1	2 500	准自由状态(偶有降速需要)
三级	0.5—1.2	1.4—1.8	0.7—0.8	0.8—1.0	3 000	个人尚舒适,部分行人活动受约束
四级	<0.5	<1.4	<0.7	<0.8	3 600	行走不便,大部分处于受约束状态

2. 自行车道路通行能力

自行车道路的通行能力是自行车交通系统规划的重要参数。自行车道路通行能力的分析主要按照作用性质分为理论通行能力、实际通行能力和设计通行能力。

(1) 理论通行能力。理论通行能力是指在理想的道路条件和交通条件下,单位时间内单位宽度上能够通过的最多自行车数量,单位为 bike/(m·s)。其中理想的条件是指有足够的车道宽度,纵坡及弯道线形良好,路面平整且有足够的摩擦力;理想的车辆条件是指车流单一的自行车流且无车速限制及横向或纵向干扰。

① 最小安全间距法。自行车在路段上行驶时,前后车为了安全保持一定的间距。安全间距可以用空间距离来表示,也可以用时间距离来表示。自行车的最小安全间距是指能使前后两辆自行车安全的同向行驶在同一车道上时前车车头与后车车头间所保持的最小空间距离。最小安全间距的计算公式如式(7-1)所示:

$$L = L_1 + L_2 + L_3 + L_4 = \frac{vt}{3.6} + \frac{v^2}{254(\phi \pm i)} + L_3 + L_4 \tag{7-1}$$

式中 L_1——自行车制动时在反应时间内的行驶距离(m);

L_2——自行车的制动距离(m);

L_3——前后车辆间的安全距离,一般为 1 m;

L_4——自行车车身长度,取 1.9 m;

v——自行车车速(km/h);

t——反应时间(s),一般为 0.5~1.0 s,平均为 0.73 s;

ϕ——轮胎与路面间的摩擦系数,取 0.3~0.8,平均为 0.5;

i——道路纵坡度,对于城市自行车道,可取 0。

自行车道的理论通行能力的计算公式如式(7-2)所示：

$$N = \frac{1\,000v}{L} = \frac{1\,000v}{2.9 + 0.194 + 0.007\,8v^2} \tag{7-2}$$

自行车道的理论通能力只与自行车速度有关，对于特定的道路条件，不同的自行车速下的自行车道的理论通行能力可以通过公式得到。

② 最小安全时距法。自行车的最小安全时距是指能使前后两辆自行车安全的同向行驶在同一车道上时前后两车车头相继行驶通过该路段同一横断面至少应保持的时间间隔。自行车道理论通行能力可以通过连续行驶的自行车流中前后两车的最小车头时距 t 计算得到。最小安全时距法的理论通行能力计算公式如式(7-3)所示：

$$N = \frac{3\,600}{t} \tag{7-3}$$

最小车头时距 t 的观测值通常采用整个断面的自行车通过量除以车道数，换算为每车道的自行车通过量再根据记录时间计算车头时距。

③ 自行车交通流模型。借鉴机动车交通流速度—密度关系模型，自行车流在路段行驶时速度—密度关系如式(7-4)所示：

$$v = v_f\left(1 - \frac{k}{k_j}\right) \tag{7-4}$$

式中　v_f——自行车自由流速度；
　　　k——自行车密度；
　　　k_j——阻塞条件下自行车密度。

自行车流量 q 与密度 k 关系如式(7-5)所示：

$$q = kv = kv_f\left(1 - \frac{k}{k_j}\right) \tag{7-5}$$

当 $k = \frac{k_j}{2}$ 时，流量达到最大值 $q_{max} = \frac{k_j v_f}{4}$。

最大流量可以认为是自行车交通流模型计算的自行车路段理论通行能力。k_j 和 v_f 可以通过道路上观测得到。

(2) 实际通行能力。

① 高峰小时饱和流率。高峰小时饱和流率是指路段高峰时期某一短时间内车流密集通过断面的最大交通量，计算公式如式(7-6)所示：

$$N_{max} = \frac{N'_t}{W - 0.5} \times \frac{3\,600}{t'} \tag{7-6}$$

式中　W——自行车道宽度(m)；

t'——密集车流通过观测断面的某一短时段(s);

N'_t—— N' 时段内通过观测断面的自行车数量(辆)。

每车道宽度定为 1 m,两侧安全间距各取 0.25 m。

② 路段平均通过量。指较长时间内车辆连续通过断面的自行车数量(此时车流不应过分密集),除以统计时间,再换算为单车道的通过量,即为路段平均通过量。计算方法如式(7-7)所示:

$$N_{平均} = \frac{N_t}{W - 0.5} \times \frac{3\,600}{t} \tag{7-7}$$

式中 $N_{平均}$——单位时间内连续车流的平均通过量(辆/h);

$N_{平均}$—— t 时间内通过观测断面的自行车数量(辆);

W——自行车道宽度(m);

t——连续车流的通过时间(s)。

③ 实际通行能力。实际通行能力是在城市自行车道实际道路条件、交通状况、交通管制等条件下的通行能力。一般包括平交路口及行人过街综合影响修正系数 r_1,道路等级修正系数 r_2,道路分隔修正系数 r_3,道路质量修正系数 r_4。自行车道路实际通行能力的计算公式如式(7-8)所示:

$$N_{实际} = N \times r_1 \times r_2 \times r_3 \times r_4 \tag{7-8}$$

式中 r_1——平交路口及行人过街综合影响修正系数,可取 0.55;

r_2——道路等级修正系数,快速干道和主干道可取 0.8,次干道和支路可取 0.9;

r_3——道路分隔修正系数,对于完全隔离的自行车道取 1,分隔栏隔离可以取 0.9,划线隔离可以取 0.8,对于无隔离措施的取 0.7;

r_4——道路质量修正系数,路面平整完好可取 1,路面不太平整时一般取 0.9。

(3) 设计通行能力。

① 长路段设计通行能力

$$N_{长} = N_{平均} \times C_1 \tag{7-9}$$

式中 $N_{长}$——长路段(一般 5 km 及以上)单位宽度一条自行车道的设计通行能力,不考虑交叉口和其他横纵向干扰的影响(辆/h);

C_1——考虑街道性质、功能、使用要求而设定的路段综合干扰系数,对于快速干道、主干道建议取 0.8,次干道和支路建议取 0.9。

② 短路段设计通行能力

短路段的通行能力受到交叉口以及横纵向的干扰程度较为严重,设计通行能力计算公式如下：

$$N_{短} = N_{平均} \times C_1 \times C_2 \qquad (7\text{-}10)$$

式中　C_2——路口综合影响折减系数。

7.5.2　步行与自行车道路宽度

1. 传统道路分级体系下的慢行道路宽度

(1) 自行车道宽度。自行车道宽度包括自行车车辆宽度、车辆的摆动距离以及与侧石或分隔设施的安全距离。一条自行车车道宽度为 1 m，靠路边和靠分隔设施的一条车道侧向安全距离为 0.25 m。

(2) 人行道宽度。人行道的宽度设置应考虑与道路沿线用地性质相匹配、满足道路下管线敷设所需宽度的要求。对于不同类别、不同性质的道路应具有不同的城市宽度。

2. 慢行网络分级体系下的慢行道宽度

(1) 自行车道路宽度。据国外及国内《交通工程手册》规定，自行车骑行时左右摆动各为 0.2 m，而自行车的外廓最大尺寸为：长 1.9 m、宽 0.6 m，则横向净空应为横向安全间隔(0.6 m)加车辆运行时两侧摆动值各 0.2 m，故总的一条自行车道的宽度为 1.0 m。

若有路缘石，其侧的 0.25 m 路缘带骑行者难以利用，故在车道总宽度中需加上 0.5 m，即一条车道应为 1.5 m，二条车道为 2.5 m，以此类推。

应根据自行车规划高峰小时交通量、服务水平以及自行车道通行能力，综合确定自行车道宽度。自行车道如混行电动自行车，自行车道应适当加宽，加宽值取 0.25～0.35 m。自行车道宽度应同时满足表 7-15 规定。当自行车主通道宽度大于 3.5 m 时，应通过物理阻车设施、警示标志等禁止机动车的违规借道或停放。

表 7-15　自行车道宽度范围　　　　　　　　（单位：m）

自行车车道	机非物理分隔自行车路宽度	机非标线分隔自行车道宽度	人非共板的宽度	机非混行道路宽度
廊道	5～8	3～6	5～10	8～12
集散道	4～6	3～5	4～8	6～10
连通道	—	2.5～4	3～6	5～9
休闲道	5～10	—	6～12	—

(2) 人行道宽度。人行道的宽度主要通过考虑两个因素来确定：首先是道路等级，其反映了某条道路在路网中的交通功能；其次是步行道等级，其反映了潜在的步行活动强度，步行道等级依据步行网络规划的成果，即根据临街的土地使用和

建筑设计确定,其中特别重要的因素应该是建筑密度、建筑地层使用、建筑高度。基于上述两个因素提出的人行道宽度如表 7-16 所示,在具体的取值时,对处于高等级步行分区的人行道宽度建议取高值,低等级步行分区的人行道宽度可以取低值。

表 7-16 步行道宽度范围 （单位:m）

	步行廊道	步行集散道	商业步行道居住步行道
主干路	5.0～7.0	4.0～6.5	4.0～5.0
次干路/快速路辅路	4.0～6.0	3.0～4.5	3.5～4.5
支路	3.0～5.0	2.0～3.5	3.0～4.0

7.5.3 步行与自行车道路隔离形式

1. 人行道与车行道分隔

（1）缘石分隔。人行道与车行道之间分界面处应设置缘石分隔,路缘石宜高出路面边缘10～20 cm,局部地区（商业集中区）可适当降低缘石高度或采用平缘石,也可采用坡道方式。人行道外侧的路缘石与绿化设施带接壤时,缘石外露高度宜为5～10 cm。

（2）护栏分隔。道路中间分隔带或分车带、两侧分隔带或分车带,应设置护栏为交通隔离设施。车行道与人行道之间根据实际情况也可设置护栏,避免车辆驶入人行道。

（3）人行道桩。交叉口、车辆出入口处应沿机动车行驶轨迹外侧人行道设置人行道桩,在临近人行道设有临时机动车停车位的可不设置。机动车辆经路缘石进入行人通行带的路段,应沿路缘石在人行道内侧设置人行道桩。

2. 自行车道与车行道分隔

（1）绿化带分隔。机非绿化带分隔主要是在三块板和四块板道路,当道路宽度较为空余时,可采用绿化带将自行车道与机动车道分开,不允许机动车辆进入,专供自行车通行。

（2）护栏分隔。道路空间资源比较紧缺时,为保障自行车通行权,可通过设置护栏分离自行车道和车行道,自行车道不允许机动车辆进入。护栏分离主要适用于自行车干道和各交通区之间的主要联系通道以及部分交通区内交通流量较大的路段。

（3）划线分隔。与机动车道用划线分隔,布置于机动车道两侧的自行车道。见于一快板和两快板道路。虽然较为经济,但由于自行车与机动车未完全分开,安全性比较低。该类自行车道适用于交通量较小的各交通区之间或各交通区内。

7.5.4 其他横断面设计参数

1. 人行道

(1) 人行道坡度。人行道横坡度宜采用单面坡,横坡宜为1‰～2‰,设置透水路面的人行道横坡应取低值。人行道纵坡最大不宜超过3.5%。最小纵坡应大于或等于0.5%,困难时可大于或等于0.3%,遇特殊困难地段纵坡小于0.3%时,应增设排水设施。

(2) 台阶坡道和净空要求。空间存在高差时应使用台阶作为过渡形式,最小宽度应小于1.5 m。一般台阶踏步宽度不宜小于0.3 m,踏步高度不宜大于0.15 m,并不宜小于0.1 m,台阶踏步数应不少于3级,当高差不足2级时,应按坡道设置。公共活动场所应设置无障碍坡道,坡道的设置应符合《城市道路和建筑物无障碍设计规范(JGJ50—2001)》要求。台阶和坡道应在两侧设置扶手,扶手高度一般为0.85～0.9 m。人行道净空要求应不小于2.5 m,在净空要求范围内不应设置任何障碍物。

(3) 路基路面设计。人行道铺面应遵循实用、美观、经济、耐久的原则,应贯彻因地制宜的处理方式。铺面材料应具有一定强度,且耐磨、防滑,保证步行者行走安全;如有机动车停放需求应考虑荷载影响。人行道铺面除了保证人步行安全之外,还应考虑行人行走及轮椅通行的舒适性。铺面材料宜采用适当且有效的透水性材料,减少城市的径流量,保证城市生态平衡。

(4) 排水设施设计。人行道排水设施设计原则上应不使人行道积水,易清理维护,并不影响行人的正常通行。道路汇水点、人行横道上游、单位出入口上游、靠地面径流的街坊或庭院的出水口等处应设置雨水口。道路低洼和易积水地段根据需要适当增加雨水口。

(5) 中央分隔带设计。在两幅路和四幅路中,中央分隔带宽度在规范中的最小数值为1.5～2.0 m(不含路侧带)。在规划过程中需要按使用功能(目的)加以划分,如安全等候、车辆调头、分隔对向交通、左转车道渠化等,在细致划分的基础上,对中央分隔带宽度进行适当加宽。

2. 自行车道

(1) 自行车道坡度。自行车爬坡能力低,车道应该考虑恰当的纵坡度与坡长,在选用时应根据路面面层的材料来确定。自行车道纵坡不宜小于2.5%;条件受限时,纵坡设置大于2.5%,需要考虑纵坡的最大坡长。当纵坡大于2.5%时,限制最大坡长为300 m;当纵坡大于3.0%时,限制最大坡长为200 m;当纵坡大于3.5%时,限制最大坡长为150 m。

(2) 路基路面设计。自行车道路面应根据筑路材料、施工最小厚度、路基土类型、水文地质条件及当地工程经验确定结构层组合和厚度,满足整体强度和稳定性要求。自行车道同时有机动车行驶时,路面结构需要满足机动车行驶的要求。基层材料应具有适当强度和水稳定性。处于潮湿地带及冰冻地区的道路,自行车道路应设垫层。

（3）排水设施设计。城区道路排水一般采用管渠形式,设计时应根据当自行车道路类别及路基路面材料进行选择。在有路缘石的自行车道路,有杂物时可采用立式雨水口,路面较宽时,可选用联合式雨水口。

（4）交叉口设计。城市道路交叉口道路相交宜采用正交形式,必须斜交时交叉角应大于或等于45°,不宜采用错位交叉,多路交叉和畸形交叉。交叉口的设计要正确组织车流、人流、自行车流,合理布设各种车道、交通岛、交通标志和标线。交叉口转角处的人行道铺装宜适当加宽,并恰当地组织行人过街。

（5）绿化带设计。绿化宽度宜为红线宽度的15%～30%。对游览性道路、滨河路及有美化要求的道路可提高绿化比例。分隔带与路侧带上的行道树的枝叶不得侵入道路限界。被人行横道或道路出入口断开的分车绿带,其端部应满足停车视距要求。

第 8 章　步行与自行车交通设施规划

8.1　过街设施规划

8.1.1　过街设施选址

对过街设施进行选址规划,须与慢行区和慢行核相结合,统筹考虑行人过街需求与城市的用地格局,城市的路网形态、城市的社会经济发展等因素之间的关系,同时还要考虑与城市交通中慢行系统、公交、轻轨和地铁等各种交通方式之间的有效换乘与衔接。

采用分区域分级分层次差异化的规划思想,对不同的慢行发展区进行"分区引导"差异化管理模式,慢行主导发展区、优先发展区、平衡发展区和一般发展区过街需求量呈梯状分布,考虑分布形态分别以面状、线状和点状为主(表 8-1)。

表 8-1　不同区划过街设施选址分布形态

区域划分	过街系统考虑重点	分布形态
慢行主导发展区	公园、广场出入口	面状为主
慢行优先发展区	大型商业区、步行街等	线状为主,兼有线状
慢行平衡发展区	主要交通干道	线状为主,兼有点状
慢行一般发展区	主要人流吸引点	点状为主

1. 慢行主导发展区

慢行主导发展区过街需求选址必须要体现以人为本的公共活动空间要求。考虑在公园和广场等公共活动区域出入口位置,通过构建连接性较好的过街设施形成面状的城市公共空间。在主导发展区要注重限制小汽车交通的运行;通过稳静化措施保证行人过街的安全性和便捷性。

2. 慢行优先发展区

慢行优先发展区过街设施选址必须统筹考虑行人过街需求,注重与其他步行设施、步行通道、步行走廊等形成一个完善的步行网络系统,注重与公交站点、轨道站点、停车设施形成高效的衔接,并且能有效地与商业建筑、下沉式地下广场、地下购物空间等结合,使得城市空间开发、土地利用规划和行人过街系统多项功能得到最大化发挥。

3. 慢行平衡发展区

慢行平衡发展区行人过街需求主要分布于重要交通干道两侧,同时兼有少量呈零星状分布。选址时主要考虑线状分布,从整体线路上统筹考虑,对主要交通干道两侧及其影响区域内重要人流吸引点和交通流量要进行调查。还要兼顾考虑城市轨道线路、公交线路、公交站场等的影响,注重各种交通方式的高效衔接。同时根据人流吸引点的分布,可以适当设置部分点状分布过街设施。

4. 慢行一般发展区

慢行需求以通勤出行为主,行人过街需求比较零散,成零星状分布。过街设施规划主要考虑采用点状分布的过街设施,对现状过街需求量比较大的地点以及交通事故频发路段进行调查,对过街设施的设置进行必要性验证分析,最后确定过街设施选址地点。

8.1.2 过街设施间距

过街设施间距的设置,一方面要考虑满足步行与自行车的过街需求,不至于产生过大的绕行,其间隔要体现人性化要求;另一方面,需要避免造成对车辆交通产生过大的干扰。立体过街设施与机动车没有交通干扰,过街设施的合理间距主要考虑平面过街设施型式。平面过街设施的间距主要从行人过街心理、驾驶员心理、道路设计通行能力和各大城市经验值等四个方面进行分析。[①]

1. 心理角度

一般来说,步行和自行车出行者希望方便安全快速地穿越道路,要求有相应的过街设施,行人心理期望值是过街设施间距越小越好。利用有限的道路资源,行人的要求就受到限制,需要间隙。行人过街存在一个可接受的绕行时间,一旦超过这个时间,行人就可能失去耐性,违章穿越道路。

设行人为利用过街设施所能接受的绕行时间 t_p,行人在人行道上的步行速度为 v_p,则行人所能接受的绕行距离如式(8-1)所示:

$$d = v_p t_p \tag{8-1}$$

行人过街最不利位置是在相邻两个过街设施的正中间,行人过街设施的最大间距一般不超过行人所能接受的绕行距离,如式(8-2)所示:

$$S_{max} = 2 \times \frac{d}{2} = v_p t_p \tag{8-2}$$

---

① 陆建,叶嘉琼,姚冬雷.《行人过街设施合理间距》.交通运输工程学报,2002.12

2. 驾驶员心理角度

只有平面行人过街设施才对机动车流形成干扰，驾驶员心理和车辆的驾驶特性只对平面行人过街设施最小间距起限制作用。驾驶员所能接受的行人过街设施间距就是行人过街设施的最小间距 $S_{\min}$。

设驾驶员所能接受的最小频繁停车时间间隔 t_d（即从一次停车等待行人过街到下一次停车等待行人过街），车辆平均车速为 v_d，则行人过街设施的最小间距如式（8-3）所示：

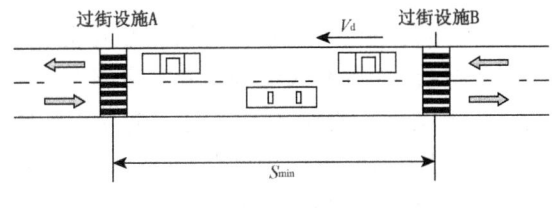

图 8-1 过街设施最小间距图

$$S_{\min} = v_d \times t_d \quad (8-3)$$

如图 8-1 所示。

3. 道路设计通行能力角度

路段设计通行能力（或实际通行能力）可根据一个车道的理论通行能力进行修正而得到。对理论通行能力的修正包括车道数、车道宽度、自行车影响及交叉口影响四个方面，如式（8-4）所示：

$$N_a = N_0 \times V \times Z \times C \times n \quad (8-4)$$

式中　N_a —— 单向路线设计通行能力（pcu/h）；
　　　N_0 —— 一条车道的理论通行能力（pcu/h）；
　　　V —— 自行车影响修正系数；
　　　Z —— 车道宽度影响修正系数；
　　　C —— 交叉口影响修正系数；
　　　n —— 车道数影响修正系数。

这里把行人过街的平面设施（与地面车流有相互干扰）看成一个次要道路，就可把行人对道路通行能力的影响近似用交叉口影响修正系数 C 来修正。

路段通行能力的提高值与交叉口间距基本呈线性关系。当把行人过街设施视为一个次要道路时，行人过街设施的影响修正系数的计算如式（8-5）所示：

$$C = \frac{C_0}{C_0 \times (0.0013S + 0.73)} \quad (8-5)$$

式中　S —— 平面行人过街设施间隔（m）；
　　　C_0 —— 交叉口有效通行能力时间比，视交叉口控制方式而定，信号交叉口可采用绿信比。

通过计算 N_a 与路段的实际通行能力进行比较，如果车辆实际流量 $Q_v > N_a$，行人过街设施间隔合理,否则调整行人设施间距,直至满足 $Q_v > N_a$,从而得到合理的过街设施间隔。

4. 推荐值

对于城市中心商业区由于人流量较大,道路两侧交流频繁,过街需求较大,行人过街设施的设置间距相对较小,而对于城市一般地区由于人流量相对较小,过街需求不大,行人过街设施的设置间距相对较大;城市边缘地区和城市郊区则多根据道路等级要求,重要人流吸引点等零散分布;城市中心商业区的行人过街设施间距通常小于城市一般地区的行人过街设施间距。一般来说,区位越接近于城市或区域中心,过街需求量越大,则对过街设施的便捷性要求越高,间距要求越小。

过街间距与位置的选取应分析步行和自行车过街需求,兼顾城市用地、道路等级、过街便捷性、机动车运行速度和安全要求。路段过街最大间距应满足表 8-2 要求。

表 8-2 城市道路过街设施最大间距 (单位:m)

道路等级、类型	居住、社会服务设施用地	商业、办公	对外交通	绿地与广场	工业仓储
主辅路形式地面快速路	400	450	500	600	700
高架或地下快速路的地面道路	300	350	400	500	700
主干路	200	200	300	350	600
次干路	150	150	250	300	500

8.1.3 过街设施选型

1. 选型的影响因素

根据城市道路特性车流特性和行人过街的特点,影响行人过街设施选型的因素主要有以下三个:

(1) 道路的几何形式。道路的几何形式包括道路的宽度、车道数以及道路的分隔形式。道路宽度影响行人的过街时间,道路的分隔形式决定了过街设施。

(2) 车辆的运行状况。车辆的运行状况指机动车流量、车速和密度,这三者决定了平均车头时距和平均车头间距。车头间距和车头时距决定行人穿越机动车流可能性和冲突程度;道路的行驶限速直接影响车辆的制动距离,影响行人的安全性。

(3) 行人过街需求。行人过街需求包括行人过街流量及过街的行为和心理特性。行人过街需求要求过街设施的形式和通行能力要与其相适应。

2. 过街设施设置条件

(1) 平面过街设施。平面过街设施设置的条件主要有:

① 主干路相邻交叉口间距≥500 m,或次干路相邻交叉口间距≥400 m 时,应

根据道路两侧的行人过街需求进行设置。

② 企事业单位、商场、娱乐场所、居住区等人流集散点附近,应优先考虑设置信号控制人行横道。

③ 当满足下列条件之一时,不宜设置无信号控制人行横道:

a. 机动车交通的瓶颈路段;

b. 弯道或驾驶员是视距不良的地点;

c. 信号交叉口沿干路方向 100 m 范围内;

d. 道路的机动车限制速度≥50 km/h 时。

④ 路段人行横道处交通流量达到如表 8-3 所示的标准时,可设置人行横道信号灯和机动车信号灯。

⑤ 当相邻的灯控路口间距大于 500 m 时,道路单方向的自行车流量达到 700 辆/h,且机动车流量达到表 8-3 的 80% 时,应设置人行横道信号灯和机动车信号灯。

表 8-3 信号控制人行横道设置要求

双向行驶道路				单向行驶道路			
单向车道数(条)	单向机动车流量		双向行人流量	车道总数(条)	单向机动车流量		双向行人流量
	高峰小时(pcu/h)	连续12 h(pcu)	高峰小时(人/h)		高峰小时(pcu/h)	连续12 h(pcu)	高峰小时(人/h)
1	450	4 000	700	1	700	4 000	900
≥2	550	5 000	700	≥2	700	5 000	900

(2) 立体过街设施。人行天桥与地道的设置应结合城市道路网规划,并考虑由此引起附近范围内人行交通所发生的变化,并且要对变化后的步行交通进行全面规划设计。立体过街设施的设置条件包括:

① 进入交叉口总人流量达到 18 000 人/h,或交叉口的一个进口横过马路的人流量超过 5 000 人/h,同时在交叉口一个进口或路段上双向当量小汽车交通量超过 1 200 pcu/h;

② 进入环形交叉口总人流量达 18 000 人/h,交叉口的当量小汽车交通量达 2 000 pcu/h 时;

③ 行人横过市区封闭式道路或快速干道或机动车道宽度大于 25 m 时,每隔 300~400 m 应设一座;

④ 铁路与城市道路相交路口,因列车通过一次阻塞人流超过 1 000 人次或道口关闭时间超过 15 min 时;

⑤ 路段上双向交当量小汽车交通量达 1 200 pcu/h,或过街行人超过 5 000

pcu/h 时；

⑥ 有特殊需要可设专用过街设施；

⑦ 复杂交叉路口，机动车行车方向复杂，对行人明显有危险处。

人行天桥和人行地道两种型式各有其适用性和优缺点，对天桥或地道的选择应根据城市道路规划，结合地下水位影响、上地下管线、周围环境、工程投资、施工期间对交通和附近建筑物的影响及建成后的维护条件等因素综合考虑。

8.1.4 过街设施布局

过街设施的布局应根据人行过街设施规划总体原则、布局依据与设施类型选择标准，在步行过街需求与交通条件适应性分析的基础上，结合步行系统规划的目标、策略和整体安排，提出人行过街设施总体布局方案。

1. 立体过街

过街天桥或地道的设置应根据城市道路规划，结合地下水位影响、地上地下管线、周围环境、工程投资、施工期间对交通和附近建筑物的影响及建成后的维护条件等因素综合考虑。人行立体过街设施的规划宜整体考虑，并根据上述因素确定独立设置采用还是统一设置。

立体过街设施规划应综合考虑与商业、公交枢纽等的衔接。衔接地下商场和轨道交通地下车站的地下步行通道必须能满足人流的需要，确保集散安全、有序。为保障过街安全，在机动车交通量大且地面行人空间不足的商业中心区、公交枢纽可采用空中步行走廊。空中步行走廊宜串联多个建筑物，设置顶棚，考虑安全、美观、舒适等，且应满足昼夜通行的要求。立体过街设施需设置残疾人无障碍设施，符合《城市道路和建筑物无障碍设计规范(JGJ 50—2001)》的要求。

因设置立体过街设施而造成人行通行带宽度不足，且经拓宽后仍然不符合不同区段行人通行带最小宽度规定的，不应设置立体过街设施。

2. 平面过街

（1）路段平面过街。为保障行人过街顺畅、便捷，人行横道过街的位置与道路两侧行人过街需求较大的出入口之间的距离不宜超过表 8-4 要求，并应设置行人过街提示标志，中小学校、医院门口应尽量设置行人过街信号控制。

表 8-4　过街位置距出入口距离　　　　　　　　　　（单位：m）

位置	推荐	困难条件下
距地面公交站和轨道站出入口	≤80	≤130
距中小学校、医院门口	≤80	≤150
居住区、大型商业设施、公共活动中心的出入口	≤100	≤200

一般情况下，自行车与行人共用路段过街设施；如自行车流量较大，可在人行横道一侧设置自行车过街，采用彩色铺装或喷涂，并设置醒目的自行车引导标志，与行人分隔空间路权。

当人行横道长度超过 16 m 时（不包括自行车道），应在中央分隔带或道路中心线设置行人过街安全岛，安全岛宽度不应小于 2 m，困难情况下不应小于 1.5 m。

人行横道线有平行式和斑马式两种。在有人行（或盲人）信号灯控制的路口或路段应设平行式，其他路口或路段应设斑马式。人行横道的最小宽度为 3 m，并可根据行人数量以 1 m 为一级予以加宽，在前后 75～100 m 应设置车辆限速、警示和行人指路标识。具有两条及以上车道的道路，机动车停止线距离人行横道线不宜小于 3 m，以提升外侧机动车道视野、减少交通信号交替时可能导致的行人与机动车冲突。居民区及商业区行人过街流量较大的区域，支路路段人行横道可适当抬高 8～10 cm，提升行人过街的可视性，降低机动车车速。路段过街宜设置行人过街信号灯，在行人流量较小的区域可采用无信号控制，但要相应设置行人让行标志。可采用触摸式或定时控制的行人过街信号灯，安装在人行横道外 1.0 m 范围以内，采用定时控制的行人过街绿灯信号相位间隔不宜超过 70 s，不得大于 120 s。路段平面过街设施应遵循无障碍原则，过街处和安全岛应设置缘石坡道，便于儿童车、轮椅及残疾人通行。

（2）交叉口平面过街。根据交叉口形状与空间、进入交叉口的行人、自行车和机动车交通量等情况，组织行人和自行车在交叉口的过街方式，保证行人和自行车过街安全、顺畅和便捷。

为保障交叉口范围内的行人和自行车安全通行，应采取适当的隔离措施并满足视距要求。一般在交叉口渠化范围内的机动车道和自行车道之间、自行车道和人行道之间设置隔离设施，可采用护栏隔离；在交叉口内以路面标线标示行人、自行车和机动车通行路权、自行车左转待转空间等，保障行人和自行车通行空间。交叉口内和交叉口停车视距三角形区域内严禁设置视线障碍物。距停车线 25 m 范围内，绿化高度宜小于 0.5 m；距停车线 50 m 范围内，应对驾驶员视线水平高度 5.5 度仰角区内的绿化枝叶适当剪除。交叉口渠化范围上下游 20 m 以内及未渠化交叉口 50 m 以内，不得设置路内停车位。

具有两条及以上车道的道路，机动车停止线距离人行横道线不宜小于 3 m，以提升外侧机动车道视野、减少交通信号交替时可能导致的行人与机动车冲突。行人过街绿灯信号相位间隔不宜超过 70 s，不得大于 120 s。鼓励行人过街与机动车右转的信号相位分离设置，并实行行人过街信号优先。交叉口平面过街处、安全岛和右转导流岛应设置缘石坡道，满足无障碍通行要求。

鼓励自行车过街与机动车右转信号相位分离设置，并对自行车过街信号实行优先。鼓励将交叉口处的自行车停止线靠近交叉口设置；自行车有单独信号控制、且实施信号优先的,可将自行车停止线布置在机动车停止线之前。

环岛的交通组织应优先保障行人过街的安全,环岛各相连道路入口处应设置人行横道,行人过街需求较大的应设置行人过街信号灯,并与机动车信号灯相协调。

(3) 交叉口转角空间。无自行车道的交叉口转角路缘石转弯半径不宜大于 10 m,有自行车道的路缘石转弯半径可采用 5 m,采取较小路缘石转弯半径的交叉口应配套设置必要的限速标识或其他交通稳静化措施。

交叉口转角路缘石应缓坡处理,坡面宽度大于 2.0 m 时应设置阻车桩,防止机动车进入,保护行人安全。

交叉口转角空间设置交通设施、绿化和街道家具时不应影响行人通行和机动车视距。视距三角形限界内,不得布设任何高出道路平面标高 1.0 m 且影响驾驶员视线的物体。

8.2 自行车停车设施规划

8.2.1 自行车停车设施分类

自行车停车场是指专门供各种自行车存放停驻的露天的或室内的停放场所,一般有自行车停车场、停车楼和临时停放场等,随停车场的分类标准与方法的不同,有很多类别,目前尚无统一的规定,一般可按停车性质、设置地点进行分类。

1. 按停车场的性质分类

自行车停车场按其停车性质的不同,可以分为专用停车场和社会公共停车场两种。

(1) 专用自行车停车场。专用自行车停车场是指主要供本单位和个人使用的车辆停放场所。这类专用自行车停车场的停车位指标应不小于本单位职工总人数的 30%。专用停车场可分为三类:

① 机关和企事业单位办公大楼的停车场,主要是指设在市区各级机关和企业内部供本单位职工停放自行车的内部停车场。

② 学校停车场,主要指大、中、小、专科各类学校校园和宿舍区内,供本校师生使用的停车场。

③ 住宅内部的私人停车场地,包括住宅大院内各户自用、合用的停车棚、停车场(库)等。

(2) 公共自行车停车场。公共自行车停车场是指主要为社会车辆提供服务的停车场所,包括为各类转乘换乘出行者提供存放车服务的停车场、商业场所停车场、体育场所停车场、医院停车场、车站停车场、对外客运枢纽停车场等。

2. 按设置地点(停车方式)分类

按照设置地点的不同,可以将自行车停车场分为路内停车场、路外停车场两种。

(1) 路内自行车停车场。路内自行车停车场是指在城市道路的两边或一侧的人行道上划出带状区域供自行车停放的场所。路内停车场车辆存取方便,至目的地的可达性好,但是车辆的安全性较差,干扰了行人的通行,而且过多的路内停车对城市的景观也有一定的影响。

(2) 路外自行车停车场。路外自行车停车场是位于城市道路系统以外,专门划出场地供自行车进行停放的场所。路外停车场通常投资较大,停车后步行至目的地的距离较远,但是为自行车停车的安全性和维护性提供了保障。路外停车场又可分为自行式和机械式停车场两种。

① 自行式自行车停车场。自行式自行车停车场系指自行车的存放和取出均由人工(骑行者)进行的停车场,其优点是建设费用省,停车方便、自由,缺点是占地大,单位面积停车少,保持停车秩序,防止偷盗,维护管理较为困难。

② 机械式自行车停车场。机械式自行车停车场系指具有机械手段放置自行车于固定存放场所的装置,其优点为占地面积少、空间利用率高,适用于市中心商业区及交通站场等高效利用土地的地区,缺点是维修费用高,需设管理人员。

8.2.2 自行车停车需求预测

一般而言,自行车停车需求分为两大类,一类是车辆拥有的停车需求,即夜间停车需求,主要为居民夜间停放服务,可以从各区域车辆注册数或居民户数的多少估计出来,大多由单位或小区配建停车满足;另一类是车辆使用过程的停车需求,主要是由于社会、经济活动所产生的各种出行所形成的,是出行过程自行车停车需求的主要部分。

自行车停车需求预测的模型很多,常用的预测方法是根据自行车出行 OD 分布数据,得到每日各交通小区自行车停车数,同时参考《城市道路交通规划设计规范》中自行车停车场按城市规划人口每人 $0.1\sim0.2\ \mathrm{m}^2$ 计算的原则,以及考虑日高峰系数在 $1.1\sim1.3$ 之间,求得规划年自行车停车需求总量和各区域需求量。自行车停车需求总量 P_i 计算如式(8-6)所示:

$$P_i = \max\left(\frac{U_i}{\varphi}, \frac{N_i \times \alpha}{\beta} \times \gamma\right) \tag{8-6}$$

式中 U_i——交通区 i 的交通吸引量；

φ——自行车停车泊位周转率，可取 6 次/个；

N_i——交通区 i 的人口数；

α——人均自行车停车场面积，可取 $0.18m^2$；

β——每个停车位面积，可取 $1.5m^2$；

γ——高峰小时系数，可取 1.2。

但在具体规划时，如果要完全满足预测得到的自行车停车需求可能会遇到用地面积不足、建设费用过大等问题。这就需要强化禁停措施、收费停车、限制步行可能的服务半径内的人使用自行车等措施，设定自行车停车场供给标准，而不是简单地满足停车需求。

8.2.3 自行车配建停车设施规划

配建停车场是最直接、最方便的停车场，为了避免占用道路用地，建议要求城区内部的公共中心、商业中心、集贸市场等人流较多的公共建筑，必须严格执行相应的配建指标，配建相应的自行车专门停车场。

表 8-5 为国家公安部、建设部等部门对大型城市公共建筑制订的自行车停车位配建标准。

表 8-5 各类建筑物配建自行车停车位标准 （单位：m^2）

建筑物类型	指标单位	公、建部标准	国家规范
办公楼	车位/100 m^2 建筑面积	2.0	2.0
商业	车位/100 m^2 营业面积	7.5	7.5
影剧院	车位/100 座位	15.0	25.0
展览馆	车位/100 m^2 建筑面积	—	1.5
图书馆	车位/100 m^2 建筑面积	—	10.0
餐饮、饭店	车位/100 m^2 建筑面积	—	3.6
宾馆	车位/客房	—	0.05～0.2
医院	车位/100 m^2 建筑面积	—	1.5～2.5
体育馆	车位/100 m^2 座位	20	20
旅游景点	车位/100 m^2 游览面积	—	0.5
火车站	车位/高峰小时每 100 客流量	4.0	4.0
客运码头	车位/高峰小时每 100 客流量	—	2.0
农贸市场	车位/100 m^2 用地面积	—	15
住宅	车位/户	—	2.0

8.2.4 自行车公共停车设施规划

1. 自行车公共停车场的规划原则

自行车停车应该首先考虑到其便利性,并且在不影响城市交通和市容的前提下对其进行规划,应遵循以下原则:

(1) 自行车停车场地应尽可能分散、多处设置,采用中小型为主,以方便停车。同时,切合实际,充分利用车辆、人流稀少的支路、街巷或宅旁空地。

(2) 自行车停车场应避免其出入口直接对着交通干道或繁忙的交叉口,对于规划较大的停车场地,尽可能设置两个以上的进出口,停车场内亦应作好交通组织,进出路线应明确划分并尽可能组织单向交通。

(3) 停车场的规模宜视需要与实际场地大小确定,停车场地的形状也要因地制宜,不宜硬性规定或机械搬用。固定式车辆停放场地应设置车棚、车架、铺砌地面,半永久式和临时停车场地也应设明显的标志、标线,公布使用规则,以方便停车和交警执法。

(4) 对于车站、公交站场等繁忙的交通换乘地点,应按规定设置足够的自行车停车场地,以方便转乘、换乘。

(5) 停车点到目的地的距离不宜大于 50 m,不得大于 100 m。

2. 自行车公共停车场布局流程

自行车停车场选址最重要考虑是其便利性,要求停车场在城市应分散多处设置,以方便停放;同时要保证停车后的步行距离,停车场的设置地点与出行目的地之间的距离以不超过 100 m 为宜,特殊情况下也不要超过 150 m。

停车场具体的设置位置应进行考虑。自行车停车场在方便自行车出行者的同时,不能对整个交通环境造成影响,不能干扰正常的车流和人流,避免设在交叉口和主要干道附近,以免进出的自行车对交通流造成阻碍。

公共自行车停车场的布局流程如图 8-2 所示。

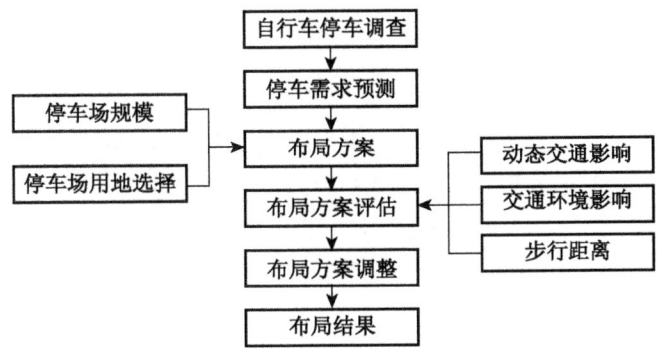

图 8-2 公共自行车停车场布局流程

3. 自行车公共停车场规划要求

(1) 各类大型公建服务的自行车停车场,应根据服务对象及用地条件,采用适当分散与集中相结合的原则进行布设。原则上应在主体建筑用地范围之内,确有困难的亦应在附近设置,使各方来车都可以就近停放,避免穿越干道。根据不同类型公建(如商业、金融、文娱、行政、餐饮等)对顾客吸引的高峰时间的差异,可以将一些停车高峰时间互补的公建停车场进行共用,以充分利用停车空间,提高停车位使用效率。

(2) 对固定停车场地应有车棚、车架,铺砌地面,规划好排水和进出通道,在划分停车区时每区应为20~40个停车位,停车带应有明显的标志。半永久式和临时停车场地应充分利用树木地形,防止日光直晒,也应设明显的标志、标线,公布使用规则,以方便停车和交警执法。

(3) 停车场的出入口应有良好视距,距离行人过街天桥、地道和桥梁隧道必须大于50 m,距交叉口须大于80 m,对有50个车位以上停车场的出入口应不少于2个并至少有2.5~3.5 m宽的通道,以保证每个出入口能满足一对相向车辆进出的需要。出入口通道的纵坡应保证自行车推行上下的安全;场内通道的纵坡度要平缓,应在0.4%~4%之间;停车坪内坡度,考虑到排水和自行车不滑倒的要求,一般在0.2%~3%之间。场内地面应尽可能加以铺装,以利于排水和环境卫生。

(4) 场内交通线路应明确,尽量单向行驶,使线路不发生交叉冲突。停车场地的形状也要因地制宜,不宜硬性规定或机械搬用。可根据用地形状来设计交通线路,近似长方形的用地可布置成主线通道式,近似正方形的用地可布置成主、支线通道式。停车带和通道应有显著的标志(如用油漆或混凝土色块划线并设编号牌等),以便车辆存取和出入。车辆宜分区停放,各区停放的车辆数一般控制在40~50辆。

8.2.5　自行车停车场布置方式及技术要求

1. 自行车停车场布置方式

(1) 场地布置。自行车停车场地的布置通常有主线通道式和主线、支线通道式两种。主线通道式用的为长方形,常用于路上停放或小型分散的停车场。主线、支线通道式用的近于正方形,用于规模较大的停车场地。

(2) 停放方式。自行车停放方式分为垂直式和斜列式两种。在场地较宽式,一般采用垂直停放;当宽度不足时,可采用斜列式(斜列30、45、60度),如图8-3所示。

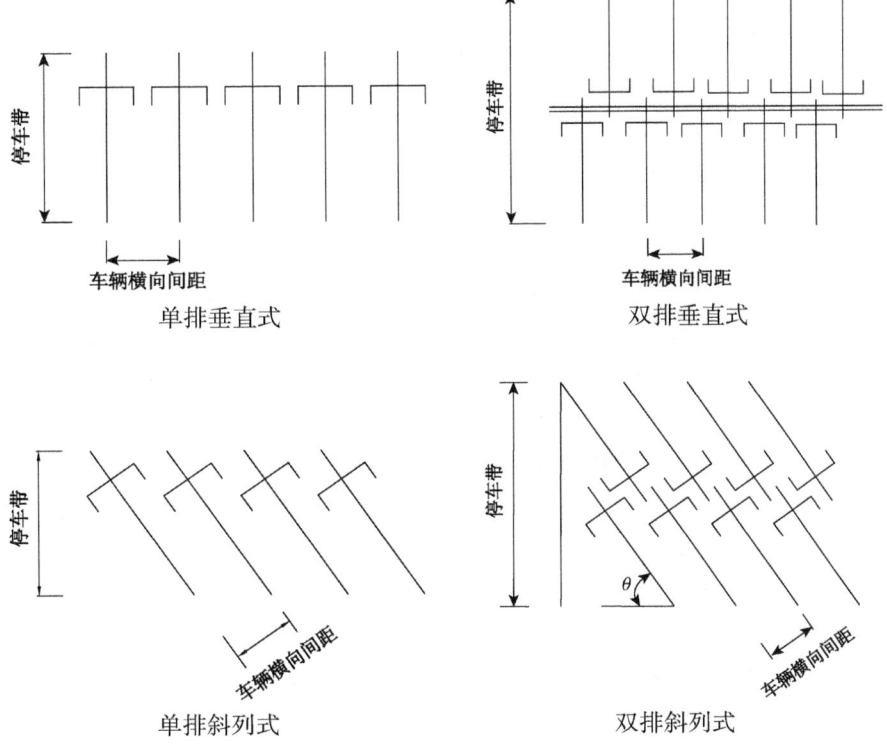

图 8-3 自行车停放方式示意图

2. 自行车停车场的技术要求

自行车公共停车场的大小应根据该停车场附近的主要建筑的功能及吸引的车流量比例进行规划。在城市中心商业区，医院、学校、大型超市等车流较为集中的地区，应设置较高比例的停车位。自行车的停车场地几何形状、出入口、地坪设计等应根据具体情况，经调查研究和现场勘测之后确定。各种自行车停车方式相关的技术指标如表 8-6 所示。

表 8-6 自行车停车场主要设计指标

停放方式		停车带宽(m)		车辆横向间距(m)	通道宽度(m)		单位停车面积(m²)			
		单排	双排		单排	双排	单排一侧停车	单排两侧停车	双排一侧停车	双排两侧停车
斜列式	30°	1.00	1.60	0.50	1.20	2.0	2.20	2.00	2.00	1.80
	45°	1.40	2.26	0.50	1.20	2.0	1.84	1.70	1.65	1.51
	60°	1.70	2.77	0.50	1.50	2.6	1.85	1.73	1.67	1.55
垂直式		2.00	3.20	0.60	1.50	2.6	2.10	1.98	1.86	1.74

8.3 步行与自行车交通衔接设施规划

8.3.1 自行车换乘设施规划

1. 自行车换乘设施设置必要性

自行车的短距离平均出行时间比公交少,随着出行距离增加,自行车的快速优势也逐渐降低。在近距离鼓励使用自行车,并作为公交尤其是轨道交通集散客流的有效方式。充分协调自行车与公共交通的协调,实现"停(自行)车换乘(公共交通)"模式对优化城市居民出行比例具有重要意义。

表 8-7 表明骑自行车到达汽车站或地铁站,再乘坐公共汽车或地铁要比步行到站节约很多时间。在 8~10 km 范围内,公共汽车或地铁与自行车联用也可以节省时间。一些调查结果显示,如到公共交通车站的距离大于 400 m,人们宁愿骑自行车,不愿步行。在北京,1990 年,约 30% 的地铁乘客骑自行车来往地铁站。

骑乘骑(Bike-and-ride,简称"B+R")系统是指依靠自行车网络,骑自行车到达公交站或其他快速交通站点,然后把自行车存放于站点,换乘其他快速交通方式到达目的地的一种出行方式。公交系统与自行车交通良好衔接是一个大幅增加客源的有效方法,并且自行车的使用可以增加公共交通的服务范围。

表 8-7 北京不同交通方式的出行时间　　　　　(单位:min)

出行方式 \ 出行距离	2 km	4 km	6 km	8 km	10 km
自行车(无转乘)	11.0	21.0	31.0	41.0	51.0
公共汽车(无转乘)	16.5	24.0(21)	32.5(34)	40.0(34)	48.0(40)
公共汽车(一次转乘)	20.0	27.5(24)	36.0(32)	43.5(37)	51.5(44)
地铁(无转乘)	31.0(22)	34.0(25)	37.0(28)	40.0(31)	43.0(34)
地铁(一次转乘)	39.0(30)	42.0(33)	40.0(36)	48.0(39)	

2. 自行车停车换乘需求预测

(1)影响因素分析。影响自行车换乘停车需求的因素有许多,包含自行车特性、自行车换乘骑行者特性、车站区位特性等。

① 土地使用特性。土地使用特性通常用来作为车站或小汽车停车需求的分类依据,即由土地的商业使用性质与住宅使用性质的强弱加以分类。一般而言,车站换乘车辆服务范围的土地使用特性以住宅性质较强时,换乘设施及停车位需求会较高,因为通常基于家的出行(连接家与轨道站间的出行)会使用私人交通工具

换乘,非基于家的出行会利用机动化交通来换乘。

② 车站腹地。在人口密度相同的情形下,车站腹地越广,其所服务的人口越多;服务人口越多,可能骑乘自行车换乘的人数也会相对增加。而车站腹地,反过来说即为车站密度,单位范围内车站数越多,各车站所能分配的土地面积越少,即在人口密度相同的情形下,服务的人口愈少。

③ 地形特性。由于自行车的动力来源为骑车者本身骑行花费的体力,自行车并不适用于坡度地形,因此一般在自行车设施设计时,需要注意坡度的影响。如德国自行车专用道设置标准,即对专用道之坡度及距离有一定的限制,以免影响到骑行者使用自行车专用道的意愿。

④ 其他影响因素。其他影响轨道车站自行车停车需求的因素有偷盗问题、停车位供给、政策、出行者交通方式选择、气候等。

(2) 预测方法。利用回归分析法建立车站自行车停车预测模型,如式(8-7)所示:

$$P_i = \alpha + \beta_1 PHP_i + \beta_2 N_i + \beta_3 E_i + \beta_4 M_i + \beta_5 S_i \tag{8-7}$$

式中 P_i ——各车站自行车停车需求;

PHP_i ——各车站早高峰小时进站人次数;

N_i ——车站外围公交车路线数;

E_i ——离车站 500 m 范围内之每平方公里就业人口密度;

M_i ——距离车站 500~1 700 m 范围内山坡百分比例;

S_i ——距离车站 500~1 500 m 范围内就业与 16 岁以上学生人口数;

α ——常数项;

β ——回归系数。

根据台北市地铁车站自行车停车量的调查可得到如下标准化回归模型,如式(8-8)所示:

$$P_i = 0.612 PHP_i - 0.222 N_i - 0.285 E_i - 0.284 M_i + 0.186 S_i \tag{8-8}$$

应用本回归模型进行预测时有几点要特别注意:

① 需考虑其他的影响因素。选入回归模型的自变量对被预测变量而言是具有共同特征且较具影响力的因素,其余未被选入回归模型的自变量,则是个别(某车站或少数车站所特有)、影响力不明显或难以量测(如心理因素)的因素,这也是造成预测值产生误差的原因。因此利用本回归模型预测的各车站自行车停车需求为一基础参考值,实际应用中还需针对各车站特性加以调整,才能更加符合实际。

② 预测目标年期间无重大环境改变。回归模型是建立在现状环境的基础上,如果环境有重大改变时,则预测值会发生较大变化。环境改变包括政策、道路、人

口社会经济特性等。

3. 自行车换乘设施规划与设计

（1）自行车换乘设施的分类。自行车停换乘设施分为非正式"B+R"停车场、联合使用"B+R"停车场、"B+R"专用停车场以及换乘中心"B+R"停车场。该分类方式体现了不同类型的停车换乘设施其停车场的使用特征是不同的。详细分类如表8-8所示。

表8-8 停车换乘设施按功能分类列表

序号	类型	设施特征
1	非正式"B+R"停车场	路内或依附于配建设施停放为主，没有专门的公共停车场；毗邻轨道站点处停放
2	联合使用"B+R"停车场	停车换乘不是唯一的停车目的，该停车设施被其他建筑设施（剧院、购物中心等）共享，联合使用
3	"B+R"专用停车场	以停车换乘为主要目的，吸引周边地区自行车出行者换乘轨道出行
4	轨道换乘中心"B+R"停车场	基于轨道交通换乘枢纽点建设（枢纽设施配建），具有更高的停车换乘需求

（2）停车换乘设施的选址原则。自行车与轨道交通换乘设施选址的主要原则有：

① 最大化满足停车换乘需求。换乘设施规划的根本目的是吸引通勤出行的自行车交通向公交方式转变，进而优化交通结构。因而，对停车换乘设施的合理规划就要求在小汽车交通量预测基础上，科学预测规划年限内使用该停车换乘设施的数量及在未来几年的增量，确保满足使用需求。

② 与完善的轨道体系相衔接。为吸引自行车骑行者前来换乘，需要规划高效、连续、可靠的轨道交通服务体系作为支撑。停车换乘设施选址于车站附近，尽可能保证骑行者的出发地与停车换乘场地之间有自行车道路相连，减少沿途存在的物理障碍，使得自行车到达停车场的时间最小化。

③ 最大化与周边区域协调一致。自行车停车换乘设施规划要尽可能与周边区域的用地性质、城市规划、总体交通规划以及区域交通规划方案相协调，做到对周边道路交通的影响最小化，提供连续安全的步行换乘通道等；与周边景观的协调统一，做到对周边环境的影响最小化。

④ 最小化投资与风险。停车换乘设施的形式多样化，可减少资金风险。可以考虑临时停车设施作为试点；停车设施本身具有可扩展性、可改造性，考虑对成功试点或已有设施进行扩容改造，满足交通增加的需求；对于增加的设施点，要进行评价，充分控制新旧停车换乘场地之间的距离，因为距离过近的两个设施必然产生竞争关系；尽量选择投资相对小的地点进行，且积极寻找联合使用的

机会。

⑤ 适当弥补区域内部停车设施不足。停车换乘设施规划的第一目的是吸引自行车骑行者完成交通方式由自行车向轨道交通的转移；但它同时又可以发挥停车设施的功能，适当弥补车站附近停车设施的不足。

3. 换乘设施布置

自行车换乘设施应就近布置，以便于停放。大型换乘中心的停车场，可以考虑布置在其四周，使各方向来车均能就近停放，避免穿越干道和堵塞停车场的出入口。地面自行车停车场宜采取分散布置的方式，方便乘客出入地铁，而地下则宜采取集中放置，便于管理。

轨道交通换乘枢纽附近设置的自行车存放设施包括：有蓬存放点、无蓬存放点、专人看守存放点、存车柜及车架等。对于一般的换乘枢纽，可以选择有蓬存放的形式；对于停车换乘需求较大，时间较长的换乘站，应选择专人看守的形式，特殊情况下应提供全天看守服务。自行车存放设施不应放置在行人和乘客的活动区域。为方便换乘，距离公交枢纽的范围控制在 30～50 m 以内，可以采用分散停放的方式。在自行车存放设施和车站之间必须有很好的通道连接。

4. 自行车换乘停车场设计

换乘停车场设计需要遵循以下六点原则：

(1) 停车场的设置点距换乘站点出入口之间的距离以不超过 100 m 为宜，特殊情况下也不要超过 150 m。

(2) 停车位大于 500 辆自行车时其出入口不得少于 2 个，且出入口的宽度一般应不小于 2.5～3.5 m，出入口的纵坡一般应小于 10%。

(3) 停车场的出入口距离行人过街天桥、地道和桥梁隧道必须大于 50 m，距交叉口须大于 80 m。

(4) 停车场的出入口宜设置在机动车流量不大的城市次干路或者支路上，不宜设置在机动车流量较大的城市主干路上。

(5) 沿道路红线外侧拓宽 2～6 m 或沿人车流较少的街巷设置的长条形停车场，应该分成 15～20 m 一段，利用人行道出入；在独立场地上设置的自行车停车场，应分行分段，使短时间内集中存车或取车的人流和车流能顺利出入。

(6) 停车坪的地面标高应低于建筑室外散水的标高，坡向向外。停车坪的坡度，要求是小于 3%，考虑排水要求应大于 0.2%。

自行车停车场的形式大致分为自行式和机械式，按结构分又可以分为平面式和立体式。其中，自行式多用于平面停车场。近几年，人们为了提高土地利用率，开发了多种多样的机械式自行车停车场，这些机械式自行车停车场被广泛用于人口密集的商业中心区。各种停车场的特点如表 8-9 所示。

表 8-9 自行车停车种类及特点

形式	特点	占地面积(m^2/辆)
平面式	建设成本低,单位面积停车数少;交通通道较长,管理上难度较大;可应用于不同的规模;	1.05～1.53
立体坡道式	用地有效利用,使用者交通组织容易;出入口的位置,坡度等设计限制较多;	0.54～0.67
机械式	土地利用率最高,但由于建设成本较大,其使用多限于中心商业区;可实现无人管理,24 h开放;	0.2～0.43

8.3.2 步行换乘设施规划

步行换乘设施规划需要合理安排步行与地面公交、轨道交通、出租车、社会车辆等交通方式的衔接,同时规划好行人流线,减少人车干扰,方便交通换乘。

1. 与地面公交的衔接

地面公交站周边 300～500 m 范围内必须保证步行通道的连续性,以利于行人便捷到达公交车站。行人在常规公交车站一般采用平面过街方式,人行横道线应设置在公交车停靠站的下游以保障行人过街安全。快速公交车站和路中式常规公交车站应优先考虑在交叉口设站,利用交叉口平面行人过街设施,结合交通信号控制,解决车站乘客过街需求。当采用平面过街不能保证乘客过街安全时,可设置立体过街设施衔接车站与道路两侧步行系统。城市快速路主路上设置有公交车站的,主路上宜采用立体过街方式,在同侧辅路上应设置人行横道,并配备行人信号灯或者机动车让行标志。

地面公交车站台的设置应尽量保证原有的行人通行带宽度不受影响,当行人通行带不能满足最小宽度建议值时,公交候车亭应采用前后通透形式,其立柱应设置在行道树设施带内,确保人行道的基本通行功能。

2. 与轨道交通的衔接

轨道交通车站周边 750 m 范围内,应构建完善的步行衔接系统。行人、自行车和机动车交通流线之间应尽量减少和避免交叉、交织,行人流线应顺直、便捷,尽量避免迂回;在行人与机动车流线无法时空分离、行人流量较多时,可设立体过街设施;必要时结合车站周边商业、娱乐、文化设施等,进行整体规划设计,满足步行交通衔接换乘的需要。

第9章 步行与自行车交通环境设计

9.1 步行与自行车环境构成

良好的步行与自行车出行环境,是在规划设计层面提高步行与自行车出行品质的重要抓手。步行与自行车环境分析的对象与布局设计内容整理如下。

9.1.1 步行环境设施

1. 基础设施

步行环境中的基础设施主要指与步行道路直接相关的、为步行者提供基本出行服务的设施,对步行出行品质有所影响的要素包括路面、无障碍设施、标志系统和照明设施。

(1) 路面铺装。机动车道与自行车道的路面出于对轮胎磨损和性能的考虑,采用水泥和沥青路面的形式。而步行道路是直接服务于人的出行,路面铺装旨在为行人提供安全、舒适、便捷的道路基础,因此对于步行环境中路面铺装的研究应包括以下几方面。

一是路面的平整度,不平整的情况包括地砖错位、缺失、损坏以及污痕严重等。二是防水性,如果铺装材料的透水性较差,在多雨雪或潮湿的地区道路的耐久性会较低,从而产生凹凸不平、唧泥、积水等现象。三是防滑性,下雨下雪等恶劣天气条件下步行道路应提供基本的防滑功能以保证出行者的安全。四是辨识度,主要指在起止点、转折处、分岔处等决策点以及无障碍设施上路面铺装材料的质地、颜色等的变化区分度。

(2) 无障碍设施。步行道路上的无障碍设施不仅为残疾人服务,使步行道路便于和有助于残疾人使用,间接的也为所有行人改善了出行环境,比如缘石坡道的服务对象除了轮椅外,也可以为婴儿车、购物车或是行李提供便捷出行服务。

步行交通系统中的无障碍设施涉及的地点包括人行道、人行横道、人行天桥及地道、公交车站等场所,设施包括缘石坡道、盲道、轮椅坡道、音响提示装置、升降平台等出行相关设施。缘石坡道是位于人行道口或人行横道两端,为了避免人行道路缘石带来的通行障碍,方便行人进入人行道的一种坡道,在各路口、出入口及人行横道两端都必须设置;盲道是在人行道上或其他场所铺设一种固定形态的地面砖,使视觉障碍者产生盲杖触觉及脚感,引导视觉障碍者向前行走和辨别方向以到达目的地的通道,分为行进盲道和提示盲道;轮椅坡道主要配合台阶使用是在坡度、宽度、高度、地面材质、扶手形式等方面方便乘轮椅者通行的坡道;音响提示装置是通过语音提示系统引导视觉障碍者安全通行的音响装置,主要安放在过街等处;升降平台主要是指在步行环境中方便乘轮椅者进行垂直或斜向通行的设施。

(3)标识系统。步行环境中的标识系统是有助于确定行人交通空间需求,补充交通信息的可视手段。清晰的标识系统使出行者能够清楚地知道目标地点并能系统规划行程,选择合适的出行路径,而信息混乱的标识系统往往使人晕头转向走错或绕路,严重影响步行感知和体验。

作为规划者与出行者交流的媒介,标识系统的设计核心就是信息表达的清晰性和易理解性,除此之外,分析一个区域指示系统的优劣也可从其他方面去考虑,如道路指引的系统性、系统设计的规范性、视觉效果的多样性、艺术效果的活泼性、图文指引的生动性等,也可以从指示标志的设置密度、各类型设施比例等量化指标判别。

(4)照明设施。道路照明是步行出行者夜晚活动的重要设计要素,高水平的照明不仅可以减少行人的交通事故率提高安全性,还能够降低犯罪率保护出行者的人身安全。

街道照明的形式除了传统的路灯外,还可通过泛光灯、景观灯(雕塑等建筑物上的灯光)来实现。照明的水平取决于光源的类型(灯以及其反射装置)、设置高度、支撑灯柱的空间等,一般的规范中采用照明单位来作为评判标准。

2. 服务设施

步行环境中的服务设施是指位于道路空间内为步行者提供公共服务的设施,对步行出行产生直接或间接影响的包括遮蔽设施、垃圾桶、座椅、公厕、报刊亭/邮箱等。服务设施的使用主要涉及宏观的布局和微观的设计,布局上需要分析密度是否能够满足使用需求,而设计上需要分析是否人性化及方便使用。公共设施齐全且维护完善、间距合理,可以很好的提升步行环境质量,为步行出行者提供更好的服务,从而提升步行感知体验,提高城市步行出行率。

遮蔽设施是指为步行出行者提供遮挡雨水、阳光的舒适空间的设施,包括自然的行道树树荫和人工建造的雨棚、屋檐、骑楼等。连续、有效、美观的遮蔽设施系统能有效提升步行空间品质。

垃圾桶的设置主要是为了保持步行环境的清洁卫生。考虑到室外空间的温度、湿度、光照等自然条件影响,材料和外观的选择在密闭性、透气性、防风防雨性以及景观协调性方面都要有所考虑。

座椅设施是提升步行环境品质的重要元素,形式除了专门设计的独立座椅外,还可结合花坛、喷泉等公共构筑物的边沿灵活设计,在公交站点、公共建筑出入口等人流量较大的路段和场所应重点布设,在材料选择上应考虑舒适、透水、易干等特性。

公共厕所、报刊亭、电话亭、ATM机、邮箱等都既是便民服务设施,又是某些步行出行中的中间或最终目的地,因此其密度和服务水平对整体步行环境的影响都不容小觑。

3. 街道景观

步行环境中的街道景观主要指环境小品、绿化以及铺装、照明、沿街建筑等共同营造的步行环境中的景观氛围。具体的景观设施上包括街道家具和绿化设施,在感知上也包括了清洁度、噪音等。

(1) 环境小品。环境小品指步行空间内与整体环境融合,满足人们情感需求的小型建筑物,包括雕塑、喷泉、亭子或者是有设计感的指示标志、灯具、垃圾桶等。环境小品是提升步行环境景观舒适性和愉悦性的不可或缺的要素。

单独环境小品的评价由于其艺术特性导致的主观性而较为困难,因此在分析时主要关注整体的街道氛围营造。一方面是步行环境的文化特色氛围,如上海城隍庙、广州骑楼、北京琉璃厂等就具有深刻独特的文化底蕴。环境氛围的营造可以是历史积淀,也可以是现代气息,围绕有一定识别性的主题对环境小品进行设计和组织,使出行者能够理解和体会其中文化。在兼顾经济实用的前提下,应综合考虑地面铺装、植物配植、照明、标识及城市家具的美观性,力求体现当地环境特色,彰显地方文化特质。

(2) 绿化系统。与步行环境有关的绿化系统是城市绿地的组成部分之一,模式上一般采用乔木、灌木、地被植物等组合形式,除了设施带、分隔带中的绿化外,也包括广场绿地、街边盆景等。

绿化效果一般使用绿地率、绿化率等定量指标评价。但从对步行出行感知的影响上来说,绿地面积、植被盖度、绿地的开放性和可进入性、植物种类、植被密度及高差协调等都会影响绿化的效果。

(3) 人居环境。步行环境中的人居环境要素包括了步行环境的清洁度、噪声影响等。

清洁度是指步行出行者对整体步行环境,包括地面、街道家具以及净空等要素整体清洁卫生程度的感知,路面的垃圾、电线杆上的"牛皮癣"、墙体上的杂乱涂鸦都有可能破坏整体环境的清洁度。

噪声主要是考虑步行环境的宁静程度,在机动化日益严重的今天,现代化的扩音喇叭、汽车刺耳的鸣笛都会破坏步行者的出行体验和感受。安静怡人的环境能够使人放松自我、心情平和,嘈杂的噪声不仅影响人们正常交流,更可能对行走在步行空间中的人们造成健康上的危害。

步行环境分析对象与布局设计要求如表9-1所示。

表9-1 步行环境分析对象与布局设计要求

分析对象		分析内容	
		布局	设　　计
基础设施	路面铺装	完整性	平整度、防水性、防滑性、辨识度
	无障碍设施	设置密度、间距	缘石坡道、盲道、轮椅坡道、音响提示装置、升降平台
	标识系统		清晰性、易理解性、道路指引的系统性、系统设计的规范性、视觉效果的多样性、艺术效果的活泼性、图文指引的生动性
	照明设施		光源的类型(灯以及其反射装置)、设置高度、支撑灯柱的空间
服务设施	遮蔽设施		连续、有效、美观
	垃圾桶		密闭性、透气性、防风防雨性、景观协调性
	座椅		舒适、透水、易干
	便民服务设施		服务水平
街道景观	环境小品	氛围营造	
	绿化系统	绿地率、绿化率、绿地面积	植被盖度、绿地的开放性和可进入性、植物种类、植被密度及高差协调
	人居环境	清洁度、噪声影响等	

9.1.2 自行车环境设施

自行车环境中的环境设施主要指与自行车道路直接相关的、为骑行者提供基本出行服务的设施,对骑行者出行品质有所影响的要素包括标识系统和照明设施。

1. 路面铺装

自行车道对于铺装平整度的要求与步行道相同,但对于图案样式与质感变化的要求稍低。在自行车道的重要决策点处,包括起止点、转折点或机非潜在冲突的路口或路段等,可变换颜色,采用彩色铺装的形式,提示使用者注意前方路况或行驶安全。采用不同颜色的彩色自行车道的路面铺装可将机动车道与自行车道清晰地进行分隔,既减少了不必要的隔离设施、节约了道路空间,又比传统划线分隔更加清楚明朗,且建设费用低廉。

2. 照明设施

自行车道照明可选择与机动车道或人行道协同考虑,采用"多杆合一"的建设理念,不宜重复设置,造成资源、用地的浪费,起到提升道路空间品质的作用。只有当机动车道较宽或专用自行车道需单独设置自行车道照明设施的时候,才考虑设置单独的照明设施。在许多人流、自行车流与机动车流出现冲突的地点,如平面无控过街设施、道路级别较低的交叉口,需要设置照明设施。

3. 标识系统

标识系统主要通过发布重要公共信息,有效地引导骑行者获悉到达目的地的最佳路径及距离。标识系统中的公共信息标识尤为重要,其中包括路名指示标识、门牌号标识、环境指示标识等,有固定型、悬挂型、独立型等形式。公共信息标识的设计应清晰明确、一目了然、尺度适宜(以宽 0.5~1.0 m,高 2.4 m 为宜),以正确地对骑行者进行引导;对于特殊的地段,如复杂路口、交通换乘处等,应设置更加突出醒目的标识,以确保骑行者及时了解路况,选择正确的道路;在自行车交通空间与机动车道相交并且有一定冲突的地段,标识必须明确突出,以起到警告驾驶人的作用,以免骑行者受到伤害;自行车道也需要明确,以保证骑行者的通行,进出前都应有标识提示,自行车道的标线要连贯、完整,并在特殊路段用颜色加以区别,保证骑行者以及其他人的安全。

9.2 面向新建性规划的设计指引

9.2.1 步行和自行车空间

步行和自行车道路的横断面分区应清晰,主要包括建筑前区、行人通行带、设施区、自行车区、绿化带等。自行车道与机动车道之间的分隔宜采用绿化带,设施带或绿化带的宽度不得小于 0.5 m,有行道树的不得小于 1.5 m,并应满足表 9-2 中不同街道家具的最小净宽要求。各种设施布局应综合考虑,避免设施与树木间的干扰。步行与自行车交通空间宜与建筑退让空间、街边公园和广场空间协调衔接,形成有机融合、舒适宜人、特色鲜明的步行、自行车交通空间环境。

表 9-2　不同街道家具的最小净宽　　　　　　　　(单位:m)

0.25~0.5	0.5~1.0	1.0~1.6	1.6~2.0	2.0~2.5	3.0~6.0
护栏	路灯、垃圾箱、邮箱、报刊栏、咪表、小型变电箱、电线杆、小型设备箱、指示牌	座椅、电话亭	报刊亭、设备箱、检修井	自行车停车设施、常规公交车站站台	快速公交车站站台、人行天桥楼梯、人行道出入口、轨道车站出入口

9.2.2 道路景观

1. 道路绿化

道路绿地率宜针对不同道路红线宽度选择,一般不小于20%~30%,休闲游览性道路、滨河路及有美化要求的道路可在40%以上。应考虑为人行道和自行车道提供绿化遮阳,提倡多功能用途的绿化景观配置。依据道路功能,确定种植位置、种植形式、种植规模,选用适当的树种、草皮、花卉,并合理组织。

2. 小品

小品设置应与周边的环境相协调,并符合行人的观赏角度与距离特点。

3. 景观协调

绿化和景观设计应符合交通安全、环境保护、城市美化等要求,并应与沿线城市风貌协调一致。立体过街设施出入口景观应与道路构造及周边环境协调一致。

生活性主、次干路的景观应能反映街道特色和商业文化氛围。景观设施宜多样化,绿化配置多层次且不强调统一,尺度应以行人视觉感受为主。

支路应反映社区生活场景、街道的生活氛围。景观设施小品宜生活化,绿化配置宜生动活泼、多样。

滨水道路应以亲水性和休闲服务为主,有条件时,在道路和水岸之间宜布置绿地,保护河岸的生态景观。对于有防洪要求的河流,应处理好与人行道、自行车道和防洪等相关内容的衔接。

风景区道路应避免大量挖填,应保护天然植被,景观设计应以借景为主,将道路和自然风景融为一体。

步行街应以宜人尺度设置各种景观要素。景观设施以休闲、舒适为主,绿化配置应多样化,铺砌宜选用地方材料。

9.2.3 服务设施

步行系统(含自行车系统)的服务设施包括遮阳、照明、标识、休憩等多类设施。设置位置和密度应与所在道路的功能相适应,根据使用人数、使用频次、使用方式、服务半径确定合理间距,人流密度较大区域,如交通枢纽、商业区、景区景点、大型文化体育设施等,其场所周边人行道上公共服务设施的密度可适当加大。服务设施的设置不得占用行人通行带和自行车通行空间。各类设施的设置不得妨碍行车视线,城市道路交叉口转角、地铁出入口、公交车站、人行过街设施、地块机动车出入口等密集人流集散区域,不得设置除交通管理设施、导引标识、照明设施和废物箱等必要设施以外的其他设施。各类设施应统筹协调、适当组合,结合人流密度集中布置或均匀布置,减少对公共空间的占用。

1. 引导设施

为了保证行人（自行车）交通通畅、便利、安全，防止交通事故发生，行人（自行车）系统应设置必要的交通标识，各标识应能准确体现含义，引导行人（自行车）顺利通行。人行（自行车）交通标识布置要保证行人（自行车）通行的连续性，构成完整的交通标识系统，为行人（自行车）提供通行服务。交通标识和标线的名称、图形、颜色、尺寸、设置地点等，应遵循现行《道路交通标志和标线（GB 5768—2009）》标准。各类交通标识、标线等交通安全设施应保持标识面的清晰、整洁，具有良好的可视性，避免障碍物的遮挡。新建、扩建、改建人行道（自行车道）时，应能保证标识系统与行人（自行车）系统同步规划、同步设计、同步施工、同步使用。

（1）标识系统。人行（自行车）系统交通标识主要分为三类：指示标识、引导标识、确认标识。各类标识设置原则如下：指示标识宜设置在交通换乘及道路交叉口位置，引导标识宜设置在道路行进方向发生改变的位置，确认标识宜结合目的地识别方便性的需求设置。人行（自行车）标识系统要体现"空间引导"效应，应能指示最佳路径方向与距离，命名应能体现城市文化特色，宜与公共设施形成城市空间中的景观。各种人行（自行车）标识应能满足不同使用者的视野要求，高度应不低于1.5 m，内容和含义清晰，并且根据需要可设置照明或采用反光、发光标识。标识的外观应符合人们习惯，宜采用易于识别和理解的图案，尤其对于儿童和老人，应能让其更容易识别和理解。广场或者大型活动集散地应设置人行标识系统，标识系统应同时能兼顾弱势群体，帮助行人（自行车）顺利进出场地。公交或轨道交通枢纽换乘站应合理设置人行（自行车）标识系统，同时宜配备语音等辅助手段，帮助行人（自行车）换乘。绿道标识系统设计宜结合沿线景观统一布局，宜进行一体化设计，集约化布置。因市政管线和设施改建、维修而施工，需进行路面施工的，施工期间，要安排行人临时通行空间，同时应设置隔离设施和指示、警示标识。

（2）标线系统。交通标线包括路面标线、突起路标和立面标记三类，交通标线的设置应参考《道路交通标志和标线（GB 5768—2009）》的相关规定。交叉口、人行横道可通过特殊标线、彩色铺装等方式增强可认性。交叉口或者路段过宽而致使行人无法实现一次性过街时，应在导流区用标线设置行人等待区。接近路口的路段应使用标志、标线提醒机动车减速，保证行人通行的安全。广场应按人流、车流分离的原则，布置分隔、导流等设施，并采用交通标识与标线相结合的方式，指示行车方向、停车场地、步行活动区。

2. 照明设施

照明设施应按照安全可靠、技术先进、经济合理、节能环保、维修方便的原则进行，满足《城市道路照明设计标准（CJJ 45—2006）》的要求。应根据亮度要求，采用的灯具无眩光控制标准,并具有良好的诱导性。曲线路段、交叉口、铁路道口、广场、停车场、坡道、路段转弯处等特殊地点应比平直路段连续照明的亮度高、眩光限制严、诱导性好,能保证视障者顺利通行。照明灯具应根据自行车横断面形式、宽度、照明要求布置。照明设施选址应能和周围沿线景观协调一致,灯杆灯具的色彩和造型应符合街道景观的基调。自行车停车场照明设计应根据场地规模、铺装材料及绿化布置等情况分别采用双侧对称布灯、周边式布灯等常规照明或高杆照明。

3. 无障碍环境设施

人行系统应体现道路使用者"人人平等"的原则,创造行人通行的无障碍环境。人行系统应根据通行要求设置无障碍设施,设计要满足现行《城市道路和建筑物无障碍设计规范(JGJ 50—2001)》的规定。无障碍环境设计应保障行人通行的连续性,应重点考虑人行设施与公共区域非公共区之间的衔接,以及设施设计与使用间的完整性,具有可达性、安全性、便利性与舒适性。无障碍环境设施应符合乘轮椅者、挂盲杖者及使用助行器者的通行与使用要求,设施在设计上应强调直接性、简单性及便利性。无障碍环境设施设计宜结合周围景观成为整体空间环境设计的一部分。交叉口、街坊路口、单位出口、广场入口的人行道、人行横道及桥梁、隧道、立体交叉等路口应设缘石坡道。城市中心区道路、广场、步行街、商业街、桥梁、隧道、立体交叉及主要建筑物地段的人行道应设盲道。人行天桥、人行地道、人行横道及主要公交车站应设提示盲道,公交站牌应配置盲文标识。人行天桥、人行地道及轨道交通车站出入口应设置无障碍设施。城市主要道路的人行横道宜设置过街音响信号;设有安全岛的路段,安全岛的尺寸应能满足轮椅使用者通行。无障碍设施的标志系统应采用国际通用无障碍标志牌,城市主要地段的道路和建筑物宜设盲文位置图。

4. 遮挡设施

针对气候特征,考虑为行人和自行车提供必要的遮挡设施。可采用人工或绿化遮阳形式,遮挡设施的设置应分别满足城市道路各类交通的净空限制要求。

5. 休憩设施

休憩设施以街道坐具为主,尽量布置在人行道的绿化区,并保持一定间距。

6. 环卫设施

废物箱设置应符合《城市环境卫生设施规划规范(GB 50337—2003)》要求。

7. 公共厕所

城市道路沿线公共厕所设置应符合《城市环境卫生设施规划规范(GB 50337—2003)》要求。

9.3 面向改善性规划的调查设计与数据采集

9.3.1 出行感知与出行环境作用机理

环境心理学家 Mehrabian&Russell 针对环境对个体行为的影响提出了 SOR 模型(Stimulus-Organism-Response model),他认为通过物理环境创造出来的气氛,可以影响个体的内心状态,进而影响个体的决策和行为。而人文地理学家 William Kirk 建立的空间认知模型提出了环境只有通过人对其的感知和评价,才能最终决定人在环境中的行为。

步行与自行车环境从本质上来说是步行与自行车交通系统在微观层面与步行者之间接触的媒介,是真实存在的现象环境。步行和自行车出行者作为环境与行为之间的信息加工者和传递者,通过环境品质的感知决定其出行路径的选择,在个体选择叠加的基础上形成整体步行与自行车出行的特征。在研究中的部分指标可从出行感知特征入手,间接研究步行与自行车环境中各要素之间以及其组合对于提高城市步行与自行车出行水平和品质的影响。

9.3.2 步行与自行车环境分析指标体系

综合 8.1 的分析,衡量步行与自行车环境质量的指标较多,在数据测度和变量类型上较为不同,如表 9-3 所示。除数值连续的定量变量外,有较多离散及定性的变量,且分类个数多于 2。如路权类型可分为独立、步行与自行车共板和与机动车共板三类;对环境小品的评价可分为有特色、单调、缺失等。对于离散变量,一般可转换为哑元变量或定义为连续变量。考虑到数据采集的难易度和最终模型的合理性,选取三类数据测度方式,连续的定量变量采用现场测量方法,离散的定量变量根据现场调查结果赋予连续值,与感知有关的变量利于李克特量表通过问卷调查赋值(单条道路 5 份及以上样本取平均)。

表 9-3 步行空间与环境分析指标体系

标号	分析指标	数据测度	变量类型	数据描述
B1	车行空间宽度	实测	连续	单位:m
B2	自行车道宽度	实测	连续	单位:m
B3	人行道宽度	实测	连续	单位:m

续表

标号	分析指标	数据测度	变量类型	数据描述
B4	步行与自行车路权	实测	离散	独立=3;与自行车共板=2;与机动车共板=1
B5	隔离形式	实测	离散	高差隔离=3;硬质隔离=2;无隔离=1
B6	机动车道车道数	实测	连续	单位:个
B7	机动车礼让	问卷	离散	非常满意:机动车能够礼让所有行人=5; 满意:机动车能够礼让弱势群体=4; 一般:机动车只在人行横道处礼让=3; 不满意:机动车车速较快,经常不礼让=2; 非常不满意:机动车车速过快,完全不礼让=1
B8	车流量	实测	连续	单位:pcu/h
B9	机非分隔带宽度	实测	连续	单位:m
B10	障碍严重度	问卷	离散	无永久性障碍,畅通=5; 有部分障碍,有效宽度>1m=4; 有些影响=3; 障碍较多,有效宽度<1m=2; 障碍严重阻碍通行=1
B11	建筑商业占比	实测	连续	单位:1
B12	路面平整度	问卷	连续	平整路面占道路长度比例,0—1
B13	标志系统清晰性	问卷	离散	非常满意:能清晰找到目标地点=5; 满意:可以找到目标地点=4; 一般=3; 不满意:容易迷路=2; 非常不满意:信息混乱不知所云=1
B14	照明系统	问卷	离散	非常满意:灯光宜人有安全感=5; 满意:灯光亮度足够=4; 一般=3; 不满意:照明欠佳感觉危险=2; 非常不满意:大部分路段无照明=1;
B15	遮蔽设施	实测	离散	完全覆盖=1;大部分覆盖=0.75; 一半覆盖=0.5;小部分覆盖=0.25; 基本无遮盖=0
B16	公厕、垃圾桶布局	问卷	离散	非常满意=5;基本满意=4;一般=3;不满意=2; 非常不满意=1
B17	座椅布局	问卷	离散	非常满意=5;基本满意=4;一般=3;不满意=2; 非常不满意=1

续表

标号	分析指标	数据测度	变量类型	数据描述
B18	清洁度	问卷	离散	非常满意=5;基本满意=4;一般=3;不满意=2;非常不满意=1
B19	噪声影响	问卷	离散	非常满意=5;基本满意=4;一般=3;不满意=2;非常不满意=1
B20	无障碍设施完整度	问卷	离散	非常满意:现有设施完好=5;满意:现有设施条件较好=4;一般=3;不满意:现有设施条件较差=2;非常不满意:现有设施条件很差不能使用=1;
B21	文化特色	问卷	离散	非常满意=5;基本满意=4;一般=3;不满意=2;非常不满意=1
B22	绿化系统	问卷	离散	非常满意=5;基本满意=4;一般=3;不满意=2;非常不满意=1
B23	街道活跃程度	问卷	离散	非常满意=5;基本满意=4;一般=3;不满意=2;非常不满意=1
B24	沿街建筑高度	实测	连续	单位:m
B25	建筑后退距离	实测	连续	单位:m
B26	交叉口信号配时	问卷	离散	非常满意=5:行人与自行车可安全、顺畅通过交叉口;基本满意=4:行人与自行车能够安全通过交叉口,需要等待较长时间;一般=3:行人与自行车能够通过交叉口,等待时间较长且通过时间较短;不满意=2:行人、自行车在规定相位内很难顺利通过;非常不满意=1:行人、自行车与机动车流线存在冲突,无法安全通过交叉口
B27	公共自行车覆盖率	实测	离散	200 m内能够到达=5;300 m内能够到达=4;500 m内能够到达=3;800 m内能够到达=2;800 m内无=1
B28	自行车停车设施满意度	问卷	离散	非常满意=5:自行车停车非常便捷,停车环境很整洁;满意=4:自行车停车设施较多,环境基本满足使用要求;一般=3:自行车停车设施能够基本满足需求,环境一般;不满意=2:自行车停车设施较难满足需求,环境较差;非常不满意=1:自行车停车设施缺乏,环境很差

续表

标号	分析指标	数据测度	变量类型	数据描述
B29	自行车与公交站台冲突情况	问卷	离散	无冲突＝5,骑行者完全畅通行驶； 较少冲突＝4,骑行者比较畅通行驶； 有冲突＝3,骑行者基本能够畅通行驶； 较多冲突＝2,骑行者难以畅通行驶； 完全冲突＝1,骑行者无法畅通行驶
B30	自行车与路内停车冲突情况	实测	离散	无占道使用＝5,骑行者完全畅通行驶； 较少占道使用＝4,骑行者比较畅通行驶； 一半占道使用＝3,骑行者基本能够畅通行驶； 大部分占道使用＝2,骑行者难以畅通行驶； 完全占道使用＝1,骑行者无法畅通行驶

9.3.3 调查设计

1. 调查时间

虽然调查区域是静态的、固定的，但其步行与自行车出行特征也会随着时间的变化而变化。一天中不同的时段，一年中不同的日期都会使当地的步行与自行车条件产生很大不同。比如一条街在上午 9 点看起来很安全，但晚上 9 点也许就不是如此了；或者一条在周日的下午看起来适合步行的人行道也许在工作日的上下班高峰就显得十分拥挤。由此可见，实地调查的时间对于最终的评价结果会产生一定的影响。最理想的状况是对评价区域调查两次，即平峰和高峰的时候各一次。但是由于资源的限制，多次访问调查区域可能有些困难。同时，对一个区域进行步行性评价的目标往往是为了改善这个区域的步行状况，发现其不足显得更加重要，所以也可选择仅在高峰时段进行调查。

白天和夜晚的步行条件很不一样，一些指标例如照明度、犯罪感知率等需要在夜晚才能有明显的体会。但为了简化调查手续使方法更具有普适性，我们选择白天做调查，而夜晚的情况可以通过询问熟知该项情况的人来做出相应判断。

天气也是十分重要的因素，例如暴雨有可能减少步行与自行车出行的数量，相应的，晴天会使区域显得更具有生气。一般来说，更活泼的场所具有更高的步行性，尽管可能有些拥挤。为了使评价的结果在不同的区域之间拥有一定的可比性，调查的标准应尽量统一。因此应选择晴朗的天气下进行调查。

综上，调查应尽量在晴朗的白天高峰时段进行。

2. 调查地点

调查地点的选取是实地和意向调查的前期工作，确定科学的调查范围和地点可提升调查的代表性和可靠性。在选取城市道路时，由于机动规划体系中快速路、主干路和次干路的机动交通流量大、车速快，对步行与自行车交通出行有明显的分隔作用,故以上道路两侧的人行道与自行车道将作为两个不同的路段进行处理。支路及街巷中的步行出行较为自由,相关指标选择参考设施条件较好一侧的数据和情况。在道路步行条件有显著变更和穿越交叉口时也应新建步行路段。

3. 调查方法

研究所需数据主要涉及客观道路空间尺度和主观步行环境评价,主要由调查人员执笔,通过对现场情况的测量、评估以及出行人询问得到判断。由于调查地点多,调查任务繁重,在正式调查前先经过几条道路进行了预调查以优化调查表设计和相关内容判断的难易程度,确定最终调查方案。

经过预调查,每条道路从测量到完成各项指标调查的时间预计需要 10 min 左右,调查时应估算好总体时间做好分配工作。每条路段至少 1 名调查人员,携带调查表、滚动式测距轮以及相机完成调查工作。调查表的设计为配合木板夹方便携带和现场填写,采用了 A4 规格版面。每位调查人员附一份详尽的调查内容说明以方便现场核查。调查表格见图 9-1。

调查时间:2015 年＿＿＿月＿＿＿日＿＿＿时　　调查人：＿＿＿＿＿＿＿＿

步行与自行车出行环境调查

调查路段名称:＿＿＿＿＿＿＿＿,位于＿＿＿＿＿＿路与＿＿＿＿＿＿路之间

车行空间宽度		m	自行车道宽度			m	人行道宽度				m
步行路权		1 独立	2 非机		3 机动	隔离形式		1 高差	2 硬质		3 无
机动车道数		条	车流量			pcu/h	机非分隔带				m
遮蔽程度			路面平整度				底层商业占比				
沿街高度		m	建筑后退			m					
机动车礼让	5	4	3	2	1	均	障碍严重度	5	4	3	2	1	均
标识清晰	5	4	3	2	1	均	照明系统	5	4	3	2	1	均
垃圾桶	5	4	3	2	1	均	座椅	5	4	3	2	1	均
清洁度	5	4	3	2	1	均	噪声	5	4	3	2	1	均
无障碍	5	4	3	2	1	均	文化	5	4	3	2	1	均
绿化	5	4	3	2	1	均	街道活跃	5	4	3	2	1	均
交叉口信号配时	5	4	3	2	1	均	公共自行车覆盖	5	4	3	2	1	均
自行车与路内停车冲突	5	4	3	2	1	均	自行车与公交站台冲突	5	4	3	2	1	均
自行车停车设施满意度	5	4	3	2	1	均						

图 9-1　调查样表

9.4 交通稳静化技术

交通稳静化技术指通过系统的硬设施(如物理设施等)及软设施(如政策、立法、技术标准等)来降低机动车对居民生活质量及环境的负效应,将鲁莽驾驶转变为人性化驾驶行为,改变行人及自行车环境,是保障行人与自行车安全的有效手段之一。

其核心思想是在人车共享交通设施资源的基本前提下对道路结构进行改进,形成更偏向于慢行、游憩、景观等功能的街道结构。因此推动交通稳静化措施的落实将改善慢行出行环境,保障居民出行安全。交通稳静化技术的作用主要体现在:

(1) 降低机动车的负面效应,降低机动车在车速、能源损耗、污染、城市蔓延等方面的负面社会性与环境性影响;

(2) 改变驾驶人行为,减少驾驶机动车的侵略性,增加对道路上自行车用路人的尊重;

(3) 改善行人及自行车的用路品质,借由鼓励市民以步行与骑自行车替代机动车辆,来增加道路的安全性与用路人的安全感,并且获得美化街道环境的机会。

交通稳静化措施主要包括工程性以及非工程性措施。工程性措施指通过设置减速带等工程手段来降低车辆的车速或者对交通量进行控制,进而实现交通稳静化;非工程措施指的是教育、执法等方式的应用。

一般稳静化设计应用于居住街区等慢行交通比例较高的地区,旨在营造宜人的交通环境。在稳静化措施的规划设计过程中,应当结合各城市道路空间的状况以及居民出行的习惯,选择适当的稳静化措施。

9.4.1 工程性措施

包括流量管制措施、速度管制措施及其组合控制措施,主要目的是降低车速和控制交通量。

流量管制多数采用设置路障的方式,以造成驾驶员行驶不便而减少穿越性交通量;速度管制设施包括水平式、垂直式以及路宽缩减式。其中垂直式主要是在路面垂直方向强制机动车减速(如减速带等),水平式是在道路侧向方向施加影响迫使机动车谨慎慢行(如隔离岛等),路宽缩减式方法运用驾驶员视觉及心理紧张达到减速效果。

1. 流量管制措施

流量管制措施主要通过改变交通流的流向以及限制或禁止某些特定的交通流,减少机动车交通量。仅适用于居民区和学校,鉴于对紧急特种车辆的考虑,在稳静化措施选择时,流量控制一般不优先考虑,在应用之前,必须经过详细的调查

第9章 步行与自行车交通环境设计

与规划，确保有其他紧急车辆通道以及对周围的道路网影响不大才予以实施。交通稳静化流量管制措施如表9-4所示。

表9-4 交通稳静化流量管制措施

名称	内涵	优点	缺点	使用范围	示意图
街道全封闭	通过在道路上设置栅栏、立柱、绿化岛等设施，完全阻断穿越性机动车辆，以达到降低行车速度、减少交通流量的目的。	保证行人和自行车流通畅；显著减少交通流量。	本地车辆和急救车辆需绕道而行；投资较大，对经济发展有一定程度的影响；需要通过法律程序或有关部分同意才能实施；增加机动车绕行距离，给紧急救援车辆通过带来不便；造价较高；限制社区内部的商业活动。	穿越交通量较大，周边路网发达，且车辆易于绕行的地区。	
街道半封闭	在双向通行的街道局部位置设置一个方向上障碍物，如隔离护栏、绿化带等，以阻断这个方向的机动车流。	能够保证自行车双向通行；有效减少交通量；增加过街行人的安全性。	本地车辆和急救车辆需绕道而行；对经济发展有一定程度的影响。	存在很多交通问题，且其他控制措施没有成效的区域。	
对角分流岛	通过隔离护栏、绿化带设置在交叉口对角线上，以阻断直行交通流，引导居住区内的车辆选择迂回道路行驶。	只需要改变现有街道的方向，不需要封闭街道；保证行人和自行车通行；改善居民区生活质量。	封闭车道，增加部分车辆的绕行距离；增加紧急救援车辆的救援时间；可能会导致机动车与障碍物相撞的事故；需要重新改造拐角处的路缘；实施费用高。	不存在内部交通量问题的社区街道交叉口。	
中央隔离岛	指设置在交叉口处，并沿主路中线延伸的交通岛，其长度大于支路进口的宽度，以阻断来自支路直行车流。	通过禁止危险的转弯行为提高了支路和主路的交通安全；可减少支路上直行交通量。	要求主路有足够的宽度；限制转弯使得毗邻社区内的车辆和救护车辆行驶不便。	支路与主路相交且支路直行车流不安全的交叉口和主路左转车流不安全的交叉口。	

2. 速度管制措施

（1）水平式。水平式是指采用改变传统的直线行驶方式以降低车速。典型措施包括交通花坛、交通环岛、曲折车行道、变形交叉口等，如图 9-2 所示。

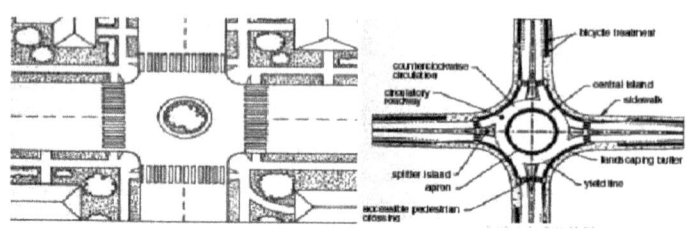

图 9-2　交通花坛与交通环岛示意图

交通花坛是设置在交叉口中心位置的圆形交通岛，车辆沿其周围逆时针环绕行驶。一般适用于社区内部，特别是交通量不大，注重降低车速和交通安全的地点。

交通环岛比交通花坛大，设置在交通量较大、车速较高的交叉口，各个进口处都设置了导流岛，车辆通过时逆时针环绕行驶，为来自不同方向的交通流分配路权。

曲折车行道指通过有意的将道路改造曲折线形，迫使车辆不断左右变换从而达到减速慢行的目的，如图 9-3 所示。

变形交叉口应用在 T 型交叉口，它通过一系列球状物，改变 T 型交叉口直行进口道的线形，使直行车流由直行通过变为转弯通过。

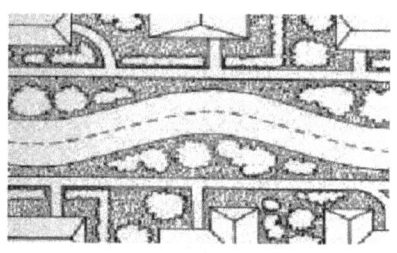

图 9-3　曲折车行道示意图

（2）垂直式。垂直式速度控制措施是把车行道的某一段抬高，达到降低车速的目的。典型措施包括纹理路面、减速丘、减速台、减速垄、凸起交叉口等。

纹理路面采用压印图案或者交替使用不同性质铺路材料来铺设不平坦的道路，该路面常应用于人行横道、整个交叉口或者社区的全部道路，适用于行人活动频繁，且可忽略噪音影响的主要街道区域，如图 9-4 所示。

减速丘是横穿车行道的一块圆拱形凸

图 9-4　纹理路面

起区域,其纵断面可以是圆曲线、抛物线、正弦曲线。其造价相对较低,行人、自行车相对容易通过,能有效地降低车速,如图9-5所示。

减速台是一种纵向拉长的平顶减速丘,用砖或者具有纹理的材料建造,其平顶宽度可容纳一辆客车停留。适用于需要控制车速,又需要考虑大型车行驶舒适性的地点。

减速垄是横布于路面上的条形凸起障碍物,属于道路强制减速装置,由橡胶减速垄单元组成。主要布设在道路的行人密集路段和陡坡、急弯、桥头、厂区道路和低等洞口等行车危险路段。

图9-5 减速丘示意图

凸起交叉口是指整个交叉口采用砖块或其他材料铺设垫高,通过改变交叉口的高度,使驾驶人更易于辨认人行横道,提前减速,这种设施适用非信号控制的交叉路口,如图9-6所示。

(3) 路宽缩减式。车道断面窄化是指采用缩短车道断面宽度降低车速。其典型措施包括交叉口瓶颈化、中心岛窄化和路面窄化。

交叉口瓶颈化是指交叉口处两侧路缘向中间延伸,从而减少交叉口的进

图9-6 加高交叉口

口宽度。通过缩短行人穿越交叉口距离和凸起的交通岛使得机动车容易注意行人,是一种"行人化"交叉口。适用于行人活动频繁,且不宜使用垂直速度控制措施带来噪声的地点。

路面窄化是在行人过街处,通过拓宽人行道或绿化带来延伸路缘,以窄化道路断面的一种方式,通常分为单车道窄化和双车道窄化,配以人行横道标线,即"安全人行横道"。适用于需要限制速度,而且又不缺少路边停车泊位的地点,如图9-7所示。

中心岛窄化是在街道中线上设置凸起的中心交通岛,以窄化两侧的车行道,一般应用于双车道道路,中心岛进行绿化以提高视觉美感。适用于社区出入口处和街道较宽、行人过街需要较长时间的地点,如图9-8所示。

 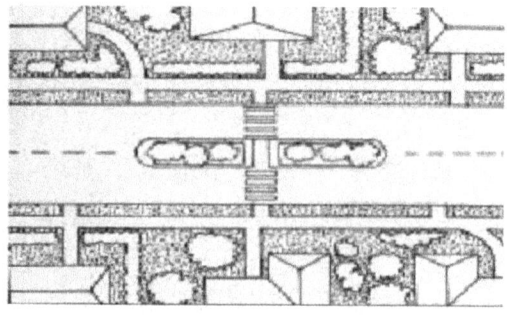

图 9-7　路面窄化　　　　　　　　　图 9-8　中心岛窄化

水平式与垂直式的减速方法运用物理原理,强制驾驶人驾驶时必须减速,效果比运用心理因素的路宽缩减式效果更明显。

3. 组合控制措施

不同静化设施各有其优缺点,通常需要几种静化措施的组合使用达到降低车速和减少交通量的交通稳静化目的。其组合的应用方式包括:

➢ 同一路段采用垂直与水平设施组合应用,也可与景观工程相配合设置。

➢ 依据设施的强度分别设置于交通静化区内,其中与区外连接路口应设置减速效果较弱的设施,避免区外车辆转入区内时瞬间减速所造成的安全问题。当在区内中心,即可设置较强的设施。

➢ 速度控制措施和交通量控制措施组合使用,发挥各自的优势,其具体有多种方式:中心岛与减速台的组合,凸起交叉口与交叉口瓶颈化的组合。

9.4.2　非工程性措施

包括公众意识、公众参与等的培训与教育、交通立法执法及交通稳静化安全措施等。

1. 立法执法

交通稳静化必须要有法律的支持。通过强制的公共权力执行让人们重新获得街道与社区意识。强制的速度限制措施包括雷达测速板、路面标线、交通标志以及增加交警数量。强制措施需要由公安交通管理部门基于道路交通法规制定的交通条例来实现。

2. 公众意识及公众参与

交通稳静化的顺利实施需要得到绝大部分居民的有力支持及政府的认同。

(1) 坚持"以人为本"的规划理念,在城市慢行交通规划、城市控制性详细规划中落实交通稳静化实施方案或者提出相关的规划指引,为交通稳静化措施的实施提供规划上的依据。

（2）引导居民逐渐转变传统的以小汽车为主导的理念。首先可以在一些居住区、学校附近、景观旅游区域选择一些容易被人接受的交通稳静化措施进行实施，并在交通标志标识方面给予驾驶员以提醒，然后根据实施效果逐渐拓展交通稳静化措施的种类和实施的范围。

（3）建立并鼓励公众参与机制。公众参与机制是成功推动交通静化区发展的关键，主要表现在咨询与宣传教育两个方面。在交通静化设计前期交通调查的阶段，向当地居民宣传交通稳静化理念，介绍交通静化实施的目的以及具体措施等；在制定交通静化措施期间应听取当地居民、专家、学者等的意见与建议，并最终确定最佳方案。

第10章 休闲性步行与自行车系统规划与设计

随着全球城镇化进程的快速发展,城市生态环境恶化、环境污染严重、温室效应加剧等一系列的"城市病"成为人们共同关注的焦点,如何在享有城镇化产生的利好成果的同时,将其负面效应最小化,是城市规划决策者、管理者、参与者迫切需要思考和研究的重要课题。在低碳、环保生活理念引导下,休闲性步行与自行车系统的规划与建设已然成为世界城市建设的一种新的发展趋势。

10.1 绿道规划目标与原则

休闲性步行与自行车系统主要为市民提供休闲性出行的场所,用于健身锻炼、娱乐游憩等,形式上包括绿道、健身步道、林荫大道等。

10.1.1 绿道系统发展

绿道概念起源于绿线、蓝线概念,第一次被提出是在1990年查理斯·莱托(Charles Little)的经典著作《美国的绿道》中。之后在1987年首次被美国户外游憩总统委员会(President.s Commission on Americans Outdoor)官方认可,将绿道定义为提供人们接近居住地的开放空间,它连接着乡村和城市空间并将其串联成一个巨大的循环系统。绿道规划则要溯源到19世纪美国的城市公园运动,景观设计师奥姆斯特德(Olmsted)提议开展了波士顿城市公园系统规划与建设,串联了波士顿公园、富兰克林公园、阿诺德公园、牙买加公园及其他的绿地系统,造就了美国第一条绿道。随后绿道规划在美国各州迅速推广。20世纪90年代后,绿道运动更是蓬勃发展,在各国家和地区展开了绿道规划与建设。

由于地理环境、经济文化、社会和城市发展的不同,导致不同国家与地区对绿道概念与术语的描述也表现出极大差异,但这些名称术语包含着形状与功能两大要素。形状上,可分为线状和面状;功能上,包含着生态、环境与多功能特性。由于这两个要素的不同组合,形成了不同的名称术语。如在荷兰和爱沙尼亚称为生态网络;在荷兰也有学者将其称为生态基础设施;在菲律宾称为生物多样性廊道;在保加利亚被称为绿地系统;在新加坡被称为公园连通道。

形成早期绿道概念是指呈廊道状私有和公有的娱乐用地和水域,能让人们方便地从生活居住区域通往开敞空间,或者将城市和农村紧密联系起来的通道。目前,人们普遍接受埃亨(Ahern)提出的绿道概念,认为绿道是经规划、设计、管理的线状网络用地系统,具有生态、娱乐、文化、审美等多种功能,是一种可持续性的土地利用方式。他认为绿道规划是其他非线状风景园林规划的重要补充,通过连接其他非线状重要风景园林系统形成综合性整体,达到保护的目的,而不是取代其他规划。

本专著所指的绿道是沿着诸如河滨、溪谷、山脊线等自然走廊,或是沿用作游憩活动的废弃铁路线、沟渠、风景道路等人工走廊所建立的线型绿色开敞空间,包括所有可供行人和骑车者进入的自然景观线路和人工景观线路。它是连接公园、自然保护地、名胜区、历史古迹,及其他与高密度聚居区之间进行连接的开敞空间纽带。

10.1.2 绿道的构成

绿道通常包括由自然因素所构成的绿廊系统、节点系统以及为满足绿道游憩功能所配建的人工系统两部分组成,如图 10-1 所示。

图 10-1 绿道的构成要素

(1)绿廊系统。绿廊系统主要由地带性植物群落、水体、土壤等具有一定宽度的绿化缓冲区构成,是绿道控制范围的主体。

（2）节点系统。包括游憩空间和绿道与其他公共设施、自然实体的交叉点。游憩空间主要指地区内具有一定自然、文化、历史特色的地段。空间内含有具有保护性的地质遗址、遗迹、历史古迹和珍稀、濒危物种分布区域，以及具有重大科学文化价值的区域等。交叉点主要包括区域绿道与公路交通、轨道交通、河流水道的交叉点等。

（3）人工系统。人工系统由慢行道、交通衔接系统、服务设施系统和标识系统等构成，具有慢行交通、休闲游憩等功能。

> 慢行道：包括步行道、自行车道、综合慢行道。
> 交通衔接系统：包括停车设施、与城市其他交通系统的接驳设施等。
> 服务设施系统：包括管理设施、商业服务设施、游憩与健身设施、科普教育设施、安全保障设施和环境卫生设施等。
> 标识系统：包括信息标识、指路标识、规章标识、警告标识等。

10.1.3 规划目标

通过规划建设城市绿道，构建连续、完整的绿道网络，充分发挥其生态、环境、民生、经济等功能。

1. 生态目标

维护生态系统稳定，促进生态保护。通过维护绿道及周边河流、湿地、森林等生态系统的生态功能，为植物生长和动物繁衍栖息提供充足空间，保护与优化生态系统，维护生态系统稳定。

2. 环境目标

构建合理的城乡空间格局，促进宜居城乡建设。构建线形绿色基础设施网络，遏制城市无序蔓延，形成合理的城乡空间格局。通过城市绿道的规划建设，集中展示安居、康居、乐居的人居环境，增强城乡美誉度和地方归属感，创建环境优美的宜居城乡。

3. 民生目标

引领绿色生活方式，构筑步行与自行车交通网络。通过提供新型休闲场所，开展体育锻炼、人文休闲、科普教育活动，为人们提供新的休闲生活方式，丰富城乡居民的精神文化生活。同时构筑步行与自行车交通网络，引领"绿色出行"和"低碳生活"方式。

4. 经济目标

培育新的经济增长点，促进经济转型升级。以绿道为载体，促进绿道沿线服务业发展，扩大就业，增加城乡居民收入，实现扩内需促增长，促进经济转型升级。

10.1.4 规划原则

绿道建设应坚持人与自然和谐共生的价值取向和生态导向,尊重山水自然基底,引导形成合理的城乡空间格局,体现地域景观特色与文化传统,满足当地居民提升生活品质的需求,确保绿道生态、环境、民生和经济等多方面功能的实现。

1. 以人为本原则

突出以人为本,围绕不同人群的出行与游憩需求展开规划布局,绿道选线应串联居住区与商业区,连接滨水空间与郊野公园等开放空间,构建系统、完善的游憩活动空间。

2. 生态优先原则

与生态保护、生态安全、生态建设相结合,绿道选线应与区域生态安全格局相吻合;以优化城乡生态环境为基础,充分结合现有地形、水系、植被等自然资源,避免大规模、高强度开发;保持并修复绿道及其沿线地区的生态功能,改善和提升重要生态廊带及沿线的景观品质。

3. 文脉传承原则

充分发挥地方历史文化资源的特色,保护历史文化遗产、尊重地方民俗。发挥城市绿道对各类发展节点的组织串联作用,以自然保护区、风景名胜区、旅游度假区、森林公园、郊野公园以及人文遗迹、历史村落、传统街区等自然、人文节点为依托,发掘并展示本地特色资源。

4. 因地制宜原则

绿道建设应依托现有非干线公路,整合现有滨水风景道、山林小道、古道、乡村道、公园道路、防洪堤围等道路基础,有机连接分散的生态斑块,构建和维护完整、安全的区域生态格局;绿道配套服务设施应结合城市与村镇公共服务设施以及现状旅游景区设施建设;布局要尽量避免开挖、拆迁、征地,应充分利用现有的废弃铁路、村道、田间道路、景区游道等路径,在保障绿道使用者安全的前提下,集约利用土地,降低建设成本;新建设施应充分利用地方性的、高性价比绿色材料。

5. 安全优先原则

绿道选线避开洪涝与地址灾害易发地区,合理组织机动车交通与慢行游览观光线路,降低两者之间的交叉与冲突,确保游客人身安全,完善绿道配套安全设施、标示系统和应急救助系统,以确保慢行与游憩活动的安全性。

6. 便捷联系原则

加大绿道网密度,并重点向中心商业区、居住社区、公共交通枢纽以及大型文娱体育区等人流密集地区延伸,与城市步行与自行车系统共同构成连续、完整的绿道生活网络,丰富市民出行方式,以期构成合理的慢行出行交通结构,引领"公交优先、方便慢行"的绿色出行模式;结合重要风景名胜资源布局,并通过配套公共服务设施的合理布局为人们使用绿道提供便捷的配套服务。

10.2　绿道的分类与分级

10.2.1　绿道分类

莱托(Little,1995)从用途和尺度角度出发,将绿道分为了城市河岸绿道、娱乐绿道、自然绿道、历史风景绿道、综合网络状绿道5种类型。也可依据城市绿道依据所连接的自然和人工景观资源特征,分为城市道路型、公园型、滨水型、山林型、防护绿地型。本书结合工程实践经验,根据绿道根据所处区位和目标功能不同,将绿道分为生态型、郊野型和都市型3个类别。

1. 生态型绿道

主要沿城镇外围的自然河流、小溪、海岸及山脊线设立,通过对动植物栖息地的保护、创建、连接和管理,来维育生态环境和保障生物多样性,可供自然科考及野外徒步旅行使用。

2. 郊野型绿道

主要依托城镇建成区周边的开敞绿地、水体、海岸和田野设立,包括登山道、栈道、慢行休闲道等形式,旨在为人们提供亲近大自然、感受大自然的绿色休闲空间,实现人与自然的和谐共处。

3. 都市型绿道

主要集中在城镇建成区,依托人文景区、公园广场和城镇道路两侧的绿地设立,为人们慢跑、散步等提供场所,发挥贯通整体绿道网的作用。

10.2.2　绿道分级

为构建覆盖各级绿道系统,区分不同等级绿道的功能和形象特征,联系不同空间跨度的区域,协调区域间绿道建设标准,本书将绿道分为区域绿道、城市绿道和社区绿道三个等级。

1. 区域绿道

区域绿道是指连接中心城和主要乡镇、社区以及自然资源、历史人文资源的绿道,设在区市行政区域内连接两个及以上县(市、区)间。对区域区域生态绿地保护、生态网络体系建以及全面展示城市、田园、乡镇、社区风貌等具有重大意义。一般选择区域性生态廊道,如珠三角省立绿道,环太湖风景道。区域绿道示意图如图10-2所示。

2. 城市绿道

城市绿道是指除区域绿道外,县(市、区)行政区域内,连接各类绿色开敞空间和重要的自然与人文节点(包括自然保护区、风景名胜区、森林公园等自然节点,人文遗迹、历史村落、传统街区等人文节点)以及人流量较大的区域(居住社区、中心商业区、大型文娱体育区、公共交通枢纽等)的绿道。其串联了城市内重要的功能组团,对城市生态系统与慢行空间建设具有重要意义。一般选择能够串联各种资源点(区)的专用通道。重要的城市绿道未来可以根据区域绿道规划(省级或更高层面组织)作为区域绿道使用。城市绿道示意图如图 10-3 所示。

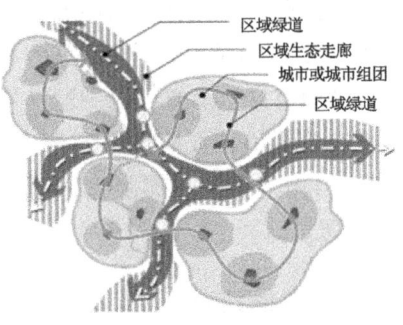

图 10-2 区域绿道示意图

3. 社区绿道

社区绿道是指连接社区公园、小游园和街头绿地,主要为附近社区居民服务的绿道,一般选择能连接中小型块状开敞空间、且步行可达的慢行道。城市绿道示意图如图 10-4 所示。

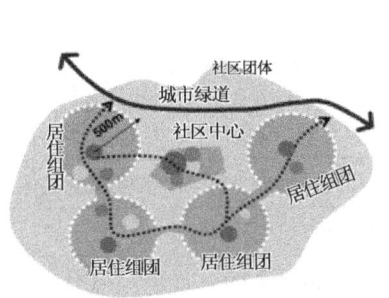

图 10-3 城市绿道示意图

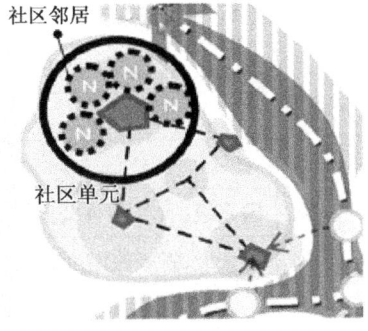

图 10-4 社区绿道示意图

10.3 绿道选线及设置原则

10.3.1 绿道选线原则

都市型绿道选线应突出连贯性,串联公园绿地、广场,重要的文化、体育、商业等公共空间及城市景观标志地段;充分利用绿色环境,发挥绿色生态功能,更好地满足居民出行、健身和休闲游憩等需求;并尽量契合城市的空间结构与功能拓展方向。

郊野型绿道选线应串联风景名胜区、自然保护区、旅游度假区、森林公园、郊野公园以及人文遗迹、历史村落、传统街区等景观休闲节点,宜环湖、环山、环景,沿河、沿路、沿线、沿岸,优先利用现有道路,可借用村道、田间道路、景区游道等路径,充分挖掘和展示地方特色资源,满足城乡居民的休闲游憩、旅游健身、科普教育等需求。

生态型绿道选线应注重发挥山野自然生态景观优势,充分利用现有古道、登山径,并结合山林防火隔离廊道,满足城乡居民休闲健身、观光探险、旅游野营、科普教育等需求。

10.3.2 绿道选线方法

绿道选线时应重点结合节点系统,充分考虑现有基础设施和周边环境,从"点、线、面"三层次综合选择绿道路径。

1. 串联关键发展节点

城市绿道应尽可能联系体现地方特色的自然节点以及历史人文景观、城市公共空间和城乡居民点等人文发展节点,高级别的发展节点应作为优先串联的对象。发展节点类型与分级如表10-1所示。

表10-1 发展节点类型与分级

节点类型	分级		
	一级(非常重要)	二级(重要)	三级(普通)
自然节点	国家级、省级自然保护区	市级自然保护区	—
	—	观光农业园区	连片农田、基塘系统
	—	大、中型水库与湖泊	小型水库与湖泊
	国家级、省级森林公园	市级森林公园	县级森林公园
	国家级、省级旅游度假区	市级旅游度假区	—
	—	郊野公园、湿地公园	—
人文节点	国家级历史文化名镇(村)、省级历史文化街区、名镇(村)	具有成片岭南建筑的街区历史文化遗迹	村庄
	全国重点文物保护单位、省级文物保护单位	市级文物保护单位	县级文物保护单位、区级文物保护单位、文物保护垫
城市公共空间	大型居住区、大型商业区、文娱体育区、公共交通枢纽	—	—
	城市级公园、广场	区级公园、广场	社区公园、广场
	大型绿地	中型绿地	小型绿地
城乡居民点	—	宜居社区、乡镇、村庄等	—

(1) 适宜串联的发展节点。

① 自然节点：指具备生物多样性、景观独特性的区域。包括自然保护区、风景名胜区、水源保护区、旅游度假区、森林公园、郊野公园、农田等。

② 人文节点：指具有一定文化、历史特色的地区。包括人文遗迹、历史村落、传统街区等。

③ 城市公共空间：包括城镇建成区内部的大型居住区、大型商业区、文娱体育区、公共交通枢纽等重点地区，以及公园、广场、绿地等公共开敞空间。

④ 城乡居民点：城乡宜居社区、乡镇、村庄等。

(2) 优选串联节点。

对上述发展节点进行重要性评价，挑选出较高级别的节点。

2. 绿道路径规划

选取开敞空间边缘、交通线路和已有绿道等作为城市绿道选线的依托，以优先串联重要节点为目标，综合考虑长度、宽度、通行难易程度、建设条件等因素，对线性通廊进行比选，确定城市绿道的适宜线路。

开敞空间边缘指体现自然肌理的水系边缘（江、河、湖、海、溪谷等水体岸线）、山林边缘、农田边缘（农田的田埂、桑基鱼塘的塘基）等。此类线形廊道最能体现绿道内涵，应优先予以考虑。

新建城市绿道应与既有绿道有机衔接，共同构建覆盖区域的绿道网络。局部地区受条件限制，城市绿道可考虑与既有高级别绿道并线。在与既有绿道有机衔接的前提下，城市绿道应保持其相对独立性。

交通线路：包括废弃铁路、国道、省道、县道、高速公路等公路，以及市政道路、景区游道、田间小道等。应根据交通流量、车行速度等确定其适宜程度，如废弃铁路、景区游道、田间小道等非机动交通线路，以游憩和耕作功能为主，在选线时可优先考虑；市政道路的步行与自行车交通系统也可因地制宜地予以考虑；而国道、省道、县道及高速公路等快速机动交通线路，随着交通流量的增大和机动车速度的增加，其适宜程度依次降低，一般不宜选作绿道路径。

3. 绿道控制范围

充分考虑所在地区的社会经济条件、气候条件、地质水文条件、地形地貌条件、植被条件、动物生存条件、景观风貌等，并重点考虑基础设施条件、道路交通条件、土地利用状况（含用地权属）等相关因素，综合划定绿道控制范围的边界线。

城市绿道设计应满足人的休闲游憩要求和营造景观的需要，其控制宽度一般不宜小于 7.5 m，其中慢行道宽度不少于 2.5 m，单侧绿廊宽度不少于 5 m。不同类型绿道宽度建议如下：

生态型绿道以自然生态要素为主，主要包括城镇外围生态型绿道沿线的河流、水库、湖泊、海岸及自然山体,控制宽度一般不小于 100 m。实施严格的生态保护策略,加强对原生环境的恢复、维护和保育,除最基本的绿道设施外,禁止其他任何开发建设行为。

郊野型绿道以半自然、半人工要素为主,主要包括城镇建成区周边的开敞绿地、水体、海岸、田野,以及度假村、不可移动文物和历史建筑、风景名胜区、古村落、自然保护区、森林公园等自然和人文资源或景区,控制宽度一般不小于 50 m。允许在限定条件下进行与其功能不相冲突的低强度开发建设,如夏令营地、体育赛事活动设施与场馆、节庆民俗活动场所与设施等。

都市型绿道:以人工要素为主,主要包括集中在城镇建成区内的人文景区、公园广场、河渠、绿地等,控制宽度一般不小于 10 m。配合城市居民的休闲使用,主要以人工绿化、交通换乘等设施为主,允许已有设施依据城市绿地的控制要求进行改造完善。

绿道控制区范围内禁止下列开发建设项目和活动:开发经营类城市建设项目,如房地产开发、大型商业设施、宾馆、工厂、仓储等;污染绿道环境项目,如不符合环境保护要求的农家乐、餐饮服务设施、油库及堆场;破坏绿道环境的活动,如砍伐树木、伤害动物、捕猎、拦河截溪、采石、采矿、取土等;对环境、人的休闲游憩活动造成安全隐患的各类活动,应按照相关规定与绿道控制区保持一定的安全距离,如危险品储藏运输、垃圾填埋处理等;对不可移动文物和历史建筑保护造成安全隐患或破坏的各类活动;与绿道开发利用无关的临时建(构)筑物。

10.4 绿道基础设施建设指引

10.4.1 绿廊系统建设指引

绿廊系统是保障绿道的基本生态功能、营造良好的景观环境、维护各项设施正常运转的生态和景观基底,其规划设计的主体包括植被、水体、土壤、野生动物资源等。绿道沿线应划定一定范围作为绿廊,并与各类城乡规划的绿线控制要求相衔接。

1. 绿廊控制区

绿廊划定后,应加强对原生环境、自然历史人文资源的保护,禁止破坏控制区内地形地貌、水体、地带性植物群落、自然历史人文资源等要素。绿廊范围内禁止开发住宅、大型商业、宾馆、工业、仓储等建设项目;禁止经营不符合环境保护要求的餐饮设施、农家乐等;禁止进行砍伐树木、捕猎、采石、挖沙、取土等破坏绿道环境的活动;禁止建设与绿道开发利用无关的临时建(构)筑物。控制区内仅允许建设最基本的绿道设施(包括交通衔接设施、管理服务设施、基础设施、标识设施等),并严格控制绿道设施的建设规模、密度、高度等;绿道设施在绿廊范围外的,按照相关城乡规划的要求进行规划建设与管理。

2. 绿廊系统植被规划

绿廊系统的植被规划设计应遵循"生态优先、自然融合、因地制宜、适地适树"的原则,最大限度地保护、合理利用场地内现有的自然和人工植被,维护区域内生态系统的健康与稳定。鼓励以生态培育、生产防护、景观美化、休闲遮荫等为主导功能的绿化美化活动。慢行道施工完成后应做好恢复性绿化,加强慢行道与周边环境的协调。

对场地内受破坏的地带性植被群落,应采用生态修复等技术手段,以地带性植物为主,恢复具地域特色的植物群落,并防止外来物种入侵造成生态灾害。植物种植宜充分利用植物的观赏特性,营造色彩、层次、空间丰富的植物景观,提升绿道的游赏乐趣。在景观较好的区域,种植不应过密,应提供一些视线通廊,令视野可达绿道周边的人文及自然景观。同时要考虑游人的安全性,在与游径边缘相邻并已明确划定的地表层区、休息区以及其他公共区域,避免种植密集、连续的灌木和地被。植物种类的选择以地带性植物为主,创造出生物及景观多样性丰富的生态空间,同时应与周边的植物景观相融合。紧邻游径的乔木宜选用高大荫浓的种类,枝下净空应大于 2.2 m;严禁选用危及游人生命安全的有毒植物;勿选用枝叶有硬刺或枝叶形状呈尖硬剑状、刺状的种类。各类型绿道的植被规划建议如下:

➢ 生态型绿道应最大限度地保留原有自然植被,在维护植物群落的稳定性的同时,注重突出植物群落的景观价值和生态价值。

➢ 郊野型绿道应强调原有植被的维护和利用,不宜进行大规模的人工改造,尽量保留场地原有的植被(如农作物、野草等),减少使用人工化的园林植物,注重突出原生态的景观价值。

➢ 都市型绿道应以提高慢行道和节点系统的遮荫效果为出发点,以乔、灌木为主体,垂直绿化为补充,采用原有绿化利用和补充改造相结合的方式,强调绿量和生态效益。营造舒适宜人的绿色廊道空间,并注重与周边环境的衔接与协调。

3. 绿廊系统水体规划

绿廊水体规划须注意水资源的合理开发和利用,根据水资源时空分布、演化规律,调整和控制人类的各种取用水行为,使水资源系统维持良性循环,实现地区水资源的可持续发展。

应根据河流的天然走向进行区域绿道的规划设计,尽量不随意改变河流的自然形态,不宜采用裁弯取直、渠化、固化的方式破坏河流的生态环境;不宜为保障区域绿道的通达性而在绿廊的河道水系中新建永久性的水工建筑物,包括混凝土坝、浆砌石坝、堆石坝、橡胶坝等;在规划和连通绿廊中水系时,应科学调查分析,勿向污染程度低的水系引入污染程度高的水源;可采用人工湿地、水生植物吸附、膜处理技术等水质生态恢复措施,有效恢复绿廊中已经遭到污染的河流水系,改善、提高水质;应根据不同河段的功能,保证河流两侧缓冲带的宽度,不得影响天然河流或人工沟渠行洪安全;应在满足绿道通达性的基础上,尽量不在河岸上修建新的道路。

4. 绿廊系统土壤规划

采取有效措施,防控绿道周边出现水土流失问题。对于慢行道的建设可能带来的对绿廊环境的破坏,可在场地内采取必要的边坡防护措施、截排水系统措施,同时结合适当的植被恢复措施以保护绿廊的自然地貌。

控制果园树林、农田等处的化肥农药用量,使用符合标准的水质灌溉,禁止超标灌溉,避免造成农业污染型土壤污染;集中处理产生的固体废弃物,不可任意丢弃或直接埋入土壤;严禁在绿廊开山取石。

5. 绿廊系统野生动物资源规划

绿廊中野生动物资源开发和建设应贯彻"严格保护、合理恢复"的方针。严格保护野生动物生境,不宜开展大幅度开发、游赏活动,应配合植物建设,逐步恢复绿道内生物多样性。

应充分考虑绿道建设环境对野生动物的影响,不得对国家或者地方重点保护野生动物及其生存环境产生不利影响;慎重引入野生动物,以适合地区生长的种类为准。不得因物种引入而影响地区生态环境和乡土野生动物的生存。

10.4.2 节点系统规划

节点系统由游憩空间和各类衔接点组成。

1. 游憩空间规划

游憩空间的选择应根据现状存在的自然资源和人文资源,体现当地的自然或人文特色。作为区域绿道中游客逗留和休憩的重要节点,应配备完善的旅游服务设施和相应的水、电、能源、环保、抗灾等基础工程条件,依托现有游览设施及城镇设施;应避开有自然灾害和不利于建设的地段。

绿道规划设计不应改变已有游憩空间的原有风貌,本着"保护第一,开发第二"的原则,对其进行适当的生态修复,使其更符合绿道的功能定位。游憩空间的规划设计不应对原有地段内的生态环境产生较大影响,除辅助添加一些必要的人工游憩要素外,不得对其地形、地貌、天然植被等自然条件造成破坏。

游憩空间功能的设置应遵循自然、生态的原则,因地制宜地多结合野外游憩、科技教育、体育休闲、疗养保健等功能。根据需要在珍贵景物和重要景点设置适宜的保护设施,但不得增建其他工程设施。严禁砍伐或移植古树名木,并应采取有效的技术措施创造良好的生态环境,维护正常生长。游憩空间中的古建筑物保护,应贯彻"修旧如旧"的方针,保持其原有的历史风貌。应尽量完善已有游憩空间防灾避险的功能,将防灾避险规划内容应作为游憩空间规划设计阶段的必要组成部分。

2. 衔接点规划

绿道应尽量避免与公路交通、轨道交通交叉，如必须相交时宜采用立体交叉的形式。立体交叉应在满足交通需求的情况下采取简单形式，其体形和色彩应与绿道周边环境相协调，力求简洁大方；与河流水道交叉应与桥梁设计配合，尽量减少桥梁的面积，建设中应多考虑已有的桥梁，不宜大量新建跨水桥梁，以免造成对周边生态环境的破坏。已有的桥梁可在不影响桥梁工程结构的基础上进行一定生态景观美化，以满足绿道的生态、景观要求。

（1）与各类型用地性质地块相交。绿道进入大型居住社区时，应尽量从组团间的公共绿地通行，并与居住区的步行系统相结合。同时应考虑与小区配套服务设施、社区公园、广场等公共场所衔接，尽可能形成居住区内部贯通连续的绿道网络，满足居民日常使用需求。

绿道进入商业、文娱体育区时，考虑设置接驳点与步行街进行衔接，并在接驳点处设置自行车停靠点或租赁点。对于允许自行车进入的区域，可采取划线、地面铺装变化或设置绿化隔离带等措施，使之与人行道保持一定的安全防护距离，保障行人与骑车者的安全。可考虑小规模的道路改造和交通管制，实现区内连续无障碍通行。

绿道要充分与火车站、公交站点、轨道站点、港口码头等公共交通设施进行衔接，并在站前广场、公交站点等人流集散地设置绿道出入口，快速疏导人群。绿道与公共交通枢纽的衔接要重点考虑安全问题，应设置隔离设施与机动车道进行安全隔离，同时设置醒目标识。

绿道应与公园、广场等城市公共开敞空间系统密切联系，尽可能与其廊道共线或平行选线，并考虑以公众使用频繁的公园、广场作为绿道的起点、尽端或衔接点。

（2）与各交通系统相交。绿道中除必要的维护管理、消防、医疗、应急救助用车外，原则上应避免游客驾驶机动车进入。必须合理地选择绿道出入口处设置机动车停车场，特别是对城市周边的郊野型绿道。机动车停车场应设立在绿道边缘，远离生态敏感地区。

绿道经过城市地铁站点、客运站点、公交站点及渡口时，应设置换乘点，实现绿道与城市公共交通系统的有效衔接。

绿道应尽量避免与公路交通、轨道交通交叉，与轨道交通相交时，宜采用立体交叉方式。立体交叉应在满足交通需求的情况下采取简单形式，其体形和色彩应与绿道周边环境相协调，力求简洁大方。

绿道与国道、省道、县道、高速公路、城市主干道交叉时，宜优先采取安全的立交方式，如涵洞和高架廊道等，以保证绿道的安全性和连续性，与城市次干道、城市支路、乡镇道路交叉时，宜采用较经济的平交方式，通过设置斑马线、过街信号灯、限速设施、安全护栏、自行车等待区、安全岛或斜道口等设施，确保绿道安全通行。

绿道与河流水道相交时，多考虑已有的桥梁，已有的桥梁可在不影响桥梁工程结构的基础上进行一定生态景观美化,以满足区域绿道的要求,或利用水上交通的方式通过水面,实现水上交通与绿道的无缝衔接。

10.4.3 慢行道系统规划

1. 设置原则

因地制宜原则:尽量不开山、不填河、不改变原有道路的线路,尽量借乡间小路、河堤、公园路、林荫道、古道等现有道路进行改造利用。

安全原则:慢行道严禁设置在易发生滑坡、塌方、泥石流等地质灾害的地段,穿越滨水地带应注意防洪安全。

借用原则:严格限制借用国道、城市快速道,不鼓励借用省道、县道和城市交通性干道,允许合理借用乡村道路和城市步行商业街。因连通性需要必须借用国道、省道的,在借道路段的机动车道应设置警示标识,同时在绿道慢行道与机动车道间设置安全隔离设施,设置的优先次序为绿化隔离带、隔离墩、护栏。受现状条件限制,必须借用城市道路的,宜借用有独立自行车道的城市道路,并设置清晰的绿道标识。绿道借用县乡道结合时,应设置警示标识和其他绿道标识。慢行道借用省道及以上等级公路或无独立自行车道的城市道路的单段长度不宜超过 2 km,借用路段的累计长度不宜超过绿道总长度的 20%。

2. 宽度设置

慢行道按照使用方式的不同分为步行道、自行车道和综合慢行道(即步行、自行车混行道路)三种类型。慢行道宽度针对不同类型绿道的使用功能和地区有所不同,最小宽度标准可参照表 10-2。

表 10-2　不同类型绿道最小宽度参考标准

慢行道类型	绿道分级	最小慢行道宽度的参考标准(m)		
		生态型绿道	郊野型绿道	都市型绿道
步行道	区域绿道	2	2	2.5
	城市绿道	2	1.5	1.8
	社区绿道	1.5	—	—
自行车道	区域绿道	1.5	2	3.5
	城市绿道	3	2	2.5
	社区绿道	3	—	—
综合慢行道	区域绿道	2.5	3	不建议设置
	城市绿道	2	2	2.5
	社区绿道	2	—	—

单向设置自行车道时,其一条车道的路面宽度不应小于1.5 m,两条车道不应小于2.5 m;双向设置的最小宽度不应小于3.5 m。绿道与城市桥梁、隧道合并设置时,自行车道宽度不小于2 m,且自行车道、人行道与机动车道之间应通过防护栏进行隔离。

3. 路面材料

选择慢行道铺装材料主要取决于其功能与类型,也要保证所选材料能与绿道及其周围自然环境相协调,并能代表当地特色或文化特征。在满足使用强度的基础上,鼓励采用环保生态自然材料铺装慢行道路面,常见的软性铺装和硬性铺装材料以及其优缺点见表10-3。

表10-3 常见的软性铺装和硬性铺装材料以及其优缺点

铺装分类	铺面材料	优点	缺点
软性铺装	裸土	自然材料,成本最低,维护较少,可塑性强,利于日后改造	比较脏,天气适应性差,用途局限
	碎木纤维	自然材料,表面柔软,方便行走,成本适中	易腐蚀(不耐高温、潮湿、阳光),后期维护较多
	颗粒石	自然材料,表面柔软,方便行走,成本适中	表面容易受到侵蚀、冲刷,日常维护多
	木料	自然材料,铺面柔韧性好,景观性和生态性好,用途多样	铺设造价高,易受损坏,维护费用高,潮湿易滑并引起火灾
硬性铺装	沥青	表面坚硬,用途多样,天气适应性强,抗腐蚀,维护费用低	铺设造价高,生态性差,容易造成污染
	石块	自然材料,表面坚硬,用途多样,天气适应性强,抗腐蚀	铺设造价高,容易侵蚀,可能会存留坚硬的石角,对游人的安全存在一定隐患
	混凝土	表面坚硬,用途多样,天气适应性强,维护费用低	容易导致表面崎岖,铺设和维护费用均高,生态性差

自行车道路面一般用沥青、裸土、水泥沙、混凝土等,路面应平坦;步行道路面优先使用透水砖、石粉、石块等材料。慢行道路面在色彩、质感、图案等方面应采用有别于其他道路系统的路面颜色,增强可识别性。具体选择建议如表10-4。

4. 纵断面设计

慢行道的坡度设计应与现有自然条件下的横坡、纵坡相匹配。针对不同类型的慢行系统,其坡度的设计范围可按照表10-5执行。

表 10-4　自行车道路路面材料选择建议

路面材料选择		生态型	郊野型	都市型
总体要求		可选择承受使用强度相对较低的铺装；现状路面条件较好的，可不铺装；与自然环境协调且易于维护。	选择能承受中等使用强度的铺装；与自然环境协调且易于维护。	选择能承受较高使用强度且生态环保的硬质铺装。
材料选择建议	石材	石材	泥结砂石、石材	石材、混凝土
	木材、混凝土、裸露地面等	木材、混凝土、裸露地面等	沥青、混凝土、木材等	沥青、木材、泥结砂石等

表 10-5　慢行道坡度参考设计范围

慢行道类型	纵坡坡度	横坡坡度
步行道	小于 3% 为宜，大于 8% 时，应辅以梯步解决竖向交通。	最大不宜超过 2%
自行车道	小于 3% 为宜，最大不宜超过 8%	小于 1% 为宜，最大不宜超过 2%
综合慢行道	小于 3% 为宜，最大不宜超过 8%	小于 1% 为宜，最大不宜超过 2%

10.5　绿道配套设施建设指引

10.5.1　服务设施

绿道的服务设施由管理服务设施、商业设施、休憩设施、安全保障设施、环境卫生设施、车辆服务设施及其他基础设施组成，包括各景区景点的服务接待中心、沿途休息驿站等。

规划设计的服务设施系统应有利于保护景观，方便旅游观光，为游客提供畅通、便捷、安全、舒适、经济的服务条件。应满足不同文化层次、职业类型、年龄结构和消费层次游人的需要，使游客各得其所。

生态型和郊野型绿道的服务设施应动员村镇集体进行建设。由林业园林部门制订规划建设指引和标准，按照一个停车场、一个休息场所、一个卫生间、一个士多店、一个医疗站的标准建设休息驿站,通过规范管理,为市民游客提供优质服务。同时发挥农民主体作用,引导农民开设绿道驿站、农家旅馆、农特产品市场。

都市型绿道的服务设施充分利用城市绿地系统的服务设施,着重并增加指示牌、简介引导牌、通信设施(例如无线网络 WiFi 接点等)等便民设施,方便游人进行游览与观赏,达到悠闲、趣味、健康相结合。

1. 驿站

驿站是绿道服务设施的主要载体,可按三级设置:一级驿站承担绿道管理、综合服务、交通换乘等综合服务功能,宜依托风景名胜区、森林公园等发展节点或绿道沿线城镇及较大型村庄进行设置;二级驿站承担售卖、租赁、休憩和交通换乘等常规服务功能,宜依托绿道沿线村庄、公园进行建设;三级驿站承担最基本的服务功能。

驿站的建设应尽量依托绿道范围内或周边现有设施进行改造利用,相对集中设置于绿道出入口、公交接驳点、景观节点,避免重复建设;在无现状设施可改造利用的情况下,可新建驿站,需严格控制新建设施的数量和规模。各级各类驿站设置间距如表 10-6。

表 10-6 各类各级驿站设置建议

驿站		设置间距	设置地点	建议建设规模(km^2)
生态型	一级	灵活	结合现有景区服务中心、村庄设置	500
	二级	10~15 km	结合村庄、现有设施设置	300
	三级	1~4 km	结合当地实际灵活设置	50
郊野型	一级	20~30 km	结合村镇、农业园区、旅游区等设置	800
	二级	8~12 km	结合村庄、农业园等设置	400
	三级	2~4 km	结合当地实际灵活设置	80
都市型	一级	灵活	结合大型公园、大型文化体育设施等设置	灵活
	二级	5~10 km	结合公园绿地设置	500
	三级	2~3 km	结合当地实际灵活设置	50

2. 其他设施

表 10-7 各类各级绿道服务设施设置建议

类别	项目	生态型			郊野型			都市型		
		一级	二级	三级	一级	二级	三级	一级	二级	三级
停车设施	公共停车场	●	○	—	●	○	—	●	○	—
	出租车停靠点	●	○	—	●	○	—	●	●	—
	公交站点	○	○	—	○	○	—	●	●	—

续表

类别	项目	生态型			郊野型			都市型		
		一级	二级	三级	一级	二级	三级	一级	二级	三级
管理设施	管理中心	●	—	—	●	—	—	●	—	—
	游客服务中心	●	○	—	●	○	—	●	—	—
商业设施	零售点	●	●	○	●	●	○	●	●	○
	自行车租赁点	●	●	○	●	●	○	●	●	○
	餐饮店	○	—	—	○	—	—	○	—	—
游憩健身设施	文体活动场地	●	○	—	●	○	—	●	●	—
	休憩点	●	●	●	●	●	●	●	●	●
科普教育设施	科教设施	●	○	○	●	○	○	●	○	○
	解说设施	●	○	○	●	○	○	●	○	○
	展示设施	●	○	○	●	○	○	●	○	○
安全保障设施	治安消防点	●	●	○	●	●	○	●	●	○
	医疗急救点	●	●	—	●	●	—	○	○	—
	安全防护设施	●	●	●	●	●	●	●	●	●
	无障碍设施	●	●	○	●	●	○	●	●	●
环境卫生设施	公厕	●	●	●	●	●	●	●	●	○
	垃圾箱	●	●	●	●	●	●	●	●	●
	污水收集设施	●	●	—	●	●	—	●	●	—

10.5.2 标志系统

绿道标识系统包括：信息标志、指路标志、规章标志、警示标志、安全标志和教育标志六大类。信息标志用于标明游客在绿道系统中的位置，并提供绿道设施、项目、活动，以及到达对应设施线路描述等方面的全面纵览。指示标志用于标明游览方向和线路的信息，以图形配以简单文字的形式进行说明。规章标志用于标明法律、法规方面的信息以及政府有关绿道项目的具体举措。警示标志用于标明可能存在的危险及其程度，且至少要在危险路段前 80～100 m 处设置。安全标志用于明确标注游客所处的位置，以便为应急救助提供指导。凭借游人提供的所处区段编号，救助人员能快速地为其定位。教育标志用于体现区域绿道两侧独特品质或自然与文化特征的差异，并作为向普通公众，特别是青少年普及生态环保知识的重要举措。

各类标志牌必须清晰、简洁,并进行统一规范,按照规定进行严格设置,应满足绿道使用者的指引功能。各种标志牌一般应设置在游客行进方向道路右侧或分隔带上,牌面下缘至地面高度宜为1.8~2.5 m。同一地点需设两种以上标志时,可合并安装在一根标志柱上,但最多不应超过四种,标志内容不应矛盾、重复。同类标示牌设置间距不应大于500 m。所有标志要在统一规格的基础上,具有自身特色,应能明显区别于道路交通及其他标识。

10.5.3 基础设施

1. 照明设施

包括固定和流动两种形式,在郊野型和都市型绿道中可设置固定照明设施,但郊野型绿道仅限在出入口及重要节点上,以保障使用者安全通过。而生态型绿道中则以流动照明方式为主。照明的范围和强度以不干扰动物生活为基本原则,不应对野生动物生存、繁殖、迁徙等活动造成威胁。绿道的照明安全可靠、经济合理、节省能源、维修方便、技术先进。

2. 通讯设施

应完善绿道网的通讯网络,消除手机信号盲点,保障通讯畅通,并结合道路报警系统,配备完善的通讯系统及应急呼叫系统。在都市型绿道内每隔2~3 km,设立一处安全报警电话。

3. 给排水设施

供水设施可就近连接城市供水管网;有条件的节点地区应设置规范化的净水设施,提供饮用水。与周边城市污水管网距离较近的驿站,应将污水就近排入城市污水管网;处于偏远地区的驿站,应采用生态化的处理方式,出水水质应符合有关排放标准,出水优先用于绿化浇洒等市政用水。

4. 供电设施

应根据电源条件、用电负荷和供电方式,本着节约能源、经济合理、技术先进的原则进行设计,在各级驿站配置供电设施,做到安全适用,维护管理方便。

10.6 其他形式的休闲性步行与自行车系统规划

10.6.1 健身步道规划与设计

健身步道是一种为人们提供行走、跑步锻炼空间的道路系统。通常较为规整,并与体育设施、场地以及绿地河流相邻相连。健身步道的路面通常是用保护锻炼者的踝、膝、髋、脊柱等关节及促进健康的材料铺设而成,一般有泥地、草地、沙地、木板地、锯木屑地、鹅卵石地、石板条地和柔性铺路材料。

除了走、跑锻炼外,人们还可以在健身步道上进行骑自行车、轮滑、滑板的锻炼。健身步道的宽度可根据具体情况和条件而设定,其道路的一侧或两侧通常有里程数标识、健康与健身指南标识,以及其他含有高科技的身体测试和保障设施设备。一些较长的健身步道可在起终点及中途设立"健康驿站"。"健康驿站"具有休整、租赁、餐饮、测试、救助等多种服务功能。因此完整的健身步道系统应包括健身路面、标识、驿站以及照明等其他附属设施。

1. 路线设置标准

制定健康步道路线设置标准的目的在于为徒步者提供一条穿越最美风景的步道,使每个人都可以轻松地进入,并且安全地游完全程。具体要求包括:

(1) 路应具有连续性:路况必须符合法律标准;保证游客能够获得最佳的视觉享受,并能轻松到达著名的观景点和他们感兴趣的地方。

(2) 道路和路口要最小限度地使用硬化路面;不使用交通繁忙或危险路段;当路线与硬质路面或铁道交汇时要有安全的穿越点;在与硬质路面的交汇处设置等待区,并有"行人/自行车经过"的标识提醒过往车辆;在穿越交通干道时,设置人行天桥或地下通道;如果步道穿越河流或河口,则要提供必要的渡口,渡口要有残疾人服务设施,与骑道相连的渡口应方便自行车通行;骑道上的桥如果两端没有台阶,应采用防滑和防回音的材料建造,如果两端设有护栏,护栏和桥梁不应对行人和骑行者的安全造成威胁。

(3) 有障碍物的地方应保证轻松通过(包括轻松地从树丛下方或上方穿过)。

(4) 路面要维护良好才可供步行者长期使用,并要与周围景观相协调(绿色牧草是最好的选择,但并不强求);在偏远的旷野道路尽量不使用机械施工,如果必须使用人工路面,也应尽量使用天然材料,以与周围景观的色调、内容相一致,尽量使用当地获得的可循环利用的材料;如果步道使用了一部分公路,公路路肩也应得到较好管理,以保证步行者或骑行者遇到交通事故时,可以有躲避的地方;骑道的泥土不能过分松软,以避免骑行者陷入其中。

2. 配建体育设施指引

结合绿地规划,有条件的地方可在居民集中居住区、公园附近、较大的绿地空间内配建含有体育健身设施的体育广场。同时,健身道应配套设置体育广场的指引标志,并在体育广场处设置标识墙,宣传健身步道,普及健身知识等内容。体育广场按照因地制宜、资源整合、依需而建、综合利用的原则进行布设。

设置体育广场时,根据可用空间的实际情况,可配建不同类型的体育广场:

对于受到用地局限、空间较小的场地,可考虑建设棋牌桌、小型健身设施、乒乓球台等。

对于空间较为富余的场地,可考虑建设小型足球场、篮球场、网球场、羽毛球场、轮滑场等(健身操、武术、气功锻炼广场可与篮球场、轮滑场等共建共享)。

3. 解说标识系统

通常健身步道沿线景区入口可设置景区的相关情况介绍标识。除此之外,步道沿线可设置关于健身步道的相关信息解说标识,包括步道名称,步道长度、坡度,氧气、负氧离子含量,常年温度、湿度,适合开展何种运动项目及注意事项,能耗等详细的文字说明。包括标语类和知识类等,以下给出示例。

(1) 标语类

◇ 健身好体魄,健康最快乐
◇ 登山练心又练肺,四肢功能不会退
◇ 根旺树也旺,腿强身更强
◇ 运动至少半小时,效果才会常保持
◇ 腿酸心快气急喘,加深呼吸节奏慢
◇ 胸闷虚汗心发慌,调整休息求帮忙
◇ 登山之前压压腿,活动筋骨不会累,边看指南边准备,科学锻炼劲百倍
◇ 下山落脚快而稳,山下牵拉腿不疼
◇ 登高峰,放轻松,安全意识记心中。活动腿,补充水,加快恢复不吃亏。汗擦干,衣勤穿,注意保暖不受寒。

(2) 知识类

◇ 为什么在健身锻炼前,一定要做一些准备活动?

准备活动也叫热身运动,热身顾名思义就是要使身体暖和起来。一般我们做的准备活动是先进行慢跑,或者是有跑动的游戏。当身体热了一些后就要停下来,开始做一些身体牵拉、伸展的动作练习。做完这些后,才可以正式进行强度较大的运动。那么准备活动有什么作用呢?主要是增强神经系统兴奋性,加强呼吸和心脏的功能,提高运动速度和协调性,并预防肌肉和韧带的拉伤。

◇ 运动中怎样进行呼吸?

运动中身体需要吸入更多的氧气和排出更多的二氧化碳,为了达到这一身体需求,可以采用以口代鼻,或口鼻并用的呼吸,在运动中特别难受时(如跑步途中),可以采用减少呼吸次数、适当加强深度的呼吸的方法,在长跑时可以采用与跑步节奏相配合一致的呼吸方法,此外,无论参加什么项目的运动,不要经常做憋气、甚至很深的憋气这样的行为。经常运动,会帮助完成呼吸的那些肌肉变得更强壮有力,肺活量会更大!

◇ 运动汗后要注意些什么呢?

要尽快地擦干身体;衣服湿透了要尽快地更换,不要捂干;不要在风速大的地方把汗吹干,要注意披衣保暖;等到运动后身体平息下来,要尽快清洗;适当补充水分和盐分。

◇ 儿童需要多参加哪些锻炼?

儿童正在身体生长发育的过程中,包括人脑在内的神经系统是率先完善的。因此,在大脑支配身体运动的平衡能力、速度能力、协调能力等方面,具有一定的领先性。坚持训练,会使这些能力有一个飞跃的提高。多走走平衡木;多参加需要保持身体稳定的项目;多练练短距离跑脚步的快速移动;多跳跳高、跳跳绳、跳跳远;多参加健身操及各种有协调动作的项目。

◇ 运动中脚扭伤了怎么办?

扭伤紧急处理的五步曲——脚受伤部位要保护好,不能再活动了;有冷的东西要立即敷上,最好是冰块,如果没有,应放在冷水下冲淋一会;如果有绷带,或者其他包扎带,要对红肿的部位进行加力包扎;接着把脚与身体放平,甚至把脚放在高于身体的位置;最后,到医院请医生作明确诊断。

◇ 运动中"抽筋"怎么办?

"抽筋"是指肌肉不自主的发生了痉挛和疼痛。常见原因是准备活动热身不够,脱水,过度疲劳,体温和周围环境温度相差较大。如果是腿部后侧肌肉群抽筋时,要马上停止运动,将抽筋的腿部伸直,并脚跟不离地的使身体前倾,全力拉伸痉挛的部位。同时用双手按摩、点压"抽筋"部位,做到有疼痛感才算有效。当"抽筋"缓解时,可使用一些喷剂或药膏让腿部肌肉完全松弛。

10.6.2 林荫大道规划与设计

林荫大道规划与设计体系如图10-5所示。

1. 林——行道树选择标准

行道树树种、规格应基本一致、树木形态良好,生长正常,修剪得当。两侧绿地景观优美,与之协调。选取的植物应满足植物生长的生态习性及地域特点;同时,根据道路所处的不同用地类型、文化景观特色,合理选择。

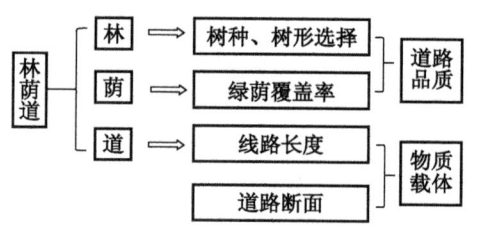

图10-5 林荫大道规划与设计

历史城区宜栽植梧桐、雪松等具有历史文化特征的树种,城市其他地区可采用合欢、栾树、国槐、高杆女贞等其他地适性树种。林荫道行道树株距应以壮年期冠幅为准,最小株距不小于4 m;行道树胸径建议不小于10 cm。

2. 荫——绿化栽种

林荫道路段最小长度不小于200 m;人行道及自行车道的绿化覆盖率达92%以上,全路幅断面的绿化覆盖率达60%以上。行道树树穴规格不小于1.5 m×1.2 m,树穴及人行道宜铺设透气透水铺装,树池等相关设施完好。

在城市道路绿化规划、设计、建设环节,统筹处理好绿化、交通、市政及相邻地块的关系,保障树木的立地条件与生长空间,根据规范合理设置林荫道绿化与管线的水平间距,在道路绿化上方及下方应尽量避免设置管线,保障植物良好的生长空间。

因重大交通市政基础设施建设,城市林荫道绿化确需迁移的,应开展专题研究、慎重论证;移植的树木应优先考虑移植至在建工程或经复壮基地培植后移至其他市政工程;绿化恢复方案应保持并提升原有的绿化效果。城市林荫道绿化的补株应与被迁移段落选用同一品类,相似规格。

3. 道——道路断面规划

根据道路规划建设情况及道路现状绿化情况,将林荫道规划建设类型分为达标创建类、储备改造类以及新建类。

对现状基本符合林荫道评定要求的道路,进行林荫道达标创建,如图 10-6 所示:

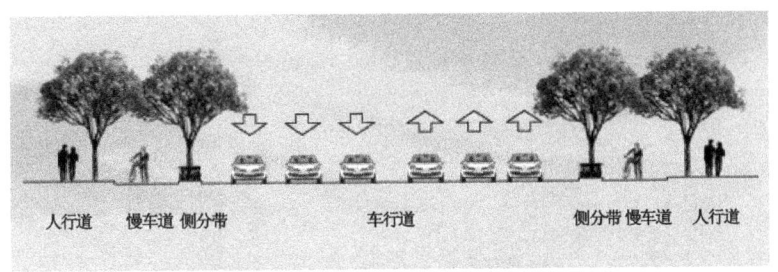

图 10-6 林荫道达标创建类示意图

对全路幅绿荫覆盖率不到 60%,但已形成较好绿化氛围的道路,经评定可纳入林荫道达标创建范围,如图 10-7 所示。

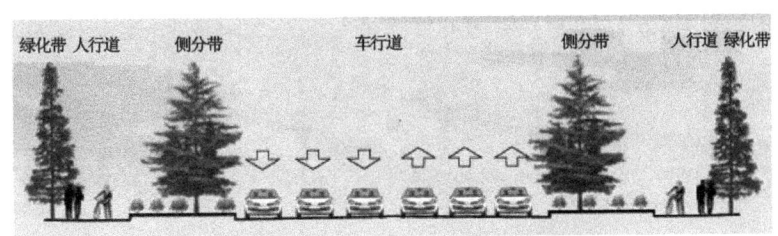

图 10-7 林荫道待评定达标创建类示意图

对现状不符合林荫道评定要求,但具有改造意义和改造条件的道路,进行达标储备及改造,如图 10-8 所示(中分带换植大树)。

对规划新建道路,按照林荫道规划建设导则及评定标准的要求进行建设。各类建设形式如图 10-9、图 10-10 和图 10-11 所示。

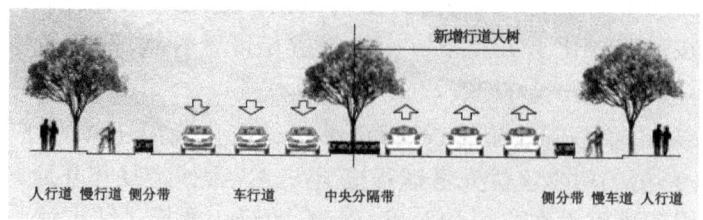

图 10-8　林荫道达标储备改造类示意图

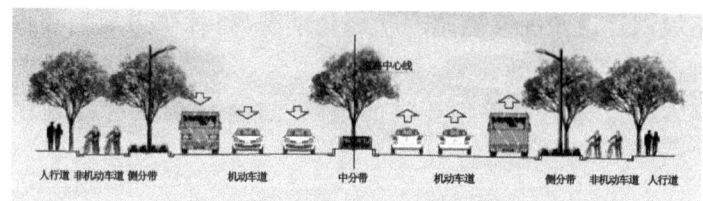

图 10-9　四块板道路林荫道建设形式示意图

图 10-10　三块板道路林荫道建设形式示意图

图 10-11　两块板及一块板道路林荫道建设形式示意图

公路不纳入林荫道规划建设范围；市区级商业中心周边道路要考虑与商业氛围相协调，视情况纳入林荫道规划建设范围。

第 11 章 公共自行车系统规划

公共自行车系统规划主要分为四个方面的内容:明确公共自行车系统在城市中的发展定位和发展目标,制定合理的城市公共自行车系统发展策略;确定公共自行车系统总规模;公共自行车站点布局选址方案,确定中心站、一般服务站的位置和站点车辆规模,以及停保基地的位置和规模;选择城市公共自行车系统的建设运营模式。

公共自行车系统规划涉及城市发展、土地利用以及交通系统等多方面的因素,因此应合理制定规划分析框架与流程;分析城市性质和功能定位,掌握城市未来发展趋势;开展道路交通调查,根据城市规模与自然条件、公交站点覆盖率情况、居民与游客出行特征、城市经济能力等,论证公共自行车系统发展的必要性和可行性,制定公共自行车系统发展策略;依据城市综合交通规划,分析公共自行车系统规模;以用地性质、强度、空间结构,制定公共自行车站点布局规划方案;城市根据实际选择适宜的建设运营模式,制定近期建设规划。

11.1 公共自行车系统基本属性

11.1.1 公共自行车系统定义

公共自行车系统(Public Bicycle System,PBS)是一种区别于公共交通系统和传统自行车交通系统的新型的城市公共客运系统。由政府主导,依托公司或相关组织,基于"随用随借,公众使用"的基本理念,在城市枢纽中心、居住区、工业区、商业区、学校、医院、旅游景点等客流集聚区域设置公共自行车租车站,在服务时间内为不同人群提供适于骑行的公共自行车,居民可以随时使用、异地归还,根据使用时长征收费用,并以该服务系统和配套的城市自行车路网为载体,提供公共自行车出行服务,为城市居民提供的短途出行、自行车换乘以及为旅游者提供观光游览等交通服务的一种环保、健康的一种慢行交通系统。

公共自行车系统的主要特点可归纳为以下几点:
(1)无人值守,自主租车,短时免费使用,公益性质优先;

（2）通租通还，网络化运营，服务点间的密集互联，达到公共自行车作为城市公共交通微循环工具的要求；

（3）公共自行车系统体现了信息技术、高新科技以及传统制造业结合的产物；

（4）与其他交通工具联合形成综合交通网络，是城市交通的有效的补充。

公共自行车系统集成众多先进技术及交通管理理论的创新系统，自行车是众多先进技术的一个载体。公共自行系统中关键技术包括：

（1）机电一体化技术，实现网点终端设备对自行车"租""还"的电气化控制；

（2）通信技术，采用有线或无线的通信方式，实现网点、终端、管理后台的通讯；

（3）计算机网络技术，实现异地还车、智能收费、自助充值、交通信息发布等功能；

（4）用无线射频识别技术（RFID，Radio Frequency Identification）对自行车和调配车进行身份登记，RFID记录用户使用过程中的信息。且在进行调配的时候可以实时的记录车辆的位置，以便插入新的调配需求。

11.1.2 公共自行车系统功能

1. 解决公共交通最后一公里

公共自行车系统是城市公共交通系统的组成部分，承担与公交系统的接驳换乘功能，满足市民公共交通最后一公里出行需求。通过公共自行车与城市公交系统的衔接，可有效扩大城市公交覆盖面，提高公共交通的可达性，提升公交服务水平，以此提高城市公交分担率，切实体现公交优先发展。

2. 改善城市交通环境

通过公共自行车与私人小汽车的换乘及为市民短途出行提供服务，可提供更多的出行方式选择，减少居民对机动交通的依赖，缓解交通拥堵，改善城市交通环境。

3. 提升城市形象

自行车出行作为一种绿色的交通方式，节约能源，减少污染，提高空气质量，响应环保主题，提升城市整体形象，骑车有助于强身健体，提高市民健康水平。公共自行车系统在国内外广泛应用都取得显著效果，公益性服务受到广大市民的支持和欢迎。公共自行车作为一种特殊的交通方式，许多城市都为其建立了品牌，例如法国巴黎的Velib，巴塞罗那的Bacing，并产生了品牌效益，自行车辆和租赁服务网点成为了城市一道独特的风景线。

4. 提高居民短距离出行效率

对于城市居民来说，短距离的出行方式主要有：自行车、步行、小汽车及公交车。由于步行出行距离范围的限制,因此步行与自行车在时间上相比是没有优势的。在常规公交十分完善的地区,出行范围在 4.6 km 以内自行车交通与常规公交相比在时间上仍然具有相当的优势。在道路交通拥堵的城市,对于短距离出行来说,没有一种出行方式比自行车更快、更准时。在短距离出行时使用公共自行车(尤其在早、晚高峰时段)可以有效地避免交通拥堵造成的延误。公共自行车是一种出行效率较高的出行方式。

11.1.3 公共自行车系统组成

公共自行车系统由系统硬件设施和管理信息系统组成,两者有机结合,确保公共自行车租赁系统的良好运转。系统硬件设施包括停保基地、租赁点、自行车、锁车器、服务终端、租车卡或 IC 卡、网络通信设备、后台控制中心、后台数据库;管理信息系统包括车辆管理子系统、用户管理子系统、信息处理子系统、调度管理子系统、实时查询子系统、信息发布子系统,公共自行车系统总体结构如图 11-1 所示。

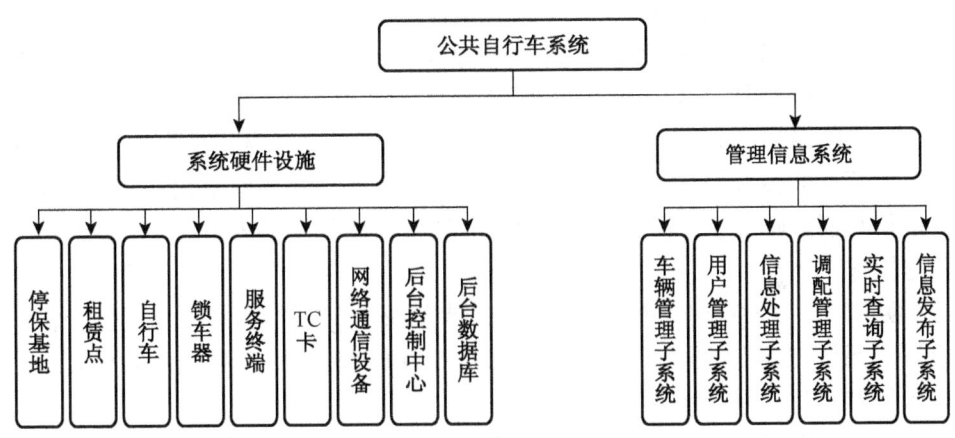

图 11-1 公共自行车系统总体结构

1. 系统硬件设施

(1) 停保基地。停保基地是城市公共自行车系统的后勤服务基地,专门为公共自行车辆提供清洗、维护和维修服务,以保证自行车辆的外形整洁美观,维持车辆性能,并在停保基地内存放一定量公共自行车供调度使用,确保公共自行车系统的正常运营。

(2) 租赁点。自行车租赁点分为有人值守和无人值守的租赁点。有人值守的租赁点一般是较大且兼具办卡等功能的租赁点,在自行车系统中,大多数自行车租赁点是无人值守型的租赁点,用户利用租赁点的交互系统,利用刷卡进行自行车的借还操作。自行车、锁车器、车桩等硬件设施都在租赁点的系统之中。租赁点根据种类、位置的不同,其规模从几十平方米到上百平方米不等,租赁点通常还具有一些附属设施,包括雨棚、广告栏等。

根据租赁点布设位置和租用目的,将服务点划分公交点、居民点、休闲点、院校点、公建点五类:

公交点。通常设置在公共交通站点,比如轨道交通站点、BRT站点以及常规公交站点,为换乘公交服务,提倡居民采用"B+R"的方式出行。

居住点。分布于大型住宅区内部或周边,主要为居民日常出行提供服务。

公建点。鉴于公用建筑人流相对集中,在公用建筑周边设置租赁点满足通勤和休闲两方面的功能。

休闲旅游点。在旅游风景区内设置,实现旅游、观光、休闲的目的。

院校点。针对现有院校用地规模扩张,在院校宿舍区、教学区等关键出入口设置租赁服务网点为老师学生短距离出行提供便利条件。

(3) 自行车。公共自行车一般是专用的自行车,首先要具备一定的质量要求,因为自行车常年处于室外,风吹日晒,质量要求跟一般的自行车有一定区别;其次公共自行车要具备一定的技术标准,如一定的大小,具备和租赁点锁车器匹配的要求等。如高强度材料车身、免充气轮胎、身份识别设备、车锁等关键装备使得公共自行车系统中的自行车区别于一般的自行车。

(4) 锁车器。一个锁车器对应一辆自行车,自助式公共自行车租赁系统中锁车器一般包括车桩、IC读卡器、电子锁等。锁车器的数量决定了该点的租还车能力,还可以进行车辆借还信息的采集,用户利用IC读卡器跟锁车器进行交互,完成自行车的借还操作。

(5) IC卡。公众使用IC卡跟IC卡读卡器交互,进行自行车的借还操作。公共自行车系统需要专门的IC卡来租赁自行车,以实现租赁者身份的识别、自行车辆的解锁和租赁费用的存入和支付。

(6) 服务终端。在每个租赁点均设置有服务终端,包括触摸屏、IC读卡器、无线通信模块等,主要用处为租赁点分布查询、租还信息查询、IC卡余额查询、IC卡故障处理等功能。

(7) 网络通信设备。网络通信设备将控制中心以及各租赁点有机的联系成一个整体。各租赁点通过的锁车器之间通过有线通信方式,降低借还车的故障率,提高效率;各租赁点控制终端通过GPRS等无线网技术跟各租赁点及控制中心互联,以达到实时监控各租赁点借还情况,便于管理。为维系设备的正常工作,防火墙等设备也是需配备的设施。

(8) 后台控制中心。整个公共自行车系统的核心组成部分。负责区域内用户信息、自行车租借信息的管理,并且对各租赁点实时监控。

(9) 后台数据库。后台控制中心的重要组成部分,主要用于储存和管理用户信息、车辆信息、各租赁点借还车的情况以及实时监控数据等。

2. 管理信息系统

（1）车辆管理子系统。车辆调配系统主要用处是对自行车进行信息管理，包括车辆编号、各租赁点自行车配置情况、租赁点的容量和存车辆信息等。

（2）用户管理子系统。主要包含居民办卡信息，身份信息的储存管理工作，并记录居民使用频率、注销挂失服务等信息。

（3）信息处理子系统。处理来自租赁点借还以及租赁点监控信息处理，借还车情况的信息处理，各租赁点借还车情况的统计分析等。将系统自行车的使用信息处理为可用的数据，便于其他子系统的运行。

（4）调配管理子系统。实时通过信息处理中心的数据，得到各个租赁点实时的自行车车辆数以及租赁点的借还率，根据设定的启动阈值得到道路网中各租赁点的调配需求，通过内置模块得出相应的自行车调配计划，指导调配车场的调配车在路网中进行自行车的调配工作。

（5）实时查询子系统。主要分为用户查询和管理员查询服务。面向公共自行车使用者的查询系统能够实时的查询租赁点的位置，各租赁点实时的自行车在桩数，IC卡余额查询等服务；面向管理者的查询服务还包含调配车辆的使用情况以及自行车的使用频率、各租赁点每天各时段的借还车情况等系统运行信息查询。

（6）信息发布子系统。主要通过WEB网站、电台、手机客户端、租赁点自主服务器等终端设备发布实施的天气、已满租赁点、已空租赁点以及暂停服务租赁点等信息，便于居民的出行。目前国内外城市采用的是第三代公共自行车系统，该系统实现了控制中心、客服网点、租赁点、服务终端、锁车器的互联，可实现通租通还，会员注册，数据更新等功能。国内城市上海EVERSAFE系统、杭州神行宝智能系统均可实现通租通还、查询、管理、结算和防范监控功能。

11.2 公共自行车系统构建

公共自行车系统具有"公共"属性，应将公共自行车交通纳入公共交通建设体系，将公共自行车提高到城市公共交通体系有机组成部分的高度加以重视。

根据公共自行车的属性，将公共自行车市场规划目标定为合理经营公共自行车市场，提高公共自行车服务水平，平衡公共自行车的公益性与市场性，实现公众利益与企业经济利益双赢。

11.2.1 公共自行车系统架构形式

为了使现代公共自行车系统实现"通租通还、自动化租还服务、实时信息反馈及调度",公共自行车系统宜采用控制中心、停保调度基地、中心站和一般服务点相结合的系统架构形式,见图11-2。

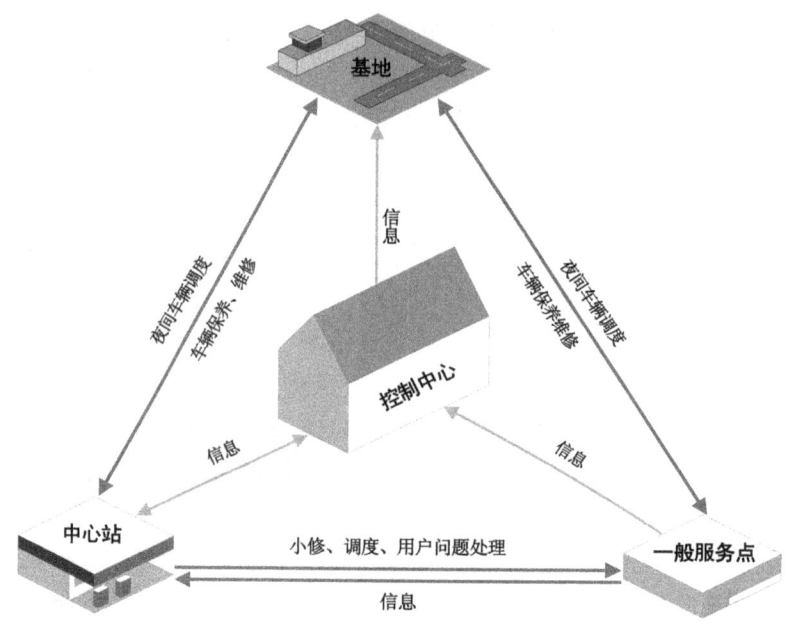

图11-2 公共自行车系统架构示意图

控制中心是整个公共自行车系统的核心,集监控、信息、管理、网络、清结算等模块于一体,主要承担数据收集、处理、交换功能,以实现通租通还、实时故障处理及车辆调度,确保系统服务的可靠性。同时,控制中心还可对租车数据进行分析,便于系统动态优化。

停保调度基地主要负责定期对公共自行车关键部件进行保养、维护,保证车辆的舒适性和安全性。另外,基地还可依据控制中心提供的居民车辆需求信息,在夜间对各中心站、一般服务点的车辆进行调度,调度所用机动车辆也依托基地停放。

中心站为片区公共自行车枢纽,与公交构筑换乘平台。中心站在提供公共自行车租还服务,与公交系统无缝衔接,形成"B+R"系统的同时,还负责片区内各公共自行车服务点的日常运行管理,包括车辆调度(采用电动车小规模、短距离快速调度)、用户问题处理、车辆小问题的流动维修等,是保障公共自行车系统提供优质、可靠服务的核心。

一般服务点作为系统服务终端,提供面向居民的租车、还车服务及相关查询服务。

依托公共自行车中心站为中间载体的系统架构方式不仅可使系统具备其应有特征,同时还可辅助解决公共自行车系统出现的租车、还车难问题,见图11-3。每个公共自行车中心站对应一定范围的服务区域,区域内的一般服务点均归其管理。一般服务点通过张贴中心站管理电话或设置呼叫设备,以利于公共自行车中心站的管理人员进行车辆调度。当系统发现某一般服务点缺少车辆、无位可还或有用户呼叫时,中心站管理人员可将停放车辆运至相应一般服务点上架,也可从邻近一般服务点调度车辆,满足居民租车需求。如果无位可还时,中心站管理人员可在最短时间内抵达对应一般服务点予以解决。解决还车难问题还可向一般服务点附近的店铺、保安、管理人员购买服务,在无位可还时,委托其将车辆下架腾出空位,供还车人停放车辆。

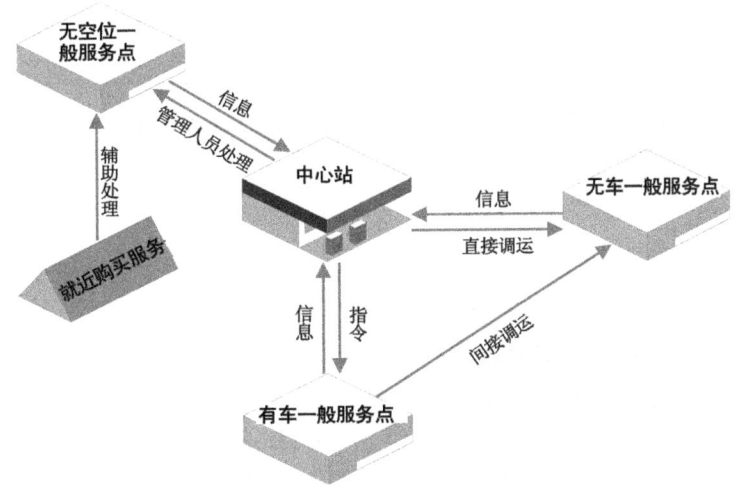

图11-3 中心站与一般服务点协作示意图

11.2.2 公共自行车系统规模分析

1. 站点规模估算

第一步,利用GIS分析确定服务范围,从人口、就业岗位、公交覆盖三方面选择10个能直观有利于公共自行车使用的GIS数据集(表11-1)进行加权,每个数据集光栅化,网格大小为200～300 m,最后计算加权总和。将加权分数大于一定阈值的区域确定为核心服务范围。为使得结果更灵活,将阈值降低10%左右,得到扩展服务范围,会稍大于核心服务范围。服务范围的最终确定最好与模型中的交通小区一致,便于数据的统一。

表 11-1　公共自行车系统的加权光栅分析输入要素

要素		缓冲距离(m)	权重
出行源点要素	14～70 岁之间的本地人口密度	—	0.1
	14～70 岁之间的外地人口密度	—	0.1
出行吸引点要素	工作岗位密度(基于交通小区)	—	0.1
	零售业工作岗位密度(基于交通小区)	—	0.1
	旅游吸引点	500	0.1
	临近公园、休闲场所	500	0.05
网络和设施要素	临近有自行车道的街道	500	0.2
	临近地铁站	500	0.15
	临近公交站	500	0.1

第二步,站点密度约为 9～16 个/km²,得到站点数量的公式,如式(11-1)所示:

$$S = 16A_1 + 9A_2 \tag{11-1}$$

式中　S——建设站点数量(个);
　　　A——服务范围面积(km²);
　　　A_1——核心服务范围面积(km²);
　　　A_2——扩展服务范围面积(km²)。

第三步,确定各类站点数量。使得公共自行车公交点、公建点、休闲旅游点、院校点的规模与居住点的规模大致相当,分别确定每类站点的数量。

2. 配车规模

公共自行车系统规划需要确定的规模包括公共自行车总体规模、中心站和一般服务点的配车规模。其中,公共自行车一般服务点的配车规模需根据实际场地条件和居民实际租车需求确定,而规模分析主要用于确定公共自行车总体规模和中心站配车规模。

(1) 公共自行车总体规模。确定公共自行车总体规模建议采用出行分析法,即依托城市综合交通规划,获取居民出行的相关数据,包括出行率、交通结构等,然后预测未来公共自行车出行量占总出行量的比例,最终结合公共自行车周转率确定公共自行车总体规模。其计算公式如式(11-2)所示:

$$B = \frac{(P_1 N_1 + P_2 N_2)S}{R} \tag{11-2}$$

式中　　B——规划公共自行车总体规模；
　　　　P_1, P_2——分别为规划常住人口、规划流动人口；
　　　　N_1, N_2——分别为常住人口、流动人口日均出行次数；
　　　　S——公共自行车占全方式出行比例；
　　　　R——公共自行车周转率。

考虑众多城市的公共自行车系统尚处于规划或初步建设阶段，获取相关参数较为困难，因此可借鉴同类具有相对成熟公共自行车系统城市的运行数据并结合本地实际进行预测。

（2）中心站配车规模。中心站大多依附于轨道交通车站、公交枢纽、大型公共建筑及休闲旅游设施设置，其人流规模均可进行初步测算，根据场所自行车出行比例及对公共自行车出行量占自行车出行量比例的测算，结合公共自行车周转率，可得到中心站配车规模。其计算公式如式（11-3）所示：

$$b = \frac{pns}{r} \tag{11-3}$$

式中　　b——中心站配车规模；
　　　　p——中心站所依附建筑客流量；
　　　　n——中心站所依附建筑客流自行车出行比例；
　　　　s——公共自行车出行占自行车出行的比例；
　　　　r——公共自行车周转率。

需要注意，公式计算的是中心站配车数量，而不是中心站需设置的停车设备数量。由于中心站一般有人值守，因此可以少配停车设备，而依托人员管理实现有效的租车、还车服务。另外，考虑中心站具有车辆调度功能，建议视其服务范围增加100～200辆公共自行车调度使用，提升整个公共自行车系统的服务水平。

（3）一般服务点规模。根据居民出行链特征，考虑公共自行车的租用目的，选取居民出行起终点作为公共自行车一般服务点，具体划分为以下五类：公交站点、居住点、小型公建点、次休闲旅游点、院校点。具体配车规模需根据实际场地条件和居民实际租车需求确定，一般配车规模为20～30辆。

2. 锁车器规模

按照经济平衡的观点，即建设锁车器超出了需求，造成资源浪费；锁车器建设不足又不能完全发挥公共自行车的社会功能。依靠经验，锁车器数量应比投放车辆数量多一定比例，自行车数量为锁车器数量的60%～70%。国内外城市投放车辆数与锁车器数之比如表11-2所示。

表 11-2　国内外城市投放车辆数与锁车器数之比

城　市	投放车辆数	锁车器数	比　例
巴黎	23 900	40 421	1∶1.69
里昂	4 000	6 400	1∶1.60
纽约	10 000	14 500	1∶1.45
杭州	78 000	100 000	1∶1.28
嘉兴	7 800	11 802	1∶1.51
兰州	4 000	4 900	1∶1.23
芜湖	12 000	15 600	1∶1.30
株洲	10 000	13 000	1∶1.30

11.2.3　公共自行车站点布局规划

1. 公共自行车站点布局形式

公共自行车站点布局主要有两种形式："规模等级化,布点密度统一化"与"规模标准化,布点密度等级化"(见图 11-4)。第一种形式网络密度均匀,形成一定布设间距的站点网络,并对使用需求量规模区分对待,在保证系统正常运行的情况下,有效利用设施资源。第二种形式中站点间距不一,影响系统网络的便利使用,不能满足使用量差异的需求。一般推荐布局形式一。

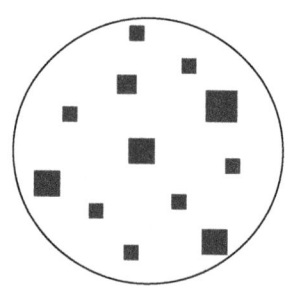

布局形式 1:规模等级化,布点密度统一化　　布局形式 2:规模标准化,布点密度等级化

图 11-4　公共自行车站点布局形式

规划建设一个城市公共自行车项目往往采取"一次规划,分期建成"的方法,先建成运作的部分可以作为规划调整的参考。分期建设有两种策略:小范围高密度和大范围高密度。

(1) 前期小范围高密度覆盖,后期扩大范围。公共自行车需求预测的结果必然是存在高需求区域和低需求区域。这种布局方法是出于对需求旺盛的区域优先的考虑,即在需求旺盛的小范围建设高密度的公共自行车服务站点,目前低需求区域暂不开通公共自行车服务,留待后期建设。这种方法的优点是符合需求差异化的原则,保证开通公共自行车系统的区域能享受较好的服务,缺点是政府公共行为的不公平,限制了低需求区域的市民享有公共自行车服务。

(2) 前期大范围低密度覆盖,后期加密站点。为使得更多的人能享有公共自行车服务,可采取低密度站点的布局方法,服务范围最大化,后期建设再根据实际需求在需要加密的区域新建站点,改善服务。这种方法优点为政府做法兼顾公平、全民享有,有了运行数据使得加密站点时更有针对性,缺点就是初期站点密度较疏,难以保证高质量的服务。

2. 公共自行车站点布点总体原则

公共自行车站点系统需要达到一定的规模,且分布均匀,平均密度建议值为 $3\sim5$ 个$/km^2$。

➤ 考虑与公交站点、住宅、公建、景点等人流产生吸引点的结合,加强与社会停车场、中学等的结合布置,提高中年、青少年人群的使用水平;深入居住区、大专院校内部设置,贴近出行终端;

➤ 公共自行车站点应明显易辨认、方便维护,不会造成公共空间堵塞和阻碍其他出行;

➤ 公共自行车站点一般不在现有人行道上布设,除非人行道非常宽,公共自行车站点可布设在设施带上;一般不在大型广场上布设,而是布设在其附近,对于带有绿化的大型广场可例外;

➤ 应在城市主干路的垂直方向布设,有名胜古迹的街道也应布设在其垂直方向;需要在名胜古迹附近布设时,通常布设在建筑物的背面;

➤ 布设在人行横道附近,这样更加明显,可不安装公共自行车站点指示牌;行道树间的空间非常宽时可以布设,标志牌可树立在行道树间,使其融入整体景观设计中。

3. 公共自行车中心站布局规划

中心站布局规划应着重考虑以下三方面问题:

(1) 与用地和轨道交通、公交系统的结合。公共自行车中心站作为片区枢纽,应构筑与轨道交通系统、公交系统的衔接平台,实现不同目的地出行的便捷转换,充分发挥公共自行车解决公交最后一公里问题的作用。

(2) 服务半径。规划以解决还车难问题作为确定中心站服务半径的依据。用户还车难问题需依靠工作人员骑自行车抵达各一般服务点进行处理,如果自行车车速取 $10\sim12\ km\cdot h^{-1}$,从拨打还车电话开始用户的等待时间为 10 min,则中心站的服务半径应为1.6～2 km,再考虑信号延误、维修人员忙碌程度的适当折减,中心站的服务半径可确定为1.2～1.6 km。考虑不同区块地形各异,为确保系统有效运行并提升服务水平,建议中心站的覆盖率设定为64%左右。在此情况下,道路条件较好时基本可实现服务半径的全覆盖。当然,如果工作人员骑电动自行车处理用户还车难问题,则可缩短用户等待时间,提供更为及时的服务。

(3) 场地条件。规划应对拟建中心站的场地条件进行初步判断,确保有足够场地用于设置服务空间、停放公共自行车及调度用车、设置工作人员休息设施等,以确保为用户提供优质服务。其中,公共自行车的停放可以采用支架式,节约用地。

建议将公共自行车中心站设于轨道交通车站、公交枢纽、大型公共建筑及重要旅游休闲设施附近,按设定的服务半径目标,结合用地规划和相关轨道交通规划、公交系统规划,最终确定公共自行车中心站的布局。

4. 公共自行车一般服务点布局规划

(1) 布局规划原则。合理的站点是指站点间隔合理,站点位置显眼,易被高效利用,是保证公共自行车系统高效利用和周转的关键。根据公共自行车系统的功能及定位,一般服务点的布局规划应坚持"衔接公交,构筑'B+R'系统,疏密有致,重视休闲旅游,内外兼顾,就近布点"的总体原则,最大限度发挥系统作用。

(2) 布局规划思路。

① 公共自行车一般服务点密度应大于公交车站密度。公交车站的间距为500～800 m,即步行距离为250～400 m;通常步行平均速度为3.0～4.0 km/h,按步行抵达一般服务点时间为3 min计算,一般服务点服务半径可确定为150～200 m。

② 突出换乘,公交优先。建设公共自行车系统的目的在于提供与公交的便捷换乘服务,解决公交最后一公里问题,提升公交服务水平,促进城市交通可持续发展。为此,布局规划应充分考虑一般服务点与公交车站的衔接,优先布置紧邻公交车站的一般服务点,形成无缝换乘,实现系统的建设目标。

③ 大小并举,疏密有致,深入出行终端。不同区块、不同类型用地,其一般服务点的规模及密度应有所差别。城市中心区用地紧张、功能集中,居住区、大型公共建筑等人流量较大,为此要求以上区域的一般服务点布局应在落实公交车站布局的基础上,坚持"高密度,小规模"布点,并可设于地块内部,实现公交与出行终端的紧密衔接。相反,城市外围区块中的工业、科研区块人流集中度不高,可结合地块出入口,按"较低密度,较大规模"布点,节省投资,提高利用率。

④ 有机衔接城市休闲旅游设施。公共自行车交通不仅是城市公共交通的组成部分,同时也具有休闲旅游功能。一般服务点布局需结合城市主要休闲旅游设施设置串联衔接的高质量服务点,并配设相关服务人员,提高城市休闲旅游品质。

5. 公共自行车停保基地布局规划

公共自行车停保基地的功能为停放夜间调度所用机动车辆,同时临时停放报废车辆及新购车辆,并储存大件零件。公共自行车停保基地的场地规模相对有限,而调度所用机动车多为大型车辆,因此建议将公共自行车停保基地结合公交停保场设置,要求公交停保场内提供相应的调度车停车泊位及公共自行车和零配件存储空间。

6. 站点选址

站点选定一般通过实地观测和周边潜在用户的意见征询确定。实地观测主要观测备选站点是否有可放置公共自行车空间;潜在用户意见征询主要了解未来用户量,以及对站点的位置的要求。

7. 布设方式

(1) 路边租赁点。路边租赁点两侧由1个或者2个长方形的花岗石保护,根据车流方向用指示牌或挡车桩标示,见图11-5。为了避免堵塞公共空间并使路边停车线尽可能短,必须优先考虑将租赁点设置在交通方向的右侧以及人行横道或交叉口的上游,这样就可避免安装护栏,骑车者可以从主要干路或自行车道直接进入租赁点。

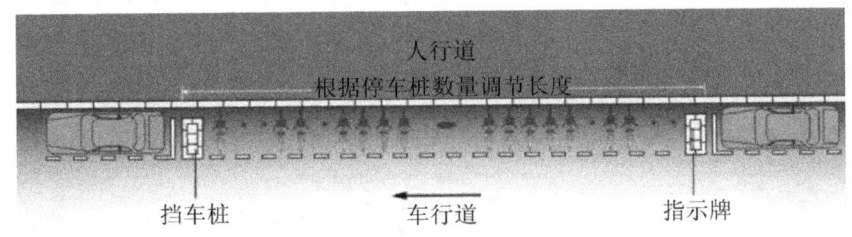

图 11-5 路边租赁点布设图

(2) 人行道上的租赁点。

① 有机动车停车泊位。在人行道上有港湾式机动车停车泊位的情况下,要使公共自行车系统融入城市景观,最理想的解决方案是将租赁点布设在现有停车泊位的延伸段上。租赁点只需一个指示牌或挡车桩就可以隔开机动车,见图11-6。同时,租赁点必须铺设成与机动车停车泊位相同的路面。

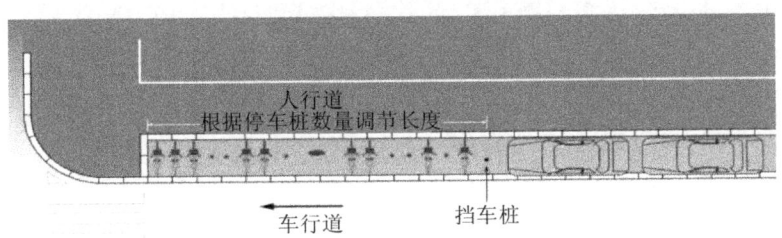

图 11-6 有机动车停车泊位的租赁点布设图

② 无机动车停车泊位。在人行道上布设租赁点不能占据行人步行空间,宽度小于 6 m 的人行道不适合布设租赁点。租赁点最好布设在人行道的边缘,见图 11-7,并恢复所占空间原来的道路铺面。

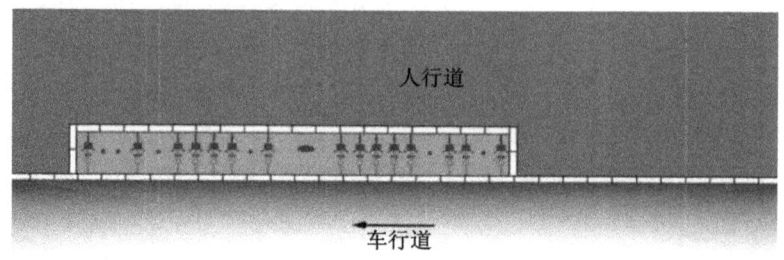

图 11-7　无机动车停车泊位的租赁点布设图

(3) 城市设施附近的租赁点。在较宽的人行道上,租赁点可布设于各种不同城市设施(如公共汽车候车点、电话亭、路灯等)之间。以租赁点布设在排列成直线的行道树间为例进行说明,巴黎行道树通常间隔 7 m 左右,即两棵树之间最多可安装 6 个停车桩,见图 11-8。若行道树间的空间太小,租赁点应布设在行道树的外侧,但服务终端宜设置在人行道的行道树轴线上,并位于租赁点中心,见图 11-9。

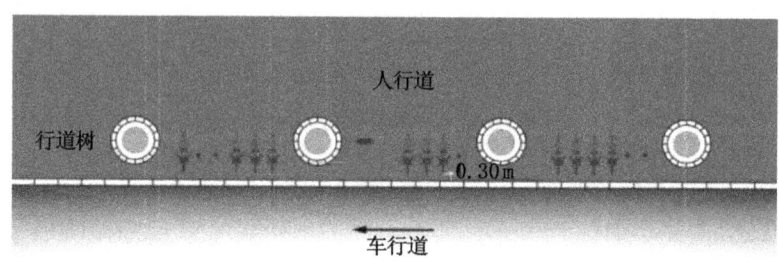

图 11-8　行道树间租赁点布设图

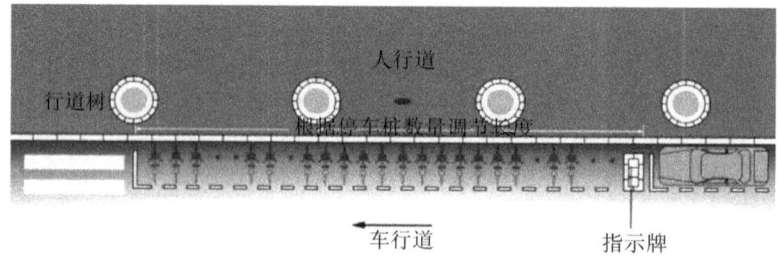

图 11-9　行道树边缘租赁点布设图

11.2.4 公共自行车站点设施及人员要求

每个公共自行车站点包含自行车、锁车器、服务终端三要素,部分站点还设有管理用房。进行公共自行车系统设计时,应保证租赁点与城市景观很好的融合。同时,使用者能够很方便地找到租赁点。

1. 自行车和锁车器

统一的外形、颜色、材料可以让使用者很容易辨认出哪些停车桩、自行车是公共自行车系统的构成设施。自行车外形要与普通自行车尽可能相似,制作尽可能精细。颜色基调不建议使用城市公共空间的特色颜色,推荐使用单一的颜色。自行车和停车桩上的标志和文字也应使用单一颜色,自行车的名称最好放在车架上。任何情况下,车轮都不可以用来张贴广告,停车桩也不应出现广告。

功能方面,自行车前后均应安装车灯,车轮上应设置反光条(reflective strips),以便在夜晚或恶劣的路况条件下保证使用者的安全。租赁点两侧的停车桩可以加上照明装置。自行车座应可调节高度,适用于不同使用人群。自行车筐要有一定的空间,便于使用者放置物品,推荐使用结实耐用的镂空金属设计。

租赁点锁车器与自行车尺寸关系见图 11-10。

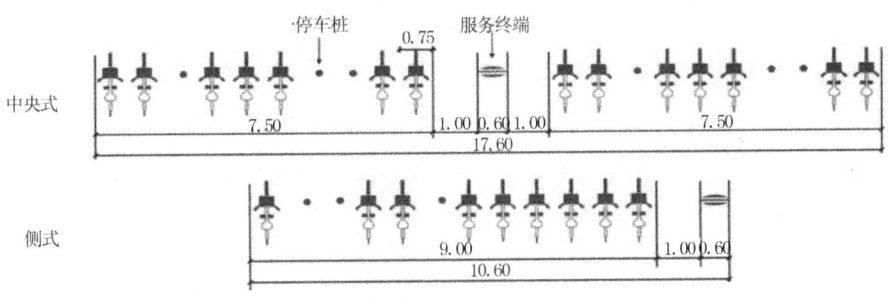

图 11-10 锁车器与自行车尺寸关系图

2. 服务终端

服务终端是供使用者通过刷卡实现借车和还车的设备。其布设形式分为中央式和侧式两种,16 个及以上停车桩一般选择中央式。服务终端应尽量采用小尺寸,最高不超过 2 m,应尽量减小宽度和厚度。服务终端可加入照明装置,在适当的位置放置公共自行车标志和文字,与照明一一对应,以加强夜晚的可视度,便于远距离辨认。

3. 管理用房

管理用房长 3 m 宽 1.8 m,放置数据传输、处理设备、监控设施、IC 卡办理及充值设备等,并作为管理人员的休息场所。

4. 人员配备

3~4个服务点设一名维修兼管理人员,负责邻近服务点的车辆维修、调度等。

11.3 公共自行车系统建设与运营

11.3.1 公共自行车系统建设运营模式

目前,公共自行车系统建设与运营模式并非完全一致,主要有三种建设运营模式:政府投资、企业运作的半市场化模式;政府出资的服务外包模式;政府主导、企业投资的完全市场化模式。

1. 半市场化模式

运作方式:政府直接指定市控股国有企业(如公交集团、地铁公司等)或由该企业新组建成立的公司负责运作公共自行车系统;政府投入资金,主要用于硬件购置、智能系统开发和基础设施建设,并免费提供土地;同时,将公共自行车系统的资产划拨给指定公司,并给予企业其他商业资源;运营公司具体负责运营、维护、调度等,后续的建设、运营、维护资金由运营公司自行解决。

优点:有利于系统快速建设,推动国有企业发展,确保系统的公益性;政府部门运作的模式在公共自行车系统建设时不需要多重的审批手续,布点选址方面不需要太多协商,比较容易落实。

缺点:这种模式下政府负责公共自行车系统基础设施的建设,资金压力大,限制了网点规模从而使公共自行车系统难以得到很好的推广;另外,政府部门要承担公共自行车的运营维护和管理,工作负担加大,不够专业化的同时使效率更加低下,而且多个政府部门间的成本收益结算也难以进行。

适应性:地区发展水平差异较大;政府能够提供商业资源补偿。

典型城市:杭州。

2. 服务外包模式

运作方式:政府通过招标,选择拥有公共自行车运营资质的企业,政府和企业签订服务购买合同,规定双方的责任和义务;政府在合同期内每年拨付企业购买服务费用,并给予一定的商业资源;运营企业全权负责系统的建设、运营、维护等。

优点:实施专业化分工,政府部门通过政策引导、财税优惠、财政补贴等措施对租赁企业加以引导和扶持,能减轻各企业的负担,使网点建设规模化,同时,政府部门通过对租赁行业的统一规范管理,对各企业租赁点的用地权属进行划分,引导各企业紧密合作,有利于提高公共自行车系统运行效率,节约成本,确保系统的公益性。

缺点:政府对租赁企业的支持容易使自行车租赁企业形成依赖,自行车租赁企业要发挥主观能动性,积极开拓盈利渠道,尽早实现盈利。

适应性:政府有稳定的财政投入保障。

典型城市:上海、苏州、镇江、巴塞罗那。

3. 完全市场化模式

运作方式:政府通过招标,选择拥有公共自行车运营资质的企业。企业是项目的投资主体,政府作为项目的倡导者,一次性给予商业资源作为项目补偿;运营企业全权负责系统的建设、运营、维护等,自负盈亏。

优点:市场化运作更加独立化、专业化,若直接由公共自行车及其配件生产厂家运作还可降低技术成本,例如北京朝阳区的便民自行车,由永久自行车公司运营,成本收益结算也比较容易;政府无财政投入,运作简单。

缺点:作为一项公益服务,公共自行车的市场化运作存在不少弊端:第一,由于市场化运作的盈利性质,自行车的租赁押金和租金偏高,与公共自行车的公益性背离,吸引力不大;第二,当整个城市的公共自行车系统由一家企业运营,公司所承担的运营资金和管理成本较高,投资来源不足,往往没有足够资金大规模布设试点,若只选择小范围地区进行试点,造成租赁点密度低,难以达到规模化运作,即使能异地借还,但是借还不方便,很难得到市民的认同,效果不理想,另外,租车者常常不方便找到租赁点停放自行车,只能自行保管,当自行车一旦丢失就需要赔偿,按照协议被扣除押金,自行车失窃的风险会限制公共自行车的推广;第三,当整个城市的公共自行车系统由多家企业运营,各公司所承担的运营资金和管理成本较小,但由于企业的盈利性质,公司之间相互竞争,不紧密合作,自成一体,城市内各企业的租赁点不联网运营,公共自行车的租借不方便,推广效果不佳,另外,同城企业在处理租赁点场地的权属问题上需要协商的环节较多,很难在短期内大规模布设试点,往往导致城市公共自行车交通系统的凌乱,难以得到推广;第四,纯商业化的运作难以盈利,公共自行车系统的持续性难以得到保障,自行车租赁企业不但需要负责公共自行车设施的购买,还需要支付管理人员的工资,自行车的维护费用等,经济负担很重,很难实现盈利,除了押金和租金,公共自行车最主要的盈利方式是车体和车棚广告费,但从上海等地的运行情况来看,这些收入不足以弥补企业的投入,然而,企业运营这种市场化运作决定了公共自行车的盈利性,盈利性决定了运营公司在公共自行车的推广和维系中必须适当获利,否则公共自行车系统难以长存,事实上,许多城市自行车租赁企业无法实现盈利最终倒闭,公共自行车系统得不到成功推广。

适应性:地区发展水平高;政府能够提供商业资源补偿。

典型城市:武汉、巴黎。

城市公共自行车系统规划应结合城市实际选择适宜的建设运营模式。通过国内外公共自行车系统运行状况对比,从公共自行车系统纳入城市公共交通体系、提供公益性服务角度出发,建议采用半市场化模式或服务外包模式,尽量避免采用完全市场化模式。

11.3.2 公共自行车建设运营方案

1. 经营权授予

公共自行车作为一种公共产品,同其他公用产品一样采取特许经营方式,特许经营权授予有两种方式:直接授权和公开招标。直接授权是指政府按照有关法律、法规、规定直接将公共自行车系统的经营权特别授予符合条件的经营者。公开招标是指通过市场竞争机制将公共自行车系统的经营权授予经营者。两者的区别在于企业获得经营权的方式有所不同。杭州采取的是直接授权的方式,杭州市政府直接将公共自行车系统的经营权交由国有企业杭州市公共自行车交通服务发展有限公司,巴黎、巴塞罗那、上海均采取的是通过公开招投标的方式确定公共自行车系统的经营者。

2. 经营期限

企业经营期太短,投资回收期也短,企业成本回收较难,降低企业参与意愿;若经营期过长,不利于政府的监管,不能有效促进企业改进服务质量。根据公共产品的服务特性,参考其他城市相关经验,公共自行车系统经营期限为5～10年。

3. 经营方式

公共自行车系统的经营方式有两种,一种是分区经营,另外一种是分点打包经营。

分区经营是按照行政区域或者地形环境划分为若干个区域,企业按照划分的区域经营。分区经营对政府财政投入要求大,但是易于系统分区管理。分点打包经营是根据各租赁点的规模和条件,将租赁点"肥瘦"搭配在一起打包交由企业负责运营。分点打包经营对政府财政投入要求少,有利于落后地区公共自行车系统发展,但由于租赁点分散对企业的运营能力要求较高,政府监管比较困难。两种经营方式对比分析如表11-3所示。

表11-3 经营方式对比分析

经营方式	企业数量	优点	缺点
分区经营	1～2家	便于分区管理	财政投入较大
		便于自行车调度	
分点打包经营	3～5家	可同时保障滞后区公共自行车建设,实现互补	区域分块较多,高峰期自行车调配困难
		减轻政府财政支出	不利于主管部门监管

5. 政府和运营企业职责

三种建设运营模式下，政府和企业所承担的工作和责任存在差异。公共自行车系统建设运营模式中政企职责划分如表 11-4 所示。

表 11-4　公共自行车系统建设运营模式中政企职责划分

工作分项		半市场化模式		服务外包模式		完全市场化模式	
		政府	企业	政府	企业	政府	企业
建设标准、监督考核办法制定		是	参与	是	参与	是	参与
操作规范、应急预案制定		是	参与	是	参与	是	参与
服务点布设、停保基地规划		是	否	是	否	是	否
票价制定		否	是	是	是	否	是
基建建设	服务点建设	否	是	是	是	否	是
	停保基地建设	否	是	是	是	否	是
	标志、标线、设施建设	否	是	是	是	否	是
	车辆购置	否	是	是	是	否	是
	智能系统开发或引进	否	是	是	是	否	是
	运营	否	是	否	是	否	是
	维护	否	是	否	是	否	是

6. 服务时间

服务时间可以分为两大类：24 h 服务和非 24 h 服务。目前，大部分城市提供公共自行车 24 h 服务，小部分城市未提供 24 h 服务，非 24 h 服务时间多种多样，可以概括成四种：普通、月份差异、季节差异和租还差异（见表 11-5）。为了实现公共自行车的方便性、公益性，建议提供 24 h 服务。

表 11-5　非 24h 服务时间

类型	代表城市	服务时间
普通	里约热内卢、广州、西安、宝鸡、常德、佛山、九江、南昌、义乌、东莞	6点至21点，6点至22点，6点30至24点，7点至19点，7点至20点，7点至22点，7点至24点
租还差异	巴塞罗那、兰州	租车：5点至24点，还车：24h；租车：7点～21点，还车：24h
月份差异	北京朝阳区	4～10月：6点至21点，11～3月：6点30至20点
季节差异	呼和浩特、烟台	夏：6点至22点，冬：6点30至21点；夏：6点30至20点30

7. 免费使用时间

为了提高公共自行车的吸引力以及展示公益性的本质，又由于公共资源是有限的，为了提高公共自行车的周转率，采取了"短低长高"策略，即短时间、短距离出行免费或低收费，长时间、长距离高收费，因此存在免费使用时间，世界上各个城市的免费使用时间存在差异，国内一般在1~2 h，有少数为3.0 h或4.0 h，国外基本为0.5 h。免费使用时间可参考同类城市和根据城市自身的空间结构、居民出行习惯等因素确定。各城市免费使用时间如表11-6所示。

表11-6　城市免费使用时间

免费使用时间(h)	城　　市
0.5	里昂、巴黎、巴塞罗那、华盛顿、伦敦
1.0	杭州、广州、镇江
1.5	重庆开县、苏州工业园区、珠海
2.0	常德、昌源、广安、柳州、洛阳、南京、遂宁、台州、新津
3.0	济宁、岳阳、株洲、邵阳
4.0	惠州、池州、南昌、武汉

8. 诚信积分制度和收费制度

诚信积分制度即运用积分和保证金的形式对租借车行为约束，当超过免费使用时间时，通过积分或者不良记录的形式，对使用者进行管制。上海、绵阳、宜兴、池州、苏州工业园区等城市采用此种制度。各城市诚信积分制度如表11-7所示。

表11-7　诚信积分制度

城市	积　　分
武汉	超过4 h，记不良记录1次，累计3次不良记录，取消租车资格。24 h未还车者，取消租车资格。长期不还(超过72 h以上)，将从账户中扣除保证金
池州	超过4 h，记不良记录1次，累计3次不良记录，取消租车资格。24 h未还车者，取消租车资格。长期不还(超过72 h以上)，将从账户中扣除保证金
成都金牛区、都江堰	诚信卡内100分，2 h内还车加1分，每天不超过2分。超过2 h，扣10分，超过4 h，扣30分，超过12 h，扣50分，超过24 h，扣100分。积分为0时不能再借车
上海、绵阳	诚信卡内100分，2 h内还车加1分，每天不超过2分。超过2 h，扣10分，超过4 h，扣30分，超过12 h，扣50分，超过24 h，扣100分。积分为0时不能再借车
洛阳	诚信卡内100分，2 h免费，超过2 h每小时扣10分，每天扣分上限为50分，当天未还车扣10元/天

续表

城市	积 分
南昌	超过4h,记不良记录1次,累计3次不良记录,取消租车资格。24h未还车者,取消租车资格。长期不还(超过72h以上),将从账户中扣除保证金
苏州工业园区	诚信卡内100分,1.5h内还车,超过1.5h,每次扣20分,积分为0时,不能借车
宜兴	诚信卡内100分,第1小时不扣分,第2个小时:扣1分;第3个小时:扣2分;第4个小时:扣3个分,4以上按一天计算,扣20分/天,扣完不得借车

收费制度是利用金钱对租车行为约束,目前,大部分城市均采用此种管制形式。收费制度中的使用资费包括押金和租赁费用。

(1) 押金。押金首先可以保证用户按时还车并保持车辆的完整性,另外在财务方面补贴车辆购置费,降低运营公司的财务压力。押金收取一般为200元、300元或400元。

(2) 租赁费用。由于公共资源是有限的,为避免公共自行车被长时间占用,对于超过免费使用时间的时间段进行收费。收费标准分为统一标价和分时段标价,还可以设定每天收费的上限,国内城市收费标准可见表11-8。

表11-8 超时收费标准

城市	超时收费
杭州、广州	1h免费,1~2h,1元,2~3h,2元,3h以上,3元/h
兰州	1h免费;1~3h,1元/h;3~12h,3元/h;12~48h,5元/h;>48h,10元/h
沈阳	1h免费,第2个小时1元,>2h后,2元/h,最高1天30元。
南宁	1h免费,超过1h,2元/h,24h最高收费46元
拉萨	1h免费,1~2h 1元,2~3h 2元,3h以上,3元/h,24h最高收费66元
昆山、徐州、镇江	1元/h

9. 票种及支付手段

为满足不同需求,公共自行车系统提供多样化的租赁卡,可以提升公共自行车的吸引力,增加公共自行车的周转量,进而可提高公共自行车的广告价值,增加企业收入。租赁卡的种类有年卡、月卡、日卡和临时卡。年卡和月卡主要针对长期使用公共自行车系统的用户,日卡和临时卡主要针对旅游者和临时使用公共自行车的用户。

支付手段主要有租赁IC卡和公交卡两种。在我国城市运用中,若直接引进已成功的系统,系统自带的自行车IC卡需考虑与当地公交卡的兼容,技术难度较大。

若研究开发新的运行系统,直接拓展当地公交卡的功能,使其与租赁系统兼容,技术容易解决。

IC 卡根据用途主要分为临时卡和固定卡。临时卡一般用于公共自行车临时、短期的租借,主要针对临时租用者和旅游者;固定卡用于公共自行车长期、高频的租借,主要针对城市常住居民。国内外城市租赁卡种类和支付手段如表 11-9 所示。

表 11-9 国内外城市租赁卡种类和支付手段

城市	租赁卡种类	支付手段
巴黎	日卡、月卡、年卡	自行车 IC 卡
巴塞罗那	临时卡、年卡	自行车 IC 卡
杭州	临时卡、年卡	自行车 IC 卡、公交卡
上海	年卡	自行车 IC 卡、诚信卡

10. 智能服务系统建设

目前国内外都是采用第三代公共自行车系统,该系统实现了控制中心、客服网点、租赁网点、服务终端、停车桩的互联,可实现通租通还,会员注册,数据更新等功能。根据我国城市发展水平,可以直接引进已成功运行系统,也可以在科技发达的城市委托当地高科技企业自行开发。两种方式的对比分析见表 11-10。

表 11-10 智能服务系统建设方式

方式	优点	缺点
委托本地高科技企业自行开发	根据市民需要,全面设计适合实际情况的智能系统	系统设计、建设、调试耗时较长,稳定性有待检验
	促进本地企业发展,创造自主品牌系统方便及时更新换代	
直接引进系统	系统已在多地成功运行,较成熟,稳定性好,建设周期短	投资较大系统维护不便

11.4 公共自行车系统推广保障机制

11.4.1 规划与管理机制

1. 加强城市总体规划中的相关内容

城市总体规划(简称总规)作为综合层面的公共政策,应引导包括城市交通在内的各方面发展。总规宜根据城市交通发展需求、居民出行特点和土地利用状况，在不同区域实施因地制宜的政策。如在交通集聚度高、土地供应紧张的城市中心区，在条件允许的情况下设置自行车专用路，鼓励"B+R"；在中心区外围土地供应相对宽裕、自行车出行环境较差的地段，设置自行车专用道，改善出行环境，提高交通效率；在城市边缘地区，自行车主要用于TOD模式下社区内部的交通联系和社区与公共交通车站的接驳。在城市休闲景观带和旅游风景区，适当为观光和健身设置自行车专用道路。

2. 自行车专用道规划

解决好自行车路权问题，"各行其道"是根本办法。应单独设置自行车专用路或在机动车道两侧设置与其完全隔离的自行车专用道。规划原则包括：①保证自行车交通的连续性，尽可能使自行车专用道形成网络；②调整与优化现有道路。必须新辟道路的，则在能满足居民出行要求的前提下尽可能寻找成本低、影响小的方案；③自行车专用道应与公共交通车站连接，建设"B+R"换乘系统；④重视自行车专用道的环境设计，如采用专用色和专用标志，提高照明和绿化质量等。由支路改成自行车专用道给沿线单位机动车出入带来不便的，可通过给相关单位发放定额车辆通行证，解决车辆出入问题，以减少道路改造的影响。

3. 加强社会团体与部门合作

PBS涉及规划、城建、交通、城管、工商、公安、行政管理以及自行车生产商、PBS配套设施厂商等多个部门，部门间的合作和利益协调程度将决定系统能否顺利实施。新建PBS租车站的土地归属权问题，如何吸引社会团体加入以及利益分配等问题都需要协商解决。推广PBS必须改变各自为政的管理局面，加强部门间的协商与合作，平衡部门间的利益分配，制定"多赢"的公共政策。

11.4.2 社会意识与宣传机制

1. 提高认可度

在制定可持续发展的交通政策中，除了限制环境污染性交通方式和提供令人满意的交通工具（如清洁汽车、自行车等）外，很重要的一步是吸引市民对交通环境可持续的关注并且将这些可持续的交通工具不断地宣传和推广。自行车作为一种集交通、娱乐、健身等多功能于一体的绿色环保产品，骑自行车代表着先进的可持续发展理念，代表着时尚，因此可以作为可持续发展的交通工具推广，提升其在民众中的认知度、认可度。

2. 加大媒体宣传

PBS的使用者主要有3类人群：短距离出行者、长距离"B+R"出行者、旅游或健身等非常规目的的出行者。针对上述人群，报刊、网站、电视、杂志等具有新闻和舆论导向作用的媒体应进行自行车交通的正面宣传。

11.4.3 经营与运作机制

1. 科学调配公共自行车

不同位置的 PBS 租车站具有不同的使用需求。在地铁站,自行车与地铁换乘存在双向需求,自行车的存取基本能自动达到平衡。而在一些单向客流的租车站,如居住区附近,就需要专业人员通过电脑信息统计实时监控租车站的剩余车辆数,并通过专运小货车运输、合理调配,保证能及时满足高峰时 PBS 的使用需求。

2. 合理确定押金和使用费用

合理确定押金和使用费用是 PBS 运行成功与否的关键因素之一。费用过高会使部分客源转向其他交通方式,过低则无法维持系统正常运营。制定使用费用需以该城市居民普遍可承受为原则,经工商管理、交通、公安等多部门协商后确定;也可结合国外"鼓励使用,用完速还"的思想,根据使用时长的不同定价,在短期内免费使用或低收费,租用时间越长收费越高,以保证公共自行车的周转率,为更多出行者服务。使用费用制定后并非不可更改,试运行一阶段后可举行价格听证会,根据实施情况和居民意见适当上浮或下调使用费用,以引导人们在合理的时间和距离范围内使用 PBS。

3. 考虑成本与收益平衡

如何实现 PBS 成本与收益的平衡,应分政府运作和企业运营 2 类进行操作。对于政府运作的 PBS,前期可由政府补贴,待推广一段时间城市交通状况有所改善后,将原来用于解决交通拥堵的人力和资金中的一部分投入 PBS 的日常运营和扩大建设;对于企业运作的 PBS,可借鉴巴黎和哥本哈根采用的广告置换方式,以及伦敦采用的手机运营商与自行车出租公司合作的方式。

第12章 步行与自行车交通规划保障体系

12.1 步行与自行车交通规划保障体系框架

12.1.1 步行与自行车交通规划实施效果影响因素

1. 法律法规

目前我国城市交通政策的制定,多以机动车、公交车为主体,少有专为步行与自行车出行者设立的政策,对步行与自行车交通出行权益的保障不足。以车为本的思想漠视了步行与自行车交通的合理地位,在城市规划中,城市交通发展战略规划鲜有提及步行与自行车交通,设计师及决策者考虑的首要问题是如何使机动车快速地通过,车行道越来越多,马路越来越宽,人行道与自行车道空间却一再地被削减,大量的人车冲突、交通事故及社会矛盾因此而生。

2. 配套政策

城市步行与自行车交通系统规划不仅需要做好本身的规划内容,还需要在政策、机制、平台建设、资源利用、组织保障等方面对步行与自行车交通的发展提供支撑。规划作为一种蓝图式的构想,需要具体的配套政策才能将构想变为现实。在规划阶段,尤其需要关注财政、用地、人力资源等方面相关配套政策和标准的制定,以保证规划内容的顺利落实。

3. 规划协同

步行与自行车交通规划作为城市交通系统与公共空间的组成部分,与其他各交通专项规划、城市总体规划、城市控制性详细规划、城市生态规划、历史文化保护规划、市政设施规划等专项规划都有着千丝万缕的联系。规划时应充分考虑步行与自行车交通系统与其他城市系统在空间资源和时间资源上的协调,与各专项规划做好衔接协同工作。

4. 组织机制

由于步行与自行车交通规划内容涉及面广、实施难度大,需要相关部门和单位的密切协调。因此,完善组织机制,明确规划实施责任主体、监督主体和协调主体,是推动步行与自行车交通规划成果落实的重要保障。在规划阶段就应做好规划实施相关的组织机制设计,实现规划保障的机构组织和职能法定化。

12.1.2 步行与自行车交通规划保障体系

步行与自行车交通发展是一个全面性、系统性的问题,牵扯到规划、建设、运营、管理等方方面面,政府、企业、公众都有各自的责任和义务。如何完善而平衡的确定各方在步行与自行车交通规划过程中所承担的角色和任务,确保在之后的建设、运营、管理中系统能够有效运转,是步行与自行车交通规划保障体系构建过程中最为重要也是亟待解决的关键问题。研究步行与自行车交通系统规划保障体系的成果可全面为政府决策提供依据,为地方推进步行与自行车交通系统的完善与发展提供有力保障。

目前国内各城市的步行与自行车交通规划多停留在实践经验借鉴和探索阶段,完善的保障体系及社会共识尚未建立。结合现状城市与交通发展状况,应切实完善相应政策特别是法律法规,为各项保障措施打好基础;在资金筹措、用地保障等配套政策上进行系统性的研究;着力关注与城市规划及各专项规划之间的协同机制;建立合理的组织机制确保工程建设与后期维护管理的顺利运转。因此,应构建一个体系完备、内容详实的步行与自行车交通规划保障体系,协同全社会的力量共同推进我国步行与自行车交通的完善与发展。

构建步行与自行车交通规划保障体系应首先构筑完善的法规保障;在明确上层法规的保障后,应制定在规划阶段对应的、具体可以落实的相关配套政策,明确步行与自行车交通在城市交通系统中的地位和作用;协调各项规划间的关系以确保步行与自行车交通系统在建设、管理过程中的协调、有序的发展;建立适应步行与自行车交通规划的组织机制,促进步行与自行车交通和谐、健康发展,总体保障体系框架如图 12-1 所示。

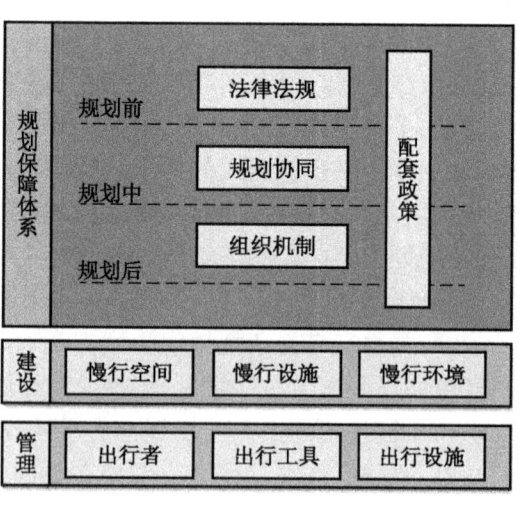

图 12-1 步行与自行车交通规划保障体系框架

12.2 法规保障体系

目前我国步行与自行车交通规划的瓶颈不仅在于认识上的不足,在投入能力和行动效率上也有所欠缺。步行与自行车交通规划牵涉到方方面面的具体事务,不仅包括基础设施的强化建设,更需要从法律法规上完善对步行与自行车交通规划的控制和指引,使发展步行与自行车交通的相关具体要求得到良好的落实。

12.2.1 法规保障原则

步行与自行车交通规划法规保障应坚持以下原则:

1. 协调统一原则

由于我国的法律法规是由多层次的、效力等级各不相同的法律规范组成,在注意保障步行与自行车交通基本权益的同时也必须注意与整体法律法规体系的协调和统一,除了上下层级之间法律规范的协调统一以外,还应重视各立法主体应当及时掌握因客观情况变化而引起的立法滞后状况,及时对法律规范进行立、改、废,使之适应客观形势。

2. 社会公平原则

步行与自行车交通事业的基本宗旨是为全社会不同阶层、不同收入的人群提供公平的出行机会,保障公民的基本出行权,因此,保障步行与自行车出行权益的相关法律法规应突出社会公平原则。其内涵包括两个方面:①代内公平。步行与自行车交通规划的成果应适应不同地区、不同阶层的需求,尤其是满足弱势群体的出行需求,保障人与人之间公平的出行权,谋求共同发展;并在此前提下,不排斥个性化、多样化发展。②代际公平。强调通过大力发展步行与自行车交通,促进低碳出行,保护自然生态环境,使后代人能够享受当代人相当的地球环境质量。

3. 公众参与原则

为了使步行与自行车交通发展真正实现"以人为本""为百姓服务",步行与自行车交通发展的相关法律法规必须遵循公众参与的原则,保持法律法规的民主性。为了确保公众参与的内容得到良好的采纳,保证这些项目是充分吸引了民众和相关利益部门参与的,是一个综合的相互协调的、连续的规划过程。

12.2.2 制定法规时应考虑的因素

在城市汽车化的同时,如何均衡保护道路使用者的权利,尤其是弱势道路使用者的权利,是当今议政者、执政者、民众应关注的问题。保障并强化步行与自行车出行者权利,发展步行与自行车交通可以缓解交通导致的环境恶化及出行风险,具有增加社区联系、提升国民健康水平、增加社区就业等机动车交通无法取代的优势。在世界卫生组织的统计数据中提到,步行与自行车出行者在道路伤害事件中受伤害的原因主要有以下几个方面:第一,与道路规划因素有关的危险因素,如道路要穿过居民区、学校,坐落在繁忙的道路上增加了其与车辆的冲突,与高速行驶的车辆之间缺乏隔离带等;第二,道路设计中忽视步行与自行车出行者权利保护,如缺乏明确的标志或信号;第三,车辆设计不合理导致其受害风险的增加,如车辆前端设计不合理导致行人或骑行者被撞会直接被卷入车轮下;第四,步行与自行车出行者自身因素导致的伤害,如饮酒、过街前未观察路况等因素。

基于这些步行与自行车出行者权利受损的可能性分析,设计出行权益保障的法律法规体系时至少要考虑到以下因素:

1. 提高公众参与度

城市规划时对道路使用权的分配应考虑步行与自行车出行者利益,参与听证的群体应多样化,确保不同利益群体得到均衡考虑,弱势道路使用者得到更多照顾。规划法规可约束地方变更规划的行为,但公共参与更为重要。在规划立法时就应做充分考虑,此后的城市建设才能更好地保护步行与自行车出行者的权利。

2. 明确步行与自行车出行者权利优先原则

在与车行者发生冲突时,应确立步行与自行车出行者权利优先的原则。这一点在我国的《道路交通安全法》中已经得以明确,但实践中需要其他制度的配合才能更好实现。例如,我国早在1995年就有《城市道路交通规划设计规范》的国家标准 GB 50220—95,其中对人行道的设计规范有明确的要求。但在城市建设中对人行道的建设并未严格遵照执行,人行道步行空间受到了机动交通空间的大量挤占。

3. 保障弱势群体的出行权利

在步行与自行车交通的出行者中,有相当数量的弱势群体采取了步行出行的方式,这其中包括了失能的步行者和老弱步行者等。法律在对他们提供保护时,应充分考虑到其差异性,对失能步行者如视力障碍者、听力障碍者、行动障碍者均在出行上提供可以获得的便利,包括道路设计、公共交通系统设计上的考虑等。

4. 规范车辆设计标准

车辆设计标准中应体现对步行与自行车出行者权利的关怀。欧盟的车辆设计标准中明确指出,不仅需要关注车内人的安全,也要保障车外人的安全。而世界卫生组织的统计数据反映,交通伤害事故中,车外人尤其是步行与自行车出行者受伤害的概率远远高于车内人。在我国,机动车驾驶员与交通弱者(行人、乘员、骑自行车人)的死亡之比是 1∶3,这一比率高于欧美国家,因而在车辆设计标准中应明确设计者与生产者要达到车人碰撞的强制标准,也是保护步行与自行车出行者权利的重要手段。

12.2.3 保障行人交通安全

1. 严格遵照相关法规进行步行系统安全设施的建设

步行与自行车交通安全设施的完备是步行交通安全的首要保障,主要包括行人过街安全设施等。通过道路交通警示标志、道路交通标线等设施,能够明确指示行人在规定的慢行空间行走,同时禁止机动车驶入慢行专用道,或者是限制机动车的速度,从而保障行人的安全。目前城市建设中并未严格遵照相关规定执行对人行道安全设施的建设,如缺乏明确的标志或信号等。应当在法律法规上保障步行与自行车交通基础安全性设施的落地,要求相关部门遵照法规进行慢行系统安全设施的建设。

2. 出台专门针对行人的步行与自行车交通保护措施的法律规定

在多数交通事故中行人属于相对弱势群体,没有安全保护设施,受伤可能性大。应当出台专门针对行人的步行与自行车交通专门保护措施的法律规定,同时加强对挤占行人空间行为的处罚力度,以此保障步行者的出行权利及安全。建立步行与自行车交通管理系统,优化城管步行与自行车交通执法管理,建议城管单纯的"以罚代管"的传统模式,可以根据情况建立违法者的信用档案记录。在交通管理方法上大量创新,同时还可以多结合其他发展国家的管理策略,吸取其精华。

3. 加大对弱势出行群体的保护力度

在我国,交通弱势群体的总体数量约占全国总人数的 11%～14%,而目前在交通政策制定、交通基础设施的规划与建设、运输工具的设计制造等方面,并没有重视上述这部分交通弱势群体的实际需求,从而造成了这部分弱势群体在交通出行方面的困难。目前仅在《道路交通安全法》中提出"以人为本"的交通管理原则,通过立法的形式,强调对儿童、老人等生理性弱势群体在步行交通中的特殊关注,但并未成体系,缺乏相应的支持力度。有关无障碍环境建设的专门法规的空白已成为无障碍环境建设的"绊脚石"。应当充分考虑交通弱势群体的特殊需求,依照立法程序,尽快制定专门的无障碍建设法规,以便有法可依、违法必究,确保无障碍环境建设得到切实的实施。

12.2.4 规范自行车出行行为

1. 加强对自行车出行群体的法规保护

尽快出台专门针对自行车骑行人保护措施的规定。美国、加拿大、瑞典、丹麦、新西兰等国都有强制性法规,规定青少年骑自行车必须佩戴头盔。据《美国公路安全保险研究的报告》表明:美国1999年骑自行车死亡的人数有98%未佩戴头盔,而在撞击事故中戴头盔的人头部受重伤的危险系数减少了85%。

2. 建立健全电动自行车的市场准入制度

质量技术监督部门在加强对生产企业监管力度的同时,还要会同公安机关、工商管理、环境保护等相关部门,制定并公布准予在本地区范围内注册登记的电动自行车产品目录。对进入本地市场销售的电动自行车品牌进行逐一筛选,严格把关,提高市民对合格品牌的认知度,淘汰不合格品牌,也让老百姓在购买电动自行车时有明确的选择依据。对于非产品目录内的电动自行车品牌,交管部门应不予注册登记,上路行驶即视为违法,从严从重查处,严格控制,不断压缩超标车辆的生存空间,使市民使用的电动自行车整体质量水平不断提升。

3. 实行自行车驾驶准驾培训管理制度

由于自行车消费者多属于中低收入人群,法律意识和文明素质相对不高,安全意识薄弱是这一群体具有的比较明显的特征,他们对交通法规不熟悉、不了解,法制观念尚需培养和提高,其中有少部分人可能连交通信号灯的基本含义都不清楚,此外不同年龄层次的使用者所具备的电动自行车操控能力参差不齐,在骑行过程中应对突发紧急情况时的应变能力相对不足。建议对自行车驾驶人借鉴对机动车驾驶人的管理办法,实施驾驶人准驾培训管理制度,通过专业技术人员教授一定的法律知识并进行必要的操作技能培训,让每一位自行车驾驶人掌握常识性的交通法律法规和安全知识,具备相对稳定的驾驶技能,还可以进一步提升全部交通参与者整体的交通法制观念,增强驾驶人文明、安全参与交通的自觉性。在日常的交通管理工作中甚至还可以考虑使用违法记分制度,增加自行车驾驶人的违法成本,达到预防和减少电动自行车交通违法行为的目的。

4. 加大对自行车违法行为的查处力度

自行车交通违法行为多发,一方面影响了道路通行秩序,降低通行效率,另一方面危害了公共交通安全,因此交管部门有必要采取强而有力的管理措施对自行车的行车秩序加以规范和管理。自行车违法行为数量众多且分布范围分散,不单单发生在交叉口,在路段上占用机动车道,逆向行驶,随意横穿道路的现象也很普遍,仅仅依靠民警开展路面执法很难取得成效。建议交管部门建立针对自行车交通违法行为的长效管理机制,多措并举促进自行车秩序的扭转。一是集中优势警力开展有针对性的专项整治行动,加大路面执法力度,不断提高违法纠处率;二是采用先进的科技管控手段,借助各种路面视频监控设备对自行车违法行为摄像取证,通过非现场查处的方式完成处罚,扩大路面管控的范围,提高违法查处的效率。

12.3 政策保障体系

12.3.1 政策分类

根据政策的目标导向、实施层面、作用对象、政策效力等因素的区别,步行与自行车交通发展保障政策可大致分为三类：强制性政策、激励性政策、鼓励性政策。各类政策格局步行与自行车交通发展的具体要求可进一步细化分项，从而形成步行与自行车交通发展保障的政策体系框架，如图12-2所示。

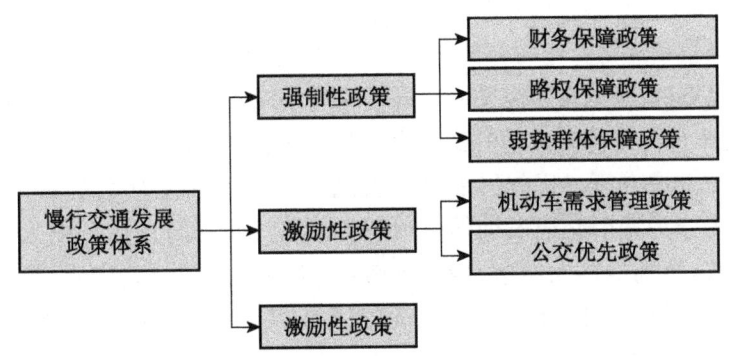

图 12-2　步行与自行车交通发展政策体系框架

1. 强制性政策

强制性政策包括两个方面：一是在法律层面确定的保护步行与自行车交通发展的法定政策条款；二是发展步行与自行车交通不可或缺的基础性政策措施。对于不落实甚至违背强制性政策的相关责任主体，应从法律或行政层面追究其责任。

财务保障政策。步行与自行车交通作为政府公共事业的一部分，离不开政府在财政资金上的投入。作为步行与自行车交通设施的规划、建设和管理的主体部门，政府应在财政预算制定和审批的过程中，通过法规政策等方式保障步行与自行车交通的发展。

路权保障政策。路权保障是在城市道路资源分配中对步行与自行车交通出行权益最直观的保障，体现了步行与自行车交通在公共资源分配中的重要地位，以及道路交通管理中"以人为本"的价值取向。步行与自行车交通路权保障是在基础设施层面给与步行与自行车交通发展的最基本保障，因此路权保障政策应作为强制性政策之一。

强制性政策中还应包括弱势群体保障政策。步行与自行车交通的发展成果应实现全民共享，体现其公益性和全民性。在当前我国步行与自行车交通发展水平参差不齐、社会贫富差距客观存在的国情下，具有重要的现实意义。弱势群体的保障政策是步行与自行车交通公益性的集中体现，应充分给予重视，以凸显步行与自行车交通本质和服务宗旨。

2. 激励性政策

激励性政策主要从步行与自行车交通发展的内部机制和外部因素入手，构建有利于步行与自行车交通发展的良性环境。激励性政策作用明显，是当前我国步行与自行车交通发展中应积极实施和主动探索的，是实现步行与自行车交通发展目标的极其重要的动力之一。

机动车需求管理政策。交通系统包含了多个子系统之间的竞合关系,步行与自行车交通只是其中的一个组成部分。根据国内外城市交通发展的规律和经验,要实现步行与自行车交通的良性发展,必须系统整合城市交通的各种方式,对城市居民出行结构进行调整和优化。作为方式转移链上重要的环节,尤其应在小汽车交通的需求管理上予以重视,采取务实高效的交通需求管理政策,限制小汽车的无限扩张和自由使用,创造步行与自行车交通的良好出行环境,吸引更多步行与自行车出行。

公交优先发展政策。优先发展公共交通已成为我国全社会的共识,各个城市都将公交优先作为城市交通发展的一项基本战略。步行与自行车作为良好的公共交通接驳方式,特别是在大城市、特大城市,能够协助发挥公共交通缓解拥堵、促进居民健康出行的目的。因此应以公交优先战略和政策为依托,来制定步行与自行车交通相关的激励性政策。

3. 鼓励性政策

鼓励性政策具有较大的灵活性,同时涵盖的内容也更广,应将步行与自行车交通发展的众多相关要素或条件纳入政策保障的范畴,促进政策保障的多样化,形成步行与自行车交通发展合力。鼓励性政策是步行与自行车交通发展中应积极倡导的措施或方法,可结合不同城市、不同分区、不同阶段的步行与自行车交通发展要求,做出有针对性的选择,合理采用,有序实施。

12.3.2 财政保障体系

1. 步行与自行车交通规划投资的影响因素

(1) 规划区域的人口和规模。规划区域的人口和规模是影响步行与自行车交通规划财政投入规模的最主要的因素之一。城市规模不仅影响着步行与自行车交通设施建设规模的大小,也影响着其在城市交通系统中所应发挥的地位和作用。这一点也决定了规划重点内容和相应的目标、战略。在制定步行与自行车交通财政计划时应首先考虑这一因素。

(2) 规划内容。步行与自行车交通规划包含的内容较多,包括步行方面或自行车方面或两者都需要。层级上可分为战略层面、网络层面、设施层面、环境层面等,除城市道路等基本设施外,还包括绿道、公共自行车等在运营和管理上涉及较多管理主体的项目,也包括政策、制度等非设施规划,各层级的内容对规划要求的精细度也不同。因此在制定相关财政计划时,应妥善处理各内容之间的关系。

(3) 规划目标。确定规划目标,即是为了制定政策性文件(标准、规范、导则等),或者是为了改善现有的设施和环境等。根据各个城市步行与自行车交通发展水平的不同而确定,在制定步行与自行车交通财政计划时,应明确财政拨款的用途和目的。

2. 步行与自行车交通的效益估算

本书采用平均工程费用和平均通行能力来评估交通工程的模块效率和成本效益。表 12-1 列出了不同的交通工程的效益。

表 12-1　不同交通工程效益

通行能力和造价	通行能力(人/h)	造价(亿元)
1 km 人行道(2 m 宽)	2 400	0.01
1 km 自行车道(3 m 宽)	3 000	0.10
1 km 城市道路(双车道,低交通量)	2 600	0.80
1 km 城市道路(双车道,高交通量)	4 500	1.00
1 km 高速公路(四车道)	8 500	1.20
1 km 快速公交	16 000	0.25
1 km 地铁	60 000	5.00

使用修建 1 km 地铁的钱,可以修建 18 km 快速公交系统、或 10 km 四车道高速公路、或 35 km 双车道城市公路、或 235 km 自行车道、或 350 km 人行道。所以,当考虑工程造价和通行能力时,建设人行道和自行车道是最具有效益的。

3. 步行与自行车交通投资保障机制

(1) 法制保障。在法律层面明确公共财物对步行与自行车交通事业投入的责任和义务,将步行与自行车交通在公共财物支出中所占的比例和优先权法定化,保障步行与自行车交通规划的资金投入不因人、因时、因地而变,形成步行与自行车交通发展投资的长效机制,适应步行与自行车交通发展的持久要求。

(2) 预算保障。将步行与自行车交通规划的投资和补贴纳入到政府年度财政支出预算中,对步行与自行车交通支出的可行性、科学性、经济性、公平性等进行综合评估,规范投资项目与投入金额,提升公共财政资金的利用效率。

(3) 人大审议监督。每年公共财政对步行与自行车交通规划的投资预算应提交人大审议通过;同时,人大对政府步行与自行车交通的规划和实施情况应充分行使监督权,对其进行监督并提出改善建议。

(4) 独立审计监督。对涉及步行与自行车交通规划的财政支出建立独立审计制度,监督政府和企业对步行与自行车交通规划投资的落实情况,以及相关财政支出的正确性和正当性。同时,还应加强对相关企业的社会责任审计,本着公众利益至上的原则,对步行与自行车交通发展资金投入(特别是政府补贴资金)的使用情况进行有效监督,规范企业行为,保障步行与自行车交通规划投资的公众利益。

(5) 社会公众监督。步行与自行车交通规划的投资预算和实际支出状况应向社会公布,接受公众监督。作为与人民群众生活息息相关的事业,步行与自行车交通发展应纳入政府"民生工程"范畴,步行与自行车交通事业投入做到公平、公正、公开,广泛听取公众意见、反映公众诉求,以社会的力量保障步行与自行车交通发展投入得到贯彻落实。

12.3.3 用地保障政策

在土地财政政策的影响下,步行与自行车交通设施的用地由于其公益性和低回报率而难以得到保障,用地的短缺制约了城市步行与自行车交通的发展。保障步行与自行车交通的用地,需要详细和清晰的政策保障。

1. 用地规划控制

步行与自行车交通用地的规划控制,是实现城市公共资源优化配置、确保城市交通与用地布局一体化协调发展的根本途径。城市不同层级、不同深度的规划都应按照各自的技术特点,将步行与自行车交通设施用地纳入控制范畴中,保障用地的供给。

对于具有实施意义的步行与自行车交通设施用地规划控制,城市总体规划的技术深度不足以支撑最终用地的落实。在城市总体规划的基础上,须深化编制完善城市综合交通规划、城市步行与自行车交通专项规划和各相关专项规划,将专项规划中研究确定的步行与自行车交通设施用地纳入到城市控制性详细规划中,并与土地利用协同优化,明确步行与自行车设施的功能、位置、用地规模和边界,并作为强制性内容。将控制性详细规划中确定的道路控制边界纳入到城市红线管理系统中,其他用地控制边界纳入到城市黄线管理系统中,依法进行控制管理。

2. 土地的批出和建设项目的审批

城市用地应严格按照城市总体规划与控制性规划开发,土地使用权转让时必须明文规定预留建设步行与自行车交通交通系统的空间,包括通道衔接的一切相关规格,如位置、方向、宽度、面积、照明标准、选用建筑材料等,同时,必须明确发展商是建设费用的承受方或是如何与政府分摊细节。在土地使用权转让时就得将有关条款以合约形式清楚交代有关责权和财务的分摊。依照土地使用权转让合约的规定提供步行与自行车交通设施是审批的一项必须的标准。步行与自行车交通设施包括地面、地下和空中走廊的设计、建设和保养维护等。

土地使用权转让时,主管部门应提供与周边步行与自行车交通环境和谐的说明,如何将建设项目的步行与自行车交通需求与城市的步行与自行车交通规划融为一体,建设项目周边的步行与自行车交通环境如何与区域步行与自行车交通风貌统一和谐等。获得土地使用权的开发商必须根据条款无误地提供建筑设计和建设范围内的步行与自行车交通设施和保证向社会开放。

除此之外,城市步行与自行车交通规划应对城市用地形成反馈调节机制,在城市相应规划滚动修编过程中,应在用地条件、性质等方面予以相应反馈与要求。

3. 占道管理

市政工程主管部门执行路政管理的人员对以下损害、侵占步行与自行车交通道路设施的情况予以禁止：擅自占用步行与自行车交通空间或挖掘道路；擅自在相关设施上设置广告或其他挂浮物；其他损害步行与自行车交通设施、侵占步行与自行车交通空间的行为。违反者责令期限改正或依法进行处罚。同时应对城市园林绿化、市容市貌、环境卫生实行行业管理，保障慢行空间的畅通、舒适。

加强占道管理保障步行道和自行车道有效宽度。严禁通过挤占步行道、自行车道方式拓宽机动车道，已挤占的，要尽快恢复。步行道、自行车道上必要的设施设置要符合国家有关标准规范，禁止以任何形式非法占用步行道和自行车道。合理布设公交站点，设置公交港湾，减少公共汽（电）车进出站对自行车的影响。

禁止占用步行道、减少占用自行车道停放机动车。为缓解机动车停车设施不足的问题，在统筹考虑城市道路等级及功能、地上杆线及地下管线、车辆及行人交通流量组织疏导能力等情况下，可适当设置限时停车、夜间停车等分时段临时占用道路的机动车停车位。在路外机动车停车位比较充裕的区域，不得占用道路设置路内机动车停车位。严格占道施工许可。尽量减少占用步行道和自行车道，确需占用步行道和自行车道的，要通过交通组织、临时工程措施等解决步行和自行车出行问题。

12.4　规划协同保障体系

12.4.1　编制完善并贯彻落实相关规划

坚持以城市规划为先导，充分发挥城市的规划效用。要做到以下三点：

1. 落实既有规划

贯彻落实城市总体发展规划，同时应积极推进城市综合交通规划、城市道路网络系统规划、城市停车系统规划及其他相关规划，确保已经审批通过的规划得以落实，城市相关建设应严格按照相应规划展开，不得随意或越界建设。

2. 延续上位规划

城市展开相关规划已经充分吸收上级城市相应上位规划与城市总体规划等上位规划，将上位规划的要求、目标进行响应并反馈，确保规划的延续性与拓展性。

3. 衔接相关规划

城市各类专项规划彼此之间依赖性较强，相互联系较为密切，因此城市道路设计、停车系统规划等各类专项规划应与既有慢行交通规划做好配套衔接工作，不宜"各扫门前雪"，应统筹兼顾，有效发挥整体效应。

12.4.2 与其他交通专项规划的协调

在综合交通体系规划下的各类交通专项规划的内容也与步行与自行车交通系统产生直接或间接的关系。步行和自行车交通专项规划中各优先街区用地功能和边界、通行网络、道路空间资源、停车设施等的调整和深化,应与各相关规划进行相互协调与反馈,并最终落实到各地块控制性详细规划以及城市"六线"控制规划中,作为规划管理的刚性指标得以保障。因此,在其他交通专项规划的编制中,也应与步行与自行车交通规划的相关内容相协调,如表12-2所示。

表12-2 步行、自行车交通规划与其他交通专项规划间的协调

专项规划名称	与步行、自行车交通规划的协调点
道路系统规划	应根据不同交通方式(机动车、步行、自行车等)的实际交通需求,进一步细化道路功能、等级与布局,并因地制宜的提出典型道路横断面形式
轨道交通线网规划	重点考虑线网线位的布局与人流密集地区的匹配程度,以营造良好的慢行换乘环境
枢纽布局规划	根据地区规模和特征对枢纽分级分类,并在此基础上提出差异化的慢行接驳要求
公共交通规划	重视慢行的接驳功能,对公交重点换乘站、接驳站及首末站等节点提出明确的自行车停车场、租赁点等换乘设施配置要求,设置公交港湾停靠站时也应考虑不对自行车通行空间造成过多影响
停车系统规划	明确停车设施的设置需以不影响慢行交通为前提,并且应为自行车的停车场、租赁点预留应有的空间
旅游交通规划	结合当地特色打造连续、完善、绿色的慢行休闲网络

1. 道路网络规划

道路网络规划应根据不同交通方式(机动车、步行、自行车等)的实际交通需求,细化道路功能、等级与布局,在综合考虑步行与自行车交通出行特征和需求的基础上,因地制宜地提出合理的道路横断面形式。

在步行与自行车交通需求较大的地区,应贯彻"密路网、窄断面"的规划理念。人流密集的城市中心区、大型公共设施(如大型医院、剧场等)周边、主要交通枢纽、城市核心功能区(如核心商业区、中心商务区和政务区)、市民活动聚集区等地区都是步行与自行车活动密集程度和出行强度较高的地区。在同等道路面积率下,窄断面道路网络可提高道路网密度。并且有效降低机动车行驶速度,实现交通宁静化。由于总体规划阶段一般不编制等级低于次干路的路网方案,因此,道路网络规划是实现该理念的有效途径。

2. 轨道交通线网规划

城市轨道交通线网规划一般只对轨道交通线位布设和换乘车站等重要节点进行布局,而不包括具体的轨道车站设计。因此在轨道交通线网规划中应重点考虑线网线位的布局与人流密集地区的匹配程度,以营造良好的步行与自行车换乘环境。

城市的快速路系统是主要服务于个体机动交通的通道式交通设施。从避免对中心城区产生过多影响以及提高行程车速等考虑出发,一般布设在开发强度较低的外围地区。而轨道交通系统则是城市的客流走廊,一般直接串联城市中心和副中心等人流密集区。在轨道线网规划时,不能仅仅从轨道敷设工程条件出发,简单的将轨道线路设置在红线较宽的区域。这样不仅将增加乘客进出站到相邻地块的距离,降低了步行与自行车交通接驳的便捷性和有效性,更会造成机动车流和人流间的严重干扰,为周边土地开发带来负面影响。

3. 枢纽交通总体布局规划

目前的规划理念针对机场、高铁车站等大型区域交通枢纽都提出了"快进快出"的规划思路,但随着城际铁路的兴起,城市中的铁路枢纽需要加强对步行与自行车交通接驳的考虑。在进行枢纽布局规划时应根据地区规模和特征对枢纽分级分类,提出差异化的步行与自行车接驳要求。在概念性的布局方案中也应在平面图上明确步行与自行车接驳设施,特别是自行车停车场、租赁点、步行道等设施,为详细设计提供依据和参考。

4. 公共交通系统规划

公共交通系统专项规划的对象包括地面公交、快速公交、轨道公交等公共交通系统,其中应重视步行、自行车交通与各类公交的衔接与换乘。

步行交通方面,首先应注重公交站台与交叉口、路段过街设施、人行道通行空间以及无障碍设计等方面的内容,提出明确的控制标准方便行人乘坐公交车,形成一体顺畅的"步行+公交"出行链,拓展公共交通的服务范围。

自行车交通方面,应对公交重点换乘站、接驳站及首末站等节点提出明确的自行车停车场、租赁点等换乘设施配置要求,有公共自行车建设要求的则应将租赁点与车站协调一体化布局。在设置公交港湾停靠站时也应考虑不对自行车通行空间造成过多影响。

5. 停车系统规划

停车系统规划在为机动车的停放争取空间的同时,也需考虑步行与自行车交通的通行权益。应明确停车设施的设置需以不影响步行与自行车交通为前提,并且应为自行车的停车场、租赁点预留应有的空间。确实需要占用的,应进行充分的评估说明,因地制宜地合理设置泊位,将其对步行与自行车交通的影响降低到最小。

12.5 组织机制保障体系

12.5.1 建立部门联动机制

建立城市规划、建设管理、交通管理等部门的联动机制,应强化城市停车系统规划、城市道路网络规划等专项规划及设计与步行与自行车交通系统规划的衔接配合,确保城市道路空间资源的均衡分配;强化步行与自行车交通系统建设与市政公用设施管理部门的协调;明确相关部门职责,切实提高城市道路空间管理与交通管理服务水平,保证步行与自行车交通系统规划实施的公平和效率。

12.5.2 建立公众参与机制

公众是步行与自行车交通的参与主体和设施的使用者。大部分市民每天的生活与步行、自行车交通息息相关,比管理部门更容易发现交通设施存在的问题与隐患。

建立开放的公众参与制度是将城市规划管理工作由封闭走向开放的重要举措。唯有开门纳言才能不断改进,实现城市的和谐、健康发展和社会公平。在具体工作过程中,应考虑以下内容:

(1) 将步行与自行车道路设施问题列为政府接受监督与举报的一项内容;

(2) 可利用网络、监督电话、监督信箱等方式长期接受群众对步行与自行车道路设施问题的反映;

(3) 建立群众参与的机制,从群众的意愿出发,对步行与自行车设施不断改进。

12.5.3 动态研究与规划机制

城市步行与自行车交通系统贯穿于城市的各个组成部分中,依靠单独某次的专项规划及阶段性的研究无法有效的解决其问题,对城市步行与自行车交通问题应长期投入人力、物力、财力进行专门研究,重视交通发展政策研究、交通规划研究对城市总体规划及其他相关专业规划的反馈,在城市交通政策及交通规划执行过程中进行持续的反馈、跟踪与评价,总结城市步行与自行车交通发展中的经验与教训。

步行与自行车交通系统是一个复杂的系统,存在着不能完全认识的隐含规律和大量的不确定因素,准确预测城市交通的发展是很困难的,应在长期步行与自行车交通研究的基础上,建立城市步行与自行车交通动态规划机制。尤其是在当前城市化进程加快的局面下,应适当缩短城市交通规划的周期,及时发现和研究规划实施中出现的新问题,通过滚动规划不断进行短期的具体决策,依靠动态规划机制尽量避免规划决策的失误,有效保证城市交通发展战略的推进。具体细则包括:

(1) 建立步行与自行车交通大型基建年度计划编制和评估制度,统筹协调大型基建项目的实施计划。

(2) 建立步行与自行车交通综合改善年度计划编制和评估制度,周密安排综合改善项目的实施计划。

(3) 建立滚动编制步行与自行车交通规划制度,密切关注城市交通发展,与全市的国民经济和社会发展计划、城市总体规划的编制相适应,定期滚动编制整体交通规划,以适应城市交通快速发展的需要。

第13章 步行与自行车交通规划指引

步行与自行车交通规划是一项复杂的、系统性的工作。由于步行与自行车交通系统既存在于城市道路系统,也存在于城市公共空间和建筑体中,步行与自行车交通系统相关的规划内容渗透于城市规划的各个阶段,以及各类专项规划中。要实现步行与自行车交通的持续、滚动发展,就必须在不同阶段、不同系统中都能够提高对步行与自行车交通规划内容的重视。本书第二章介绍了步行与自行车交通规划体系的大致组成部分以及与城市规划各阶段的对应关系,第十二章规划协同保障体系中提到了与各交通专项规划的衔接内容。本章旨在综合全书理论内容,针对不同阶段不同类型的步行与自行车交通规划内容进行重点梳理,为读者提供纲要式的规划指引。

13.1 城市规划中的步行与自行车交通规划内容

13.1.1 总体规划阶段

城市总体规划阶段的主要任务是合理制定城市经济和社会发展目标,确定城市的发展性质、规模和建设标准,安排城市用地的功能分区和各项建设的总体布局,布置城市道路和交通运输系统,选定规划定额指标,制定规划实施步骤和措施。在总体规划的城市交通设施规划中,步行与自行车交通规划主要完成战略性和方向性的工作,可形成交通战略发展报告或交通发展白皮书等成果。具体要点如下。

(1) 在综合交通体系中,根据城市规模明确步行与自行车在交通系统中的地位和作用;

(2) 在城区空间布局与功能结构规划中,明确步行与自行车的政策分区内容,与整体分区做好协调;

(3) 在道路系统规划中,构建区别于机动网络的步行与自行车交通网络结构。

13.1.2 详细规划阶段

1. 城市控制性详细规划

控制性详细规划是实施性的法定规划,对上落实总体规划的战略部署,对下指导修建性详细规划的编制。控规中将对土地使用、环境容量、建筑建造、交通活动等提出控制性的要求,在主次干道确定的情况下,增设各级支路路网,确定规划范围内的道路红线、横断面、主要控制点坐标、标高和交叉口形式。在步行与自行车交通方面主要表现为设施的落实,具体规划要点如下。

(1) 在土地利用规划中,重点区域应以 POD、BOD 为导向制定用地性质、容积率等控制性指标;

(2) 在道路系统的确定中,道路横断面形式应充分考虑步行与自行车的路权和出行需求,禁止机动车开口线应配合人行道与自行车道合理划设,尽量分离机动与慢行的出入口,做好过街设施、公共交通设施、沿街商铺等的衔接出入口规划;

(3) 在建筑红线后退控制中,应充分考虑路段及地区步行出行需求;

(4) 在"六线"规划控制要求中,道路红线应与道路断面系统协同设计,绿地绿线应考虑休闲性步行与自行车交通系统绿廊的建设要求;

(5) 在规划图则单元控制导则中,图则单元的划定应与慢行空间规划中的步行与自行车单元相协调。

2. 城市修建性详细规划与城市设计

修建性详细规划用以指导各项建筑和工程设施的设计和施工的规划设计,主要偏重工程层面;而城市设计主要是对城市形体及三维空间环境的设计,偏重思维层面。两者在规划内容和侧重点上虽有不同,但对于步行与自行车交通规划来说,两者的规划深度大致相同。本节以具有法律效应的修建性详细规划为主要研究对象,在城市设计中的步行与自行车交通规划可参照本节相关内容。

修建性详细规划需要对所在地块的建设提出具体的安排和设计,包括布置总体平面图;根据交通影响分析,提出交通组织方案和设计;完成市政工程管线规划设计、竖向规划设计等工作。在步行与自行车交通方面的规划要点如下。

(1) 预测分区范围内步行与自行车交通出行需求;

(2) 构建独立的步行与自行车交通网络,包括日常性网络和休闲性网络;在道路系统规划时,构建适宜分区内步行与自行车交通出行的道路网络密度,以及合适的道路断面形式;

(3) 完成步行与自行车交通过街设施、停车设施以及衔接设施布局规划与设计;

(4) 做好整个区域与分区的步行与自行车出行环境的设计;

(5) 重点区域应做慢行单元规划图则,其中应标明道路、出入口、步行与自行车交通设施、轨道交通、常规公交、公共自行车站点等重点设施的设计图示。

13.2 交通专项中的步行与自行车交通规划内容

13.2.1 城市综合交通规划

城市综合交通体系规划作为城市总体规划的一个专项规划,是城市总体规划的重要组成部分,也是编制城市交通设施单项规划、客货运系统组织规划、近期交通规划、局部地区交通改善规划等专业规划的重要依据。步行与自行车交通规划一般作为中心城区综合交通规划下的一个专题,相较于总体规划中的内容更注重系统性和综合性,以详实的调查数据和资料为基础,旨在作为步行与自行车交通专项规划的上层规划。在城市总体规划的大框架下,根据2010年住建部出台的《城市综合交通体系规划编制导则》中的相关规定,结合本书内容,综合交通规划中的步行与自行车规划主要解决以下几个问题。

(1)步行与自行车交通系统调查分析:主要包括基础资料的收集调研、居民步行与自行车出行的调查、交通设施现状和目前步行与自行车交通系统运行分析。

(2)步行与自行车交通需求分析:明确城市中步行与自行车流量集中、需要重点关注的区域。

(3)慢行空间规划:构建城市的慢行空间结构,明确布局形态和政策分区,做好慢行空间的用地控制。

(4)步行与自行车交通网络规划:明确城市步行与自行车交通网络组织模式,构建步行与自行车交通网络结构,提出横断面设计指引。

13.2.2 步行与自行车交通系统规划

步行与自行车交通系统的专项规划,一般在总体规划与综合交通规划确定了规模、布局和结构后进行,与控制性详细规划同步展开,来指导控规中的专项规划内容。步行与自行车交通系统规划主要对步行与自行车交通系统中的相关规划内容进行系统化的整合,提出控制性的指标要求,用以指导下位规划(修建性详细规划、城市设计等),协调相关专项规划。与控规中的专项规划相比,步行与自行车交通系统规划的内容更为详实,也更注重系统的演变过程,远期与总体规划中制定的战略方向相衔接,也需要制定近期的建设改善计划以满足工作推进的需要。

根据住建部颁布的《步行和自行车交通系统规划设计导则》中的相关内容,结合本书框架,步行与自行车交通系统规划的要点如下。

1. 规划背景
(1) 规划依据;
(2) 规划原则;
(3) 规划范围;
(4) 规划年限;
(5) 技术路线。

2. 现状分析与问题识别
(1) 城市与交通基本概况;
(2) 步行和自行车交通系统现状(出行、设施、运行);
(3) 步行和自行车交通系统主要问题(改善性规划需重点分析)。

3. 国内外城市相关经验与启示
(1) 案例经验借鉴;
(2) 总结与启示。

4. 发展态势与需求分析
(1) 既有规划解读与分析;
(2) 步行与自行车交通需求分析。

5. 步行和自行车交通发展战略
(1) 发展目标与功能定位;
(2) 发展战略与策略。

6. 慢行空间规划
(1) 慢行空间布局规划;
(2) 慢行政策分区(步行单元、自行车分区);
(3) 慢行空间控制原则。

7. 步行与自行车交通网络规划
(1) 步行与自行车交通网络模式;
(2) 步行交通网络规划;
(3) 自行车交通网络规划;
(4) 休闲性步行与自行车交通网络规划(根据需要可单独成章);
(5) 道路断面设计。

8. 步行与自行车交通设施规划
(1) 过街设施布局规划;
(2) 自行车停车设施布局规划;
(3) 与其他交通方式的衔接与协调规划(公共交通、机动交通等)。

9. 步行与自行车交通环境设计指引

10. 公共自行车系统规划(此项内容不针对所有城市)

11. 重点区域步行与自行车交通系统改善（新建性规划与改善性规划可选择重点突出）

(1) 规划目标；

(2) 行动策略；

(3) 改善方案；

(4) 步行与自行车单元规划图则。

12. 近期建设计划

(1) 近期建设项目选择原则（新建性规划需做分析）；

(2) 近期建设项目优先性决策（改善性规划需做分析）；

(3) 步行交通近期建设详细方案；

(4) 自行车交通近期建设详细方案；

(5) 交通稳静化近期建设详细方案。

13. 步行与自行车交通系统规划保障

(1) 法律法规保障；

(2) 配套政策保障；

(3) 规划协同保障；

(4) 组织机制保障。

14. 附件

(1) 近期建设任务列表；

(2) 规划附图。

13.2.3 其他交通专项规划

1. 道路交通系统规划

道路系统是城市交通系统的骨架，在道路红线确定的基础上才能够进行其他交通系统的设施布局规划。一般在综合交通系统规划后或同时，会进行道路系统的专项规划，成果用来反馈于综合交通规划城市总体规划，并指导控制性详细规划。

城市中大多数的步行与自行车道路都依附于道路交通系统，因此道路交通系统规划也是构建良好步行与自行车交通网络的重要抓手。道路交通系统规划主要解决机动交通的相关出行问题，在规划时应注意在以下几个方面做好与步行、自行车交通规划的衔接。

(1) 在道路网络控制指标确定中，道路网密度应贯彻"密路网、窄断面"的理念，在路网结构中增大次干路及支路的比例，为步行与自行车交通网络的构建打下基础；

(2) 在道路分级布局时，应将步行与自行车交通分区纳入考虑范畴，以避免高

等级道路切割分区为原则,创造良好慢行空间;

(3) 在道路横断面规划时,应协同步行与自行车交通规划中的相关研究成果,制定科学合理的断面和布局形式;

(4) 在道路交叉口规划时,应充分考虑行人与自行车交通的过街需求,合理布设平面过街和立体过街形式。

2. 轨道交通规划

轨道交通包括了地铁、轻轨、有轨电车等多种形式,对市政设施、道路断面设计等都有着深刻的影响。作为城市的基础交通设施,轨道交通线网与步行、自行车交通系统有着紧密的联系,在规划时应注意在以下几个方面做好衔接。

(1) 在具体线位确定和车站位置选择时,应选择串联城市中心和副中心的人流密集区,增加步行与自行车交通接驳的可达性和便捷性,发挥轨道交通 TOD 的作用;

(2) 在线路敷设方式选择时,应考虑到地上段对步行与自行车过街的影响,做好相关规划设计工作;

(3) 在车站设计时,应利用车站地下空间与过街设施等协同布设,做好与地面公交、停车、公共自行车等系统的协调,一体化设计。

3. 地面公交规划

地面公交包括快速公交、常规公交等形式,主要应处理好步行、自行车与地面公交系统的接驳换乘服务。

(1) 在公交站点覆盖率匡算中,应将步行与自行车的实际接驳路径考虑其中,而不单纯从地理上框定 300 m、500 m 的间隔;

(2) 在公交站点布局规划中,应将公交站台与过街设施、自行车停车设施、公共自行车设施等一体化布局,形成完善、连续的换乘系统;

(3) 在公交站台设计中,应考虑行人和骑行者的通行要求,为步行与自行车交通留出足够的有效通行空间。

4. 客运枢纽规划与设计

随着轨道交通和高速铁路的发展,越来越多的铁路枢纽建设在了城市的建成区中心,成为了城市的综合客运枢纽。在客运枢纽交通衔接设施规划中,应注意在以下几个方面做好衔接。

(1) 在集散广场规划中,应注重与轨道交通、地面公交、出租、停车场以及公共自行车等设施的出入口衔接,建立完善的引导标识系统,组织好广场上的行人交通流线;

(2) 在内部交通组织中,做好无障碍设施系统的规划与设计。

5. 停车规划

停车规划在为机动交通争取停放空间的同时,也占用了其他交通方式的通行空间,尤其是步行与自行车交通。因此在停车规划中,应当注意以下几点。

(1) 在停车泊位结构规划时,应以配建泊位供给为主,严格控制路内停车的比例;

(2) 在设置建筑物配建停车标准时,应根据城市实际情况制定并落实相应的非机动车停车设施配建标准,同时应做好配建停车场与其他地下空间(如过街设施)的协调;

(3) 在路内停车场规划与设计时,应充分考虑步行、自行车的通行空间需求,合理设置泊位规模和形式,保证步行与自行车基本的有效通行空间;

(4) 在路外停车场布局规划时,应与周边用地、交通设施做好衔接,方便步行(与自行车)的接驳。

13.3 其他专项规划中的步行与自行车交通规划内容

13.3.1 城市生态与环境规划

城市生态规划主要协调人与自然环境的关系,环境规划也属于生态规划的范畴。在规划时,应注意以下几点与步行、自行车交通系统的衔接。

(1) 在水环境规划中,结合城市河道整治等措施,可构建滨水休闲性步行与自行车交通网络,在保护水环境的同时营造城市绿色景观;

(2) 在绿化空间布局中,考虑城市或区域性绿道的绿廊建设要求,一体化协同规划;

(3) 在绿地系统规划中,融合步行与自行车交通系统,打造宜人、可持续的生态慢行环境;

13.3.2 城市工程系统规划

城市工程系统包括了给排水、能源、通信、环卫、防灾等工程,与交通工程系统一起作为城市的基础设施,保障着城市的生存和发展。在这些专项规划中,与步行、自行车交通系统在空间上多有交集,在规划时应注意以下几点。

(1) 在给水排水系统规划中,应注重区域内重点人行道、自行车道下方的管道布设问题,地势低洼地区应做好排水设计;

(2) 在环境卫生工程系统规划中,应做好垃圾桶布局规划,制定合理服务半径,保障步行与自行车交通环境的整洁;

(3) 在防灾工程系统规划中,人防设施和避震疏散通道/场地可结合地下步行通行空间、公园、广场等设施设计,使之与步行、自行车交通一体化布局。

13.3.3 地下空间规划

除了城市的总体地下空间规划外,在城市的中心、副中心、CBD、交通枢纽等重点规划建设地区,也需编制地下空间详细规划。地下空间中不仅包括市政设施、交通设施,还包括地下建筑空间的开发比如商业街、体育设施、游乐园等。在规划时,应注意以下几点与步行、自行车交通系统的衔接。

(1) 在地下空间开发利用总体布局中,充分考虑地下过街设施的需要,与轨道交通等地下空间一体化布局与设计;

(2) 在主要主入口规划中,应与步行、自行车交通系统路面部分进行有机衔接,与公共自行车、公共交通站台等协同布设;

(3) 在公共地下空间开发规划中,可结合商业等多种业态构筑步行街,提升城市慢行活力。

13.3.4 历史文化名城保护规划

历史文化名城规划以保护城市地区文物古迹、风景名胜及其环境为重点。在保护的同时,也可与步行、自行车交通系统结合,构建融生态、文化于一体的综合城市系统。在历史文化名城保护规划中,可在以下几方面做好衔接。

(1) 在历史城区道路交通系统规划中,构建完善的步行与自行车交通网络,限制快速机动交通的运行,做好机动交通微循环网络,保障步行与自行车交通的通行优先权;

(2) 在历史文化街区规划中,可结合城区情况构建特色化步行街区,加强步行与自行车交通的设施规划与环境设计,体现街区特色,并融入整体步行与自行车交通网络;

(3) 在古河道保护规划中,结合城市休闲性步行与自行车交通网络,可规划设计沿河/湖慢行廊道,提升城市生活品质。

第 14 章 老城区步行与自行车交通系统更新

老城区步行与自行车交通系统是城市交通系统的一个重要组成部分,在城市的出行比例中一直有着较高的比值,与机动化交通方式相比更环保、更安全,更有助于缓解中心城区的交通拥堵问题。但传统的老城区步行与自行车路网仅作为机动车交通及公共交通的延伸,步行与自行车系统设施缺乏整体性和连续性,步行与自行车空间被挤占,步行与自行车系统出行者安全性得不到保障,更谈不上舒适性。这些问题无法得到很好的解决和改善。

老城区步行与自行车交通系统有别于一般的道路步行与自行车系统特征,其功能特性更具多样性,不仅包含交通功能,更能彰显休闲、游憩、交往等复合功能。同时,步行与自行车交通设施与居民日常生活息息相关,直接影响步行与自行车出行的效率与品质。本章两个案例探讨了老城区步行与自行车交通改善问题,有助于从实践方面探索老城区步行与自行车交通改善的规划方法,为其他城市老城区的步行与自行车交通改善提供有效的指导和参考,优化步行与自行车交通系统的出行环境,满足老城区居民出行需求,提高老城区步行与自行车交通系统的服务水平,构建和谐宜居的低碳城市。

14.1 南通老城区步行与自行车交通系统更新

14.1.1 规划背景

南通市位于江苏省东南部,东抵黄海,南望长江,"据江海之会、扼南北之喉",地处长江三角洲北部,南与上海和苏州隔江相望,西邻泰州,北接盐城。南通是上海北翼乃至长三角地区重要的经济中心城市,是沟通上海、苏南与苏中、苏北的区域门户城市。苏通长江公路大桥的建成使南通进入上海一小时经济圈。

现阶段,南通市正处于城市交通体系重大转型、机动化快速发展的时期,私家车出行比例的快速上升,以小汽车为导向的交通模式已经对城市发展、环境、安全造成了非常不利的影响。慢行系统是未来健康交通体系的重要组成部分,是综合交通体系结构良性发展的基础,为确保城市交通的可持续发展,南通市应重视慢行系统的建设,提高慢行品质,引导市民采用低碳绿色的交通方式。图 14-1 是城市发展阶段与出行方式的关系图。

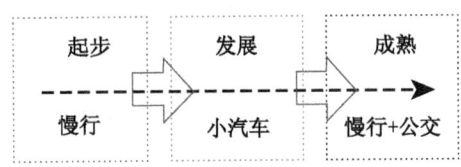

图 14-1 城市发展阶段与出行关系

新一轮城市总体规划确定的南通中心城区建设用地范围,面积约 247.7 km²。案例深化范围分为濠河风景名胜区和新城区中央商务区两部分,如图 14-2 所示。

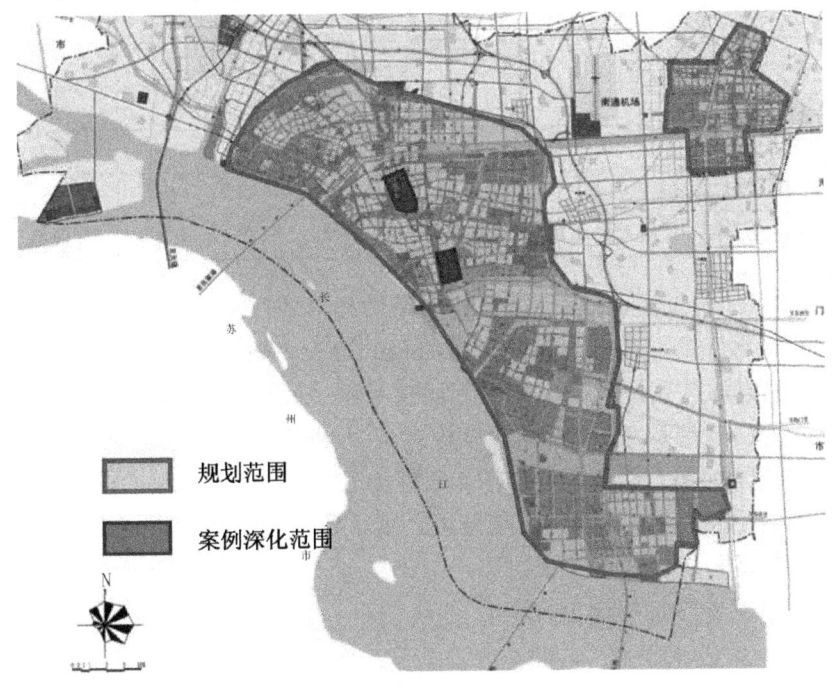

图 14-2 规划范围与案例深化范围

濠河风景名胜区:为濠北路、濠东路、青年路、濠西路-跃龙路围合的区域,面积约 3 km²。

新城区中央商务区:为工农路、蔷园路、园林路及海港引河围合的区域,面积约 2 km²。

规划年限:近期:2013—2015 年;远期:2015—2020 年。

14.1.2 步行与自行车交通系统现状

1. 步行与自行车交通网络现状分析

总体来说,南通市路网密度不足、连通性需改善;跨区域、通吕运河、通启运河等通道也存在间距较远、数量不足的问题。南通市现状道路密度如表14-1所示。

表14-1 南通市现状道路密度

密度(km/km²)	道路等级				合计
	快速路	主干路	次干路	支路	
规范值	0.4~0.5	0.8~1.2	1.2~1.4	3.0~4.0	5.4~7.1
南通中心城区	0.24	2.06	1.89	1.14	5.33
港闸区	0.49	1.87	2.36	1.24	5.96
崇川区	0.32	1.72	1.39	0.66	4.10
开发区	—	2.61	2.35	1.22	6.17
通州区	—	2.4	1.65	2.3	6.35
南通市老城区		1.48	1.32	3.65	6.45
濠河风景名胜区	—	1.46	1.98	2.61	10.45(含巷道)
新城区中央商务区	0.47	2.25	1.90	3.20	7.82

（1）港闸区、开发区、通州区道路建设条件相对较好，但支路网密度不足，且缺乏实现慢行微循环的巷道及建筑间公共路径的建设欠缺，不利于慢行活动的发生。

（2）南通老城区是慢行活动的良好潜力片区，街巷相对密集，但支路网络系统较差，错位交叉口、断头路较多，连通性较差，7 m以下支路规模达9.1 km，占支路总体规模的27%左右，慢行空间和环境急需提升。

南通市主干路以三幅路、四幅路为主。主干路较宽的断面中，62%的道路未考虑中央分隔带的设置，安全性需改善。

南通市干路建设标准偏低，25 m以下的次干路占次干路总量的近一半，约64%的次干路是单幅路，路网条件较差。特别是老城区，贯通性干道有限，路网线形不畅，宽度不一。南通市主要道路宽度分布及现状干道断面如图14-3、图14-4所示。

2. 步行与自行车设施分析

（1）人行道。总体来说，南通市人行道空间隔离较好，根据人行道与自行车道的隔离形式来看，在设置人行道的道路中，除开发区采

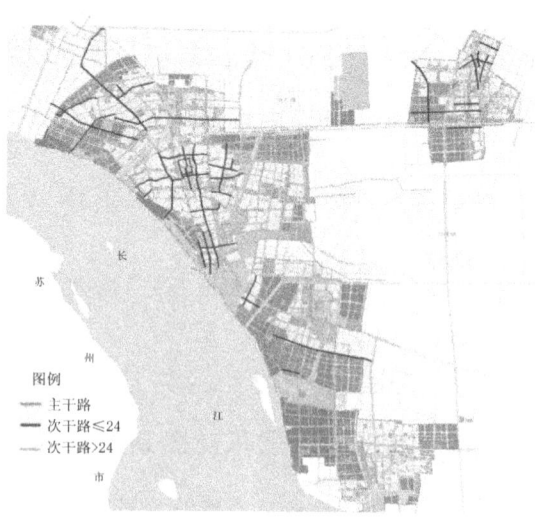

图14-3 南通市主要道路宽度分布图

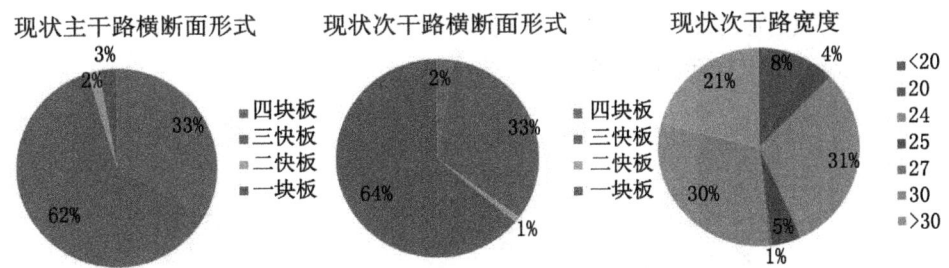

图 14-4　南通市现状干道断面图

用人非共板,铺装划分外,人非基本采用高差隔离。但是,人行道仍需在以下方面改善。

有效通行宽度不足。在已设置人行道的道路中,人行道宽度绝大多数在 0～5 m,其中,人行道宽度小于 2 m 的道路占调查总里程的 21%,宽度 2～3 m 的道路占调查总里程的 41%。人行道被各类设施、自行车停车、机动车停车以及商贩等占用。交叉口和设公交港湾处人行道也存在未同步展宽的情况,影响行人通行。主要干道人行道宽度现状如图 14-5 所示。

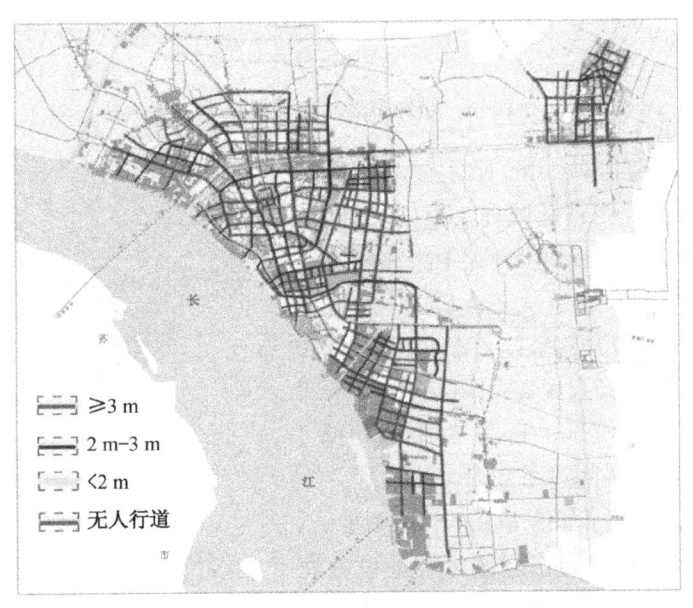

图 14-5　主要干道人行道宽度现状图

连续性较差,受地块出入口等影响,人行道突然中断或缩窄的情况较多,人行空间不连续。

(2) 自行车道。南通市主干路隔离情况较好,基本为硬质隔离,次干路以划线隔离为主。另外,居民对机非分隔的诉求较高,支持机非隔离的比例高达 85%,需要进一步改善设施建设。南通市现状机非隔离总体情况如图 14-6 所示。机动车与自行车混行如南大街、城山路。

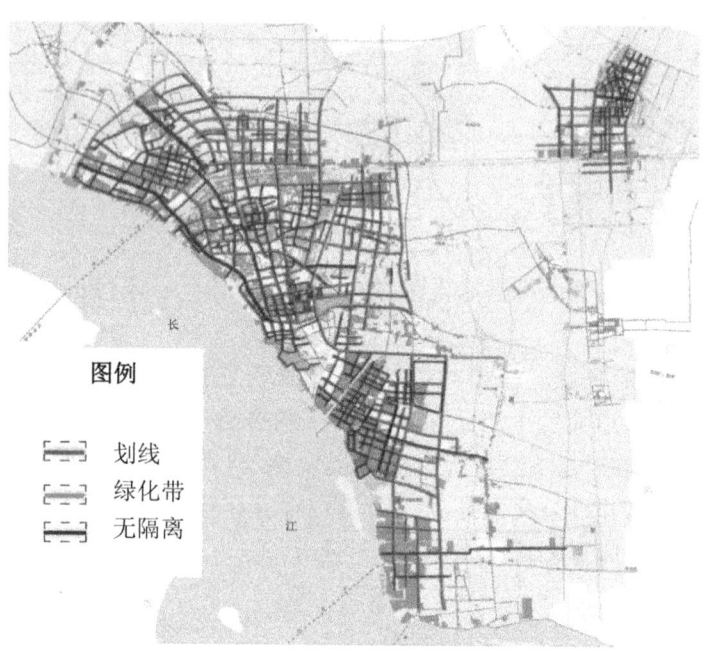

图 14-6　南通市现状机非隔离情况图

对南通市域范围内的 60 个主要路段进行了自行车高峰小时交通量调查。根据统计，工农南路 1（麦客龙旁）、跃龙路（青年路北侧）、虹桥路（姚港路西侧）、通京大道 2（通京大桥南侧）、钟秀东路（通京大道东侧）、濠西路 1（钟秀西路北侧）、濠西路 2（人民路北侧）的自行车双向交通量都超过了 2 500 辆/h，其中濠西路 1（钟秀西路北侧）更是超过了 5 000 辆/h。

从主要路段自行车流量的分布状况（见图 14-7）可以看出，南通市老城区各种设施完善，岗位也相对集中，交通发生和吸引量较大，居民的出行活动比较活跃，南通市高峰小时的自行车流量呈现老城多外围少的明显特征，自行车流量空间分布不均匀。

图 14-7　南通市自行车流量图

根据调查，道路自行车的构成中，电动车的比例超过 90%，远高于自行车所占的比例。电动车比例高的原因，一方面是由于电动车相对普通自行车的速度优势较明显,而价格也容易被普通居民接受,导致其普及速度快;另一方面,由于调查的道路多是城市主要干道,出行距离相对较长,因此,居民倾向于选择电动车出行。

从主要路段高峰小时自行车流量服务水平分布状况(见图 14-8)可以看出,南通市路段的自行车服务水平总体较高,但仍存在车道宽度供需不平衡的情况,如濠西路、工农路、通富路、外环西路、跃龙路和虹桥路等低于二级服务水平、濠河风景名胜区主次干路自行车服务水平较差等。

图 14-8 南通市自行车服务水平图

南通市设 64 处路内公共停车场,对自行车流量较大的路段如青年路、人民路、工农路等自行车通行影响较大。此外,交叉口及公交港湾处自行车道通行权无法得到保障,违章停车、违规行驶等对自行车也有一定影响。

南通市自行车停车设施相对分散,公交配套的自行车停车场不足,不利于"慢行+公交"出行。自行车停放带总体分布与实际需求不相匹配,老城区支路乱停自行车情况较为严重,特别是在老城区大型超市、商业地带。在停放需求较大的中心区域往往因为道路宽度不足,自行车停放容易压缩步行空间。部分自行车停车设施缺少有效管理。

(3)过街设施。南通市现设有 4 处天桥,2 处地下通道。南通市立体过街设施分布如图 14-9 所示。主要交叉口及部分支路接入口的斑马线均采用信号控制,行人在直行机动车相位时过街;普通路段除城山路、人民西路等少量道路外,基本为无信号控制斑马线。

大部分市民可忍受的最大绕行距离为 200 m,大部分市民过街方式意愿为过街斑马线,不愿意走人行天桥或地道。

南通老城区平面过街设施分布如图 14-10 所示。南通老城区过街较为方便,但部分干道人行横道间距过近影响干道功能发挥和行人过街安全。人行横道间距过近，小于 150 m 时，驾驶员经过该路段时，频繁的加减速过程容易引发急躁情绪，对于非信号控制的人行横道，更可能发生为了满足快捷出行的目的而与行人相互干扰、争道抢行的行为。尽管该路段行人过街的便捷性较好，但行人过街的安全性却受到影响。

图 14-9　立体过街设施分布图

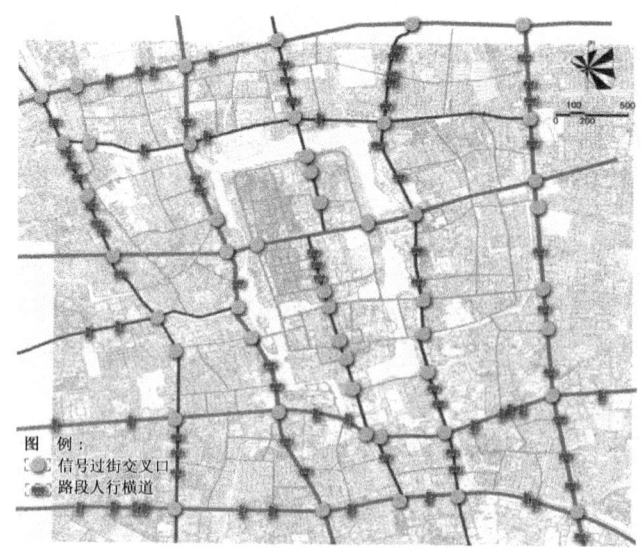

图 14-10　老城区平面过街设施分布图

部分道路过街绕行较远。过街设施过少则会使得行人过街的绕行距离过长,诱发随意横穿马路的现象。

(4) 公交停靠站。部分公交站与路段过街未协调设计或协调方式不当,如老城区约 37%的公交停靠站未和慢行过街协调设计。老城区、开发区过街与公交协调设置情况如图 14-11 所示。在现状城区道路宽度不足的情况下,进出非港湾式公交停靠站的公交车辆对沿线慢行交通的通行影响较大。部分次干路甚至支路上设置的港湾式公交停靠站由于道路红线没有同时展宽,存在明显挤压慢行空间的现象,如濠西路公交站亭设置有遮阳顶棚,但却侵占了整条人行道。现状居民主要采用步行方式到达公交站台。

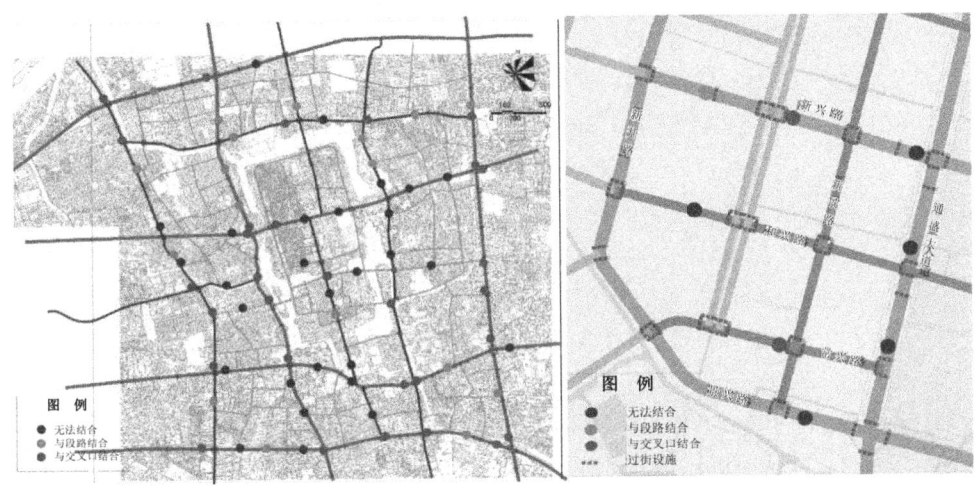

图 14-11　老城区、开发区过街与公交协调设置情况图

(5) 公共自行车。南通市公共自行车为政府投资、企业建设和经营的运营模式。控制中心有调度中心和信息中心,信息发布系统通过网络、电话等进行。公共自行车的建设过程中侧重当前交通需求,布局灵活,市民参与互动;采用滚动式规划,在公共自行车运营使用过程中,根据反馈意见对自行车服务点位和规模进行调整、增加。本次规划和公共自行车实施同步开展、相互反馈。各区域的公共自行车具体现状如表 14-2 和图 14-12 所示。

表 14-2　公共自行车现状

	港闸区	崇川区	经济技术开发区
服务点个数	40	160	60
公共自行车数量	800	3 200	1 800
自行车桩	1 000	4 000	2 000

续表

	港闸区	崇川区	经济技术开发区
万人公共自行车数	43	59	130
服务点规模(辆/处)	15～40	15～50	20～50
最小间距(m)	220	120	170
最大间距(m)	2 220	1 600	1 100
单车租用频率(次/d)	2.5		——
办卡类型	个人卡、团体卡、临时卡		
收费方式	2 h 免费；超时按 1 元/h 收费		

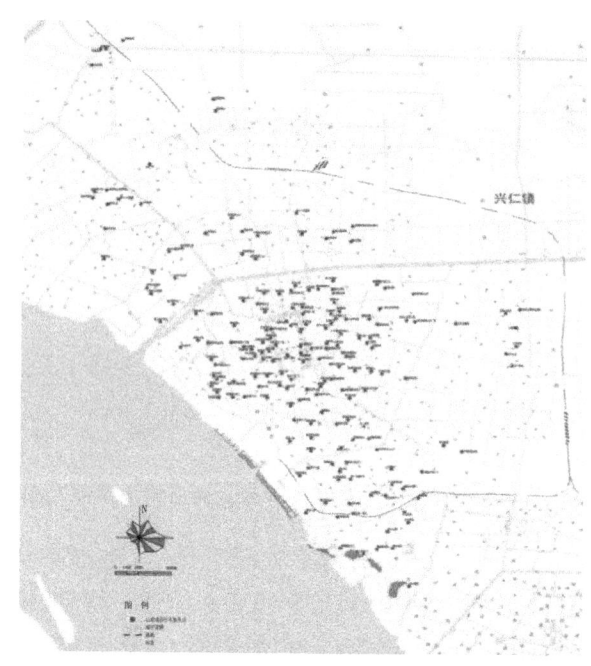

图 14-12　南通市公共自行车现状点分布图

现状公共自行车服务点布设需进一步优化，强化规模效应；车辆配备也需进一步优化、多样化；宣传力度和指示设施也应进一步完善。

（6）其他慢行设施。部分街角缘石的转弯半径较大，适宜车辆通过，但对集中的过街人流造成威胁，同时也侵占了一定的人行空间，增大了行人的穿越距离。部分街角空间被信号机、电线杆等设施侵占，占用行人停留驻足的步行空间。

竖格的雨水井容易卡住自行车轮子，造成交通事故；同时自行车行驶至雨水井处时，被迫绕行，也容易造成交通事故。

无障碍设施也不完善，建设流于形式，常被树池、自行车停车等阻断。

部分公交站台缺乏行人休憩设施。慢行交通标志系统的建设仍需逐步完善。步道照明设施方面,部分道路缺少独立的步行照明设施。部分休憩娱乐设施的场地缺乏与慢行空间的联系等。

3. 步行与自行车交通环境分析

(1) 城市特色。城市特色资源和慢行空间协调不足,能体现城市特色的慢行通廊较少。道路绿化整体较差,慢行遮阳不足。部分街道家具及慢行设施缺乏精心设计,如部分人行道的地面铺装质量有待进一步改善与提高等。

(2) 交通安全。根据收集的 2011 年内南通市慢行交通事故数据对慢行事故的原因、位置、路段类型、天气情况、事故伤亡人数等数据,运用数理统计的方法进行分析。总体来看,南通市居民慢行安全感较为一般,如图 14-13 所示。

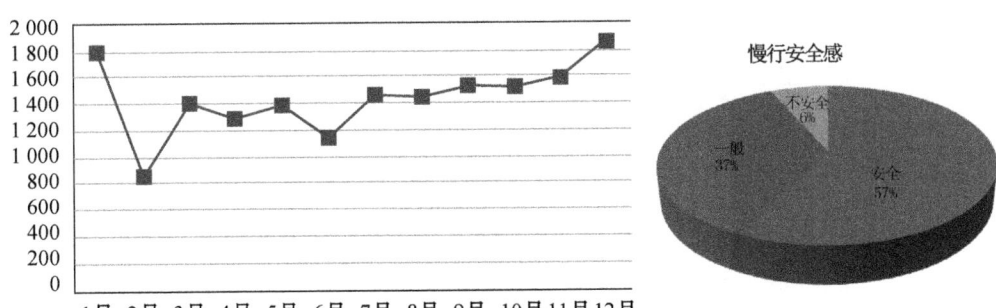

图 14-13 慢行交通安全现状图

普通路段慢行交通事故发生较多,占事故总量的 57%,这主要是由于南通市路段几乎都是无信号控制的行人过街,行人与机动车发生冲突的概率较高,容易导致交通事故。交叉口事故量也占到总量的 43%。

表 14-3 为南通市慢行事故数最多的 10 条路,其中 8 条路为主干路,2 条路为次干路。图 14-14 为南通市慢行交通事故多发地点。

表 14-3 南通慢行事故多发路段表

序 号	道 路	道路等级	与慢行相关的事故数
1	园林路	主干路	1 892
2	人民路	主干路	967
3	工农路	主干路	635
4	钟秀路	主干路	632
5	城港路	主干路	529
6	紫琅路	次干路	526

续表

序 号	道 路	道路等级	与慢行相关的事故数
7	青年路	主干路	514
8	濠西路	主干路	299
9	外环西路	主干路	250
10	孩儿巷北路	次干路	236

图 14-14　南通市慢行交通事故多发地点示意图

14.1.3　慢行空间规划

1. 慢行政策分区

以区位、自然环境、用地特性、交通政策为主导因素,根据不同片区的差异化的慢行特征需求,划分三大类 23 个慢行政策分区,分类指导步行与自行车系统的规划与建设。

(1) 慢行优先发展区。规划 8 个,以公共服务商业核心区、交通枢纽地区、风景区用地为主,包括各中心、次中心及火车站交通枢纽 7 个片区;区内应全面保障慢行优先,区内提供高密度的慢行道网及便利的慢行设施,加强慢行与公交衔接,有条件时设置步行街区和自行车专用道;慢行路网密度≥12 km/km^2;公共自行车租赁点 150 m 半径覆盖率≥60%,公交站点 300 m 半径覆盖率≥70%,慢行出行比例≥70%。

(2) 慢行平衡发展区。规划 7 个,以商住混合区、居住区、新区为主;区内提供较高密度慢行网及便利的慢行设施,鼓励慢行及公交和慢行组合方式出行;慢行路网密度≥10 km/km²;公共自行车租赁点 150 m 半径覆盖率≥40%;公交站点 300 m半径覆盖率≥65%,慢行出行比例≥50%。

(3) 慢行一般发展区。规划 8 个,以工业、仓储物流用地为主,包括 8 个产业片区;区内应优先发展公共交通,慢行系统作为公共交通的补充与完善;慢行路网密度≥6 km/km²;公共自行车租赁点 150 m 半径覆盖率≥20%;公交站点 300 m半径覆盖率≥60%,慢行出行比例≥50%。

慢行政策分区路网规划示意图如图 14-15 所示。

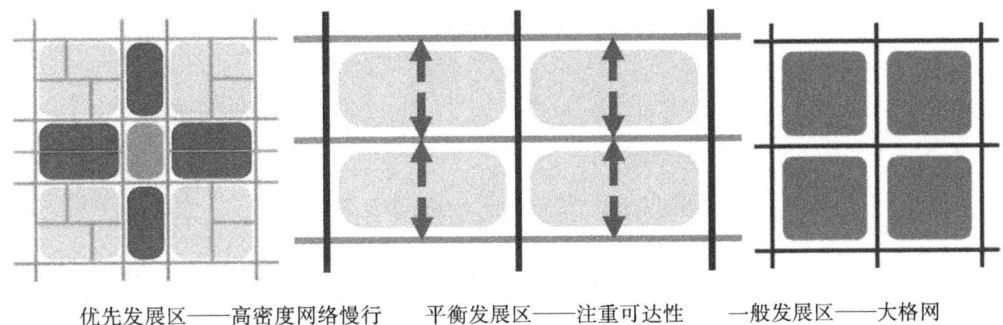

优先发展区——高密度网络慢行　　平衡发展区——注重可达性　　一般发展区——大格网

图 14-15　慢行政策分区路网规划示意图

2. 步行单元

依据城市功能组织的基本单元,结合自然屏障、道路、城市用地分类和交通特征,以 500～800 m 为半径,划分 7 类 267 个步行单元:中心区步行单元、居住区步行单元、公共设施区步行单元、交通枢纽区步行单元、公园风景区步行单元、科教区步行单元、工业仓储区步行单元。确定 18 个重点步行单元,下一阶段重点建设,分期推广,鼓励和引导发展慢行交通。

步行单元划分依据为南通市总体规划、分区规划、综合交通规划、路网规划、重点地区控规、控规编制单元、重要基础设施。

(1) 中心区步行单元。如图 14-16 所示,此区域包括以濠河为核心的老城区中心(101、102)、城市新城区中央商务区(105)、观音山片区中心(104)、北翼新城中心(103)、能达商务区中心(106)、苏通科技园区中心(107)和通州城区中心(108、109),共 9 个城市中心区步行单元。

单元内贯彻"步行优先、环境友好"的设计理念,利用醒目铺装提醒驾驶人将优先权给予步行主体;要保证人行道的连续畅通,人行道有效通行宽度不宜小于2.0 m;人行道与机动车道之间的绿化带与设施带控制在 1.0～3.0 m。

疏导机动车交通,减少人车冲突。减小交叉路口转弯半径,降低机动车速,保

图 14-16 城市中心区步行单元图

证自行车和步行的通行安全；交叉路口及沿线单位出口处，人行道连贯设置，自行车避让行人，确保步行系统的完整性；合理组织交通，强化路段和交叉口精细化设计，保障慢行安全；衔接地铁站出入口与重要人流吸引点的步行通道上，建设连续的风雨连廊系统。

规划高品质的步行设施。人行道旁增加树木、灌木等景观性质内容的设置空间；统一市政设施、座椅、灯柱、标示杆、垃圾桶和消防栓等设施。

规划换乘设施。在商业街提供自行车停放、租赁设施，考虑在轨道列车内设置自行车车载位；步行街出入口处设置自行车停车场，在附近设置机动车停车场或公共交通停靠站、大站和出租车扬招点。

（2）居住区步行单元。此区域包括北濠桥新村（206）、怡居苑（215）、虹桥新村（237）等，共 99 个居住区步行单元。

机动车交通减量减速。居住区局部路段限制机动车通行，或采用单方向行驶；在主要道路设置减速带，增加道路稳静化设施，降低车速。

满足居民交往和孩童游憩活动的空间需要。运用不同材质铺装和多种植物提高步行系统的生态性、景观性和趣味性；设置康体器材、休闲座椅等设施，满足居民交往需求。

构建连续的步行道网络规划。完善居住区内景观路网，沿绿地、景观河铺设步行小道；延续步行道的铺装材质或色彩，形成视觉连续性，引导人们步行路线。

构建闲适的步行与交往环境。提倡多功能用途的绿化景观配置，提升整体步行环境；创造小广场等丰富的活动场所，优化步行的特色空间。

（3）公共设施区步行单元。此区域包括华强方特乐园（309）、五洲国际广场（310）等，共43个公共设施区步行单元。

疏导机动车交通，加强交通管制。确保机动车不能进入休闲道，而休闲道应设置保护墩和安全横穿设施；合理将人流引导至步行广场等空间；引导人流集中，统一设置过街通道。

降低停车对行人的干扰。积极引进自行车系统新技术，利用道路中央分隔带设计人非混合休闲道；利用不同铺面材料分隔机非交通流；设置自行车道遮阳设施和路边停车设施。

增强步行与公交衔接。改善候车环境，为行人创造良好的候车换乘条件，从而方便行人与公交的换乘；加强公交停靠站与慢行过街的一体化设计方法。

改善公共活动空间的步行环境品质。完善相关配套设施，改善广场铺装和灯饰；丰富绿化配置，提升景观品质；增加雕塑、座椅等景观小品，增加公共空间趣味性。

（4）交通枢纽区步行单元。此区域包括南通火车站（401）、南通东客运站（402）、南通火车东站（403）、开发区综合客运站（404）和苏通科技产业园客运站（405），共5个交通枢纽步行单元。

实现无缝换乘和人流快速集散。在面积较大的地点，规划设置自行车换乘枢纽，保证各种慢行交通方式成为有机整体；结合轨道交通站点、公交场站的位置，在人流较大的地点，规划设置自行车换乘枢纽，保证各种慢行交通方式成为有机整体。

设置完备的步行引导设施。行人和机动车冲突较大的地段要设置醒目的标识，警告与提醒机动车驾驶人行人过街优先；为行人提供指引与信息的标识要醒目和易于找到，引导行人到达目的地；提倡连贯一致的小尺度标识，车速小于24 km/h的街道，标志的面积应限制在 $0.5 \sim 0.7 \text{ m}^2$，字体应限高10 cm。

保障行人通行空间的舒适性和便捷性。完善街道家具、树木种植等步行环境；在交通节点、过街处等步行关键地段设置的绿化要注意高度以确保视线通畅。

（5）公园风景区步行单元。此区域包括狼山风景名胜区（510）、老洪港风景区（518、519）、苏通大桥北桥头风景区（520）等，共21个公园风景区步行单元。

强化交通管制，完善公交系统、机动车停车设施。在高峰时段限行机动车，只允许行人和自行车通行；进一步改善标志标线、路灯等配套设施；集中设置机动车停车场，减少人、车冲突。

规划完善的休闲步行道网络。提倡道路断面设置方式的多样性，以适应不同情况下的步行需求，体现人性关怀；改善自行车道铺装，可采用红色透水沥青；步行可利用临水、临山木栈道，宽度根据现场条件。

改善步行景观环境。保护现有的绿化环境，局部可补种一些中小乔木以丰富植物的多样性；选用四季常绿的草种来铺设草坪。

提高步行系统的生态性、景观性和趣味性。增加植物的种类,形成层次丰富、季相变化明显的植物群;注重植物群落的营造、注意与山体环境相协调;树种选择以乡土树种为主,可适当选用开花灌木,营造花团锦簇的气氛。

(6) 科教区步行单元。此区域包括南通职业大学(602)、南通市第一初级中学(603)等,共9个科教区步行单元。

强调步行系统与办公、生活、休闲设施的畅达连接。将城市道路自行车道和人行道,滨湖和园林里的步行道,敞开式大学校园的内部路等道路资源全部连接起来;规划接入轨交网络形成后的地下通道。

强化休闲性步行网络的构建。形成一个相对封闭的自行车和行人通行网,使自行车、行人与机动车实现人车分流;沿同一道路的建筑街墙统一退线,退线空间与人行道统一标高,形成完整步行空间。

规划优美、宜人、高可达性的休闲性步行活动场所。设置自行车停车场地、休闲座凳、廊架等设施;节点设置木栈道、木平台等,为人们提供亲水、戏水、观水等空间。

(7) 工业仓储区步行单元。此区域包括通沙港务公司(711)、中远船务(724)等,共计81个工业仓储区步行单元。

处理好步行与货运交通的冲突,建立安全的步行道网络系统。减小工厂周边出入口转弯半径,设置稳静化设施,降低机动车车速;改善过街设施,建立立体过街设施,进行自行车道断面改造。

减少货运交通对步行环境的影响。丰富植物种植,绿化环境;妥善规划货运道路,防止货运车辆乱穿现象;局部规划步行广场空间,可减少人车混行和汽车对环境所产生的压力。

加强步行与公共交通的便捷衔接。加强人行天桥或地下通道,增加步行交通辅助设施建设;在工业区内建设自行车停车设施,提高公共交通与自行车交通接驳换乘的便捷性;完善周边的步行和自行车通道的标识系统。

(8) 重点步行单元。在267个步行单元中共有18个步行单元应重点建设,分期推广,分别是101、102、311和312构成的老城区中心步行单元,103和104构成的唐闸中心步行单元,105、106、304、401构成的北翼新城中心步行单元,107、251、321和403构成的东站中心步行单元,108构成的新城中心步行单元,109和110构成的狼山重点步行单元,111和324构成的能达商务中心步行单元,112构成的锡通产业园中心步行单元,113构成的通州区中心步行单元。

14.1.4 步行与自行车交通网络规划

1. 自行车道网规划

根据南通市自行车交通流量预测,2020年自行车流量较大道路如表14-4。

表 14-4 自行车流量较大路段

区域	序号	道路名称	区域	序号	道路名称
崇川区	1	濠北路	港闸区	1	永兴路
	2	人民路		2	站前二号路
	3	濠南路		3	永和路
	4	青年路		4	江海大道
	5	虹桥路—通启路—洪江路		5	通宁大道
	6	红星路—五一路		6	石桥路
	7	世纪大道	开发区	1	东方大道
	8	孩儿巷路		2	复兴东路
	9	濠西路—跃龙路		3	龙腾路
	10	北濠桥路	苏通科技园	1	江山路—纬三一路
	11	南大街—段家坝路		2	沿江大道—江港路
	12	濠东路—城山路		3	纬三三路
	13	工农路	通州	1	交通路—世纪大道
	14	通富路		2	新通掘公路
	15	龙王桥东路—通甲路		3	人民路
	16	园林路		4	建设路—通海路

自行车重要主通道布设如表 14-5 所示,其中主城区呈 15 横 15 纵,242 km,密度 0.89 km/km^2;通州城区 3 横 3 纵,共 40 km,密度 0.93 km/km^2。

表 14-5 规划自行车重要主通道一览

编号	自行车重要主通道	起点	终点	编号	自行车重要主通道	起点	终点
1	幸余路	城港路	机场大道	29	新开北路	通沪大道	星湖大道
2	站前二号路	闸东路	通宁大道	30	新开南路	星湖大道	新兴路
3	站前二号路东延	通宁大道	国强路	31	通盛大道	通沪大道	景兴路
4	芦泾路	城港路	永兴路	32	通盛南路	景兴路	江山路
5	芦泾路东延线	永兴路	城闸路	33	竹林路	振兴路	景兴路
6	永怡路	通扬运河	通京大道	34	长和路	永和路	城闸路
7	钟秀路	外环西路	农场路北延	35	长江南路	啬园路	通富南路
8	人民路	外环西路	通京大道	36	北濠桥路	通吕运河	钟秀路
9	人民中路	通京大道	农场路北延	37	经十八路	钟秀东路	通沪大道

续表

编号	自行车重要主通道	起点	终点	编号	自行车重要主通道	起点	终点
10	青年路	外环西路	外通掘公路	38	江山路	通盛南路	东方大道
11	崇川路	跃龙路	东快速路	39	纬三一路	经三四路	223省道
12	源兴路	通富路	东方大道	40	经三四路	纬三一路	纬三五路
13	宏兴路	东方大道	新江海河	41	纬三五路	经三一路	经四四路
14	星湖大道	通富南路	沈海高速	42	纬三二路	经三四路	223省道
15	振兴路	通富南路	竹林路	43	经三七路	经三五路	纬三五路
16	新兴路	新开南路	沈海高速	44	经三五路	纬三一路	经三八路
17	城港路	九圩港	通吕运河	45	农场路	纬三十路	经三八路
18	长平路	高速	通吕运河	46	经三一路	江海路	纬三五路
19	长泰路	城北大道	永怡路	47	通富南路	星湖大道	振兴路
20	北大街	永兴大道	江海大道	48	永和路	长平路	长和路
21	工农路	平海公路	啬园路			城港路	长平路
22	外环西路	通吕运河	青年西路	49	金江大道	新金路	宏兴路
23	濠西路	钟秀路	人民路	50	新金路	农场路北延	通掘路
24	跃龙路	人民路	崇川路	51	交通路	青岛路	银河路
25	园林路	城北大道	通富路	52	世纪大道	银河路	纬三五路（苏童科技园）
26	世伦路	钟秀路	崇川路	53	鹏程大道	接人民东路（崇川区）	通灵路以东
27	太平路	城北大道	通沪大道	54	朝霞路	农场路北延	外通掘公路
28	兴富路	通沪大道	复兴路	55	通掘路	北三环	青年路

主城区的自行车一般主通道总长 301 km，密度 1.14 km/km²，通州城区 51 km，密度 1.21 km/km²。自行车集散道主城区密度 2.6 km/km²，通州城区密度 4.3 km/km²（未统计次要支路和街巷里程）。总体自行车网络布局如图 14-17 所示。

2. 步行道网规划

对老城 23 条宽度不足 7 m 的支路进行拓宽改造，总长约 10.8 km。新增和打通 11 条支路，使支路成网，总长约 3.3 km，从而增加老城支路网密度，改善交通微

第14章 老城区步行与自行车交通系统更新

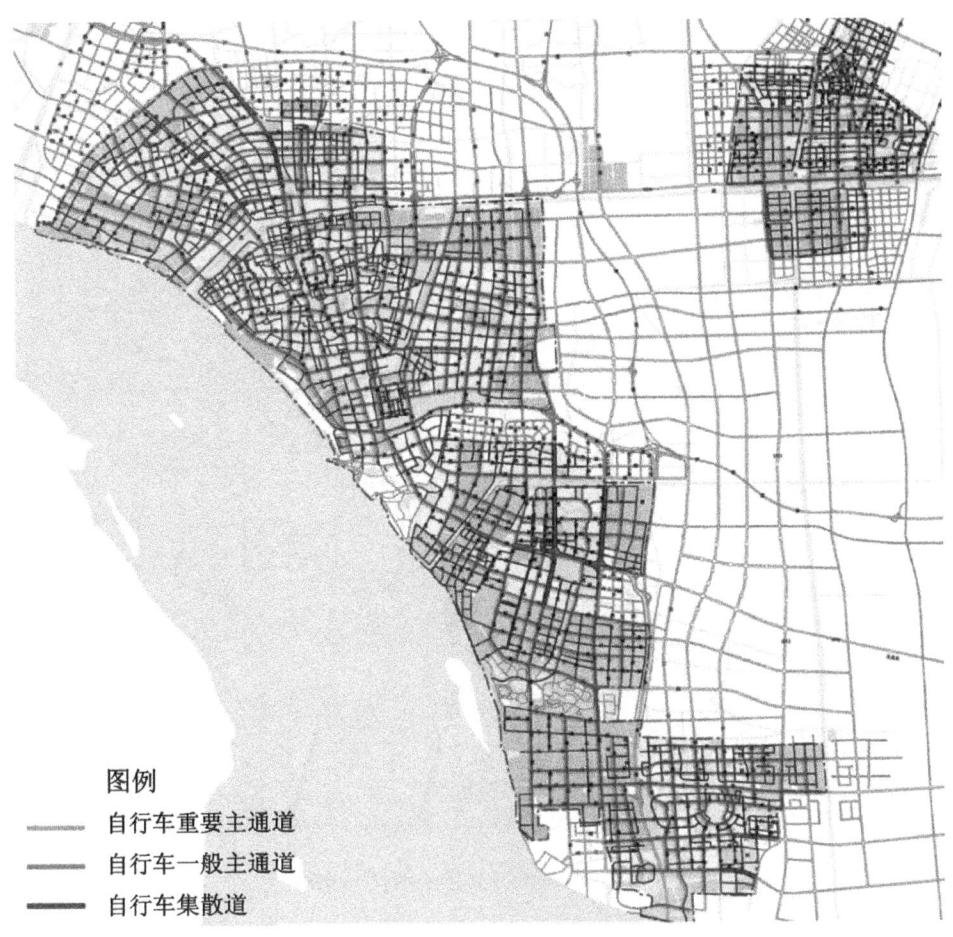

图例
—— 自行车重要主通道
—— 自行车一般主通道
—— 自行车集散道

图 14-17　自行车集散道规划图

循环能力。老城区应当进一步加密巷道、开放公共路径,具体规划见表 14-6、图 14-18。

表 14-6　老城区日常性步行道网改造

道路等级	老城区		国标值
	长度(km)	密度(km/km²)(扣除濠河水域面积)	密度(km/km²)
主干路	14.53	1.48	0.8~1.2
次干路	12.93	1.32	1.2~1.4
支路	39.10	3.99	3.0~4.0
巷道	15.28	1.56	—
合计	81.54	8.35	5.0~6.0

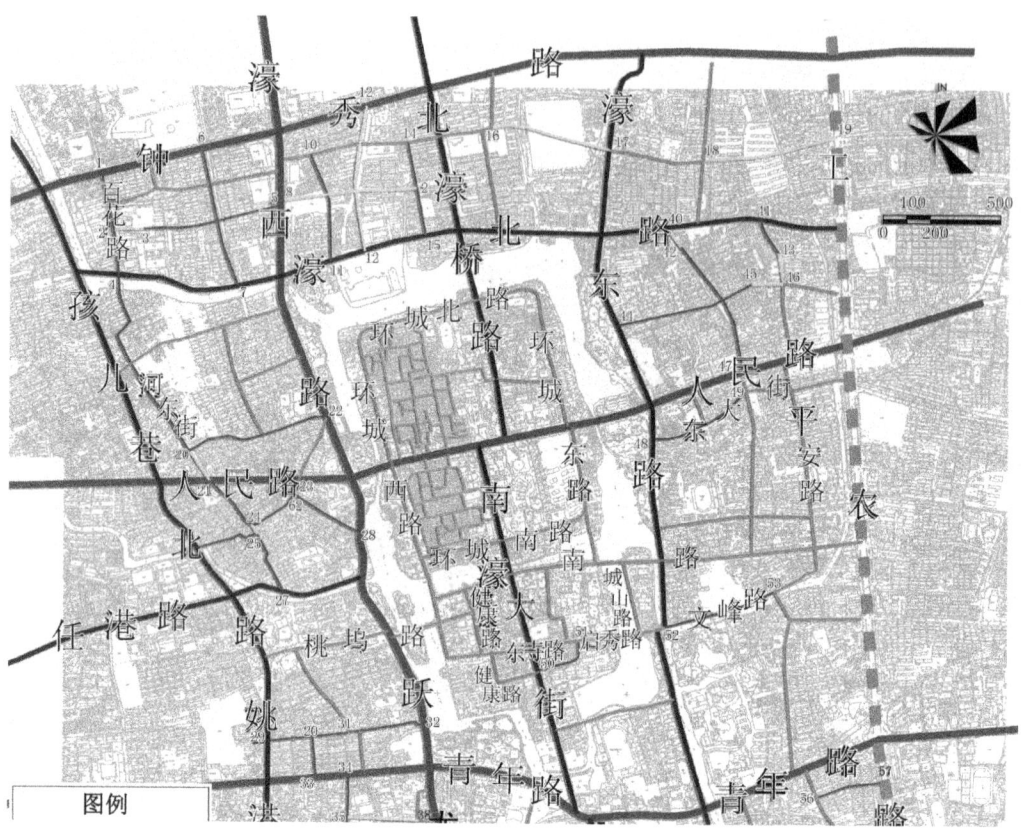

图 14-18 老城区步行生活网分布图

3. 网络连接设施

南通跨河慢行通道特别是联系主要城市中心区两岸的慢行通道亟需加密，其建设标准亦应有所提高。结合自行车主、次通道和步行道规划，规划新增 14 处网络连接设施。其中，港闸区 2 处，崇川区 3 处，开发区 6 处，通州 3 处。

步行与自行车网络连接设施汇总如表 14-7。

表 14-7 规划慢行网络连接设施

区域	序号	屏障	两侧用地	网络连接设施位置	设施类型
港闸区	1	通扬运河	商业、娱乐、绿地	通吕运河北侧	步自共享桥
	2	通吕运河	商业、娱乐、绿地	长泰路南延	步自共享桥
崇川区	3	海港引河	居住	通甲路~青年东路	步自共享桥
	4		居住、行政	洪江路~工农路	步自共享桥
	5	南郊路侧河	居住、医疗	南郊路	步自共享桥

续表

区域	序号	屏障	两侧用地	网络连接设施位置	设施类型
开发区	6	通启运河	工业	长江边	步自共享桥
	7		工业	诚兴路	步自共享桥
	8		居住	通盛路~东方大道	步自共享桥
	9	长桥港河	居住、商住	振兴路~瑞兴路	步自共享桥
	10	天星横河	工业	广州路~中天路	步自机共享桥
	11	富民港河	居住、教育	开发区实验小学门口	步自共享桥
通州区	12	竖石河	居住	延寿路东延	步自共享桥
	13		居住、商贸、工业	碧华路	步自机共享桥
	14		居住、工业	杏园路	步自机共享桥

4. 立体过街设施规划

结合轨道站点设 26 座地下通道，1 座天桥；结合沿线用地和过街安全性增设 7 座地下通道（含通州区 4 座）；濠河风景名胜区内人民中路和南大街配套建设地下商业街。立体过街设施布局如表 14-8 所示。

表 14-8　立体过街设施布局

序号	形式	位置	备注
1	地下通道	长平路、永和路交叉口	结合轨道 1、3 号线长平路换乘站设置
2	地下通道	永怡路、北大街交叉口	结合轨道 2、3 号线永怡路换乘站设置
3	地下通道	濠西路、人民路交叉口	结合轨道 1、2 号线环西文化广场换乘站设置
4	地下通道	工农路、青年中路交叉口	结合轨道 1、2 号线青年路换乘站设置
5	地下通道	青年东路、世伦路交叉口	结合轨道 2、3 号线汽车东站换乘站设置
6	地下通道	崇川路、世伦路交叉口	结合轨道 1、3 号线南通大学换乘站设置
7	地下通道	星湖大道、通胜大道交叉口	结合轨道 1、3 号线能达商务区换乘站设置
8	地下通道	虹桥路、工农路交叉口	结合轨道 1 号线虹桥路站设置
9	地下通道	工农路、濠南路交叉口	结合轨道 1 号线濠南路站设置
10	地下通道	长泰路、永兴大道交叉口	结合轨道 1 号线永兴大道站设置
11	地下通道	城港路、江海大道交叉口	结合轨道 1 号线越江路站设置

续表

序号	形式	位置	备注
12	地下通道	环城东路、人民路交叉口	结合轨道1号线环城东路站设置
13	地下通道	轨道1号线洪江路站	结合轨道1号线洪江路站设置
14	地下通道	轨道1号线世纪大道站	结合轨道1号线世纪大道站设置
15	地下通道	园林路、崇川路交叉口	结合轨道1号线园林路站设置
16	地下通道	崇川路、中央路交叉口	结合轨道1号线中央路站设置
17	地下通道	朝阳路、通胜大道交叉口	结合轨道1号线小海站设置
18	地下通道	宏兴路、通胜大道交叉口	结合轨道1号线宏兴路站设置
19	地下通道	太平南路、崇川路交叉口	结合轨道1号线太平路南站设置
20	地下通道	人民路	结合轨道1号线人民西路站设置
21	人行天桥	永福路	结合轨道1号线永福路站设置
22	地下通道	南通火车站站前广场	结合轨道2号线南通火车站站设置
23	地下通道	站前二号路、北濠桥路交叉口	结合轨道2号线站前二号路站设置
24	地下通道	钟秀路、濠西路交叉口	结合轨道2号线钟秀路站设置
25	地下通道	跃龙路、青年中路交叉口体育公园	结合轨道2号线体育公园站设置
26	地下通道	青年中路、城山路交叉口	结合轨道2号线城山路站设置
27	地下通道	通京大道、青年东路交叉口	结合轨道2号线通京大道站设置
28	地下通道	通州区银河路、新金路交叉口	结合交叉口商业设施和轨道站点设置
29	地下通道	通州区银河路、老通掘公路交叉口	结合交叉口商业设施设置
30	地下通道	通州区银河路、新通掘公路交叉口	结合交叉口商业设施设置
31	地下通道	通州区银河路、世纪大道交叉口	结合交叉口商业设施设置
32	地下通道	青年路—五一路	配套周边学校用地,现状改善
33	地下通道	星湖大道(新开路与长圆路之间)	配套医院用地
34	地下通道	人民路(汽车西站)	配套交通枢纽用地
35	人行天桥	长江路(经六路)	满足快速路过街要求
36	人行天桥	通京大道(新胜路)	满足快速路过街要求
37	人行天桥	通京大道(教育路)	满足快速路过街要求
38	人行天桥	通京大道(光阳路)	满足快速路过街要求
39	人行天桥	工农路(钟秀路)	满足交通性主干路过街安全要求,配套沿线商业用地
40	地下通道	人民路(时代超市)	现状地道

续表

序号	形式	位置	备注
41	地下通道	人民路（国美电器）	现状地道
42	人行天桥	长江路（华能路南）	现状天桥
43	人行天桥	长江路（永和路北）	现状天桥
44	人行天桥	长江路（姚港路）	现状天桥
45	人行天桥	通宁大道（幸余路—永兴大道路段）	现状天桥
46	人行天桥	通宁大道（幸余路—永福路路段）	现状天桥
47	人行天桥	通宁大道（永福路北）	现状天桥

14.2 镇江老城区步行与自行车交通系统更新

14.2.1 规划背景

镇江市位于江苏省南部，长三角洲北翼中心，长江与京杭大运河唯一交汇枢纽，北接扬州，南邻常州，西衔南京，拥有十分优越的区位条件和交通条件，是江苏南北之交通中枢。境内京沪铁路、京沪高铁、沪宁高铁、沪宁高速公路、扬溧高速公路、312 国道、104 国道等通达全国各主要城市，长江流域第三大亿吨港口镇江港通江达海。镇江拥有 3 000 多年悠久的历史文化积淀，是全国重要的旅游观光城市。

重点研究范围集中在中心城，包含主城核心区、南徐新城、谷阳新城、丁卯新区和大港主城区五大片区及南山风景区。总面积约 300 km²，如图 14-19 所示。

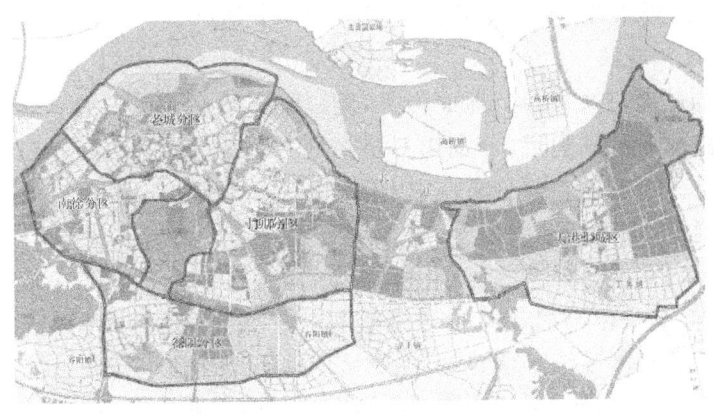

图 14-19 重点研究范围

规划期限与《镇江市城市总体规划2002—2020》一致,至2020年。

14.2.2 步行与自行车交通系统现状

步行与自行车交通在镇江市交通系统中占有的比重最大,近年来,随着公共交通系统的发展、小汽车保有量的增加以及步行与自行车交通规划的不到位,导致步行系统和自行车系统的比重逐年下降。目前,镇江市步行与自行车交通规划发展缓慢,配套设施不完备,步行与自行车交通的空间正在慢慢被机动车系统侵蚀,步行与自行车系统空间变得越来越小。

1. 步行与自行车设施现状

镇江市中心城道路总数为350条,道路长度为706 km,路网密度为2.11 km/km^2。在镇江市交通规划中,自行车交通网络规划与机动车交通网络规划是同步进行的。因此,自行车道的长度与道路长度相同。城市支路的自行车通行功能未能得到有效利用,即便自行车道路面积仅占总道路面积的20%,自行车道还是被大量的临时或者长时间的机动车停车占据,或者被小区出入口的车辆阻挡。

为保证机动车道通行空间,随意压缩人行道和自行车道宽度,迫使步行与自行车交通人群挤占机动车道,导致交通秩序混乱。有效宽度不足,两人并行都略显狭窄,并且缺少无障碍设施,盲道设计不合理,残疾人行走不便。人行道设计不连续,大部分路段存在人行道被机动车出入口切断,或是有树池阻碍,或是有其他突起物等,步行系统的连续性不强。

自行车停放主要采用基地配建,未设置公共停放场地。但很多早期建筑在自行车停放方面考虑不足,现状自行车停放混乱,大型公交枢纽点和公交换乘点的自行车换乘场地较少,停放场地严重不足。

2. 自行车拥有量

镇江市自行车的发展迅速,目前拥有电瓶车数量约80万辆,登记在册的就有26.7万辆,并已投入2 000辆公共自行车,共80个站点。

3. 过街设施现状

中心城的过街方式主要以地面为主,辅以地下人行通道。地下人行通道主要分布在中山路与城际站附近,分别为斜桥街地下通道、大市口地下通道、城际站地下通道。地下人行通道主要分布在中山路与城际站附近,分别为斜桥街地下通道、大市口地下通道、城际站地下通道。

镇江市步行系统有独立的信号控制系统,做到每个交叉口都有人行横道灯,指导行人过街,但是相位与机动车信号系统相位一致,没有行人优先的信号控制系统。自行车信号控制系统严重缺乏,主要是依靠机动车信号控制系统指示过街,仅存的一处自行车信号控制系统安装在中山东路与解放路交叉口处。

许多城市干道上的人行横道,过街距离较长,而路中却没有设置人行安全岛。

部分人行横道设置位置不当,易导致行人按其想法随意过街,形成交通隐患。过街信号设计不当,人行过街设施间距过大,过街信号等待时间过长,使得行人不便,引发违章乱穿马路带来的交通问题。

4. 步行与自行车交通量分布

目前中心城步行与自行车交通道路众多,因此仅选取代表性的中山路、解放路进行分析。

解放路的自行车众多,路段饱和度基本在 0.3 左右。自行车车道内部划分了机动车停车区域,自行车与进出停放的机动干扰严重,且自行车道各段宽度不一,所以,其实际通行能力远小于理论通行能力。

解放路自北向南,自行车以东吴路、中山东路、正东路最多,路段流量均在 4 200 pcu/h 以上,相比较,解放路上的机动车流量反而较小,最高仅达到 3 453 pcu/h,其现状流量与路内停车有一定的关系。如图 14-20 所示。

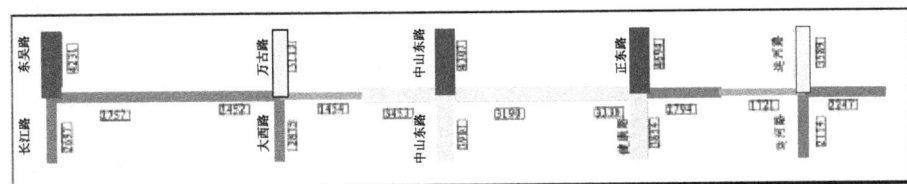

图 14-20 解放路现状自行车流量

相比解放路而言,中山路自行车更多,路段饱和度基本在 0.2~0.5,而且分布极为不均匀。中山路自西向东,自行车以中山路—电力路交叉出口东段(5 111 bic/h)、中山东路—解放路交叉口的南段(5 042 bic/h)、北段(5 391 bic/h)、西段最多(4 714 bic/h),以大市口交叉口为例,中山路调查数据远大于解放路调查数据,其原因主要是调查时间处于周末、采用自行车出行的出行者较多,如图 14-21 所示。

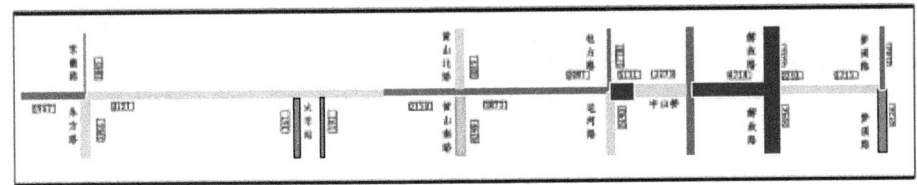

图 14-21 中山路现状自行车流量

14.2.3 中心城慢行空间规划

1. 慢行空间布局

"慢行核——慢行道——慢行区"共同构成了城市慢行交通系统的"点—线—面"格局,形成贯通慢行核与慢行区内其他区域的重要线形连通空间。参考深圳、上海、杭州等城市编制的慢行交通系统规划将城市慢行核划分为公共交通枢纽核、城市活力核、城市休闲核、城市生活核、工业仓储核五类。中心城慢行核分布如图 14-22 所示。

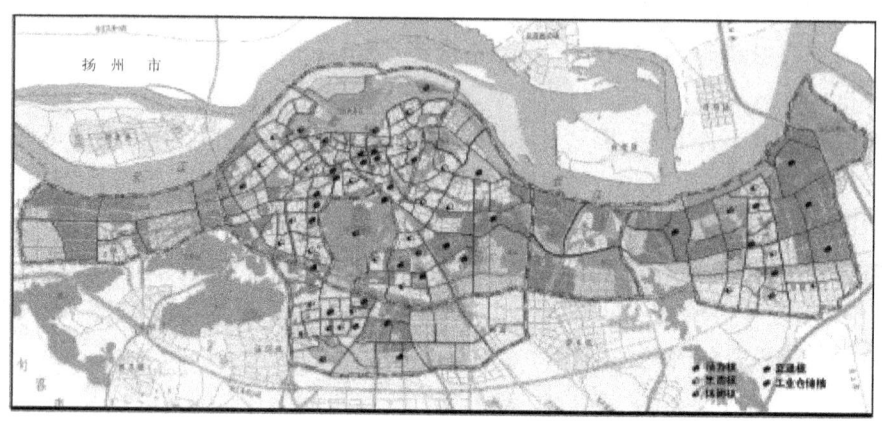

图 14-22　中心城慢行核分布图

2. 自行车单元

依据主要功能区的分布、自行车交通 OD 量分布、城市的主要分隔条件（包括河流、铁路、快速路等）以及山体的影响，规划将中心城分成 61 个自行车交通单元，如图 14-23 所示。

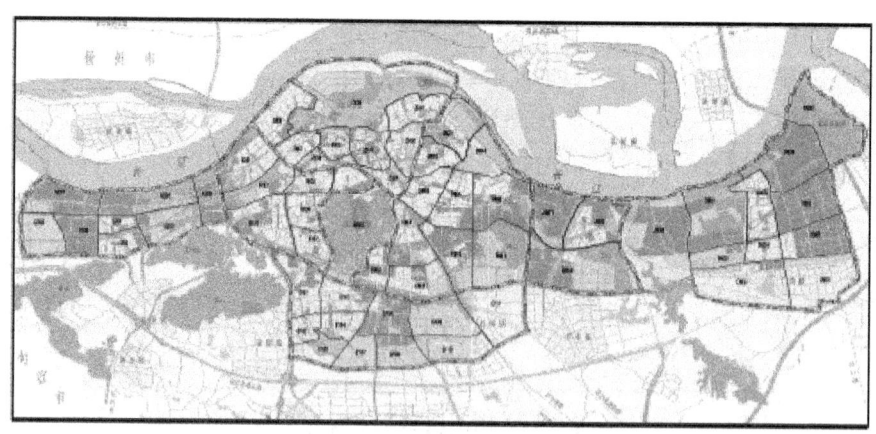

图 14-23　自行车小区划分

3. 步行单元

在步行系统中，根据地区用地主导性质、人流主要活动特征、相关的规划要求，结合镇江的城市特色、发展状况及景观资源，在自行车单元划分的基础上，划分为六个基本类型,共 190 个步行单元。步行单元如图 14-24 所示。

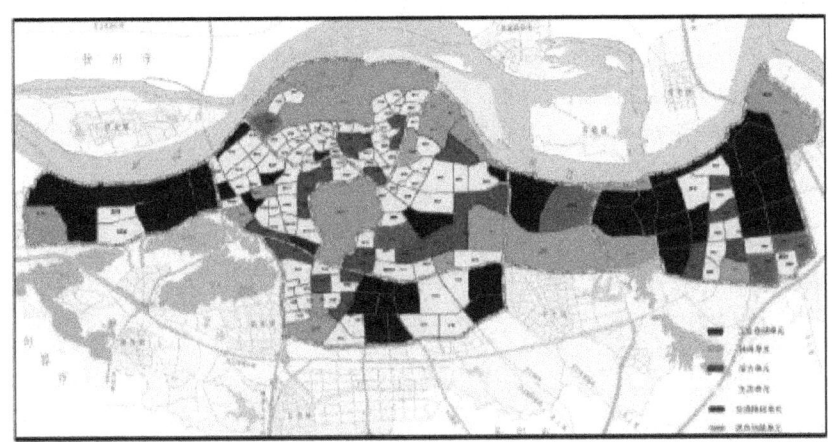

图 14-24　中心城步行单元划分

4. 特色慢行空间

镇江特色空间规划共包含两部分内容,自行车系统的休闲道规划和步行系统的步行通廊规划,这两部分有很多重叠部分,而且功能上与其他的交通性道路有着较大区别,一部分为交通性,一部分为非交通性,因此将两部分从自行车系统和步行系统单独提出,结合镇江山水资源,形成具有镇江特色的慢行空间布局规划。特色慢行空间规划在建设时需注意,应利用规划区域的路外绿化带设置单独的慢行车道(步行街除外),如果在建设中条件不允许或难度较大,可以考虑提升依托沿线主干道路的慢行通道品质来实现系统的连续、完整。特色慢行空间主要由"三区、四带"构成

(1) 三区

① 三山风景区:由三山(金山、焦山、北固山)、大禹山、滨江外环三大部分构成,整合滨江风光带、长江路三山景观带、二道河景观、运粮河风光等沿线景观带及西津渡、第一楼街等步行街资源,从西边大桥公园至东边大禹山风景区,形成镇江北侧"江—城—山"慢行空间;

② 南山风景区:主要由南山环线、中间南山风景区、体育会展中心步行通廊、官塘生态休闲绿核构成;

③ 圌山风景区:大港主城区特色慢行空间。

(2) 四带

① 古运河风光带:北接三山景观带,南连团结河,向东经过横山,穿过长江航道,在主城东部形成"十"字观水休闲景区,形成中心城中部的景观走廊;

② 长山河—谷阳湖风光带:从运粮河道沿长山灌渠至马鞍山,通过大桥路连

接至丹徒区人民广场,南至谷阳湖,形成中心城西部休闲道网;

③ 滨河公园风光带:以滨湖公园、瑞湖公园、工业遗址公园、圌山风景区为核心,依托滨水绿地和城市轴线为纽带构建大港主城区的慢行走廊;

④ 团结河风光带:团结河沿线。

特色慢行空间布局如图14-25所示。

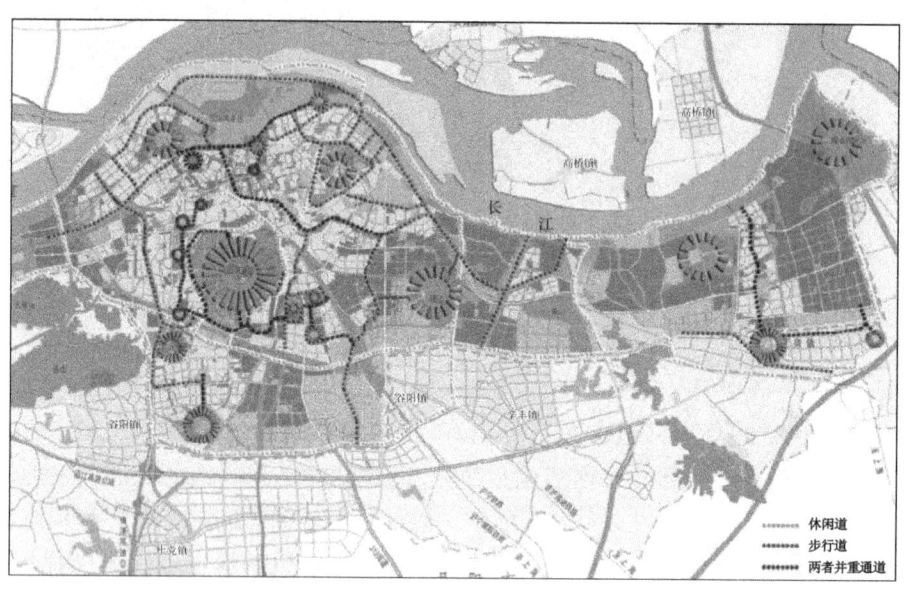

图 14-25 特色慢行空间布局

14.2.4 中心城步行与自行车网络规划

1. 自行车网络规划

自行车路网规划在分区规划的基础上,根据自行车路网系统内不同等级层次一级级展开,即廊道、集散道、连通道、休闲道分类规划,前三级网络的每个层次都依附于上一层次而衍生,相互结合形成层次清晰、等级分明、结构完善的自行车路网系统。四个层次的自行车道路功能作用不同,其相应采用的道路类型也有所不同。

根据廊道的功能定位,作为全市自行车路网的骨架,全市性或联系居住区和工业区及其与市中心联系的主要通道,承担着大量的自行车交通。要求快速、干扰小、通行能力大,其路径方向应与自行车出行的主要方向相一致。道路类型包括全市性的自行车专用道和有分隔的自行车道。规划镇江主城区市级自行车廊道"九纵八横一半环"的路网结构如图14-26、表14-9所示,规划大港主城区市级自行车廊道"五横七纵"的路网结构。总长323.235 km,路网密度1.11 km/km^2。

第14章 老城区步行与自行车交通系统更新

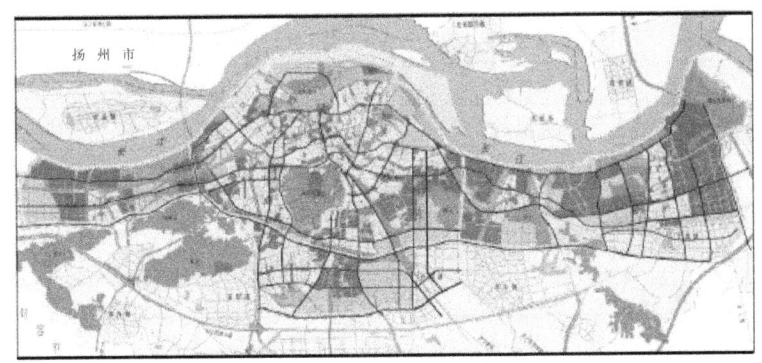

图 14-26　自行车廊道

表 14-9　镇江市主城区自行车廊道一览

序号	路名	起点	终点	红线宽度(m)	道路长度(m)
1	长江路	戴家门路	梦溪路	50	10 000
1	东吴路	梦溪路	禹山路	40	1 476
1	禹山路	东吴路	上堭路	60	7 397
2	润州路	渡口	朱方路	40	3 190
2	北府路	朱方路	黄山东路	35	3 633
2	健康路	黄山东路	解放路	30	991
2	正东路	解放路	梦溪路	30	981
2	学府路	梦溪路	禹山路	40	6 935
3	南徐大道	戴家门路	解放路	70	8 324
3	天桥路	解放路	梦溪路	30	1 069
3	丁卯桥路	梦溪路	上堭路	60	8 031
4	五洲山路	蚕桑路	宝平路	50	12 608
4	秀山路	宝平路	上堭路	40	4 343
5	京江路	润州路	龙门港路	42	3 379
5	戴家门路	龙门港路	团山路	50	2 296
5	丹徒西大道	团山路	官山路	50	10 679
5	丹徒东大道	官山路	上堭路	50	6 223
6	谷阳大道	大桥路	金谷路	40	9 332
7	杨溪路	大桥路	金谷路	40	3 400
7	瑞山东路	金谷路	上堭路	40	9 277
8	西麓路	大桥路	上堭路	50	13 190

续表

序号	路名	起点	终点	红线宽度(m)	道路长度(m)
9	宝塔路	长江路	保安新街	27	239
	保安新街	宝塔路	大西路	20	312
	山巷	大西路	宝盖路	24	523
	太古山路	宝盖路	中山西路	30	871
	檀山路	中山西路	丹徒西大道	45/50	5 899
	大桥路	丹徒西大道	西麓路	50	5 229
10	九华山路	中山西路	丹徒西大道	40	6 533
	长山路	丹徒西大道	杨溪路	40	2 104
11	镇荣路	莱山路	西麓路	45	7 767
12	焦山路	江滨路	宝平路	30	6 102
	官山路	宝平路	西麓路	50	9 367
13	解放路	长江路	南徐大道	42	3 198
	官塘桥路	南徐大道	宝平路	60	1 372
	宝平路	官塘桥路	金润大道	45	6 036
	谷丹路	金润大道	西麓路	40	3 551
14	谷阳路	禹山路	官塘桥路	60	6 437
15	智慧大道	学府路	西麓路	50	9 934
16	楚桥路	学府路	西麓路	40	9 262
17	征润州路	长江路	长江路	35/40	7 785
18	团山路	九华山路	五洲山路	40	3 596
		五洲山路	戴家门路	50	1 347
19	谏壁路	上埧路	Z11	22	4 641
		Z11	雩龙路	40	636
	临江西路	雩龙路	兴港西路	40	4 701
	临江东路	通港路	烟墩山路	40	3 758
20	兴港西路	临江西路	烟墩山路	40	2 985
	兴港东路	烟墩山路	圌山路	60	1 916
21	港南路	青龙山路	圌山路	40~60	6 321
22	平昌路	青龙山路	御秋路	40	8 681
23	沿江公路	青龙山路	圌山路	50	6 311

续表

序号	路名	起点	终点	红线宽度(m)	道路长度(m)
24	青龙山路	临江西路	沿江公路	40	5 044
25	北山路	临江西路	沿江公路	40	5 905
26	通港路	临江西路	金润大道	60	6 722
27	通港路	临江东路	沿江公路	60	6 726
28	五峰山路	兴港东路	沿江公路	40	6 718
29	圌山路北路	韩桥路	兴港东路	30	2 998
	圌山路	兴港东路	沿江公路	50	6 055
30	青龙山路	临江西路	金港大道	40	82 399
31	金港大道	上埠路	青龙山路	60	9 081
		青龙山路	圌山路	60	8 220
合计					323 235

规划区域区级自行车集散道总长 294.881 km，路网密度为 0.98 km/km²。根据镇江市现状支路网密度和街巷道路状况，以及规划分区支路网规模，本次提出基于分区支路网的区域差别化区内自行车路网规划方法，对于中心城和居住用地密集的地区，自行车交通需求较大，自行车道路网密度较其它地区高。

自行车休闲道规划主要利用公园绿地以及接近自然生态环境的宽度富裕的既有道路或休闲区域通行道路设置。在中心城北侧的京江路滨江风光带、长江路三山景观带、二道河景观、运粮河风光，西至大桥公园，向东连接大禹山风景区，形成镇江北侧江—城—山休闲道网；古运河北接三山景观带，向南向东延伸，形成中部滨水风光带，向南连接团结河至谷阳新城南端，向东经过横山，穿过长江航道，在谏壁分区形成十字观水休闲景区；从运粮河道沿长山灌渠至马鞍山，通过大桥路连接至丹徒区人民广场，南至谷阳湖，形成中心城西部休闲道网；中部为环南山风景区休闲通廊，西侧为建设中的南山绿道，连接南山北入口和西入口，东侧从南山南门向东延伸，经四平山、莱山至凤栖湖，北侧通过四平河连接至古运河，形成环南山观山观水休闲核心；大港主城区主要依托滨湖公园、瑞湖公园、工业遗址公园、圌山风景区为核心，滨水绿地和城市轴线为纽带建立休闲道。

2. 步行交通网络规划

（1）控制步行活动的道路。主要是指城市中的高速公路和位于城市外围的快速路，这类道路以车行过境交通为主，是控制步行活动的道路。两侧功能区步行系统规划应有目的地将人流引导至其他的步行通道，或者引导人流集中，统一设置过街通道。

(2) 重要步行通廊。城市绿化步行通廊。在中心城内，城市绿地公园、公共开敞空间、街头绿地等构成了城市的绿化通廊，这些地方是居民日常休闲步行活动发生的重要场所，也同时构成了步行系统的主要结构性通廊。主要有丹徒人民广场——谷阳湖步行通廊、大港主城区滨湖公园步行通廊和工矿遗址公园步行通廊等。

城市江——城——山步行通廊。在中心城北部沿江地带，规划沿环湖路——长江路——江滨路构建一条连接镇江三山(金山、北固山、焦山)、金山湖、西津渡和滨江区域的休闲步行通廊，形成相互呼应的城市山水连续步行系统，以强化城市的"天下第一江山"的景观特色。

城市滨水步行廊道。镇江地处长江与京杭大运河的唯一交汇处，地理位置优越，水系十分发达，滨水地带是提升步行空间品质的绝佳场所。构建一条沿古运河的休闲步行通廊，与滨江休闲步行通廊相呼应，以强化城市滨河、滨江的景观特色。沿大港主城区东西向滨水景观轴线构建团结河通廊，位于滨湖公园南侧和团结河沿线两岸，提升新区门户地区景观水平。

南山绿道步行通廊。保护南山的生态环境和生物多样性、提升南山慢行交通可达性、欣赏南山自然景致。

城市环山步行通廊。镇江市南山风景区被列为江苏省级自然风景保护单位，该景区风景秀丽、仪态万千。利用南山风景区的独特风貌，规划一条从凤栖湖——大莱山——四平山——南山的休闲步行通廊，强化镇江山水花园城市的城市特点。此外在金山、焦山、北固山、圌山分别规划一条环山休闲步行通廊。

城市风貌步行带。在镇江市中心城，规划第一楼街步行街，与北固山风景区相连；规划万达广场沿北府路至行政中心，而后贯穿城市规划展示馆、体育会展中心、白龙潭公园至高铁广场，形成南徐活力步行通廊；规划沿大港主城区中轴线步行通廊等多条具有镇江城市风貌的步行带。

(3) 依托城市道路的重要步行通道。重要步行通道主要由城市道路两侧的人行道构成，以步行交通、交通换乘和向次级通道疏散为基本功能，要求必须保证其延续性和畅通性。主要依据镇江城市主干路建设。

步行道网络规划示意图如图 14-27 所示。

3. 过街设施规划

(1) 平面过街设施规划。路段过街设施的间距阈值重点取决于三个因素：道路等级、用地类型、慢行强度。道路等级越低，机动化优先程度越低，步行过街设施间距可适度减小(次干路<生活性主干路<交通性主干路<快速路，生活性主干路生活化程度高于交通性故采用更小间距)；土地类型越趋近生活化，过街设施间距越小(居住及社会服务用地<商业办公用地<对外交通用地<绿地<工业仓储用地)；慢行强度越大，过街设施间距应越小(高频社区核<高校活力核<低频社区

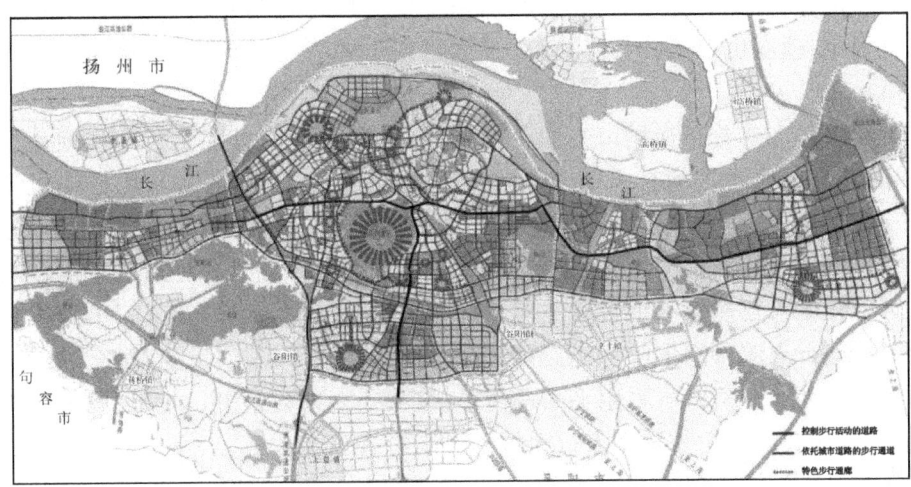

图 14-27 步行道网规划示意图

核<商业核)。此外,过街设施距重要节点如公交站、校门、社区及商厦入口的最大距离不宜大于 100 m。中心区过街设施间距阈值如表 14-10 所示。

表 14-10 镇江市中心区过街设施间距阈值表　　　　（单位:m）

道路类型 \ 用地(强度)	居住、社服		商业、办公		对外交通		绿地		工业仓储
	高强	一般	高强	一般	中心	外围	中心	外围	
次干路	150	200	150	250	250	300	300	400	500
主干路 I级	200	300	200	350	300	350	350	400	600
主干路 II级	250	350	250	350	350	400	400	500	600
快速路	300	600	350	500	400	500	500	600	700

(2) 立体过街设施规划。立体过街设施是利用立体交叉的形式,从根本上解决行人和车辆之间的冲突,是缓和城市交通紧张状况、保障行人安全的有效措施。

① 在控制步行活动的道路交叉口一定要采取立体过街形式。鉴于控制步行活动的道路主要指城市中的高速公路和城市外围的快速路,这些道路吸引的行人流量不是很大,但车速很快。为方便道路沿线居民横穿快速路,提高道路车辆通行能力,保障过街行人的人身安全,因此,在这些道路的重要节点设置立体过街设施,一般采取过街天桥的形式。

② 在重要步行通廊和重要步行通道内的道路交叉口考虑多种过街形式相结

合。步行街和历史文化街区的通廊和道路主要是以步行与自行车交通为主,机动车流量很小,速度也很慢,因此主要以平面过街形式为主,方便行人迅速通过道路交叉口。

商业中心主要分布在城市主次干道上,机动车交通流量和自行车交通流量都很大,因此为了保障过街行人的过街安全和车辆通行能力,适宜采用立体过街形式。一般情况下,商业中心周围高楼林立,根据人行天桥和人行地道的比选设置比例,镇江市商业中心、狭窄道路和建筑密集的地方适宜采用人行地道的过街形式。

对于在城市自然景观地带和地形开阔、建筑物较少的地段,交叉口的过街形式设置可根据行人流量的多少和道路等级来决定。如果行人数量少,对交通的通行能力影响不大的交叉口可采用平面过街形式;如果行人数量多,对交通的通行能力形成了一定的影响,适宜采用人行天桥的过街形式。

立体过街设施规划示意图如图 14-28 所示。

图 14-28　立体过街设施规划示意图

14.2.5　中心城重要区域概念性规划

1. 第一楼街慢行系统

第一楼街是一条立体商业步行街,由地下、地面、和地上三部分组成,以步行交通为主,限制其他交通形式,因此该处慢行系统设计主要考虑步行交通系统设计。

在步行街出入口设置自行车停车场和自行车租赁站,鼓励绿色出行;在步行街出入口 200 m 范围内设置公交站点,完善步行交通与公共交通的衔接;步行街内部设置空中步行连廊和地下步行连廊,满足人们的出行需求;地面设置休憩广场和必要的慢行设施,满足人们休息、购物和其他的一些需求。具体规划如图 14-29、图 14-30 所示。

在每个出入口设置圆形石墩,防止机动车和自行车的驶入,以保证第一楼街步

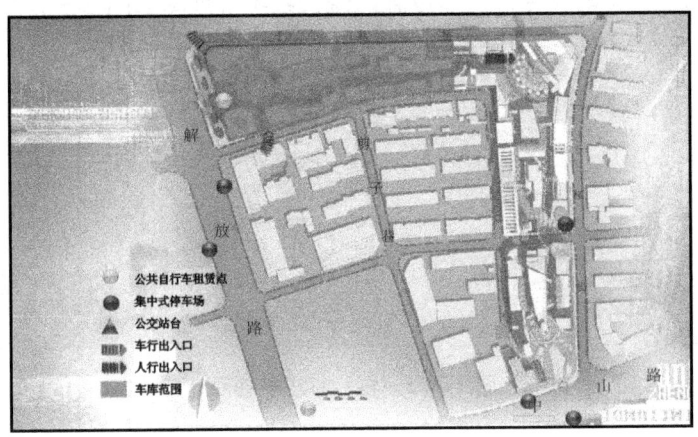

图 14-29　P+R 换乘考虑图

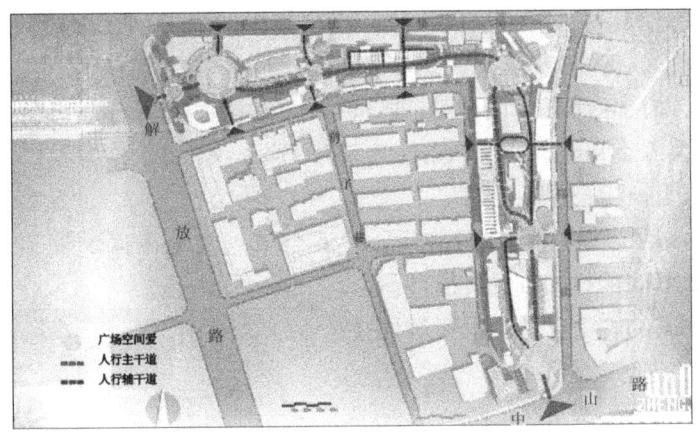

图 14-30　交通流线图

行街内行人的安全。

2. 古运河慢行系统

镇江市地处长江与京杭大运河的唯一交汇处,发达的水系滋润和装饰着城市的整体风貌。古运河河道经过多年的整治,城区沿河两岸公共开敞空间已经逐步得到改善,河道两侧空间更多是作为居民活动、休憩、游览空间进行整治,在目前城市交通日益拥堵的情况下,沿河两侧空间可以考虑开辟慢行交通系统,以提高居民休闲、出行质量,改善慢行交通环境。

古运河慢行通廊设计在古运河两岸,利用古运河两岸的自然风光,形成一条具有滨河特色的慢行通廊。在慢行通道的两端设置自行车停车场和自行车租赁点,方便人们游玩;慢行通廊采用物理分隔或路面高度分隔来区分自行车道和步行道,通廊内部自行车限速管理,避免与行人发生冲突;在慢行通廊内部适当位置配置慢行小品,包括凉亭、座椅、垃圾箱等慢行交通设施。慢行系统规划图如图14-31所示。

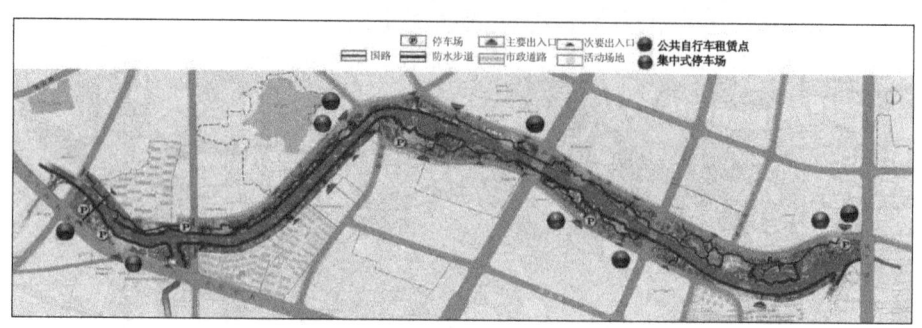

图14-31 慢行系统规划图

3. 南山绿道

南山位于镇江主城区的中部,是主城区居民重要的休闲娱乐场所,为了为让市民更多地共享南山资源,南山景区将修一条环南山的绿道(又称慢行步道),给市民提供步行和骑车的健身空间,总长为15.4 km。沿南山绿道的西环线,绿道途经南山风景区北入口、小游园、黄山公墓、枣林水库、幽栖古道、苗圃和南山风景区西入口,规划长度为5.2 km,总规划面积18.3万 m^2。

规划结构为一线、五点、七区:

一线指生态绿道,以绿道作为轴线,将五个节点及七个区域完美串联起来,在不同板块通过不同的地理地貌、植被景观来体现山林绿道的特有风景,达到健康生活、回归自然的理想效果。

五点包括一个一级驿站、两个二级驿站和两个休息点。一级驿站为南山绿道的起始点,利用现有空地设置一级驿站的综合服务中心建筑,建筑面积为1 600 m^2,满足绿道综合管理办公、自行车停放及维修、厕所等功能。二级驿站建筑面积为280 m^2,满足休息、自行车换乘、上厕所、物品购买等功能。休息点:利用现有岩口布置独特的休息、文化空间。

七区:根据绿道周边地势地貌和植物自然分布情况,合理分为七个区域。

南山绿道慢行系统规划图如图14-32所示。

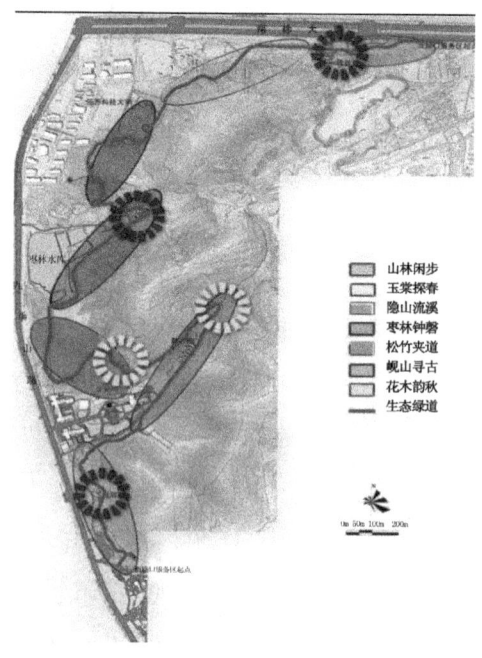

图14-32 南山绿道慢行系统规划图

第 15 章 低碳新区步行与自行车交通系统规划

在低碳发展、低碳交通理念日益深入人心的今天,步行与自行车交通所具有的低碳出行、健身、休闲、交往等功能,使步行与自行车交通备受政府、学界和社会民众的广泛关注。步行与自行车交通具有低速、适宜短距离出行、绿色低碳、节能环保、公共性强等诸多优点,新城建设过程中应不断加强新城步行与自行车交通的规划设计和投资建设力度,建构适合步行与自行车交通的路网系统、土地混合使用配合步行与自行车交通、建构新城自行车与步行交通系统、加强步行与自行车交通与公共交通的无缝衔接。

南京南部新城与无锡太湖新城作为城市发展区域,不仅拥有雄厚的产业基础,具有丰富的自然和人文资源,更是低碳新城的代表,是城市风貌的展示窗口。规划区内具有密集的轨道和常规交通站点,为"公交+慢行"提供了良好条件,同时区域内的用地规划一直与交通规划同步,便利此地的交通规划与发展。本章以南京市南部新城区红花机场地区和无锡太湖新城地区为研究对象,进行城市低碳生态新区的步行与自行车交通系统规划实际应用分析。

15.1 南京红花机场地区步行与自行车交通系统规划

15.1.1 规划背景

根据《南部新城建设协调区产业发展规划》,产业定位为:围绕南京建设"现代化国际性人文绿都"的战略定位,以融合"绿色、人文、智慧、集约"四大要素为建设目标,南部新城建设协调区产业发展将聚焦于商务商业、文化休闲、软件研发和生活服务四大领域,总体上定位为华东区域总部及商务服务花园、国际文化时尚及休闲体验中心、全国软件产业地标区、智慧绿色城市生活展示区,努力将南部新城打造成为全球知名的"文化体验中心、时尚活力之城"。编制《红花机场地区步行与自行车交通系统规划研究》,是打造红花机场地区具有国际水准慢行发展区,促进低碳生态新城建设,贯彻南京市"绿色交通"的城市交通发展战略的需要,营造融人性化、生态化、景观化为一体的步行与自行车通行环境,提升城市的生活品质和城市魅力。

规划范围:红花机场地区(北起秦淮河、运粮河,东南至绕城公路,西至大明路,西南抵双龙大道),面积约 10 km²,如图 15-1 所示。

规划年限:近期:2010—2020 年;远期:2020—2030 年。

图 15-1　项目区位图

15.1.2　南部新城区红花机场地区现状

1. 地区现状及交通状况

(1) 现状土地利用情况。规划范围总用地面积为 993.69 hm²,其中现状城市建设用地 818.11 hm²,占规划总用地的 82.33%;现状非城市建设用地 175.57 hm²,占规划总用地的 17.67%。

规划区现状用地以军事用地为主,用地面积为 435.42 hm²,占规划总用地的 43.82%,主要为大校场机场,分布在规划区中部。机场将迁出规划区,其用地将根据规划的需要进行用地性质的转换。

(2) 现状交通情况。现状城市道路不成系统,周边交通较好,内部不成体系。由于大校场机场的存在,地区内部道路贯通困难,交通组织不顺畅。

区内铁路有大校场机场铁路专用线,考虑大校场机场将迁出规划区,根据规划的需要废除已废弃的专用铁路。

区内快速路有绕城公路和宁溧路。绕城公路为 60 m,位于规划区东南侧;宁溧路为 60~70 m,位于规划区西南侧。

区内主干道有大明路,宽度为 40 m,位于规划区西侧,贯通南北交通。

其余为支路及支路以下等级。其中中和桥路位于规划区北部,贯通东西交通。

红花机场地区现状交通分布如图 15-2 所示。

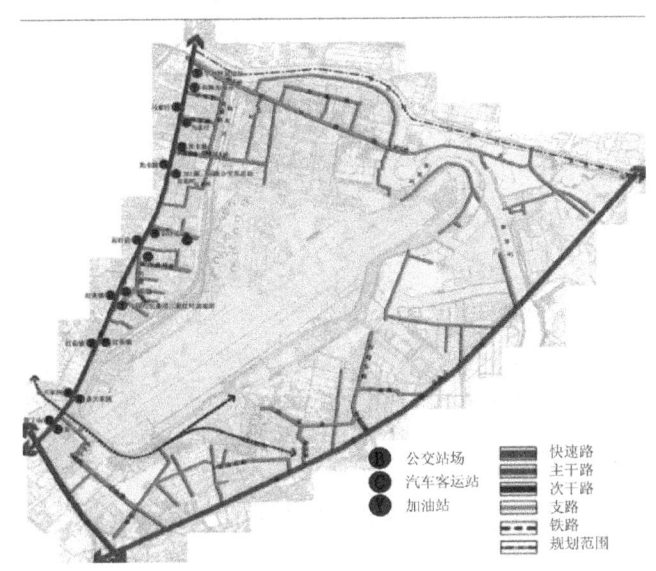

图 15-2　红花机场地区现状交通分布图

2. 地区交通规划概况

(1) 轨道交通。涉及的轨道交通线路有地铁三号线、地铁五号线、地铁六号线和地铁十号线,共计四条。地铁三号线自本区域西侧经过,并在宁溧路和大明路交叉口一带设大明路站;地铁五号线从本区域内经过,设 3 个站点;地铁六号线经大明路进入本区域,共设 3 个站点;地铁十号线经明匙路进入本区域,共设 2 个站点。

(2) 道路交通。规划区内路网密度为 8.01 km/km^2,其中快速路网密度为 0.97 km/km^2;主干路网密度为 1.07 km/km^2;次干路网密度为 0.76 km/km^2;支路网密度为 5.20 km/km^2。

区内道路分为快速路、主干路、次干路、支路四个等级。纬七路、双龙大道和绕城公路三条城市快速路穿越本规划区。软件大道、机场路、苜蓿园大街、大明路、等构成规划区内部主干路系统。路网受到机场跑道绿轴分隔影响,干路中除了明匙路、御道街及苜蓿园大街与机场跑道平交,其余干路冶修一路、冶修二路及响水河路主线以短隧下穿机场跑道绿轴;支路均终止于机场跑道环路,形成围绕机场跑道的单行道循环交通组织。

红花机场地区交通网络规划图如图 15-3 所示。

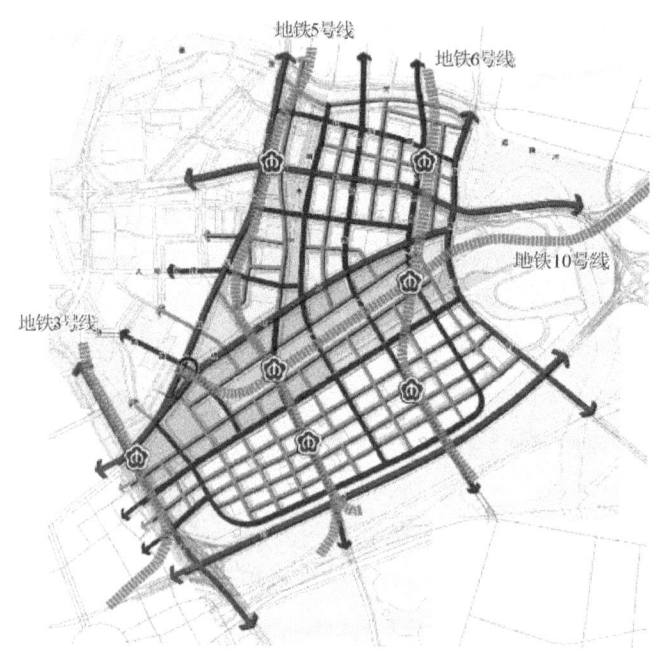

图 15-3　红花机场地区交通网络规划图

15.1.3　慢行空间规划

1. 重点要素空间组织

围绕"以自然生态和人文资源为特色,构建网络化绿色开放连续慢行空间",根据《南京市南部新城核心开发区重点地段城市设计》明确的"三轴一芯、四主三次七节点"的整体空间结构,本次规划的慢行特色空间为:"一主三次八点"的发展轴线和慢行节点。重点要素空间组织图如图 15-4 所示。

(1) 一主:慢行发展主轴线。机场跑道公共空间魅力慢行主轴:以地区整体空间结构中的"创意轴"和"智慧都芯"为依托,结合市连接性绿道—雨花台东绿道,在规划区内串联南京汇、神机营广场与飞越南京 3 大节点和商业中心区、酒店演艺区、创意文化主题区三大功能区、以及跑道公园和地下空间综合体,向西串联智慧之门和南站枢纽商务区,构建活力交往、文化娱乐、休闲观光等多样化的特色慢行

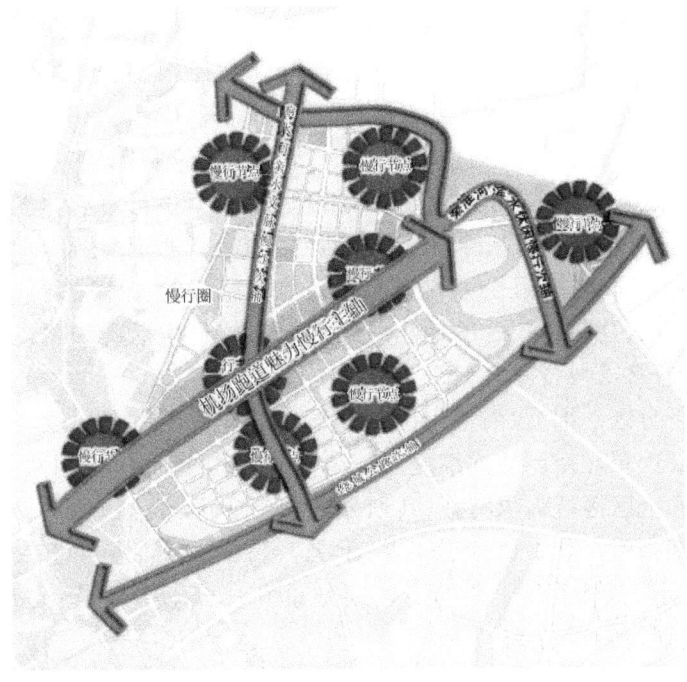

图 15-4　重点要素空间组织图

发展轴线。该区域是本次步行与自行车系统规划的重中之重,应结合轨道/公交站点出入口、景观资源、地上地下建筑公共活动功能空间,建立高效连通和多功能化的全天候立体慢行系统,展现红花机场地区独特的城市魅力与活力。

(2) 三次:亲水文脉慢行次轴、滨水休闲慢行次轴、防护绿带慢行次轴。

① 响水河亲水文脉慢行次轴:以"文脉轴"——沿响水河延伸明故宫轴线为依托,串联响水河亲子乐园、市民休闲广场、民俗主题展示园等,向南延伸民故宫文化轴线,结合亲水平台和亲水码头,构建由陆上和水上多方式组成的多层次复合型亲水文脉慢行发展轴线。该轴线以文化元素为基础毗连而成,并结合滨水住区和街头绿地、城市家具打造安宁化慢行街区,展现红花机场地区亲水文脉特色。

② 秦淮河滨水休闲慢行次轴:以"市骨干绿道—秦淮河绿道"为依托,串联七桥翁湿地公园、国际预留发展区等,并依托南京市规划开通的外秦淮河水上客运巴士通道,构建由陆上和水上多方式组成的多层次复合型滨河休闲慢行发展轴线。该轴线以沿河景观元素为基础毗连而成,打造景观休闲健身慢行廊道,展现红花机场地区滨河景观特色。

③ 绕城路防护绿带慢行次轴:以绕城路 100 m 防护绿带为依托,临近绕城路设置防护绿化,消减快速道路对地区的噪音、尾气污染等影响;临近居住用地

一侧结合绿地设置步行与自行车设施,便于周边居民进行休憩、健身等慢行活动,扩展快速道路防护绿地的功能。同时,步行与自行车通道应穿越绕城路道路界面,与南侧绿地及城市用地的步行与自行车路径相结合,实现与周边区域的衔接。

(3) 八节点:轨道交通慢行核点。以"轨道站点"为依托,在站点周边 500~750 m 范围内建立与轨道接驳便捷、高效、舒适的 8 个慢行节点。慢行节点以轨道 3、5、6、10 线轨道站点为基础,打造由遮风挡雨慢行通道(地面、地下和空间步行专用通道)、自行车停车点、公共自行车租赁点等组成的立体"慢行+公交"换乘系统,并在居住和公建较为集中的地区形成 10 min 慢行生活购物圈。

2. 慢行分区及慢行单元划分

(1) 慢行分区。根据《南京市南部新城核心开发区重点地段城市设计》和《大校场单元机场次单元控制性详细规划》,结合《红花机场地区控制性详细规划修编》阶段性成果和地区慢行需求特征,共划分为 7 个慢行分区,以便有针对性地制定交通引导和规划指引。其中:1 个公共活动慢行区;4 个生活慢行区;1 个生态休闲慢行区;1 个预留发展慢行区。慢行分区划分如图 15-5 所示。慢行分区交通需求特征、引导和规划指引如表 15-1 所示。

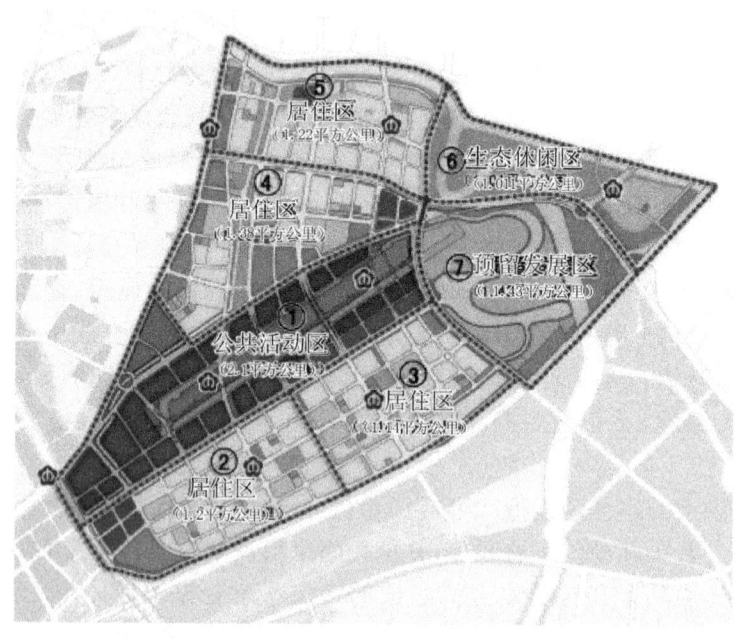

图 15-5 慢行分区示意图

表 15-1 慢行分区交通需求特征、引导和规划指引

类型	步行与自行车交通特征与需求	规划策略与要求
1. 公共活动区	① 以通勤、商务、购物休闲等出行为主,占 50%左右,轨道交通接驳占 30%左右,绿道休闲 20%左右; ② 人流量大,且持续性强; ③ 对步行与自行车环境的品质要求较高; ④ 交通可达性要求高; ⑤ 各种交通方式的转换与衔接要求便捷。	① 提倡土地的集约、混合、一体化使用; ② 提供高效的交通换乘体系,轨道交通站点步行可达性在 10 min 以内,步行系统与周边主要建筑均有地下、地面、地上的通道连通; ③ 步行优先和环境友好,合理疏导机动车交通,减少人车冲突; ④ 规划连续、全覆盖、高品质步行设施,沿公共建筑界面设置遮风挡雨设施,提高公共活动空间的步行环境品质。
2. 经济适用房居住区	① 日常出行中公交出行较高,占 50%;轨道交通接驳占 20%,居住区位单元生活出行占 30%左右; ② 自行车为第二大的交通出行方式; ③ 自行车、步行与公交衔接的换乘需求。	① 构建友好的步行与自行车廊道系统; ② 完善慢行—公交衔接乘系统; ③ 在快慢系统矛盾集中点建立人车分离设施; ④ 便民圈、生活圈等可达性符合指标体系要求。
3. 居住区	① 日常生活慢行出行为主,占 50%,轨道交通接驳占 20%,公交出行占 30%; ② 交通安宁化的需求; ③ 社区生活功能的需求; ④ 公交衔接换乘需求。	① 构建友好的步行与自行车廊道系统,轨道站点与居住区构建遮风挡雨设施; ② 完善慢行—公交衔接乘系统; ③ 便民圈、生活圈等可达性符合指标体系要求。 ④ 采取一系列限制机动车的交通宁静措施; ⑤ 着力打造社区绿道,串联居住社区及公共服务设施。
4. 滨水住区	① 日常生活步行出行占 40%,滨水休闲占 30%,公交出行占 20%,轨道交通接驳占 10%; ② 较高的居民交往、游憩活动空间需求; ③ 干道过街需求。	① 规划优美、宜人、高可达的休闲性步行活动场所,构建与响水河环境良好衔接的步行环境。 ② 合理设置干道行人过街设施,保障行人过街安全性; ③ 完善滨水地区步行可达性。 ④ 便民圈、生活圈等可达性符合指标体系要求。 ⑤ 着力打造社区绿道,串联居住社区及公共服务设施。
5. 生态休闲区	① 滨水休闲占 90%,其他占 10%; ② 对景点深入体验的需要; ③ 展示城市文化内涵的需要; ④ 行人休息设施的需求。	① 加强步行空间人性化设施的刚性配套; ② 设施的设计应结合生态风貌,凸显城市特色; ③ 强化旅游导引系统的深入设计及语言系统。
6. 预留发展区	该地区属于预留发展区,未来变化较大,本次研究不做深入分析。	预留控制,根据未来用地规划确定

(2) 慢行单元划分。在慢行分区基础上,根据地区街道公共活动界面规划控制和用地功能布局,以步行 300 m 左右为生活步行距离,划定慢行单元。共划分 39 个慢行单元,如图15-6所示,其中各类慢行单元面积为:生活慢行单元 0.1~0.2 km²;商业商务慢行单元 0.25~0.35 km²;生态休闲慢行单元面积 1.0~1.5 km²。慢行单元的划分将为慢行图则编制提供依据和指引条件。

图 15-6 慢行单元划分示意图

15.1.4 步行与自行车交通网络规划

1. 步行与自行车道

(1) 规划步行与自行车通道。步行与自行车通道供分区居民通勤通学等日常出行使用,主要依托城市主干路和重要次干路的步行与自行车道构成。步行与自行车通道空间构成包括自行车道及人行道,要求机动车道与自行车道物理隔离率 100%,步行与自行车道绿化覆盖率 92%。步行与自行车通道联络规划区内各慢行分区,也向外延伸与规划区外城市组团进行连接。

规划步行与自行车通道为纬七路、大明路、机场路、苜蓿园大街、丁墙路、冶修一路、明匙路、御道街南下共计 8 条道路。

(2) 规划步行与自行车连接道。步行与自行车连接道主要承担单元内居住区与学校、轨道站点/公交枢纽间的短途出行及接驳交通,以及向主廊道集散的步行与自行车交通。步行与自行车连接道空间构成包括自行车道及人行道,要求机动车道与自行车道物理隔离率 100%,步行与自行车道绿化覆盖率 92%。步行与自行车通道联络规划区内各慢行分区,与步行与自行车通道连接。

规划步行与自行车连接道为响水河路、冶修二路、红花路、校场一路、大明东路、夹岗一路、机场四路、机场七路等10条道路。

步行与自行车交通网络规划图如图15-7所示。

图15-7 步行与自行车交通网络规划图

2. 步行与自行车道断面

(1) 步行与自行车通道断面。通勤交通的步行与自行车交通主要通过规划区步行与自行车通道与其他地区联系。

步行与自行车通道包括地区主要为快速路、主干路及部分连续的次干路,路幅一般较宽达40~60 m,步行与自行车交通量大,断面分配应保证足够的慢行空间,同时考虑到步行与自行车交通安全,断面采用机非分离的三块板及四块板断面形式。步行与自行车通道断面规划如表15-2所示。部分断面示例如图15-8、图15-9和图15-10所示。

(2) 步行与自行车连接道断面。步行与自行车连接道是规划区内步行与自行车通勤交通汇集和疏散的通道。

步行与自行车连接道包括地区主要次干路及部分支路,路幅33~36 m,汇集各个地块的步行与自行车交通。

次干路33 m断面考虑采用三块板断面,机非分离;支路36 m断面采用四块板断面形式,保障步行与自行车交通安全。

表 15-2 规划步行与自行车通道断面

通道名称	道路等级	红线宽度(m)	断面分配(m)	自行车道宽度(m)	人行道宽度(m)
纬七路	快速路	60	3.5-3.5-4.5-15-7-15-4.5-3.5-3.5	3.5	3.5
大明路	主干路	40	3-3.5-1.5-11-2-11-1.5-3.5-3	3.5	3
机场路	主干路	50	4-7(辅道)-1.5-11.5-2-11.5-1.5-7(辅道)-4	3.5	4
苜蓿园大街	主干路	50	4-4.5-3-11.5-4-11.5-3-4.5-4	4.5	4
丁墙路	次干路	40	3-3.5-1.5-11-2-11-1.5-3.5-3	3.5	3
冶修一路	次干路	40	3-3.5-1.5-11-2-11-1.5-3.5-3	3.5	3
明匙路	次干路	33	3.5-3.5-2-15-2-3.5-3.5	3.5	3.5
御道街南下	次干路	26、33	3.5-3.5-2-8-2-3.5-3.5 3.5-3.5-2-15-2-3.5-3.5	3.5	3.5

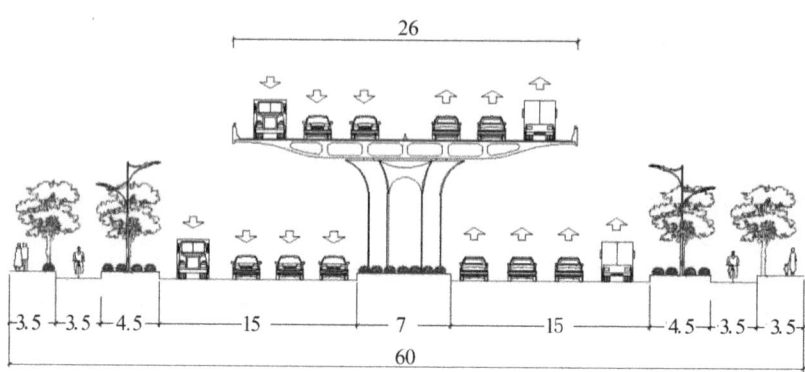

图 15-8 步行与自行车通道断面图(一) 单位:m

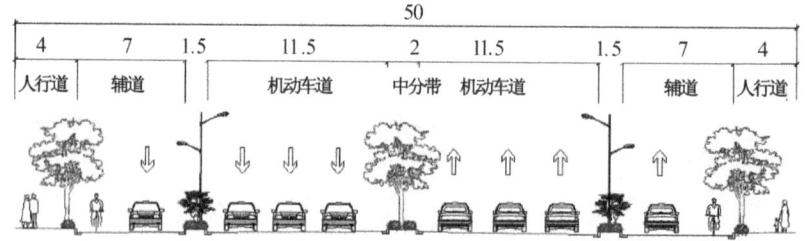

图 15-9 步行与自行车通道断面图(二) 单位:m

步行与自行车连接道断面规划如表 15-3 所示。

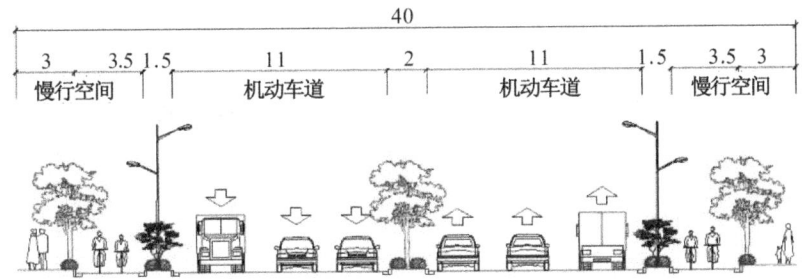

图 15-10 步行与自行车通道断面图(三) 单位:m

表 15-3 规划步行与自行车连接道断面

通道名称	道路等级	红线宽度(m)	断面分配(m)	自行车道宽度(m)	人行道宽度(m)
响水河路	次干路	33	3.5-3.5-2-15-2-3.5-3.5	3.5	3.5
冶修二路	次干路	33	3.5-3.5-2-15-2-3.5-3.5	3.5	3.5
红花路	次干路	33	3.5-3.5-2-15-2-3.5-3.5	3.5	3.5
校场一路	次干路	33	3.5-3.5-2-15-2-3.5-3.5	3.5	3.5
大明东路	次干路	33	3.5-3.5-2-15-2-3.5-3.5	3.5	3.5
机场七路	次干路	33	3.5-3.5-2-15-2-3.5-3.5	3.5	3.5
夹岗一路	次干路	33	3.5-3.5-2-15-2-3.5-3.5	3.5	3.5
机场四路	支路	36	3.5-3.5-2-7.5-3-7.5-2-3.5-3.5	3.5	3.5
秦淮南路	支路	24(利用建筑退让2 m)	3.5-3.5-10-3.5-3.5(利用建筑退让)	3.5	3.5
东风河路	支路	24(利用建筑退让2 m)	3.5-3.5-10-3.5-3.5(利用建筑退让)	3.5	3.5

(3) 地区 22 m 支路断面分析。夹岗保障房地区 22 m 道路已建成,车道宽度及慢行空间不尽合理,可考虑进行优化。

夹岗保障房地区断面为人非混行,双向两车道断面形式,现状断面机动车道宽度 10 m,与控规断面对比未设置路边停车。由于机动车道 10 m 及人非混行达 6 m,空间较宽,导致非机动进入机动车道及步行与自行车道违章停车情况严重,造成步行与自行车交通安全存在隐患。夹岗保障房地区道路断面如图 15-11 所示。

交通组织形式优化:针对规划区机场跑道以南居住用地,地块间距小、路网密度大及支路宽度以 22 m 为主的特点,可考虑对支路采用单行道交通组织控制,支

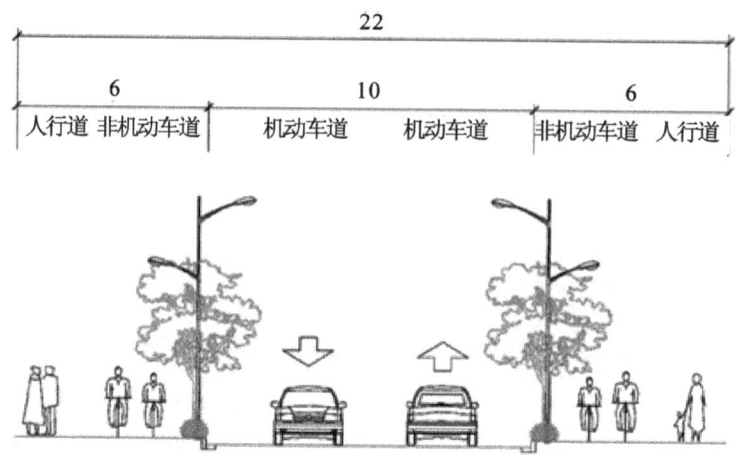

图 15-11 夹岗保障房地区道路断面示意图

路交通通过顺时针方向绕行组织。同时,对部分设有建筑退让空间的路段,可增加步行与自行车借用空间。

出入口组织优化:对机动车禁止开口路段——主次干路、机动车主要开口路段——贯穿性支路、机动车辅助开口路段——支路进行划分。公交设置于机动车禁止开口路段,沿街商铺建议设置在机动车辅助开口路段,兼顾步行与自行车与机动车次要出入。

3. 步行与自行车休闲网络规划

(1) 市级绿道

① 市级绿道路径。秦淮新河绿道。在规划区路径沿着外秦淮河,西起外秦淮河大明路节点,东至外秦淮河绕城路节点,沿大堤及两侧防护绿地设置游步道及自行车道。

雨花台东绿道。在规划区路径为机场跑道绿轴,西起宁溧路与大明路节点,经机场路及跑道西侧道路至机场跑道绿轴,沿机场跑道绿轴两侧设置,至外秦淮河河湾地区。

图 15-12 为红花机场地区绿道网布局图。

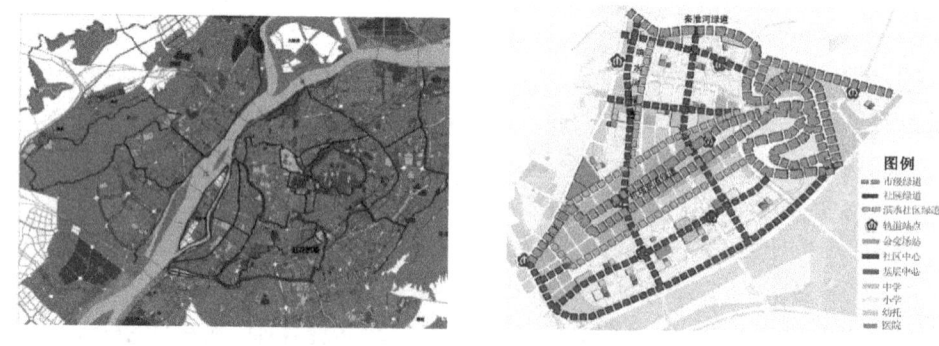

图 15-12 红花机场地区绿道网布局图

② 市级绿道建设标准。绿道控制区标准：红花机场地区的秦淮新河—明外郭（H2线）、雨花台东绿道（CN2线）属都市型绿道，以人工要素为主，主要包括集中在城镇建成区内的人文景区、公园广场、河渠、绿地等。应满足人的休闲游憩要求和营造景观的需要，其控制宽度一般不宜小于20 m，其中绿道步行与自行车道路缘线与城镇建设区域的单侧距离不宜低于8 m。绿道步行与自行车道宽度标准如表15-4所示。

表15-4　红花机场地区绿道步行与自行车道宽度标准

绿道标准	步行与自行车道宽度值(m)
步行型绿道	1.5～2
自行车型绿道	1.5～3
综合型绿道	6

③ 市级绿道断面。主要满足城市居民休闲、健身等出行需求。规划区内规划秦淮新河-明外郭和雨花台东绿道等，利用道路绿带空间布设绿道。

④ 驿站。在机场历史文脉轴—中央公园设置1处一级绿道驿站，主要设施包括：健康绿道管理及游客服务中心（200 m²）、公共停车场及自行车停车场（10辆机动车、自行车50辆）、自行车租赁与维修点、餐饮点、医疗点、厕所、淋浴室、健身场地、治安报警点、消防点、信息咨询亭等。

（2）社区绿道

设置社区绿道连接社区中心与公园、街头绿地、广场、滨水岸线、小学等公共设施，以居民5～10 min可达为标准，从利用资源不同分为普通社区绿道及滨水社区绿道。

① 普通社区绿道。规划红花路、校场二路、机场四路、御道街南下、国际路为普通社区绿道。该层次绿道基本串联步行与自行车分区中主要的公共服务设施、绿地、教育设施等。

对规划22 m社区绿道进行断面改造。根据控规提出的街道公共活动界面规划，城市及社区级活动界面建筑退让6 m、基层社区公共活动界面退让4 m。22 m社区绿道通过利用建筑退让2 m，调整22 m社区绿道宽度至24 m，单侧慢行空间7 m，其中人行与慢车之间设置绿化带隔离，满足步行与自行车专用道指标。

② 滨河社区绿道。沿河两岸设置连贯的滨河步行与自行车绿道，并结合竖向关系，将步行道与自行车道分开。同时增设跨河步行与自行车桥，形成一个完整的网络。在营造慢行空间和城市开放空间的同时，最大限度地增加绿量，并结合的湿地公园，发挥其生态效应。河道驳岸在满足行洪的前提下，尽可能采用生态断面的形式。

地区河道资源丰富，利用河道绿地空间布设滨河廊道，主要满足城市居民休闲、观光旅游出行需求。响水河滨河社区绿道：配合周边滨水住区，打造开放、自然、内容丰富的步行与自行车休闲空间。河道两侧设置连续的步行与自行车通道，与道路交叉节点协调相应标高，使得步行与自行车通道与机动车道路立体分离。其他滨河社区绿道绿化带宽约 10 m，可设置亲水慢行空间。响水河滨河社区绿道概念图如图 15-13 所示。滨河社区绿道断面示意图如图 15-14 所示。

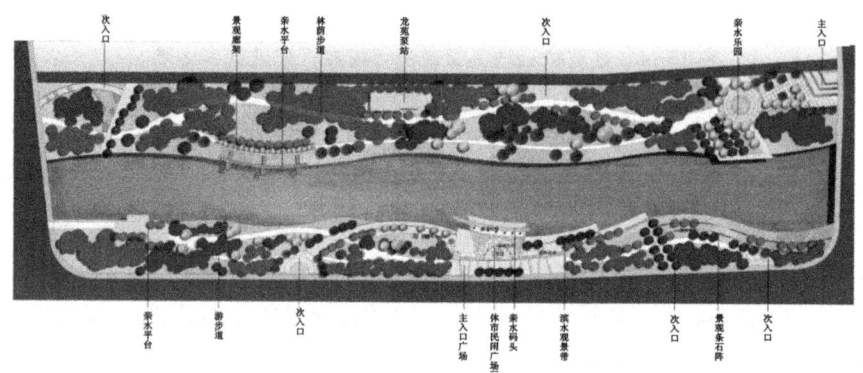

图 15-13　响水河滨河社区绿道概念图

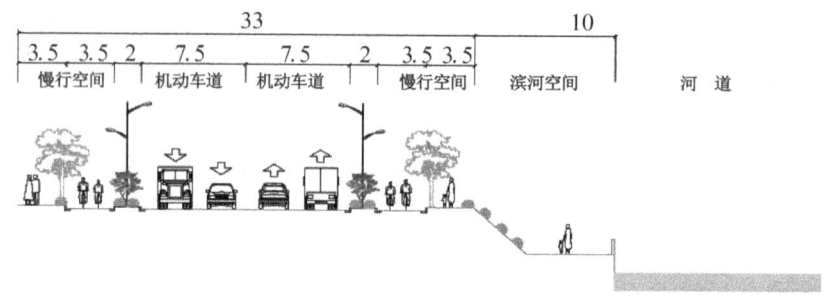

图 15-14　滨河社区绿道断面示意图

15.1.5　步行与自行车设施系统规划

1. 地下步行通道

规划轨道站点各个出入口 200 m 以内与周边地块形成地下步行通道衔接，与南站地区相衔接的宁溧路界面设置 2 处地下步行通道。

2. 步行天桥/连廊

利用双龙大道东侧绿带建设步行连廊连接轨道站点及周边商业体。在机场跑道绿轴两侧的商业商务区建设部分空中步行连廊。

地上一层相对标高 6~8 m，形成一体化立体连廊步道系统，连接商业建筑、办公楼群、地面道路和地下空间（轨道站点）等集散通道，组成的地上、地面、地下一体化的立体连廊步道系统。

步行设施布局示意图如图 15-15 所示。

3. 公共自行车租赁点

结合轨道交通及规划用地性质,对公共自行车租赁点进行分级设置:

(1) 枢纽点:服务枢纽换乘,结合轨道交通、有轨电车、常规公交站点布置,服务半径 350 m。

(2) 普通点:服务短距离出行,结合居住区、学校、商业体、公共建筑、大型游园布置服务半径 200 m。

对规划区共设置 65 处公共自行车租赁点,其中 8 处为枢纽点,57 处普通点。公共自行车规模 3 500 辆左右。

公共自行车租赁点布局示意图如图 15-16 所示。

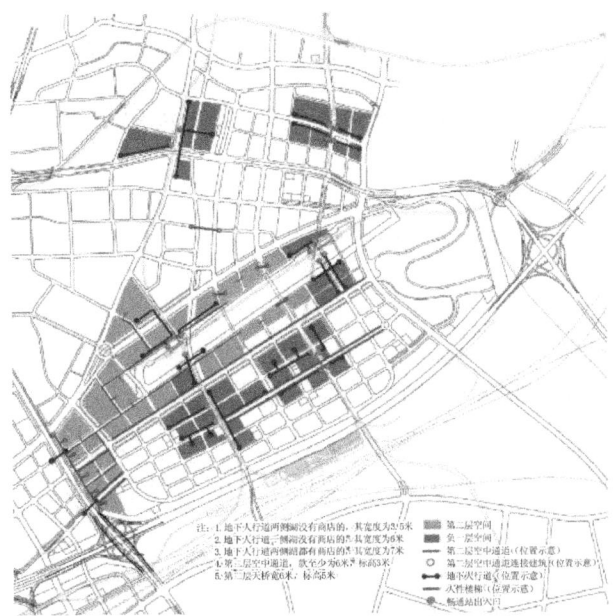

图 15-15 步行设施布局示意图

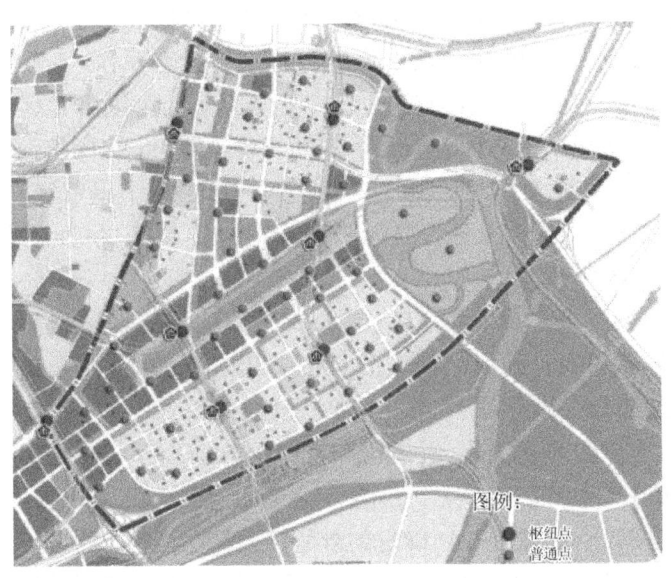

图 15-16 公共自行车租赁点布局图

4. 自行车停放点

自行车停放点可与公共自行车靠近放置。

15.2 无锡太湖新城慢行空间与设施规划

15.2.1 规划背景

1. 规划背景

太湖新城位于无锡主城区南侧,北起梁塘河,南至太湖,西邻梅梁湖景区,东至京杭大运河,总用地面积约 150 km^2,规划人口规模为 80 万,建设用地规模约 95.7 km^2,生态保护用地约 54.3 km^2。太湖新城是无锡新的城市中心,是一个开放式、生态型的现代化新城。主要功能定位为行政商务中心、科教创意中心和休闲宜居中心,是无锡行政办公、金融机构、企业总部、专业服务的集聚区。

作为未来的城市中心,太湖新城将吸引大量的交通流,因此未来支撑太湖新城土地开发的交通模式,应以公共交通为主导,而步行与自行车作为非常适应中短距离的交通方式,在与公共交通进行合理的衔接、换乘后,将重新发挥它在城市交通中的重要地位。其次,将"低碳""生态"的理念导入城市规划,科学的城市规划是建设低碳新城、生态之城非常重要的前提条件。应通过调整交通方式,有效地削减未来城市交通的能源需求和温室气体排放。同时,城市建设应推行紧凑的城区格局,让居民徒步或依靠自行车就能方便出行。此外,在太湖新城的行政文化及商务金融核心区,交通强度大,若能配以立体化的步行与自行车系统,不仅可以实现快慢交通的立体分离,还能实现步行与自行车的连续、安全,强化核心区内部的联系与沟通。最后,太湖新城东依运河,南通太湖,西靠梅梁湖,北接梁塘河,内有尚贤河、蠡河、梁塘河、长广溪等大小河道约 300 条,总长 350 km。星罗密布的河网水系,不仅增加了新城的景观特色,还为滨河步行与自行车系统的建设,创造了良好的条件。

步行与自行车交通作为一种低碳、生态、环保、节能的绿色交通出行方式,其特征与作为无锡发展新中心的太湖新城的特色是相匹配的,是符合太湖新城交通发展要求的。因此应为太湖新城创造一个安全、便捷、舒适、优美的步行与自行车环境,使城市交通逐步走向系统化、舒适化和有序化,提升太湖新城的品质和环境。

2. 规划范围及年限

总体规划范围:新城总体规划确定的规划区范围,东至京杭运河,南至外太湖,西至梅梁湖,北至梁塘河,总面积约150 km^2,重点规划范围为新城核心区。规划范围如图 15-17 所示。

规划年限:近期:2010—2015 年;远期:2016—2020 年。

图 15-17　无锡太湖新城慢行空间与设施规划范围图

15.2.2　太湖新城地区交通现状

1. 出行特征现状

2006 年、2003 年无锡市居民出行调查分析中(见表 15-5),居民的步行与自行车交通整体出行比例虽然有所下降,仍超过了 60%,占居民出行方式的绝对主导地位。

表 15-5　出行方式总体构成表(%)

方式	步行	自行车、助力车	公交	出租车	摩托车	单位车	私家车	其他
2003 年	24.36	40.49	14.45	1.06	11.88	4.17	2.23	1.34
2006 年	19.20	40.71	14.33	1.63	5.54	8.12	8.87	1.61

2. 自行车路权

太湖新城已建成的道路中,主干路的断面形式以四块板为主,次干路的断面形式以三块板和四块板为主,主次干道的自行车基本上均设置专用道,宽度 3.5 m 以上,与机动车道用分隔带硬隔离,与人行道之间或硬隔离、或软隔离(不同材质、不同色彩)。自行车能保证路权,且与自行车、行人不产生干扰。自行车道现状图如图 15-18 所示。

3. 人行空间分布

目前新建道路均单独设置了人行道,人行空间基本上能保持连续,人行道的宽度在 1~2.5 m 之间,穿越 CBD 人流集散较大地区的道路,如立德路、吴越路等,人行空间较窄,规划中拟借用道路绿化或沿街建筑后退空间进行加宽。

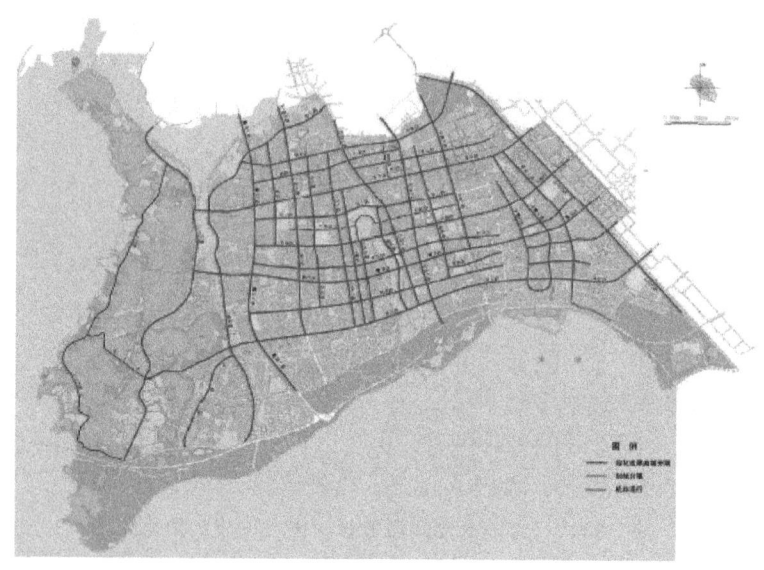

图 15-18　自行车道现状图

4. 步行与自行车过街设施分布

目前的步行与自行车过街设施基本上位于交叉口，为平面过街，路段人行过街设施较少。鉴于城市建设初期车流量与人流量较小的情况下，平面过街基本能满足需求，规划中应充分考虑交通需求增长及交通出行结构的变化与出行距离的增加，平面过街设施对快速路、主干路的通行能力的影响，以及步行与自行车过街的安全隐患等一系列问题将日益凸显。因此，规划中应对主要道路的立体过街设施的设置空间进行预留，结合轨道交通站点的建设，设置地下过街通道，结合 CBD 的建设，预留各建筑单体之间空中连廊的建设空间等条件。

5. 滨河步行与自行车系统

太湖新城范围内水系发达，建成了一定规模的滨河步行与自行车系统，如在吴越路中央景观带设置步行与自行车系统、运河西路的步行与自行车道与运河步行与自行车系统统一建设，同时在河道水系景观规划也充分考虑了步行与自行车系统的构建，但规划中未重点考虑滨河步行与自行车与道路步行与自行车系统之间的衔接。

15.2.3　慢行空间规划

1. 慢行单元划分

为了更好地引导慢行单元内部步行与自行车系统的建设，根据慢行单元划分原则，将太湖新城慢行单元划分为六个类型 18 个单元，分别是中心区慢行单元、居住区慢行单元、混合功能区慢行单元、研发办公区慢行单元、文教区慢行单元、旅游风景区慢行单元。太湖新城慢行单元划分情况如图 15-19 和表 15-6 所示。

表 15-6　太湖新城慢行单元划分

慢行单元类型	用地类型	步行与自行车交通及设施的特点
中心区慢行单元	以商业金融为主	步行与自行车流量大,持续性较强,需要一定规模的设施,并发展分层立体化步行与自行车系统
居住区慢行单元	以居住及配套用地为主	为人们日常生活区域,总体流量较平均,需要良好的环境及景观
混合功能区慢行单元	居住用地、商业办公及配套中小学等	流量分布不均,以用地性质布置相应的步行与自行车设施
研发办公区慢行单元	以各类研发、办公用地为主	步行与自行车流量的峰谷现象明显,主要考虑上下班时的人流疏散
文教区慢行单元	教育科研用地为主	步行与自行车流量大,需要良好的环境与景观
旅游风景区慢行单元	风景区、城市公园绿地为主	与景观紧密结合,注重步行与自行车体验

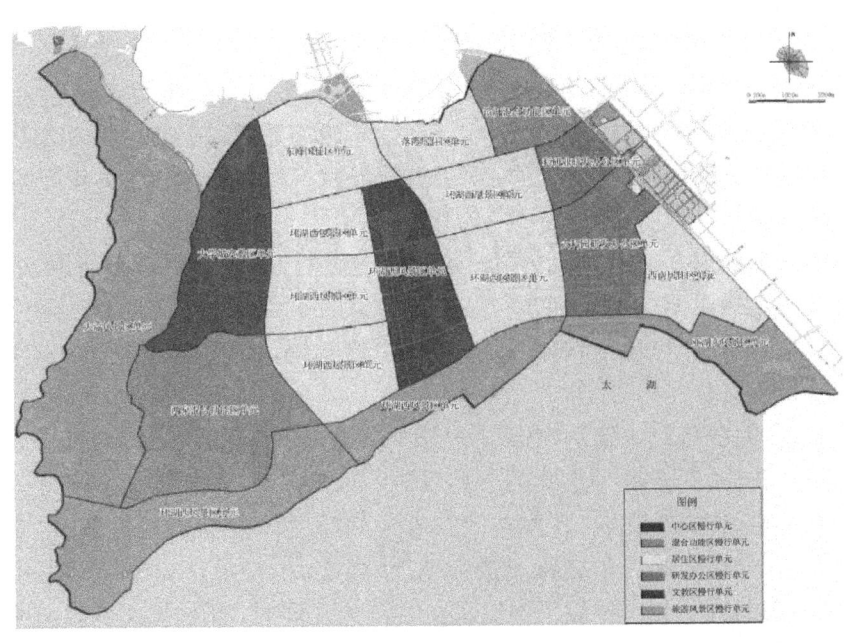

图 15-19　太湖新城慢行单元划分图

慢行单元根据其用地性质的差异,呈现出不同步行与自行车交通及设施的特点。

2. 慢行单元策略引导

各种类型的慢行单元中,步行与自行车活动组织具有不同的特点和要求,针对不同的特征提出相应的引导策略及措施。

(1) 中心区慢行单元。这一区块聚集了太湖新城重要的商务、商业及文体娱活动,位于太湖新城中央,是太湖新城城市步行与自行车系统网络的中心,是强大的步行与自行车交通吸引源,而且与周边的居住区、产业区距离较近,且依托轨道形成 TOD 开发,因此该区域的步行与自行车交通比例很高,占到 55%~65%。因此,在城市设计中应强化步行与自行车设计理念,倡导地块提供公共慢行空间,全面贯彻"步行与自行车优先、人车分离"的设计原则,合理地疏导通过性机动车交通,加强区块地面停车管理,并重点解决好轨道交通、地面公交与步行与自行车交通的接驳路径建设。

紧密结合轨道交通站点,提倡土地的混合使用、综合开发以及地下空间开发,打造公交社区,建设"地面、地上、地下"立体分层步行与自行车系统,视需要可建设步行商业街区,步行与自行车设施和环境建设须采用高标准、高品质统一规划,结合公共绿地、滨河绿带,构筑连续的、多样的、舒适的、立体化的步行与自行车网络系统。

(2) 居住区慢行单元。在以居住为主的慢行单元中,步行与自行车出行方式一般占整个出行方式比例的 50%~60%。通过以人为本的道路设计和对机动车的交通抑制,同时考虑老人、小孩、残障人士等弱势群体的步行与自行车出行需求,高标准的建设区域内安全的步行与自行车网络系统,结合区域内公共空间的建设和步行设施环境品质的改善,营造安静舒适、环境优美的自由步行与自行车街区。

对于大型的居住街区,应倡导提供开放式穿越性步行与自行车通道(通而不畅的休闲道),以满足周边功能区步行与自行车联系的需求。打破传统、封闭的道路模式,与城市道路充分地衔接,建立开放的道路系统,采用支线小巴模式让公共交通有序地进入居住区内部。

另外,需明确各级道路的交通安全需求,并制定相应的以步行与自行车为主的管理政策。首先,儿童较为集中的公共设施(如学校、游泳池等)的入口处,行人及骑车者有绝对优先权;其次,开放空间及其他的居民休闲场所的集散口,应保证人的活动安全,严格限制汽车交通流量和速度;再次,步行与自行车活动的主要通道上,与之相交的汽车交通路段须限制车量和车速。同时,由专业人员对道路进行管理,加强居民的交通教育,鼓励群众参与并提高他们的交通意识。

(3) 混合功能区慢行单元。在太湖新城混合功能的慢行单元中,主要以居住、商贸、办公为主,且中小学比较集中,步行与自行车在整个出行方式中所占的比例较高,将达到 50%~60%。除体现以上居住区步行与自行车系统特点外,应以商贸区、轨道站等公共中心为核心构建步行与自行车网络，对开放性不同程度的功能区块，可以采用不同的设计标准和设计方法，但应保持地区步行与自行车系统的整体性和延续性。另外，应充分重视区块内中小学附近步行与自行车系统的安全性建设和引导，控制学校周边车行流量并降低车速，控制在 30 km/h 以内。对商办区块的地面停车进行科学管理，避免影响周边居民的生活及出行。

（4）研发办公区慢行单元。在这类慢行单元中，步行与自行车活动强度较高，出行比例大约在 50%～60% 之间，峰谷现象明显，研发园区内步行与自行车道建设可以考虑人非共板，以节约道路用地，区域内的步行与自行车设施应体现研发园区的特色，加强步行设施和环境的建设，营造多样性的步行与自行车活动空间，以提升整个区域的步行与自行车环境品质。

（5）文教区慢行单元。文教区慢行单元一般步行与自行车出行比例较高，多在 70%～80% 之间，建立步行与自行车校园最终目的是建立以步行与自行车为导向的人车和谐发展的校园环境。可达性、安全性、便捷性及舒适性是构建校园步行与自行车系统的基本原则。校园步行与自行车系统一般可分为整体性步行与自行车系统和区域性步行与自行车系统。一个或多个分区限制车行的模式属区域性步行与自行车系统。整体性步行与自行车系统在西方国家较为成熟，指建立全校性连通的步行与自行车道，甚至能与校园周边的城市交通系统连接。

（6）旅游风景区慢行单元。风景区慢行单元应该根据风景区的保级等级要求，制定不同的步行与自行车出行比例。环太湖风景区是构建人与自然环境良好对话的公共空间。从实现景区可持续发展的要求出发，通过强化交通管制，完善公交环城系统建设等来减少机动车进入景区，创造安静、安全的步行与自行车环境。对于太湖风景区应重点提高现有环太湖步行与自行车系统的连续性和完整性，同时努力改善景区步行系统与景点之间的艺术性互动关系，达到移步换景效果。对于环太湖风景区，应构建环太湖步行与自行车系统，并组织一些休闲类体育赛事，如环太湖自行车赛等。

15.2.4 步行与自行车交通网络规划

1. 自行车交通需求特征

（1）自行车网络功能特征分析

① 功能划分

本规划将自行车网络划分为自行车廊道、自行车连通道、自行车休闲道三个等级，并对这三级结构及要素组成定义如下：

自行车廊道：构成太湖新城自行车网的主骨架，能连续、贯通，为自行车提供相对宽敞、安全的通行空间进而吸引自行车交通，缓解主干道的压力，服务对象以通勤交通为主。

自行车连通道:平行主干道或联系廊道的次级自行车道,分流廊道的自行车流,但贯通性、车道宽度、路权等建设标准低于廊道,兼顾通勤交通和休闲交通。

自行车休闲道:主要是连接景区绿地公园、滨河的弱交通性自行车道,以休闲功能为主。主要由滨河步行与自行车系统中的集散道和绿地景观步行与自行车系统中的集散道组成。

② 自行车廊道规划

a. 规划原则。与新城的向心交通期望走廊吻合;具有良好的顺直性、连续性、可骑性;考虑到地块出入口一般朝次干路及支路开设,路径一般选择在次干路和主要支路上,从而引导快慢交通分离;连接规划换乘枢纽及公共自行车中心站,便于换乘,引导"B+R"出行。

b. 廊道技术要求。设置形式:专用道(依托原有城市道路)为主,专用路为辅。干道的机动车和自行车之间必须有严格隔离设施,支路可采用划线分隔。隔离设施必须满足安全要求。自行车不宜与行人共板,如共板应设置分隔设施并在路面材质上有明显的区别。隔离设施必须满足安全要求。路面可在色彩或材质上予以区分,并对路面标线予以强化;铺装彩色(新建道路采用彩色透水沥青,已建道路可对面层进行改造),推荐采用墨绿色,与环境协调。单向自行车道宽度不应小于3.5 m,双向自行车道宽度不应小于5 m。

c. 廊道布局方案。根据自行车需求特征分析结果,结合廊道穿越区域用地功能和开发规模,规划形成"13纵10横"的自行车廊道结构,如图15-20所示。其中:

图 15-20 自行车廊道布局图

13纵分别为：山水西路、山水东路、缘溪道、万顺道、信成道、观顺道、立德道、清舒道、瑞景道、华谊大道、净慧西道、净慧东道、浪新路。

10横分别为：大通路、高运路、观山路、和畅路、和风路、清晏路、清源路、丰茂路、盘龙路-具区路、南泉南路。

(3) 自行车休闲道规划

在布局原则及技术要求指导下，综合河网布局、两侧绿带布置、新城景观节点布局，主要利用滨河步行与自行车专用路形成"一环五纵三横四连"的自行车休闲性骨架网络，全覆盖新城慢行单元，串联各单元主要的公园、景点、开敞空间，构建快慢分离、连续通达、舒适优美的步行与自行车专用路系统，服务市民及游客休闲、游憩、健身等活动，使开敞空间、公园、滨河绿地的环境与品质更具有开放性、共享性，同时该系统与城市道路步行与自行车系统、公交系统形成良好衔接，也可以承担部分自行车交通辅助功能，分流路网交通压力。休闲性自行车骨架网络结构如图15-21所示。

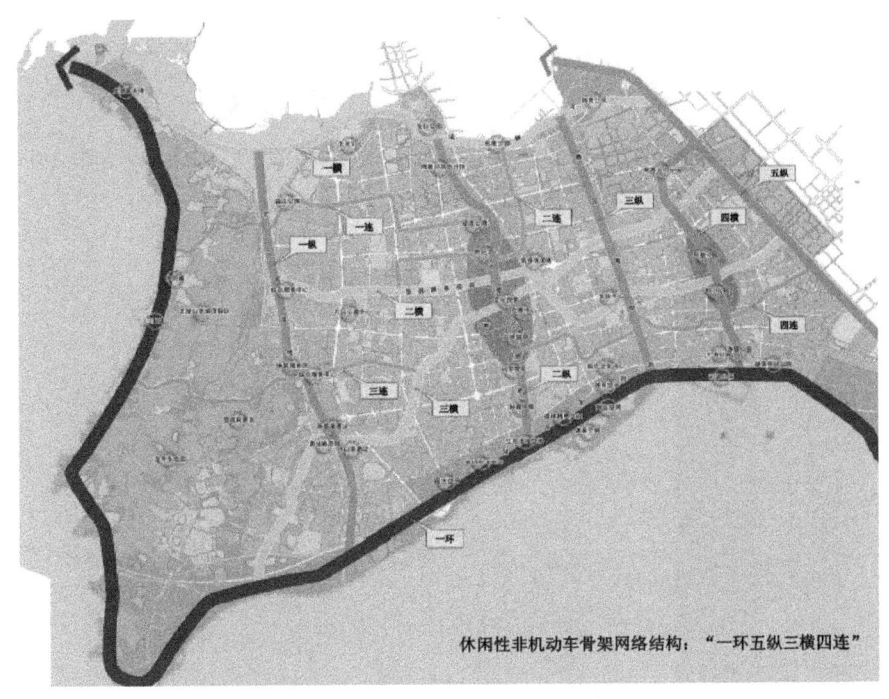

图 15-21 休闲性自行车骨架网络结构图

太湖新城自行车网络布局图，如图15-22所示。

15.2.5 步行与自行车交通设施规划

1. 换乘枢纽规划

根据布局原则，结合步行与自行车区域划分，通过圈层划分的概念区分不同区

图15-22 自行车网络布局图

位的自行车换乘特征,形成以地铁站点为主体,公交枢纽站(首末站)、水上巴士站点为辅助的换乘设施布局,如图15-23所示。

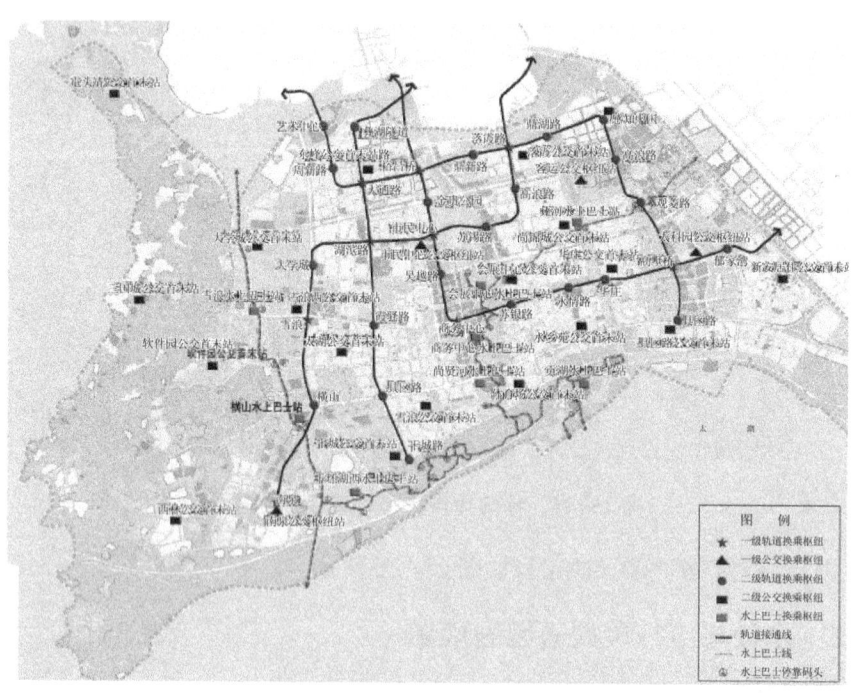

图15-23 换乘枢纽布局规划图

(1) 一级轨道换乘枢纽：主要包括轨道枢纽站及客流量集中轨道站，服务步行与自行车区域内的大型居住区、工业园区、公建区域等自行车强产生源的长距离换乘出行需求，规划共设 9 处一级轨道换乘枢纽。

(2) 二级轨道换乘枢纽：为一般轨道站，服务邻近区域居住区、工业园等自行车较强产生源的长距离换乘出行需求，规划设 22 处二级轨道换乘枢纽。

(3) 一级公交换乘枢纽：指常规公交枢纽站、城市中心区首末站，服务较为集中的自行车中长距离换乘出行需求，规划设 4 处一级公交换乘枢纽。

(4) 二级公交换乘枢纽：一般公交首末站，服务一般性的自行车中长距离换乘出行需求，共设 19 处二级公交换乘枢纽。

(5) 三级公交换乘枢纽：服务周边零散换乘出行需求，主要为常规公交中途站。

(6) 水上巴士换乘枢纽：与主要水上巴士站点衔接，设 8 处水上巴士换乘枢纽。

2. 公共自行车规划

(1) 公共自行车中心站布点规划。根据对中心站的功能定位以及服务半径分析，综合太湖新城各类公共交通场站设施布局和用地布局，规划设置 45 处公共自行车中心站，如图 15-24 所示，覆盖率可达到 68%，达到预期值。

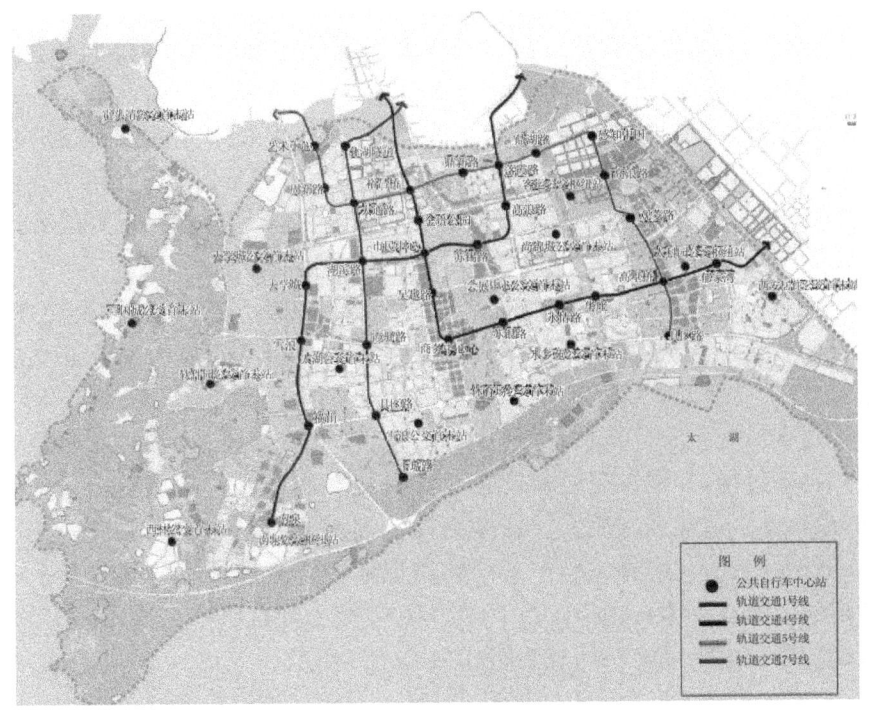

图 15-24　公共自行车中心站布局规划图

(2) 公共自行车一般服务点布局规划。规划范围内划分了不同的慢行单元，单元内用地性质存在较大差异，其公共自行车服务点的设置也将有所不同，对不同单元提出不同的布局思路以及要求。

① 中心区慢行单元：以轨道站、公交首末站为核心，充分结合公交停靠站、利用公建后退空间，高密度布点。

② 居住区慢行单元：充分考虑通勤出行需要，兼顾日常生活出行，紧密围绕公交、轨道站点布点，以此为核心往外辐射，深入居住区内部，贴近出行终端，形成较高密度的公交、居住、公建服务点网络。

③ 混合功能区慢行单元：结合地块，依托公交，中等密度和规模。

④ 研发办公区慢行单元：立足通勤交通，依托主要轨道、公交站点设置换乘服务点，结合地块布设大规模服务点，形成符合单元特征的公共自行车服务系统。

⑤ 文教区慢行单元：服务点深入校园内部，服务点覆盖面要广，外围结合校园出入口、主要轨道、公交站点，布设配车规模较多的服务点。

⑥ 旅游风景区慢行单元：外围衔接公交换乘，内部结合各景点。

3. 步行与自行车过街设施规划

根据布设原则，从新城的交通布局、用地布局研判，未来立体过街作如下重点考虑。

(1) 充分利用轨道交通站点：新城内轨道交通线路站点众多，而站点大多为人流集中区域，且自身条件较好，建议结合轨道交通站点设立体过街设施。

(2) 快速路、交通性主干路，车流量大，结合道路沿线用地性质，在公建、住宅集中及混合功能区域考虑设置立体过街设施。

(3) 确保自行车廊道的贯通：在易造成步行与自行车廊道中断的位置设立体过街设施，确保廊道的衔接、连贯。

(4) 保障人流集中区域的过街安全：对人流量集中的交通设施如公交首末站、广场以及需要特殊保护的中、小学生，涉及快速路、主干路的应考虑设置立体过街设施。

立体过街设施主要分布在各慢行单元，轨道站周边、核心区域、景观要求较高区域采用地下过街，外围景观要求较低区域采用天桥过街，过街设施应尽量设置电动扶梯，以提高舒适性和利用率。新城内现状过街地道5处，规划过街地道48处（结合轨道站31处，其中吴越路—立德路过街地道应结合轨道站点的建设将现状过街地道纳入形成一体），过街天桥27处，共80处。除这些节点外，其余交叉口按平面过街控制。过街设施布局规划图如图15-25所示。

第 15 章 低碳新区步行与自行车交通系统规划

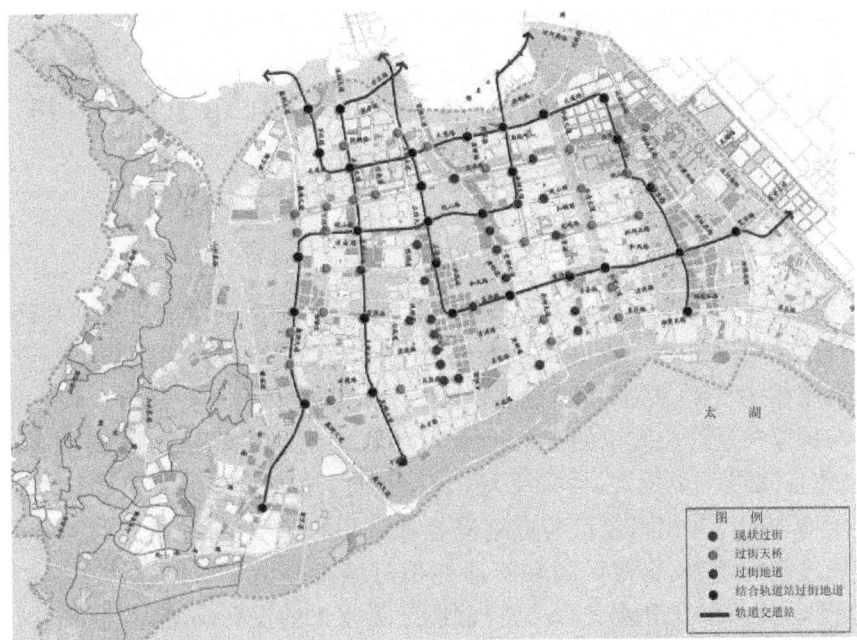

图 15-25　过街设施布局规划图

第 16 章　生活片区步行与自行车交通系统规划

生活片区是城市的重要组织形式之一,居民日常的活动范围集中在片区内,大部分出行的出行距离在 5 km 以内,步行与自行车交通方式作为优势出行方式,在居民出行结构中占到 50% 以上,是居民出行选择的主体方式。随着居民生活水平的提高与国家汽车产业政策的支持,生活片区机动化速度不断加快;城市人口逐步集聚,城市空间进一步拉大,居民平均出行距离的增大也将促进机动化交通的发展。逐年增加的汽车出行总量与道路网容量之间的矛盾、机动化交通与步行与自行车交通之间的矛盾、交通污染和交通拥挤对城市环境与居民的伤害逐步凸显。在此背景下,如何提升道路交通品质,营造优美宜人的慢行环境,打造人性化的步行与自行车交通空间,为居民提供高质量的步行与自行车交通服务,引导城市居民出行结构优化,是生活片区亟待思考的问题。

16.1　南京市六合区生活片区步行与自行车交通系统规划

16.1.1　规划背景

《六合区国民经济和社会发展第十二个五年规划纲要》明确提出了六合区建设南京江北现代化宜居新市区的发展定位,要求实现城市功能、环境质量、人居品质的全面提升。2010 年,六合区居民出行方式构成中,步行交通占 35.39%、自行车交通占 47.2%,两者合计达 82.59%,占绝对主体地位。从建设现代化宜居新市区的要求出发,城市交通规划应贯彻"以人为本"的理念,关注道路交通品质的提升,通过规划片区慢行空间、构建步行与自行车交通网络、完善慢行组织管理等,营造环境优美、尺度宜人、高度人性化的慢行环境,为居民提供高质量的交通服务,创造人性化的步行与自行车交通空间。因此组织开展本次南京市六合区雄州组团生活片区步行与自行车交通系统规划设计的编制工作,旨在优化城市交通环境、提升城市生活品质,同时也可以为周边区域步行与自行车交通系统发展提供示范。

规划范围位于六合区中心城区雄州组团内,规划用地范围北至宁启铁路,南抵雍六高速公路,西接六合经济区企业区单元及雄州组团西北片区经济区单元,东接雄州经济区次单元,规划范围总面积约为 37.7 km²,如图 16-1 所示。

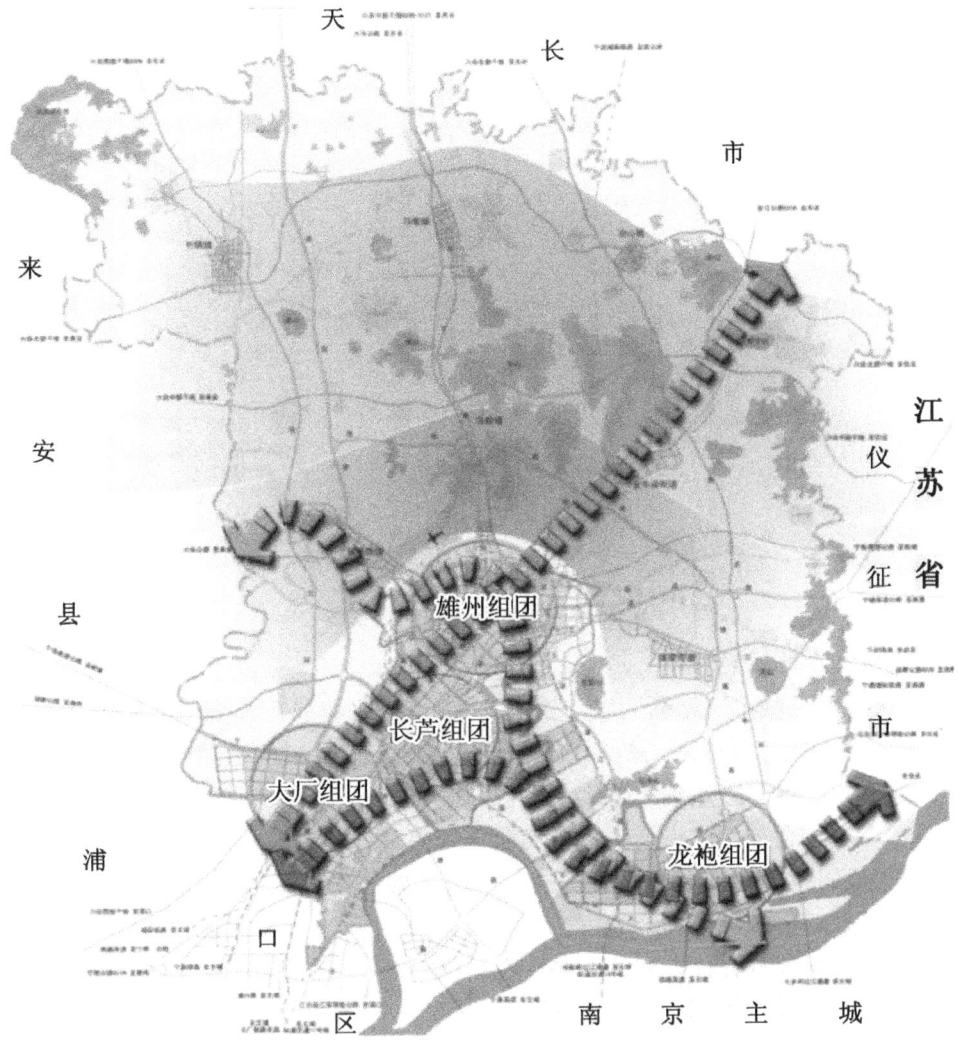

图 16-1 规划区域区位图

规划年限:近期:2012—2015 年;远期:2016—2020 年。

16.1.2 区域内交通系统现状

1. 道路网建设现状

老城区规划道路网规模共计 51 km,已建成 27 km,占老城道路 53%;未建设 20 km,占老城道路 39%;待拓宽 4 km,占老城道路 8%。

新区骨架道路已初具规模,次支路网有待建设。新区规划道路共计 135 km,其中已建成 39 km,占新区道路总量 28.9%;未建成 90 km,占新区道路总量

66.7%;待拓宽具体长度占 4.4%。

规划区道路网现状如图 16-2 所示。

图 16-2　规划区道路网现状图

2. 自行车路权现状

现状规划区城市道路断面以一块板为主,采用机非混行和划线分隔方式,只有部分主干路(如延安路)采用机非硬隔离的断面。有 69% 的道路断面采用一块板的形式,机非混行道路达到 45%。

3. 步行与自行车过街设施分布现状

现状规划区内的步行与自行车过街设施主要位于交叉口位置,路段人行过街设施较少,且以平面过街设施为主。

4. 现状步行与自行车系统主要存在问题

(1) 现状步行系统主要存在问题

① 城市次支路网络密度偏低。老城区的路网密度相对较高,有利于步行活动的发生。但在新建的部分城区,路网密度偏低,缺乏次支路的规划建设。

② 人行过街设施布局与设施设计待完善。部分地段人行过街设施需求与过街设施供给空间错位,人行横道位置欠佳,过街绕行距离过长;部分交叉口用地规模较大,行人过街横道过长,大多未设置过街安全岛,行人安全保障不足。

③ 人行道步行空间缺失。部分次支路道路宽度不足,人行道被压缩;局部路段与交叉口无障碍设施不完善;停车占用或小商贩占用人行道空间的现象较严重,缺乏有效管理。

④ 步行环境未与城市特色融合。大部分步行环境缺乏休息场所,绿化稀疏,未结合城市文化特色设计,应考虑座椅、电话亭、绿化小品、环境设施等人性化

设施。

(2) 现状自行车系统主要存在问题

① 支路的自行车通行功能未能得到有效利用。现状许多机动车流量很大的主干路同时也是自行车流量很大的自行车廊道,在路段开口处或者交叉口处往往形成机非冲突严重的通行瓶颈。而一些应该作为人行及自行车活动空间的支路和组团级道路自行车所利用的效率较低。

② 部分道路机非混行严重。现状长江路采用机非划线隔离,但由于机动车占用自行车道路内停车,自行车被赶到机动车道上行驶,骑行者的安全得不到保障。

③ 自行车停车设施缺乏。区域内大部分自行车停车位均设置在人行道上,给行人带来很大不便,造成了行人溢入自行车道的现象。

16.1.3 慢行空间规划

1. 慢行分区

城市不同片区由于承担的城市功能、慢行出行的特点以及对出行速度的要求存在差异,其内部慢行系统的构成也应有所区别。慢行分区将以城市功能区划分为基础,以城市用地特征、速度要求、慢行出行特点为依据划分,划分情况如图16-3和表16-1所示。

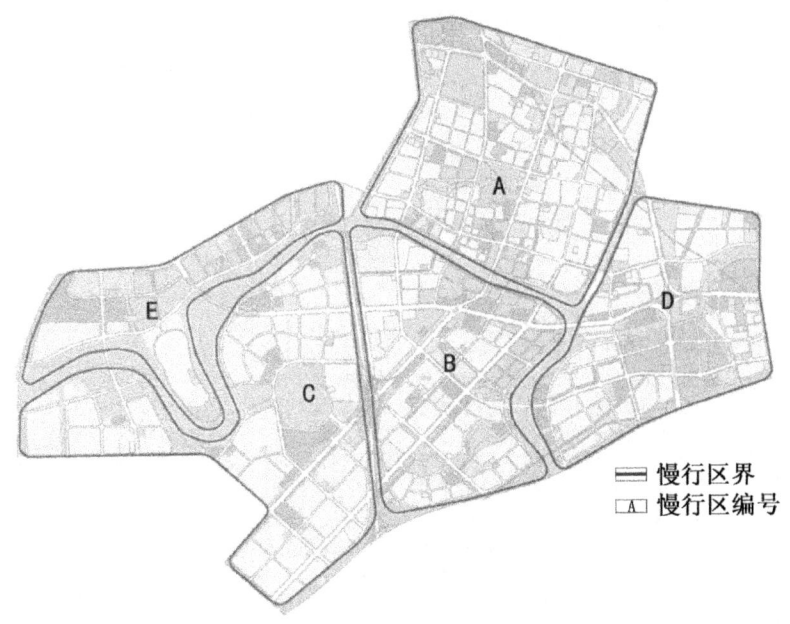

图 16-3 慢行区划分图

表 16-1 慢行区划分

慢行分区	分区名称	分区编号	交通设施供应及组织策略	慢行特征	发展策略
慢行主导发展区	公共服务核心区	A	交通设施供应：区内路网密度较高，可提供便利的慢行廊道等慢行设施；加强区内外公交设施和步行与自行车交通设施的衔接。 交通组织策略：保障慢行优先；实施机动车和步行与自行车交通运行空间的分离；鼓励慢行方式以及公交和慢行组合方式出行；加强枢纽内部以及和外部的换乘衔接。	内部用地以商业、居住、行政办公、医疗卫生、文化娱乐为主，是市级的综合服务中心。公共服务及商业类慢行出行量大，慢行过街需求强，对慢行环境要求高。	总体：以步行与自行车为主导，处理好核心区小汽车停车与慢行空间的矛盾；注重商业慢行环境品质的提升以及步行与自行车交通和公共交通的有序衔接；做好步行与自行车对铁路客流的接驳。 步行：加密步行过街设施，打通步行路径，提升商业步行街街区品质。 自行车：提高自行车公共租赁点覆盖率，规范自行车停车。
慢行优先发展区	生态居住地区	B、C	交通设施供应：区内路网密度较高，可提供便利的慢行廊道等慢行设施；沿河流、湖泊、公园绿地及绿化带设置慢行景观休闲道。加强区内外公交设施和步行与自行车交通设施的衔接。 交通组织策略：促进快慢分行；主要廊道实施机动车和慢行的分离；鼓励慢行方式以及公交和慢行组合方式出行；提供良好的休闲慢行出行条件。	以居住、商业、行政办公为主，通勤及休闲慢行需求较大，交通安全与稳静化要求较高。	总体：强调快慢分离，减少慢行与机动车的冲突，注重立体化慢行设施的规划建设；做好慢行与公共交通、小汽车交通的接驳；注重商业慢行环境品质的提升；构建景观慢行网络。 步行：考虑步行与商业设施布局、公共建筑连廊的协调，提升区域的商业活力；强调步行与机动车交通的立体分离；注重步行环境品质，营造优美、安静舒适的步行环境，打造特色步行廊道。 自行车：统筹考虑通勤、旅游、休闲自行车交通需求。
	商住混合开发区	E	交通设施供应：区内提供较高密度的路网和便利的慢行设施，与区外提供便捷的慢行廊道；加强区内外公交和步行与自行车交通设施的衔接以及跨河通道建设。沿河流设置步行与自行车景观休闲道。 交通组织策略：促进快慢分行；主要廊道实施机动车和步行与自行车的分离；鼓励慢行方式以及公交和慢行组合方式出行；提供良好的休闲慢行出行条件。	以居住功能为主，兼有商业、公共服务等功能。通勤及休闲慢行需求较大，交通安全与稳静化要求较高。	总体：强调快慢分离，保障慢行空间，处理好小汽车停车与慢行空间的矛盾； 步行：强化步行与公交站点的衔接；重视居住小区和公共中心、周边商业设施的步行距离控制。 自行车：形成等级匹配良好的自行车网络；自行车公共租赁点与居住小区、公共服务中心等结合设置。

续表

慢行分区	分区名称	分区编号	交通设施供应及组织策略	慢行特征	发展策略
平衡发展区	工业协调发展区	D	交通设施供应:保障区内基本的慢行空间;加强区内外公交和步行与自行车交通设施地衔接;加强货运交通流量较大区域的步行与自行车隔离设施建设。 交通组织策略:优化货运交通组织,促进客运和货运交通的分离。	以居住、工业、仓储用地为主,兼有配套商业用地。慢行需求以通勤功能为主。	总体:机动车与步行与自行车交通协调发展,减少步行与自行车网络与货运线路的冲突,保障交通安全;步行与自行车网络与公交站点衔接便利;加快滨河步行与自行车网络和跨河通道建设。 步行:构建轨道站点周边与商业区步行网络,考虑上下班时的人流疏散。 自行车:自行车公共租赁点与就业场所、公交枢纽站点结合设置。

2. 步行单元

按照步行适宜尺度(500～800 m)、用地类型与功能差异,划分步行单元,根据主导用地类型将步行单元分类为商业区步行单元、居住区步行单元、混合功能区步行单元、交通枢纽步行单元、旅游风景区步行单元、文教区步行单元、工业仓储区步行单元等。六合区生活片区步行单元划分如图16-4所示。

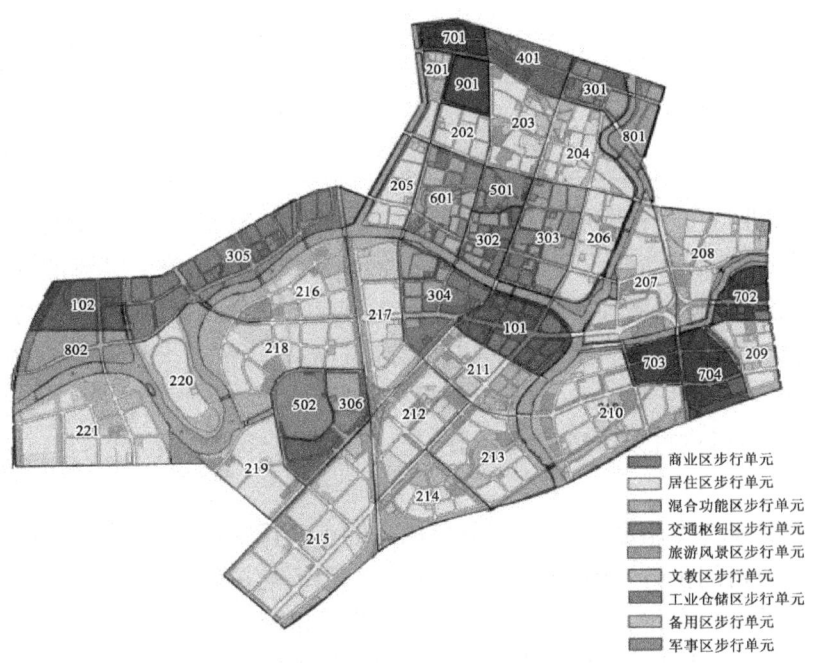

图16-4 六合区生活片区步行单元划分

16.1.4 步行与自行车交通网络规划

1. 步行交通网络规划

步行网络主要包括依托城市道路的步行道、地块内部步行路径、景观休闲步行廊道、商业特色步行廊道等。依托城市道路的步行道强调网络的通畅、连续以及合适的尺度;地块内部步行路径为需要疏通的步行路径,旨在提升步行网络连通度,构建宜人的慢行路网尺度;景观休闲步行廊道,形成与自然和谐共处、景色宜人、环境优质的休闲步行专用道。步行网络在空间上应连续、通畅,应与步行过街设施、公交站点、公共自行车租赁点及步行环境协调布局,并考虑慢行空间的平顺及特殊人群的使用需求,设置无障碍设施。

（1）依托城市道路的步行道。城市道路建设应保障步行空间,在满足规范要求的基础上,结合城市道路等级和不同用地功能对步行与自行车交通的要求,确定依托城市道路的步行道宽度。道路等级越低、土地类型越趋近生活化,机动化优先程度越低,步行空间应当优先保证,依据《城市道路工程设计规范》(CJJ 37—2012),六合区生活片区依托干道的步行道阈值如表 16-2 所示。

表 16-2　六合区生活片区依托干道的步行道阈值　　（单位:m）

用地类型	居住、社服	商业、办公	对外交通	绿地	工业仓储
次干路	3.5～5	3.5～5	3.5～5	2.5～3	2.5
生活性主干路	3～4	3～4	3～4	2.5～3	2.5
交通性主干路	2.5～3.5	2.5～3.5	2.5～3.5	2.5	2.5
快速路	—	—	2.5～3.5	2.5	2.5

（2）商业特色步行廊道。在 TOD 土地开发模式下,商业用地围绕公交枢纽布置,集聚大量人流带动商业开发,反之商业活动的繁荣也是公交客流的保障,将使得地区开发进入良性循环。围绕公交枢纽与商业空间,规划商业特色步行廊道,在满足生活购物步行需求的基础上,兼具生存出行需求。按照步行道路权,将商业特色步行廊道划分为三种形式(香港运输署,2001):

① 一般步行道:人行道应满足最小通行宽度及管线布设要求,建议按 2.5 m 控制。

② 全日步行专用道:只准提供紧急服务的车辆行驶,行人享有绝对优先权。

③ 部分时间步行专用道:在指定时段内车辆不准在部分时间步行专用道上行驶,且不设路边停车位。需要设置停车路湾,供上落客货之用。

六合区生活片区商业特色步行廊道布局规划如图 16-5 所示。

（3）景观休闲步行廊道。景观休闲步行廊道与自行车休闲道统筹考虑。

第16章 生活片区步行与自行车交通系统规划

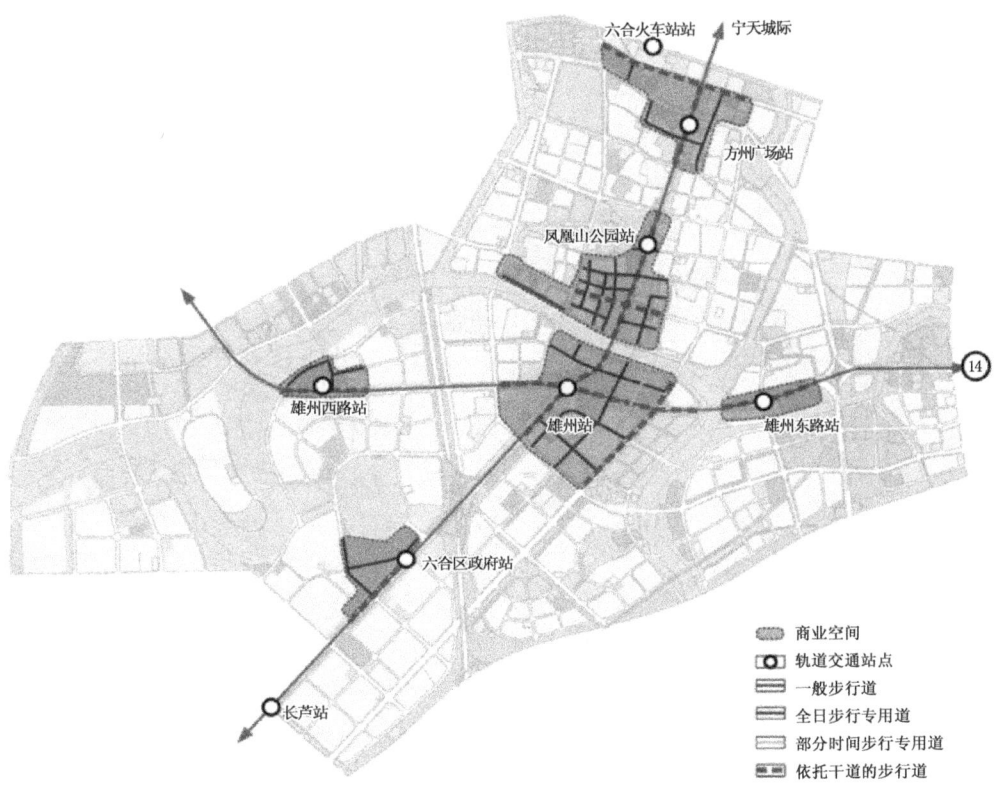

图 16-5　商业特色步行廊道布局规划图

2. 自行车交通网络规划

（1）网络分级

按功能、重要性及交通强度等划分为廊道、集散道、休闲道、街巷四个等级，以期达到"主次搭配、级配分明"。根据自行车道在道路中所占的比例，各级道路的自行车优先权依次为：自行车休闲道＞街巷自行车道＞自行车集散道＞自行车廊道。

（2）自行车廊道规划

① 廊道分级。根据道路等级、自行车交通需求强度、两侧用地类型等，将自行车廊道进一步划分为交通性廊道和生活性廊道。

交通性廊道：贯通性较好的主干路，机动车与自行车快慢分行，承担慢行区之间的慢行出行需求；

生活性廊道：主要为次支路或自行车交通较小的、贯通性较低的主干路，主要承担慢行区内部的慢行出行需求。

② 规划方案。规划形成"七横九纵"的自行车廊道网络，其中交通性自行车廊道六条，生活性自行车廊道十条，如图 16-6 所示。

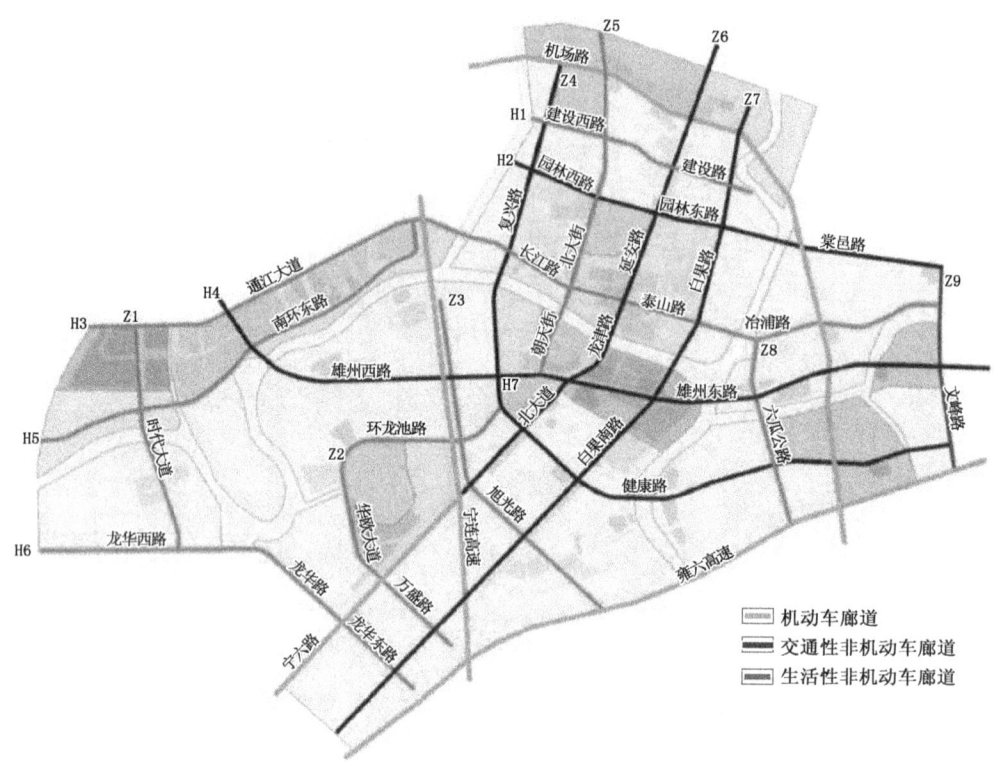

图 16-6 自行车廊道规划图

16.1.5 步行与自行车交通设施规划

1. 步行过街设施规划

（1）行人过街设施间距控制

① 规范要求。在城市的主干路和次干路的路段上，人行横道或过街通道的间距宜为 250～300 m。

② 控制要求。路段过街设施的间距取决于三个因素：道路等级、用地类型、慢行强度。道路等级、机动化优先程度较低的路段，其步行过街设施间距可适当减小；土地类型越趋近生活化，过街设施间距越小；慢行强度越大，过街设施愈应密集布置。此外，过街设施距重要节点如公交站、校门、社区及商场入口的最大距离不宜超过 100 m。

（2）行人过街设施形式选择

雄州西路、雄州东路、延安路等作为主要交通性干道，双向机动车道均在 6 车道及以上，沿线土地也将进行高强度开发，为减少行人过街对车辆通行的干扰，同时也为了给行人营造一个安全、连续、独立的步行环境，建议按照路段过街设施间距要求设置立体过街设施,形式上以过街天桥为主。机场路(快速路)上的过街设施形式上以过街天桥为主。

当道路宽度超过四条机动车道时,人行横道应在车行道的中央分隔带或机动道与自行车道之间的分隔带上设置行人安全岛(等待区)。

行人过街设施推荐形式如表 16-3 所示。

表 16-3　行人过街设施推荐形式

		次干路		主干路		快速路
居住	老城区	平面过街		2次平过		地道
	外围区	平面过街		2次平过	天桥	天桥
学校		2次平过		2次平过	天桥	天桥
交通	公交站点	平面过街		2次平过		天桥
	轨道站点	2次平过	地道	2次平过	地道	地道
商业、办公		平面过街		2次平过	天桥	天桥

(3) 规划方案

步行过街设施规划方案如图 16-7 所示。

图 16-7　步行过街设施规划方案图

(4) 实施建议

根据规划过街设施位置与形式,组织工程可行性研究;确定轨道站点地下通道与干道过街设施的结合形式,提出过街引导对策;论证轨道站点设计变更及开口预留;论证轨道站点优化方案与融资策略。

2. 自行车停车换乘点规划

自行车换乘主要是通过自行车与轨道交通、大容量公共交通、常规公共交通站点之间的停车换乘,通过这种复合的交通出行方式,延长自行车的出行距离。功能等级分为轨道公交停车换乘点与常规公交停车换乘点两类。换乘场地规模由慢行区的换乘自行车量和换乘客流量确定;轨道公交停车换乘点自行车换乘应设置自行车停车棚,并应有人管理;常规公交停车换乘点自行车换乘应设置自行车停车棚或停车架。

通过合理布局、科学规划,统筹考虑长短距离交通的衔接,提高换乘枢纽在城市交通空间组织中的换乘品质,本次停车换乘设施规划形成12个轨道公交停车换乘点,以轨道站、公交首末站为基础,51个常规公交中途站形成常规公交停车换乘点。在轨道公交自行车换乘枢纽设置公共自行车公交中心站,在常规公交自行车换乘枢纽设置公共自行车一般服务点。自行车停车换乘点规划图如图16-8所示。

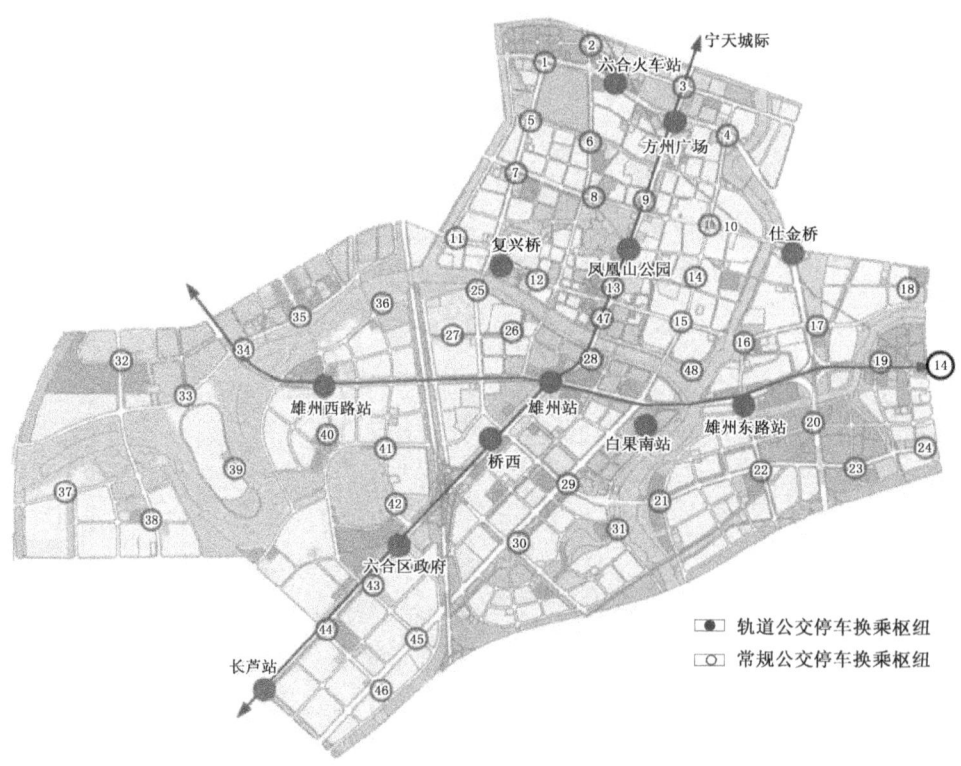

图16-8 自行车换乘枢纽规划图

3. 公共自行车租赁点规划

(1) 公共自行车系统适应性分析

本次步行与自行车交通系统规划推荐六合区建设公共自行车系统,基于较多的潜在用户基数,可呼应城市轨道交通建设的推进,延伸轨道交通服务范围;近期能够有效缓解其支路密度低、地块大对公交服务的限制问题;能够倡导市民低碳出行,促进节能减排。

(2) 发展定位与规模测算

2020 年规划范围内人口约为 48.4 万,根据南京市综合交通规划,2020 年常住居民出行次数为 2.94 次/d,自行车出行比例为 29.2%,自行车出行和电动车出行的比例大致为 1∶1,2020 年在系统成熟的条件下,规划假定 5% 的自行车出行转换为公共自行车出行,2% 的电动车出行转换为公共自行车出行,公共自行车每车每天租用次数按 10～12 次计算,据此推算 2020 年需公共自行车 1 200～1 450 辆。

(3) 租赁点布局规划

根据公共自行车服务点的功能和规模,将公共自行车服务点分为公共自行车中心站和一般服务点。考虑六合区公共自行车系统的发展定位与租赁点的布点形式,参考国内外关于租赁点规模的研究成果,对公共自行车服务点配车规模进行如表 16-4 的划分。

表 16-4 公共自行车服务点建议规模表

服务点类型	服务点特征	配车规模(辆)
公交中心站	设置于轨道交通站点,常规公交枢纽站、首末站 公共自行车交通系统的核心 承担公共自行车与公交"零换乘"	20～30
公建中心点	设置于重要商业、公建区、文体中心、大专院校等 重要集散点,承担与公交衔接功能	15～20
居住点、 小型公建点	设置于居住区、小型商业和公建区、普通风景点、大专院校等 构建终端服务网点,尽可能缩短步行时间,提升总体服务水平	10～15
风景点	服务主要风景点,承担旅游功能普通风景点 与公交衔接的重要组成部分	10～15

在以上公共自行车租赁点布点形式、布点原则和类型划分的基础上,考虑部分公共自行车租赁点结合自行车停车换乘点进行设置,确定租赁点系统布局方案,见图 16-9 所示。

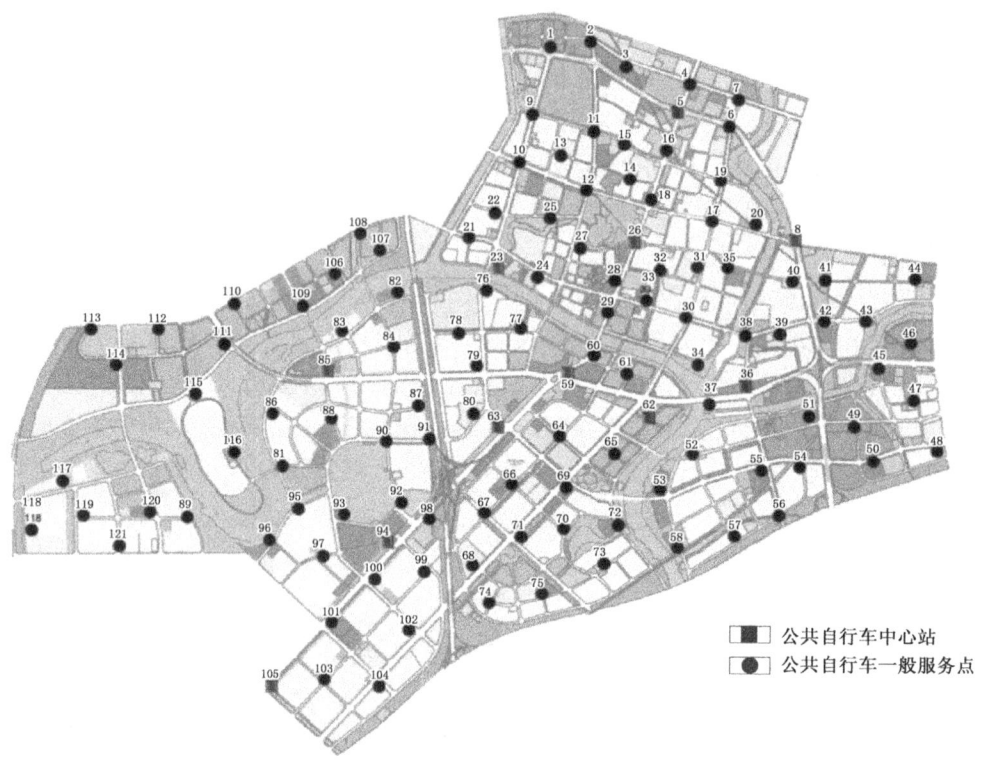

图 16-9　公共自行车服务点布局图

16.1.6　休闲性步行与自行车交通系统规划

将步行与自行车系统和城市绿地、水系紧密结合,充分利用自然河湖水系和各类历史人文资源,依托山、河、湿地、道路等要素,构建"绿色慢行网络",凸显出能反映城市特色的自然景观与人文景观。

六合区雄州组团有着得天独厚的自然和人文资源,如滁河、护城河、文庙、棠城路等,这些因素正是六合地方特色的体现。城市步行与自行车交通系统也是体现地方特色的载体,而步行与自行车景观廊道更是地方特色的直接体现者。在本次步行与自行车景观廊道规划中,主要考虑以下几点:

1. 生态步行与自行车廊道

六合区雄州组团内河道密布,有滁河、八百河、招兵河等,这些河道宽度较宽且均可通航,因而这些河道所发挥的生态效应是举足轻重的,因此将诸如此类的景观带定义为生态步行与自行车廊道。

各条河道两侧均规划有一定宽度的带状绿地,这些带状绿地将是生态步行与自行车廊道的载体。沿河两岸设置连贯的滨河步行与自行车廊道,并结合竖向关系,将步行道与自行车道分开。同时增设跨河慢行桥,形成一个完整的网络。设置步行与自行车交通服务点，服务半径为 500 m。在营造慢行空间和城市开放空间的同时，最大限度地增加绿量，并结合规划中的湿地公园，发挥其生态效应。河道驳岸在满足行洪的前提下，尽可能采用生态断面的形式，避免过于硬化的驳岸。

2. 文化步行与自行车廊道

六合有着深厚的历史文化底蕴，重点体现在护城河、凤凰山公园以及文庙这一区域，形成一个整体的"护城河—凤凰山—文庙景观廊道"，同时也是对外的一种展示。

结合六合区护城河河道以及周块地区环境整治工程，沿河布置滨水景观廊道以及游船游览路线。同时，打通与文庙和滁河的通道，使之成为一个特色的文化步行与自行车廊道，将凤凰山公园中的游步道与护城河步行与自行车道连接起来。沿护城河可以建设类似于广州荔枝湾之类的历史街区。在具体的设计中，充分挖掘历史文化的元素，整体风格宜采用古典风格。沿步行与自行车道设置能反映当地文化特色的小品，起着点缀装饰的作用。

文化步行与自行车廊道规划图如图 16-10 所示。

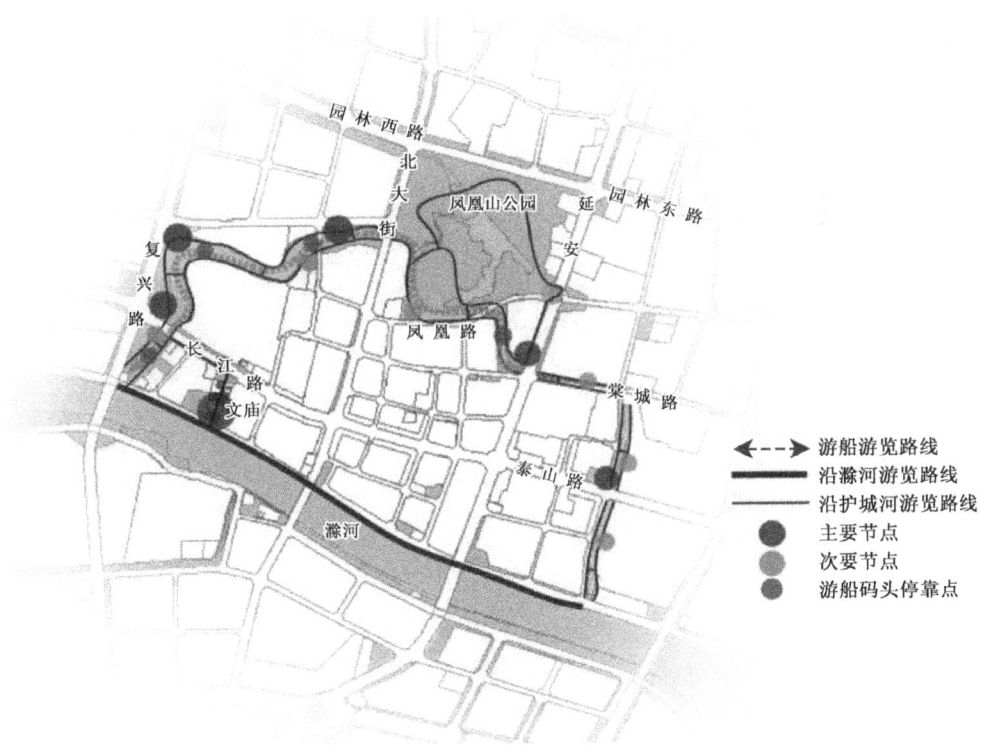

图 16-10　文化步行与自行车廊道规划图

3. 邻里步行与自行车廊道

六合区雄州组团是六合的核心区，主要用地类型为居住用地以及与之相对应的公共设施用地。人口密度相对周边区域较大。因而营造邻里氛围和商业氛围是步行与自行车景观廊道应该考虑的重要因素。邻里步行与自行车廊道主要指的是居住区内等级较低的市政道路，一般各个居住区的主要出入口都设置在此类道路上，因而邻里步行与自行车廊道是联系居民与公共空间的重要纽带。

以滁河为界，雄州组团可分为老城和新城两大块，针对老城和新城，应提出不同的营造方案。老城区的邻里步行与自行车廊道以修复和出新为主，通过沿街建筑的立面改造和沿街绿化的修复与出新，以提升街道的整体环境品质，为居民的出行创造一个舒适的环境，同时也是邻里活动的集中场所。新城区邻里空间的营造可新增一些活力和时尚的要素，结合街边绿地设置可供居民停留的设施，如树阵、户外茶吧、健身器材等。

4. 水上步行与自行车廊道

水上步行与自行车廊道是该片区特色之一，慢行也包括乘坐游船在水上游览。将滁河和护城河以及凤凰山公园的水系贯通，开发以滁河为主的水上游览线路，将生态廊道与自行车交通系统有效结合，促进了旅游产业的发展。根据游船码头1 000 m的服务半径，设置游船码头停靠点。水上步行与自行车廊道规划图如图16-11所示。

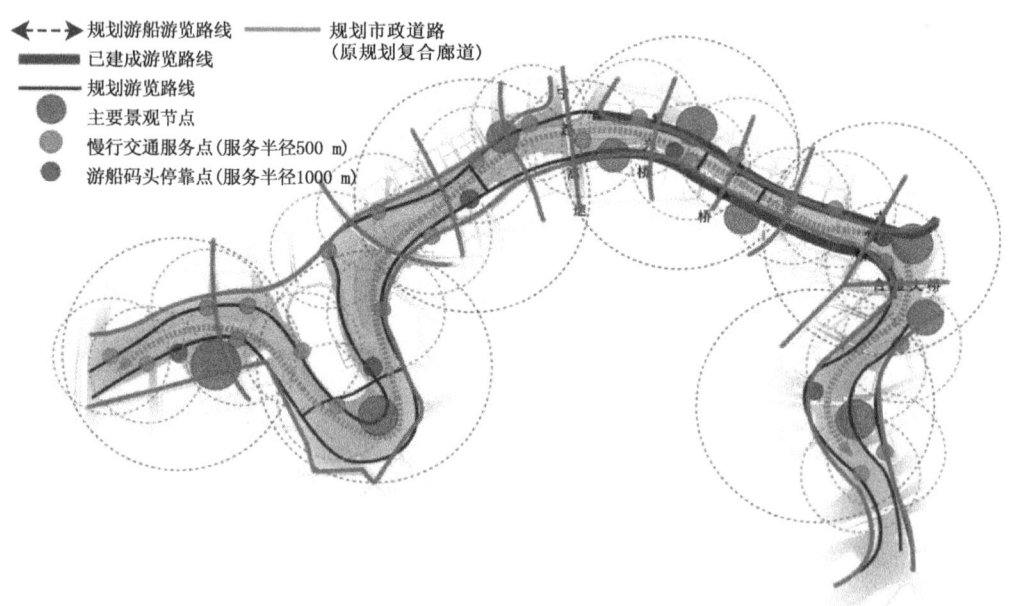

图16-11 水上步行与自行车廊道规划图

16.2 无锡市新区商贸区步行与自行车交通系统规划

16.2.1 规划背景

1. 规划背景及范围

无锡市新区商贸区位于无锡市国家高新技术开发区,是为无锡新区高新产业园区配套服务的居住、商业集中区。无锡市新区商贸区规划范围为:北至太湖大道—新坊路,南至泰山路,东至新阳路,西至兴昌路的区域,总面积约 25.4 km²。规划人口 30 万,就业岗位 25 万,如图 16-12 所示。

图 16-12 无锡市新区商贸区规划范围图

无锡市新区商贸区位于无锡市新区北部,邻接无锡市老城核心区和无锡市惠山区,是新区与无锡老城核心区、锡山区的跳转板块,如图 16-13 所示。无锡市新区商贸区用地功能以居住和商业为主,规划定位为无锡市老城核心区外围的城市副中心。

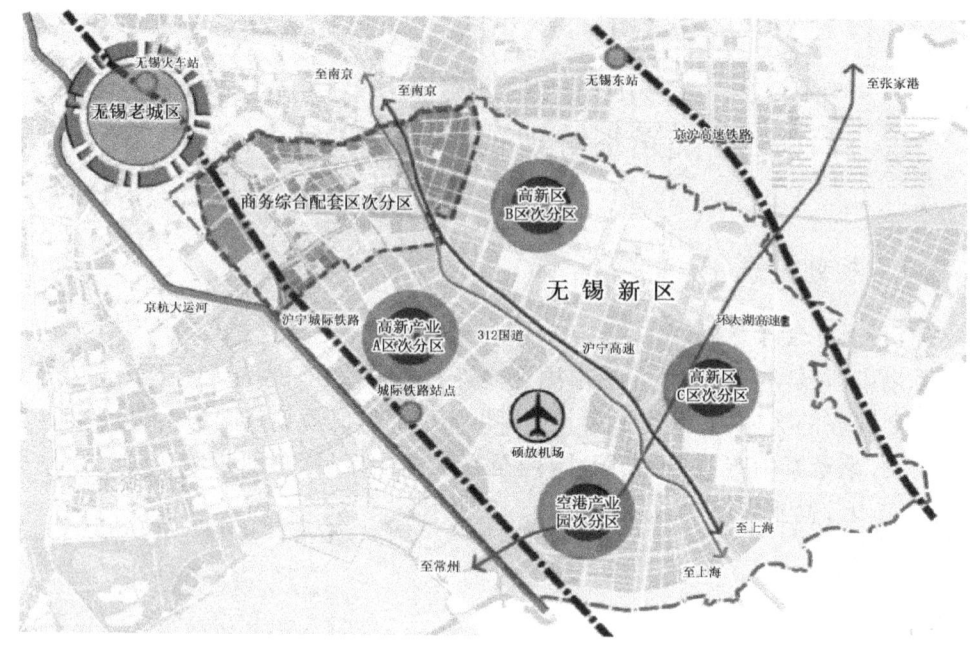

图 16-13　无锡市新区商贸区区位图

2. 规划目标

无锡市新区商贸区步行与自行车交通系统规划的目标是：坚持"以人为本，慢行优质"的理念，以打造"感知国际新区、乐活宜居新区、体验休闲新区、触摸品质新区"为宗旨，构建宜居、宜业、宜行、宜游的具有新区特色的步行与自行车交通系统。

3. 规划导向

（1）多网复合。以统筹衔接的指导思想构建步行与自行车交通系统，综合考虑步行与自行车交通系统与交通、生态、文化、休闲等相关要素，结合相关规划，建设便捷、生态、宜人的步行与自行车交通系统。

（2）优化结构。规划调整步行与自行车交通系统结构，构建差异化的步行与自行车交通特色分区，并从步行与自行车交通路径设计等的优化完善入手，落实社区范围的步行与自行车交通设施。

（3）提升环境。以提升步行与自行车交通品质为核心，美化步行与自行车交通环境，提升步行与自行车交通空间品质，布置人性化的步行与自行车交通设施，实施稳静化交通措施。

4. 规划流程

从现状调查和基础资料收集入手，进行问题诊断，了解步行与自行车交通系统的发展趋势；分析步行与自行车交通在城市交通体系中的发展目标和功能定位,结合步行与自行车交通需求预测,提出步行与自行车交通的发展战略和对策;在规划范围内从慢行片(圈)划分、步行与自行车交通路径网络构建、节点规划等角度搭建步行与自行车交通规划框架;从慢行通道、过街设施节点、静态交通设施、公共自行车等多方面提出控制性详细规划图则中步行与自行车交通设施的落实措施。

16.2.2 慢行空间规划

综合城市空间形态、功能结构和用地规划等多种因素,以合理的非机动车出行半径作为分区标准,划分规模合理的慢行区,规划区域内分成3类共9个特色慢行功能分区。第一类为商业综合慢行区:慢行优先、人车分离,合理疏导机动车交通;加强步行与自行车交通的公共交通接驳功能,结合商业网点打造高品质的步行街区。第二类为居住综合慢行区:注重改善步行与自行车交通环境,构建社区内步行与自行车交通网络,连接各公共设施;综合运用稳静化措施,营造环境优美、安静舒适的步行与自行车交通安宁区。第三类为商贸综合慢行区:慢行系统以通勤功能为主,重点解决市场客流慢行线路与货运线路的冲突,实现步行与自行车交通路径与货运线路相分离。如图16-14所示。

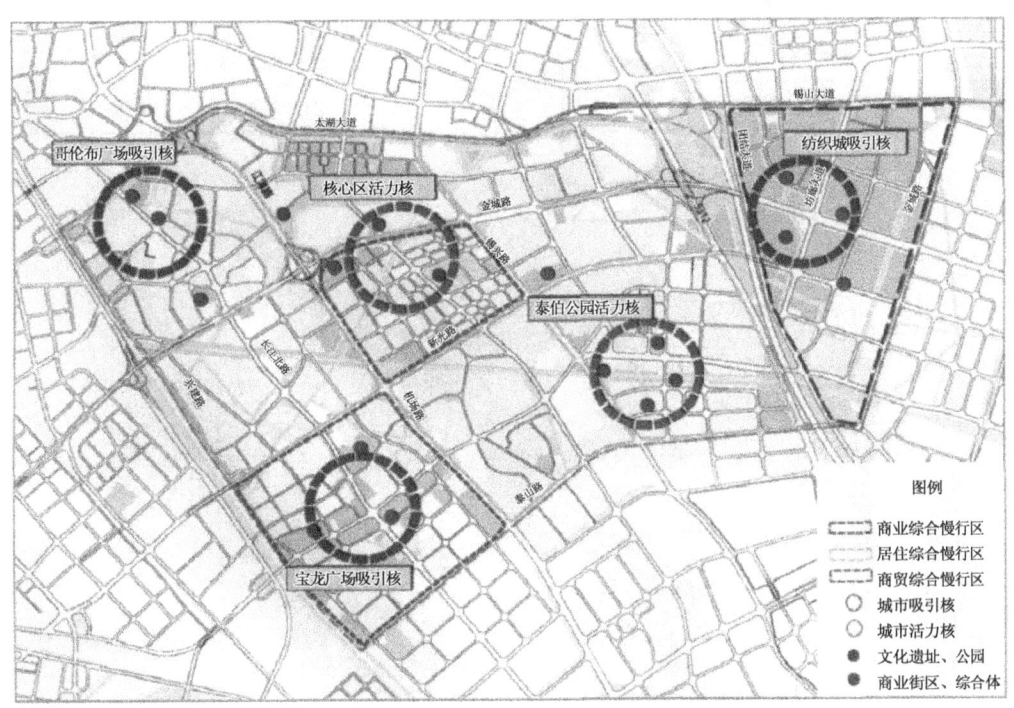

图16-14 无锡市新区商贸区慢行分区图

16.2.3 步行与自行车交通网络规划

1. 依托城市道路的步行与自行车路径

根据步行与自行车交通需求特征,在区级步行与自行车道、区内步行与自行车道及绿地步行与自行车道的基础上,结合本地区的特点,进一步将沿路步行与自行车道分为通勤道、休闲干道和休闲支道三级,进行路网加密,保证步行与自行车道宽度,实现步行与自行车交通在道路空间资源分配中的优先。规划纵横向加密通道布局如图 16-15、16-16 所示。

规划横向和纵向加密通道各七条,如表 16-5 所示。

表 16-5 步行与自行车网络加密通道

横向加密通道	纵向加密通道
苏巷路-新春路	前进路-湘江路
叙康路-冷渎港慢行路	景南苑慢行路-前卫路
伯渎港慢行路	江溪港慢行路
前卫路慢行路	桐桥港路-桐桥港慢行路-核心区支路一
红旗路慢行路	核心区支路二-春江一路-锡春路
龙山路慢行路	规划支路-核心区支路三
坊前商业街慢行路	G312 辅路

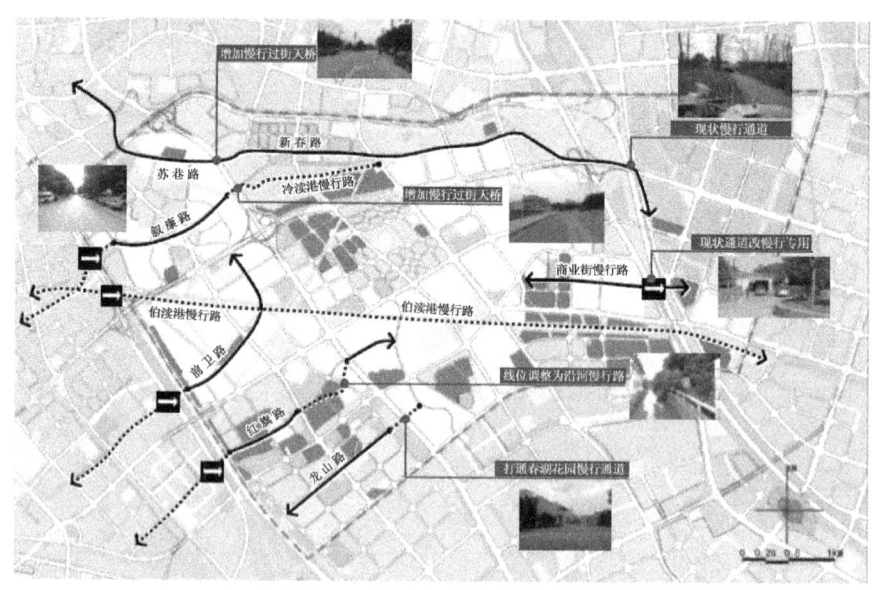

图 16-15 无锡市新区商贸区横向加密通道布局图

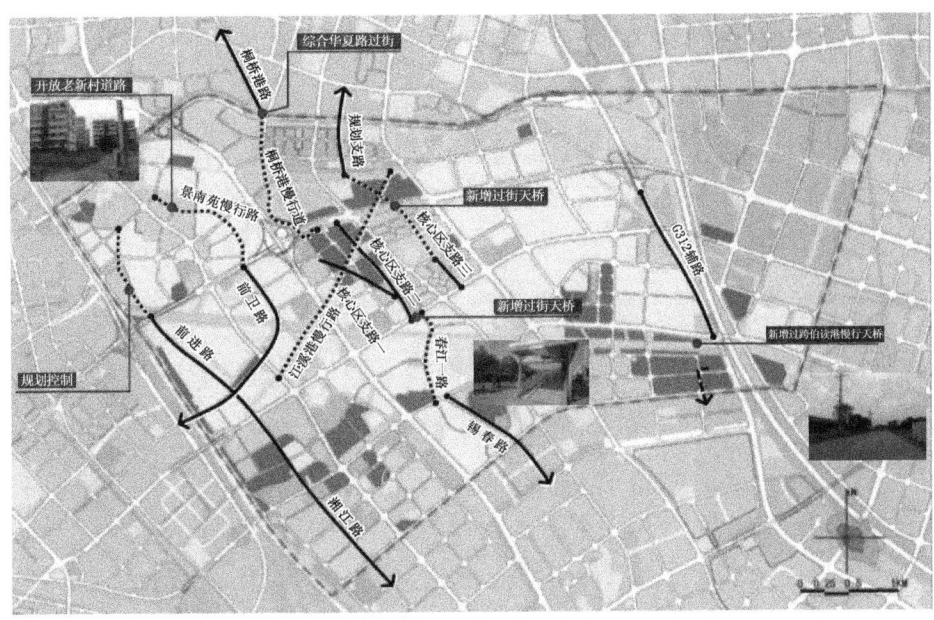

图 16-16　无锡市新区商贸区纵向加密通道布局图

2. 特色步行与自行车线路

滨水步行与自行车道规划，形成 3 条滨水特色步行与自行车线路，分别是沿冷渎港（生态休闲）、沿江溪港（旅游观光）和沿伯渎港（健身游憩）的步行与自行车线路；环商业公共中心的步行与自行车环路规划，环新之城核心商业区的慢行环和环泰伯广场的慢行环规划。如图 16-17 所示。

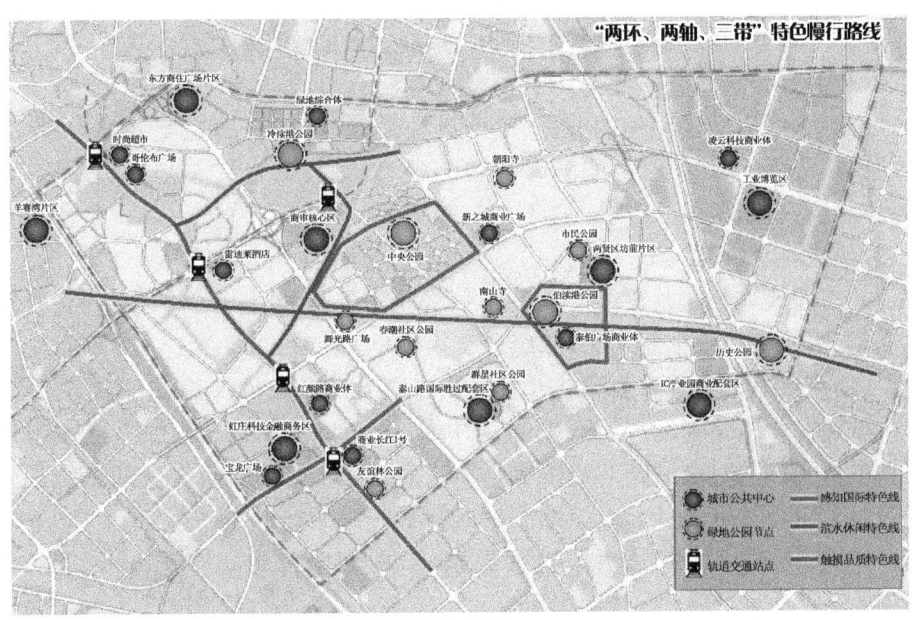

图 16-17　无锡市新区商贸区特色步行与自行车交通网络规划图

16.2.4 步行与自行车交通设施规划

1. 过街设施规划

依托轨道交通站点规划地下过街通道设施;依托跨铁路、高速的城市干道建立跨门槛的步行与自行车过街立交通道;结合穿行交通集中地的需要规划立体过街通道。如图 16-18 所示。

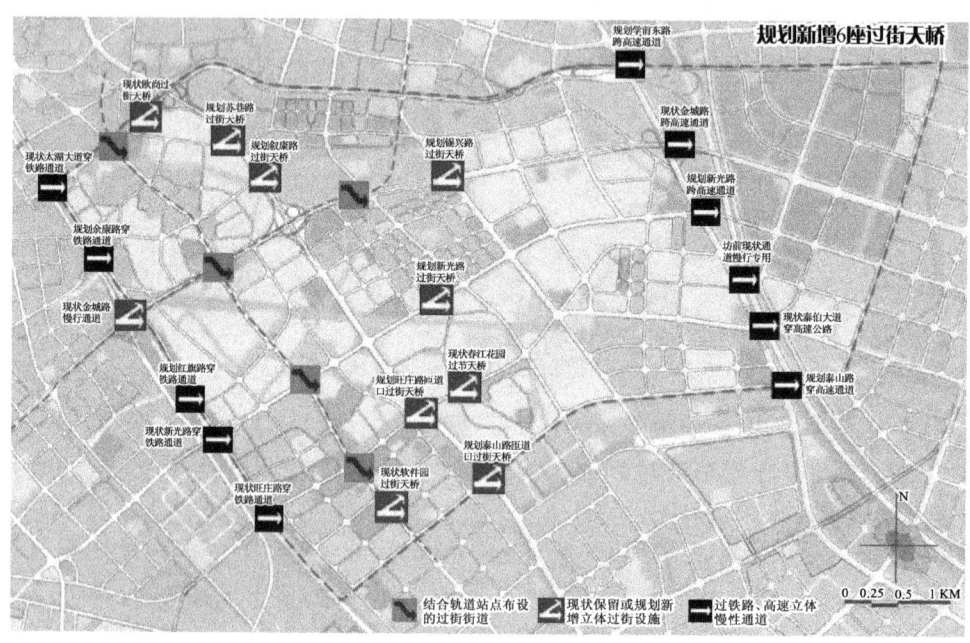

图 16-18 无锡市新区商贸区步行与自行车过街设施规划布局图

2. 公共自行车租赁点布局规划

综合规划区内居住用地的分布、商业公建设施的分布、轨道交通站点设站、公园绿地布局等因素,根据公共自行车服务半径,规划公共自行车租赁点布局,共计规划公共自行车租赁点 30 处。如图 16-19 所示。

3. 换乘接驳设施规划

公共交通换乘枢纽共设 10 个,其中一级轨道换乘枢纽 1 个,一级公交换乘枢纽 2 个,二级轨道换乘枢纽 4 个,二级公交换乘枢纽 3 个。如图 16-20 所示。

4. 无锡市新区商贸区金城路北社区步行与自行车交通设施规划

金城路北社区是新区商贸区控制性详细规划中划定的街坊之一,是城市规划管理基本单元。同时金城路北社区也是新区商贸区步行与自行车交通系统规划中划定的 9 个慢行社区之一。金城路北社区的基本特征如下:

空间规模方面:整体呈矩形较为规整,东西向跨度约 1 600 m,南北向宽度约 1 500 m。

第16章 生活片区步行与自行车交通系统规划

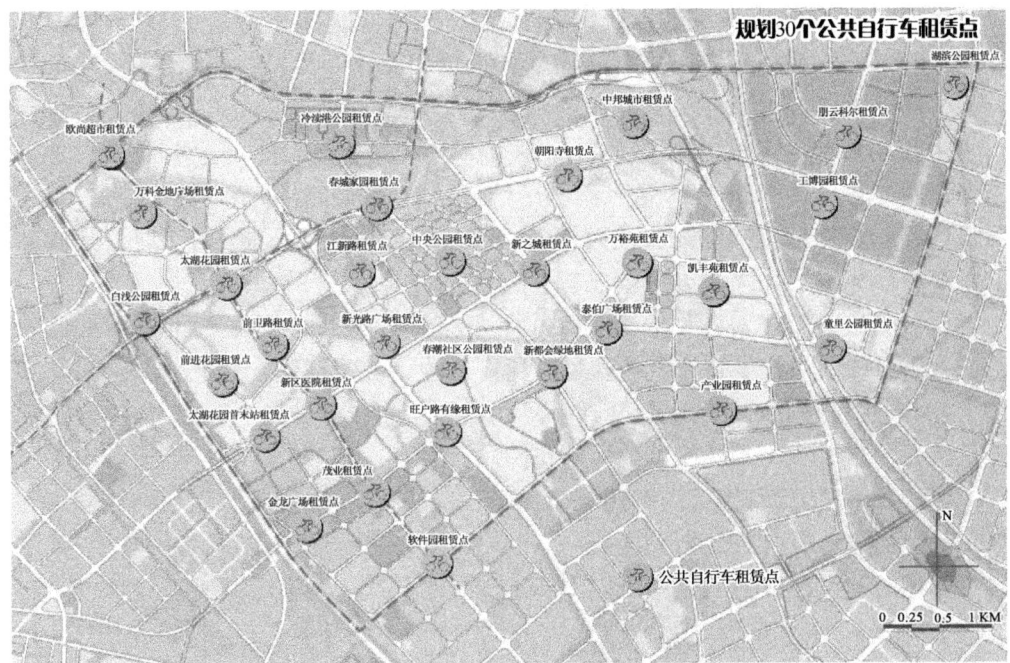

图 16-19　无锡市新区商贸区公共自行车规划布局图

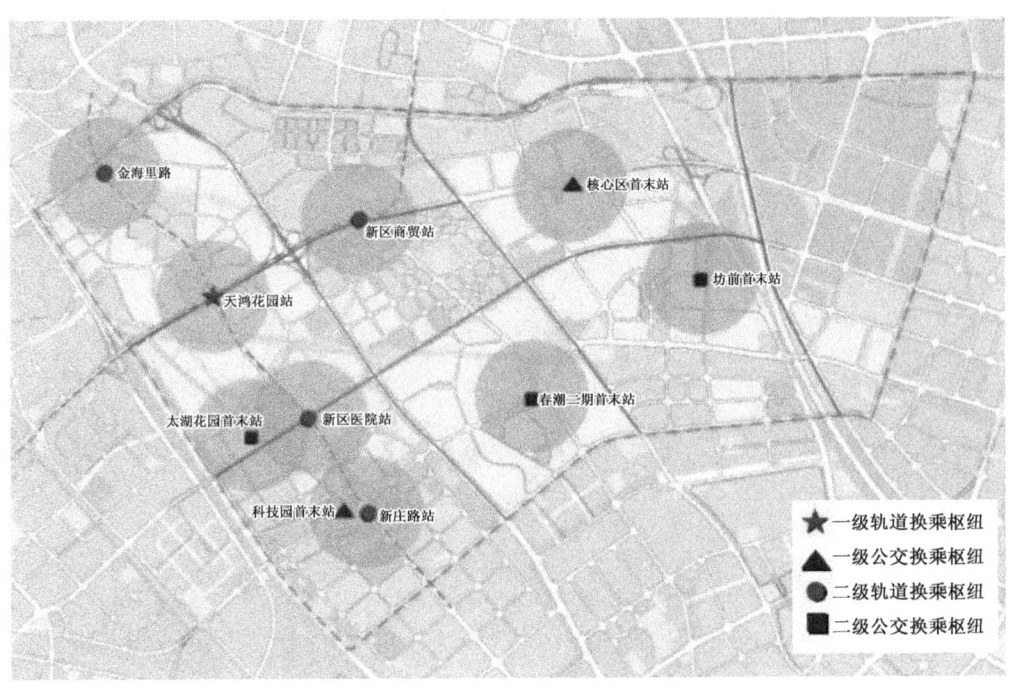

图 16-20　无锡市新区商贸区换乘接驳设施规划布局图

土地利用方面：金城路北社区用地功能布局主要以居住和商业公建用地为主，其中商业公建用地基本沿南北向的城市道路长江北路布局，居住用地布局在公建用地的两侧，呈现"川"字型结构。

路网框架组织方面：金城路北社区由北侧太湖大道（城市快速路、高架加地面辅道）、西侧兴昌路（城市主干道）、南侧金城路（城市快速路、高架加地面辅道）和东侧机场路（城市快速路、高架加地面辅道）合围，除四周城市干道外，还有一条南北向干道长江北路从社区中央穿过。

公共交通方面规划有 2 条轨道经过社区，分别为南北向沿长江北路布置的轨道交通 3 号线和沿金城路布置的轨道交通 5 号线，社区范围设有两个站，分别是太湖大道-长江北路交叉口的轨道交通 3 号线金海里站和金城路-长江北路交叉口的轨道交通 3 号线和 5 号线交汇的太湖花园站。

绿化和水系方面，社区内有两条水系分别为冷渎港和伯渎港，无通航要求，为城市景观河道。另有三处街头地。

公建配套设施方面，社区中央区域分布有幼儿园、小学、医院等公建设施点。如图 16-21 所示。

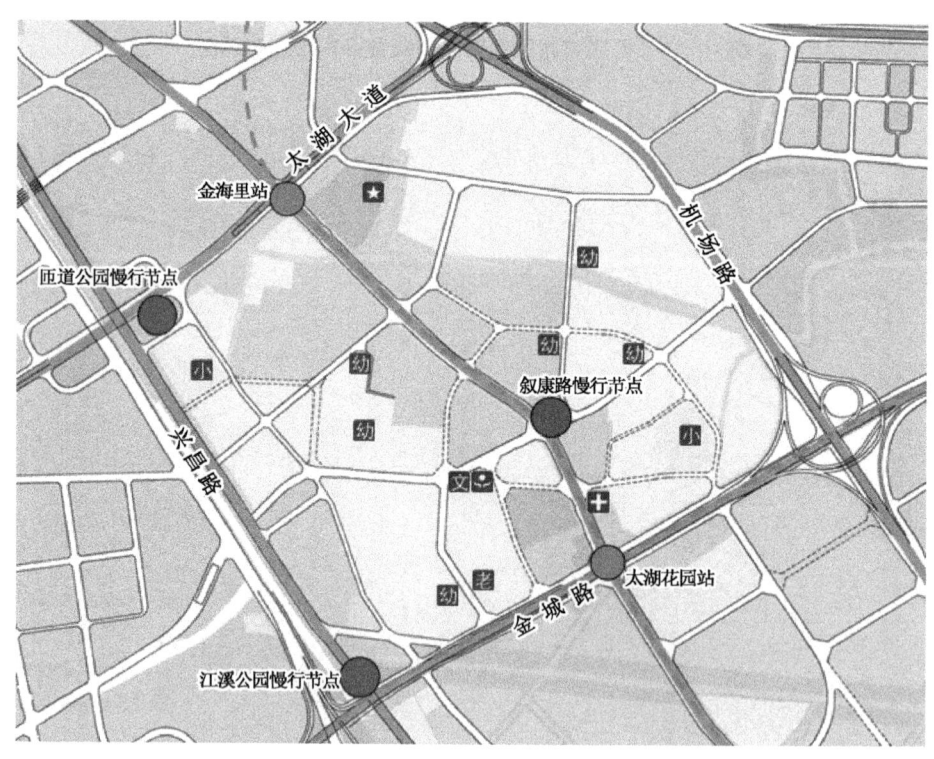

图 16-21　金城路北社区相关信息示意图

社区步行与自行车交通通道设施构建方面,以社区控规确定的社区范围内的次支道路为基础,加密支路,新开辟前进路、景南苑路、叙康里路为步行与自行车道路,其中叙康里为过铁路慢行道。另沿水系开辟两条沿河慢行道,即伯渎港沿河慢行道和冷渎港沿河慢行道。如图 16-22 所示。

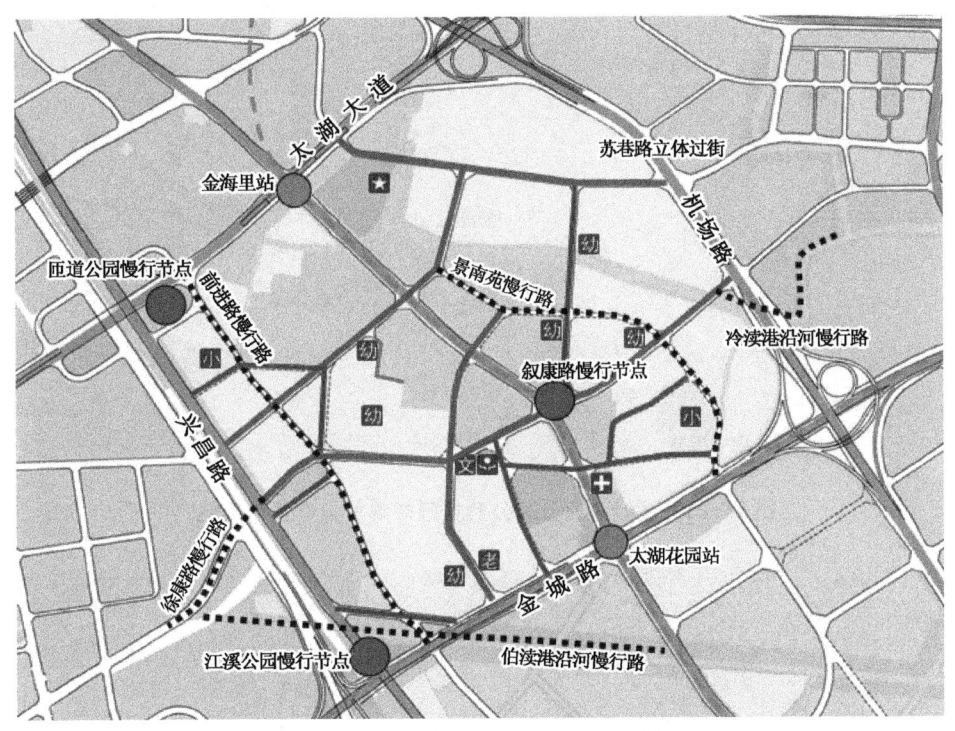

图 16-22　金城路北社区慢行通道设施网络示意图

公共自行车结合商业中心、社区中心、公园绿化因素,社区内共布设有 3 处租赁点。如图 16-23 所示。

社区三面为城市快速路高架,一面为铁路,对社区跨区对外步行与自行车交通出行形成阻隔,因此规划布设若干立体过街设施。如图 16-24 所示。

5. 社区控制性详细规划图则中步行与自行车交通设施的落实

居住型社区控制性详细规划法定图则中,涉及步行与自行车交通相关的内容主要是包括道路系统的确定,红线断面、地块出入组织、交通开口、静态交通设施布局要求及城市设计指引方面的公共空间与设施环境要求。步行与自行车交通设施落实到控规图则中,是为了借助控制性详细规划的法定效力,强制性落实步行与自行车交通设施建设,为步行与自行车交通设施的建设提供法律支撑。步行与自行车交通设施的落实控制分为强制性控制和指导性控制。强制性控制主要包括步行与自行车交通通道设施、过街设施、自行车静态交通设施和公共自行车布点设施。

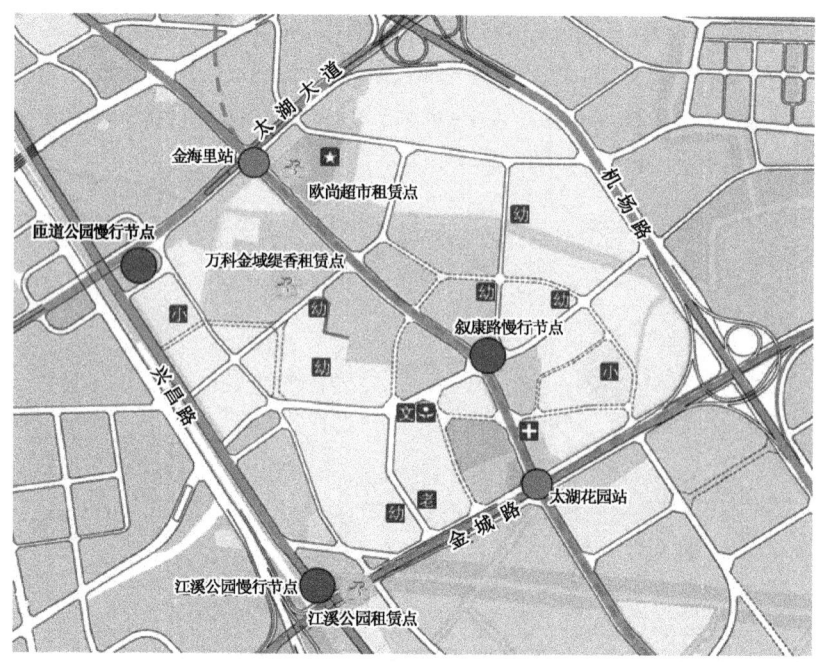

图 16-23　金城路北社区公共自行车租赁点布设示意图

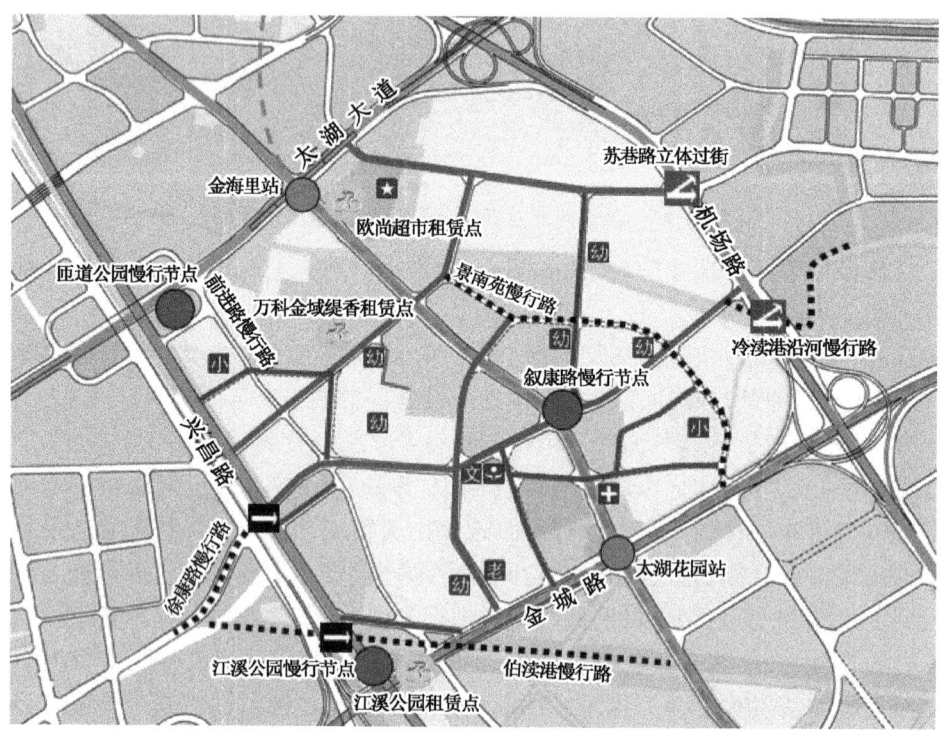

图 16-24　金城路北社区过街设施示意图

指导性设施包括城市家居和稳静化交通设施。核心商贸区慢行社区控规引导图如16-25所示。

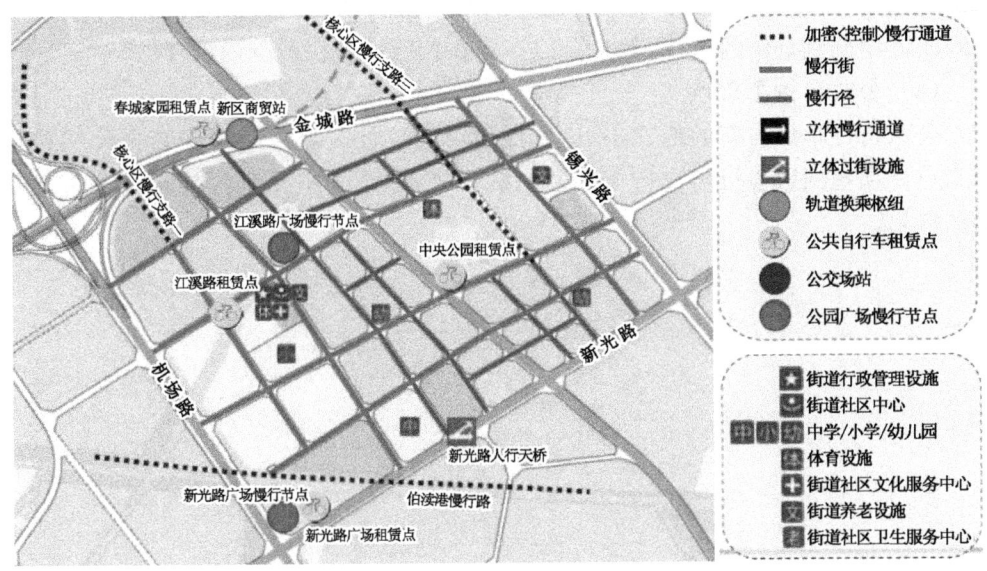

图 16-25　核心商贸区慢行社区控规引导图

(1) 慢行通道设施

依托城市道路系统建立的慢行通道,通道位置和线路布设已经得到落实,这部分内容中主要涉及共用通道上步行与自行车交通路权分配的问题。可以根据步行与自行车交通规划提出的步行与自行车交通通道空间需求,明确步行与自行车交通通道宽度要求,进而在道路断面设计中落实。结合社区水系、绿地、商业等公共空间开辟的步行与自行车专用道路,这些道路虽然在道路线性布置方面比较灵活,但是能确定大致走向和宽度,也可将这些信息放进控规法定图则中进行控制,在满足功能基本要求的基础上控制其总体走向和通道宽度。

(2) 过街设施

过街设施包括平面横道线和天桥、地道立体过街设施两种类型。平面横道线的布置由于存在较大的不可确定性,布设使用之后也可能根据实际使用的效果及周边情况的变化而进行调整,可变性较大,较难进行明确的控制。立体过街设施投资大、建设美观性要求高,一旦建成,调整起来比较困难,具有较强的稳定性,立体过街设施的设立需要前期做好充分的调查研究。步行与自行车交通系统规划中一旦提出成熟合理的方案,可反馈到控规法定图则中进行控制。

(3) 静态交通设施

通常的控规图则中对机动车停车场布局点进行了控制,对非机动车停车场没有涉及。非机动车停车设施布点通常结合地块具体的开发建设来进行,是选择地面还是地下形式上也相对灵活,占有的面积也相对较小。步行与自行车交通系统规划成果中的非机动车停车场布点也应纳入法定图则中,虽然非机动车停车设施布点不能明确到具体的点位,但是可以指定在相应的地块范围内设置。

(4) 公共自行车布点

公共自行车点占有的地方小,位置比较灵活。社区控规图则中结合公共自行车布点专项规划和步行与自行车交通系统规划,在图则中反应公共自行车布点规划的成果。

附 录

附录1 美国步行与自行车交通规划框架

第一部分：引言

Ⅰ. 远景展望
    A. 营造自行车和步行友好的交通环境
    B. 现状步行和自行车发展趋势
    C. 构建财政上可行的自行车或步行交通系统
    D. 增强使用者的安全和健康
    E. 提高宜居性

Ⅱ. 历史
    A. 自行车和步行的益处
    B. 政府以往的工作（概略说明）
    C. 相关的规划研究
    D. 相关的工程项目
    E. 相关机构和人员
    F. 公众的意愿
    G. 现状趋势/举措（概略说明）
    H. 社区支持的说明

Ⅲ. 总目标
    A. 长远目标
    B. 短期目标

Ⅳ. 规划的范围和目的
    A. 规划的必要性
    B. 规划范围（概略说明）
        1. 确定重点
            a) 自行车或者步行
            b) 依托道路和与道路分离的系统或工程

2. 确定研究区域
3. 确定相关问题
C. 目的（概略说明）
1. 增加自行车和步行出行
2. 改善自行车或步行出行选择性
3. 评估现状、意愿、方案和机遇
4. 确定步行和自行车使用需求高的区域
5. 明确和满足使用者的需求
   a) 自行车和步行的出行特征
   b) 交通优先权
   c) 安全的考虑
   d) 自行车和步行出行的障碍
   e) 特殊人群需求
6. 制定远期与近期的工程项目建设时序
   a) 将规划与其他州、区域和当地规划意愿整合
   b) 贯彻地方、州、联邦政府现有政策和指引
   c) 确定符合交通改善项目（TIP）的工程
   d) 增强与其他交通方式的衔接
7. 制定行动计划
   a) 确定任务
   b) 确定合作伙伴
      ⅰ) 州、区域、地方机构
      ⅱ) 民选议员
      ⅲ) 倡导团体
      ⅳ) 公私合作伙伴
   c) 制定实施策略
8. 提供建议
   a) 项目
   b) 政策
   c) 资金
   d) 人员/组织
   e) 地方条例
   f) 项目计划
9. 提供自行车/步行设施发展的标准和指引
10. 提高公众对于自行车/步行需求和问题的意识

第二部分:现状评价

I. 概述
- A. 社区描述
  1. 人口统计资料
  2. 物理特性
  3. 总体交通网络
- B. 确定社会关注点、需求和优先权
- C. 分析当地自行车/步行事故数据
  1. 确定高风险区域
  2. 确定高风险人群

II. 评估自行车/步行在当地交通系统中的兼容性
- A. 街道和公路系统的接入
  1. 交叉口的情况
  2. 道路的情况
  3. 桥梁和涵洞
- B. 自行车/步行系统
  1. 连通性
  2. 起终点
  3. 交通功能与休闲功能
  4. 缺陷(不连续点、事故点、障碍点)
- C. 与公共交通的衔接
  1. 可携带自行车的公交车
  2. 人行道与站点连通性
  3. 树荫和街道设施
  4. 自行车停车设施

III. 现状使用情况/使用者统计描述
- A. 自行车和步行出行特性
- B. 人口资料
- C. 使用评估
- D. 使用者意见
- E. 地形的考虑
- F. 区域环境
- G. 有待处理的问题

IV. 现有自行车或步行设施清单和评价

A. 现有自行车与步行设施列表与地图
  B. 安全评估
  C. 设施条件鉴定
     1. 铺装质量
     2. 侧向净空
  D. 评定是否符合规范
     1. 宽度
     2. 纵坡和曲线
     3. 视距
     4. 引导标示和标志
     5. 桥梁和涵洞需求
     6. 交叉口的处理
  E. 通行能力与服务水平评估
  F. 评估系统组成部分的效用
     1. 连通性评估
     2. 起终点评估
     3. 处理交通功能 & 休闲功能
     4. 确定系统缺陷(不连续点、事故点、障碍点)
     5. 确定可能的对策

第三部分：现有规划、项目和政策

Ⅰ. 相关地方、区域、州的规划和指引
  A. 自行车规划
  B. 步行规划
  C. 绿道规划/公园和休闲场所规划
  D. 综合交通规划
     1. 土地规划
     2. 区划
     3. 街区规划
  E. 交通改善方案
  F. 道路设计(工程)规划

- G. 容量提升规划
  - H. 指引
    1. 城市设计指引
    2. 街道设计指引
  - I. 其他
Ⅱ. 既有执行中或规划中的项目和方案
  - A. 地区建设项目
  - B. 交通改善方案(TIP)项目
    1. 独立项目
    2. 附带项目
    3. 扩建项目
    4. 改善项目
  - C. 安全教育计划和资源
    1. 地方机构举措
    2. 社区/倡导团体举措
    3. 基于学校的项目
    4. 面向年轻人的项目
    5. 其他
  - D. 执法项目和举措
    1. 骑自行车执法
    2. 注册登记程序
    3. 法律实施项目
    4. 鼓励措施
  - E. 通勤与激励项目
    1. 可以携带自行车的公交车
    2. 大型活动
    3. 宣传活动
Ⅲ. 政策和机构框架
  - A. 资金来源和等级
  - B. 政策中考虑自行车与步行
  - C. 土地开发的指引
  - D. 地方条例
  - E. 机构中指定负责自行车/步行规划人员
  - F. 跨部门的伙伴关系
  - G. 公私合作伙伴

Ⅳ. 相关自行车或步行法规和条例
    A. 州法律
    B. 地方区划条例
    C. 统一的开发条例
    E. 其他

第四部分：自行车或步行系统发展战略规划

Ⅰ. 系统概述
    A. 现有系统描述
        1. 总体网络（概略说明）
            a) 连通性
            b) 现有路内和依托道路或者与道路分离的设施
            c) 现有人行横道与交叉口的处理
        2. 系统缺陷
        3. 自行车和步行出行障碍
            a) 天然屏障（河流、陡峭地形）
            b) 人为障碍（断头路、限制接入的道路、土地开发模式、大型购物中心等）
        4. 安全
            a) 路面（排水沟、铁路穿越、闹市区）
            b) 设计（窄的步行或自行车道、视线障碍等）
            c) 运行（高速车辆、高交通流量等）
    B. 事故黑点区域
    C. 未来系统目标

Ⅱ. 确定步行与自行车廊道
    A. 确定期望的廊道
    B. 确定出行生成/吸引点
    C. OD 调查

Ⅲ. 结合近远期机遇
    A. 新建工程
        1. 自行车或步行
        2. 道路和桥梁
    B. 现有设施升级和更新
        1. 自行车和步行
        2. 道路和桥梁

3. 交叉口改善
C. 维护项目
 1. 路面重铺
 2. 问题点改善
D. 道路外的步行与自行车廊道
 1. 公共路权
 2. 有限使用权
 3. 其他

Ⅳ. 确定需要特殊关注区域(目前和未来)
A. 步行与自行车需求高的区域
B. 公共交通的衔接
C. 目标的人口
D. 特殊的机遇

Ⅴ. 可能的工程/基础设施改善
A. 项目确定
 1. 新位置
 2. 系统中必要的连接
 3. 系统中障碍的移除
 4. 交叉口改善
 5. 问题点改善
 6. 优先廊道
B. 确定优先处理方法
 1. 依托道路的设施
 2. 道路外的设施
 3. 交叉口改善
 4. 桥梁和涵洞
 5. 问题点改善
 6. 其他

第五部分:设施规范和指引

Ⅰ. 自行车/步行规划与设计指引
A. 规划过程概述
B. "设计的"骑自行车者/步行者
C. 自行车/步行设施改善类型
D. 附属设施的考虑

E. 州、联邦的相关指引
F. 地区的指引
Ⅱ. 典型的道路断面自行车和步行的设计考虑因素
　A. 依托道路的自行车设施（不同的道路类型：两车道、三车道、五车道、中央分隔）
　　1. 宽的外侧车道
　　2. 独立的自行车车道
　　3. 使用路肩
　B. 道路以外的设施
　　1. 紧邻道路（路边的小径）
　　2. 独立路权（多用途的小径）
　C. 人行道
　D. 交叉口改善
　　1. 在交叉口自行车设计考虑因素
　　　a) 自行车车道
　　　b) 自行车路径
　　　c) 右转车道
　　　d) 信号和道路标志标线
　　　e) 坡道
　　　f) 感应线圈
　　　g) 环岛
　　2. 在交叉口步行设计考虑因素
　　　a) 人行横道改善
　　　b) 标示和信号
　　　c) 行人信号灯
　　　d) 路段过街
　　　e) 交叉口缩窄、行人安全岛和其他措施
　　　f) 环岛
　E. 创新设计措施
　F. 街道景观改善

第六部分：附属设施和项目

Ⅰ. 地图和标志工程
　A. 综合路径系统
　B. 合适的打分系统

    C. 社区路径系统
    D. 与地区路径系统的衔接
    E. 人车共享的标志方案
Ⅱ. 问题点改善项目
    A. 道路和桥梁
        1. 坑槽修补
        2. 排水沟修补
        3. (骑行安全)桥梁钢轨
        4. 适用于自行车的感应线圈(信号优先)
    B. 人行道
        1. 路面改善
        2. 行人信号
        3. 人行横道/交叉口改善
        4. 无障碍的斜坡
        5. 视线障碍和危险的清除
Ⅲ. 自行车停车设施
    A. 设备类型
    B. 选址和安装指引
Ⅳ. 基础设施维护项目
Ⅴ. 交通宁静化措施
Ⅵ. 与公共交通的衔接
    A. 可携带自行车的公交车
    B. 步行
Ⅶ. 安全教育项目
    A. 基于学校
    B. 其他
Ⅷ. 上下学安全路径的措施
Ⅸ. 执法项目
    A. 交通法规的执行
    B. 扩展计划
Ⅹ. 激励和推广
    A. 雇主激励项目
    B. 增强意识措施
    C. 活动

第七部分：项目开发

I. 确定有潜力的工程项目
   A. 依托道路多混合使用的道路建设工程
      1. 指定推荐的工程类型与设计
      2. 确定受影响道路的功能分类
      3. 描述工程的局限
      4. 提供实施指导（施工能力、有效路权）
      5. 建设费用评估
   B. 附属设施和项目
      1. 确定工程项目类型
      2. 提供实施指导
      3. 建设费用评估
II. 优先工程项目方案（包括设施建设类和非设施建设类）
   A. 远期项目
   B. 中期项目（10年）
   C. 近期项目（5年）
   D. 问题点改善（立即）
III. 资金来源/程序概述
   A. 可能的资金来源
      1. 地方政府
         a) 资金预算
         b) 债券发行
         c) 维护或问题点改善资金
         d) 其他
      2. 州政府
         a) 建设工程
            ① 交通改善项目（TIP）
            ② 功能增强
            ③ 安全性改善资金
            ④ 拥堵缓解与空气质量改善项目（CMAQ）资金
            ⑤ 公路工程附带功能
            ⑥ 其他
         b) 安全、教育、实施和激励工程
            ① 政府公路安全项目

　　　　　② 拨款工程
　　　3. 联邦资金项目
　　　4. 公私合作伙伴
　　　5. 对优先工程的特殊资金援助
　B. 获取资金的指引
　　　1. 联邦/州
　　　2. 地方政府
　　　3. 拨款机会
　　　4. 合作伙伴
Ⅳ. 确定支持政策/指引
　A. 联邦和州
　　　1. 州交通部自行车、步行和绿道政策与指引
　　　2. 联邦交通部指引
　B. 地方
　　　1. 街道道路设计指引
　　　2. 实施程序
　　　3. 维护指引

第八部分：系统地图

Ⅰ. 现状情况
Ⅱ. 规划步行与自行车设施网络图
　A. 现有设施
　B. 优先改善廊道
　C. 规划项目
Ⅲ. 优先改善廊道
Ⅳ. 详细项目图
Ⅴ. 州综合交通规划叠加

第九部分：规划的项目

Ⅰ. 项目描述
　A. 结构
　　　1. 确定近中远期优先顺序
　　　2. 措施类型
　　　3. 起终点
　　　4. 总长度

5. 费用评估
6. 可能的资金来源
7. 实施困难

B. 安全和教育
1. 工程类型描述
2. 合作伙伴/利益相关者
3. 可获得的资源
4. 费用
5. 可能的资金来源
6. 实施困难

C. 执法
1. 工程类型
2. 合作伙伴/利益相关者
3. 可获得资源
4. 费用
5. 可能的资金来源
6. 实施困难

D. 激励
1. 工程类型
2. 合作伙伴/受益人
3. 可获得的资源
4. 成本
5. 可能的资金来源
6. 实施困难

Ⅵ. 改进自行车和步行政策、指引和程序的建议
A. 资金政策和指引
B. 地方条例
C. 土地开发指引
D. 设计指引
1. 调整横断面设计以适应自行车和步行
2. 更加灵活的标准设计
3. 符合美国残疾人法案（ADA）
4. 街道景观
5. 其他
E. 部门规程（改进维护计划）

F. 规划过程一体化（州、区域、地方）
　Ⅶ. 资金建议
　　　A. 特定项目的可能资金来源
　　　B. 寻找特定类型的资金的指引
　Ⅷ. 人员与委员会建议
　　　A. 指定人员
　　　B. 任命的市民委员会/工作小组
　　　C. 现有委员会/利益群体的参与
　　　D. 跨机构合作

第十部分：规划实施指引

　Ⅰ. 确定项目推进的机遇和策略
　Ⅱ. 实施规划
　Ⅲ. 采取行动
　　　1. 提高对规划建议的认识
　　　2. 采用政策
　　　3. 分派人员职责
　　　4. 任命委员会/工作小组
　　　5. 利益相关者的参与
　　　6. 争取专项资金
　　　7. 提出项目方案
　　　8. 协调设施改善
　Ⅳ. 建立绩效评估

附录2 PABS 调查表

一、最近出行情况调查

1. 今天几月几日？____月____日
2. 最近7天是否离开过本市？
   是□   否□（假如是，离开____天）
3. 请选择每种出行类型的最近使用时间。需要注意的是你的一次出行可能包含下面的多种出行类型，例如，昨天你步行运动去商店买面包，那么，你需要在"最近7天"中选择"g"和"h"的选项。

出行类型	7天以内	一个月以内	三个月以内	一年以内	一年以上
a. 以驾驶员或乘客的身份使用机动车出行（例如小汽车、货车、摩托车、出租车）					
b. 使用公共交通出行（例如公共汽车、货车、轮渡）					
c. 骑自行车到达或离开公共交通站点					
d. 使用自行车到达非公共交通站点（例如工作单位、商店、公园、朋友家）					
e. 骑自行车去休闲运动					
f. 步行到达或离开公共交通站点					
g. 步行到达或离开非公共交通站点					
h. 步行去休闲运动或者遛狗					

二、七天以内骑自行车的频率调查

七天以内（直到昨天），各种出行类型中骑自行车的天数：____天；

4. 骑自行车到达或离开公共交通站点（例如公共汽车站、火车站）：____天；
5. 骑自行车到达或离开工作单位或学校：____天；
6. 骑自行去除工作单位、学校和公共交通站点以外的目的地（例如购物、访友、吃饭，但是不包括没有目的地，仅以骑自行车为运动的出行）：____天；
7. 没有目的地，仅以骑自行车为休闲运动：____天；

三、七天以内步行的频率调查

七天以内(直到昨天),各种出行类型中步行的天数:

8. 步行到达或离开公共交通站点(例如公共汽车站、火车站):____天;
9. 骑自行车到达或离开工作单位或学校:____天;
10. 骑自行去除工作单位、学校和公共交通站点以外的目的地(例如购物、访友、吃饭,但是不包括没有目的地,仅以步行为运动的出行):____天;
11. 以步行为休闲运动,没有目的地的出行:____天;

四、一般出行调查

12. 目前,你是否有身体健康问题会影响步行量?
    是□   否□   不愿意告知□
13. 目前,你是否有身体健康问题会影响骑自行车量?
    是□   否□   不愿意告知□
14. 7天内,你是否使用过自行车?
    一直□   大多数时间□   有时□   很少□   从不□
15. 7天内,你是否以驾驶员或乘客的身份使用过机动车,例如,小汽车、货车、摩托车(除出租车)?
    一直□   大多数时间□   有时□   很少□   从不□
16. 计算一周中用以下交通方式完成通勤(即上班或者上学)的天数,填在相应空白处,如果没有通勤交通产生,那么每个空白处填"0"。

    A) 步行天数:____(除了通勤全过程采用步行方式以外,还包括从停车场或者公共交通站点步行至目的地时间超过 10 min 的情况);
    B) 骑自行车天数:____;
    C) 使用公共交通天数(例如公交车、火车、轮渡):____;
    D) 驾车出行天数:____;
    E) 乘车出行天数:____;

17. 假如你平时一直骑车,那么一年中有多少个月会因为当地天气原因或者坏天气而不骑车?
    若骑车,不骑车月数____;   从不骑车□   不知道□
18. 假如你平时一直步行,那么一年中有多少个月会因为当地天气原因或者坏天气而不骑车?
    若步行,不步行月数____;   从不步行□   不知道□

五、个人和家庭调查

19. 本人出生年：____；
20. 离你家最近的两条路：____ 和 ____；
21. 在这里住了多久：____；
22. 邮政编码：____；
23. 性别：____；
24. 种族：____
25. 你属于哪一类人：

在外工作□　　　　　家庭办公□　　　　　找工作□
家庭主妇□　　　　　学生□　　　　　　　退休人员□
其他□

接下来是关于您的家庭，这里的家庭成员是指与您生活在一起的家人，但不包括房东或者租客。<u>假如您住在宿舍或者公寓，仅需要回答关于您的情况，并请先在这打钩□</u>。

26. 您家有多少人？

16 岁以下 ____ 人，16 岁以上 ____ 人；

27. 机动车拥有量（包括小汽车、货车、摩托车）：

0□　　　　1□　　　　2□　　　　3□　　　　4 辆以上□

28. 家庭年收入：

0~120 000□　　　　120 000~240 000□　　　　240 000~360 000□
360 000~480 000□　　480 000~600 000□　　　　600 000~720 000□
720 000 以上□

附录3 城市步行和自行车交通意愿调查样表

您好,感谢您参与本次调查!为了解出行者对于步行和自行车交通的感受和意愿,改善城市步行和自行车交通环境,由_____组织开展本次调查。您的回答只用于交通意愿统计,调查不记名,不影响个人隐私,谢谢您的支持!

1. 您对我市(县)步行和自行车的交通空间和环境总体上感到满意吗?
   - □ 很满意
   - □ 比较满意
   - □ 一般
   - □ 不太满意
   - □ 很不满意

2. 您认为我市(县)步行交通空间和环境存在的主要问题有哪些?(最多可选4项)
   - □ 人行道与自行车道间缺少必要隔离
   - □ 人行道不连续
   - □ 过街不够方便、不够安全
   - □ 过街秩序乱,缺乏有效管理
   - □ 人行道被停车或其他设施挤占
   - □ 缺少遮阳、坐具等
   - □ 无障碍设施不完善
   - □ 汽车尾气污染严重
   - □ 路面铺装损坏

3. 您认为我市(县)自行车交通空间和环境存在的主要问题有哪些?(最多可选4项)
   - □ 自行车道与机动车道间缺少必要隔离
   - □ 交叉口自行车过街不够方便、不够安全
   - □ 过街秩序乱,缺乏有效管理
   - □ 自行车道被停车或其他设施挤占
   - □ 缺少遮阳
   - □ 汽车尾气污染严重
   - □ 路面铺装损坏或缺乏无障碍设施
   - □ 骑行秩序乱,逆行、并行等现象多

4. 下面哪些因素会让您更愿意选择步行或自行车出行?(最多选2项)
   - □ 增加绿化遮阳
   - □ 路面铺装更完善
   - □ 沿街景观更好

☐ 更多的开敞公共空间
☐ 空间更加独立、安全
☐ 增加设置公共自行车

5. 您认为我市(县)步行和自行车过街存在的主要问题有哪些？(最多可选 3 项)
☐ 缺乏过街设施
☐ 无过街信号灯
☐ 过街信号灯等候时间太长
☐ 过街信号灯绿灯时间太短
☐ 绿灯通行时与转弯机动车冲突
☐ 大型路口中间没有二次过街等候区
☐ 缺乏良好的秩序和管理

6. 您可忍受的红灯等待时长是_____。
☐ 小于 30 s   ☐ 30～45 s   ☐ 45～60 s
☐ 60～90 s   ☐ 90 s 以上

7. 您可忍受的步行绕行过街距离是_____；自行车绕行过街距离是_____。
① 小于 100 m   ② 100～150 m   ③ 150～200 m
④ 200～300 m   ⑤ 300～400 m   ⑥ 400 m 以上

8. 您最愿意选择的过街设施是_____。
☐ 有信号灯的人行横道
☐ 不设信号灯的人行横道
☐ 人行天桥
☐ 人行地道

9. 骑自行车出行时，您认为的合理出行距离是_____；可忍受的最长出行距离是_____；采用电动自行车出行时，您认为的合理出行距离是_____；可忍受的最长出行距离是_____。
① 小于 3 km   ② 3～5 km
③ 5～7 km   ④ 7～10 km
⑤ 10 km 以上

10. 您认为自行车公共停车设施在哪些方面需要改善？(最多可选 2 项)
☐ 增加自行车公共停车设施数量   ☐ 安排管理人员，合理收费
☐ 设置醒目的停车设施标志   ☐ 延长停车看管时间

11. 您对我市(县)发展电动自行车的态度是(最多可选 2 项)_____。
☐ 允许自由发展
☐ 规范商家，禁止销售超标的电动自行车

☐ 逐步治理,置换超标的电动自行车
☐ 对行驶中的超速等行为严格处罚
☐ 严格限制,禁止发展

12. 请列举一条您最喜爱的步行或自行车骑行的道路:＿＿＿＿＿＿＿＿,您喜爱这条道路的原因有(最多可选2项):＿＿＿＿＿＿＿＿。

☐ 安全,干扰少 　　☐ 绿化环境好 　　☐ 适合休闲健身
☐ 适宜人际交流 　　☐ 方便,生活便利 　　☐ 其它

13. 请列举一条您最不喜爱的步行或自行车骑行的道路:＿＿＿＿＿＿＿＿,您不喜爱这条道路的原因有:＿＿＿＿＿＿＿＿＿＿＿＿＿＿＿＿＿＿。

调查地点:＿＿＿＿区(镇)＿＿＿＿路

参 考 文 献

[1] 陈雷. 城市步行系统空间形态初探[D]. 大连理工大学,2006.
[2] 陈泳,何宁. 轨道交通站地区宜步行环境及影响因素分析——上海市12个生活住区的实证研究[J]. 城市规划学刊,2012(6):96-104.
[3] 崔莹,过秀成,邓一凌等. 历史文化街区步行性分析方法研究[J]. 交通运输工程与信息学报,2015(1):51-57.
[4] 戴继锋,殷广涛,赵杰等. 北川新县城规划中人性化交通系统的构建[J]. 城市交通,2010,8(1):36-43.
[5] 戴继锋,赵杰,周乐,杜恒."网络、空间、环境、衔接"一体化的步行和自行车交通——《城市步行和自行车交通系统规划设计导则》规划方法解读[J]. 城市交通,2014(4):4-10.
[6] 邓一凌. 步行性分析与步行交通规划设计方法研究[D]. 东南大学,2015.
[7] 段德忠,刘承良,陈欣怡. 基于分形理论的公交网络空间结构复杂性研究——以武汉市中心城区为例[J]. 地理与地理信息科学,2013,29(2):66-71.
[8] 龚迪嘉,朱忠东. 城市公共自行车交通系统实施机制[J]. 城市交通,2008,6(6):27-32.
[9] 顾前,杨旭华,王万良等. 基于复杂网络的城市公共交通网络研究[J]. 计算机工程,2008,34(20):266-268.
[10] 韩宝睿,马健霄,仲小飞. 电动自行车的交通特性研究[J]. 森林工程,2008,24(6):29-32.
[11] 杭州市城市规划设计研究院. 杭州市慢行交通系统规划[R]. 杭州市人民政府,2007.
[12] 江苏省住房与城乡建设厅. 江苏省城市步行与自行车交通规划设计导则[S]. 2012.
[13] 姜洋,王悦,余军,等. 基于PLPS调研方法的步行和自行车交通规划设计评估[J]. 城市交通,2011(5):28-38.
[14] 姜洋,王江燕,何东全. 打造"微笑街道"——《城市步行和自行车交通系统规划设计导则》设计体系解读[J]. 城市交通,2014(4):11-18.
[15] 交通运输部. 公路工程技术标准(JTGB 01—2014)[S]. 2014
[16] 李聪颖,马荣国,王玉萍等. 城市慢行交通网络特性与结构分析[J]. 交通运输工程学报,2011(2):72-78.

[17] 李金山,郭伟,刘常平,等.《北京城区行人和非机动车交通系统设计导则》编制思路与技术要点[J].城市交通,2011(5):8-17.

[18] 李晔.慢行交通系统规划探讨——以上海市为例[J].城市规划学刊,2008(3):78-81.

[19] 刘志谦,宋瑞.基于复杂网络理论的广州轨道交通网络可靠性研究[J].交通运输系统工程与信息,2010,10(5):194-200.

[20] 卢银桃,王德.美国步行性测度研究进展及其启示[J].国际城市规划,2012,27(1):10-15.

[21] 陆化普,张永波,刘庆楠.城市步行交通系统规划方法[J].城市交通,2009,7(6):53-58.

[22] 吕国林,张晓春.深圳市自行车交通发展策略及网络规划[J].城市交通,2009,7(3):68-72.

[23] 马璇.大城市地下空间环境设计的心理影响因素研究——以南京市新街口地下商业步行街为例[J].城市规划学刊,2009(5):98-103.

[24] 毛应萍,符林丽,林涛.区域性全天候步行系统规划方法——以深圳市罗湖金三角为例[J].城市交通,2011,09(3):45-51.

[25] 美国交通研究委员会 TRB.道路通行能力手册(精)[M].人民交通出版社,2007.

[26] 南京市规划局,南京市南部新城开发建设指挥部,泛华建设集团南京公司规划设计院.红花机场地区慢行交通系统规划研究[R].2013.

[27] 南京市规划局.2012年南京交通发展年度报告[D].2012.

[28] 南通市规划局,南京市城市与交通规划设计研究院有限责任公司.南通市慢行交通系统规划[R].2013.

[29] 潘海啸,汤諹,麦贤敏,等.公共自行车交通发展模式比较[J].城市交通,2010,08(6):40-43.

[30] 潘海啸.城市交通与5D模式[J].城市交通,2009,7(4):3.

[31] 潘海啸.中国城市自行车交通政策的演变与可持续发展[J].城市规划学刊,2011(4):82-86.

[32] 潘昭宇,李先,陈燕凌等.北京市步行、自行车交通系统改善对策[J].城市交通,2010,8(1):53-59.

[33] 钱林波,叶冬青,曹玮等.苏南发达地区中小城市步行系统规划体系研究——以江苏省常熟市为例[J].城市交通,2011(5):39-50.

[34] 任春洋.高密度方格路网与街道的演变、价值、形式和适用性分析——兼论"大马路大街坊"现象[J].城市规划学刊,2008(2):53-61.

[35] 邵勇,王学勇,李娟,等.完整街道理念下的城市道路横断面规划[J].城市交

通,2015(1):25-33.
[36] 深圳市规划和国土资源委员会.深圳市步行与自行车交通系统规划设计导则[S].2013.
[37] 沈惊宏,陆玉麒,兰小机.基于分形理论的公路交通网络与区域经济发展关系的研究[J].地理科学,2012(6):658-665.
[38] 宋劲松,温莉.珠江三角洲绿道网规划建设方法[J].城市发展研究,2012,19(2):7-14.
[39] 汤諹.公共自行车与轨道交通结合的机动性创新项目——上海市城市外围地区案例[J].城市交通,2010,08(6):34-39.
[40] 同济大学.上海市中心城慢行交通系统规划[R],2008
[41] 同济大学交通运输工程学院.上海市中心城自行车交通规划研究[R].上海市政工程管理处,2007.
[42] 韦宝伴,张肖宁.注重人体尺度的城市道路空间[J].同济大学学报:自然科学版,2013,41(7):1040-1045.
[43] 吴娇蓉,华陈睿,王达琳.公共设施布置与慢行出行行为的关系[J].城市规划,2014,38(7):57-60.
[44] 熊文,陈小鸿,胡显标.城市步行与自行车交通规划刍议[J].城市交通,2010,(1):44-52.
[45] 熊文.城市慢行交通规划:基于人的空间研究[D]:[博士学位论文].同济大学交通运输工程学院,2008.
[46] 许建,张新兰.步行网络评价指标及其应用[J].规划师,2012,28(4):65-68.
[47] 杨介榜,曾康琼,李晋.基于路权分配的自行车道改造规划设计探讨——以温州市区为例[J].城市交通,2015(1):46-51.
[48] 姚志刚,周伟,王元庆.中国公路货运枢纽规模分布的分形特征[J].交通运输工程学报,2009(4):56-60.
[49] 叶茂,过秀成,徐吉谦,等.基于机非分流的大城市自行车路网规划研究[J].城市规划,2010(10):56-60.
[50] 叶朕,李瑞敏.完整街道政策发展综述[J].城市交通,2015(1):17-24.
[51] 殷凤军.大城市行人交通设施系统规划方法研究[D].东南大学,2007.
[52] 余华刚,赵海娟,陈傲.交通静化技术在步行和自行车交通系统规划中的应用——以咸宁市旅游区为例[J].城市交通,2012,10(5):55-61.
[53] 岳要瑞.空间句法对城市慢行系统空间网络的分析[D].重庆大学,2013.
[54] 云美萍,杨晓光,李盛.慢行交通系统规划简述[J].城市交通,2009,7(2):57-59.
[55] 张鑑.我的交通历程[M].南京:东南大学出版社,2010.
[56] 张泉,黄富民,杨涛.公交优先[M].北京:中国建筑工业出版社,2010.

［57］张卫华,杨博,陈俊杰.基于复杂网络的城市路网结构分析方法[J].交通运输工程学报,2012,12(5):68-75.

［58］张娴,王剑,黄轶伦.步行系统规划初探——以上海市黄浦区步行系统规划为例[J].城市规划学刊,2008(21):181-185.

［59］张新兰.城市步行和自行车交通规划协同策略[J].城市交通,2011(5):51-59.

［60］镇江市规划局,镇江市规划设计研究院.镇江市慢行交通系统规划[R].2012.

［61］周乐,戴继锋.城市交通规划体系框架下的步行和自行车交通[J].城市交通,2014(4):19-26

［62］周扬军.城市公共自行车系统规划研究[J].城市交通,2012,10(5):50-54.

［63］朱季,程建川.人行道设计建议——以南京市相关调查为例[J].城市交通,2008,6(4):47-51.

［64］朱小康,吴寻.非机动车廊道布局规划[J].城市交通,2008.

［65］住房与城乡建设部.城市步行与自行车交通系统规划设计导则[S].2013.

［66］邹兵.增量规划、存量规划与政策规划[J].城市规划,2013,(2):35-37

［67］Ahern, J. Greenways as a planning strategy [J]. Landscape and Urban Planning, 1995,33(1-3):131-155.

［68］Asadi-Shekari Z, Moeinaddini M, Zaly Shah M. Disabled pedestrian level of service method for evaluating and promoting inclusive walking facilities on urban streets [J]. Journal of Transportation Engineering, 2012, 139(2): 181-192.

［69］Ball K, Timperio A, Salmon J, et al. Personal, social and environmental determinants of educational inequalities in walking: a multilevel study [J]. Journal of epidemiology and community health, 2007, 61(2): 108-114.

［70］BAUMAN, A, WRIGHT, C, BROWN, W, et al. (2001). Physical Activity Policy. Melbourne, Australia, Heart Foundation of Australia.

［71］Besser L M, Dannenberg A L. Walking to public transit: steps to help meet physical activity recommendations [J]. American journal of preventive medicine, 2005, 29(4): 273-280.

［72］Bhatta B P, Larsen O I. Are intrazonal trips ignorable? [J]. Transport Policy, 2011,18(1):13-22.

［73］Brown B B, Werner C M, Amburgey J W, et al. Walkable route perceptions and physical features converging evidence for En route walking experiences [J]. Environment and behavior, 2007, 39(1): 34-61.

[74] Bunn F, Collier T, Frost C, et al. Traffic calming for the prevention of road traffic injuries: systematic review and meta-analysis [J]. Injury prevention, 2003, 9(3): 200-204.

[75] Carr L J, Dunsiger S I, Marcus B H. Walk score^{TM} as a global estimate of neighborhood walkability [J]. American journal of preventive medicine, 2010, 39(5): 460-463.

[76] Chad K E, Reeder B A, Harrison E L, et al. Profile of physical activity levels in community-dwelling older adults [J]. Medicine and science in sports and exercise, 2005, 37(10): 1774-1784.

[77] Chin G K W, Van Niel K P, Giles-Corti B, et al. Accessibility and connectivity in physical activity studies: the impact of missing pedestrian data [J]. Preventive medicine, 2008, 46(1): 41-45.

[78] Clark S, Davies A. Identifying and prioritising walking investment through the PERS audit tool [C]//Walk21 Proceedings, 10th international conference for walking. New York, USA. 2009: 7-9.

[79] Elliot, Fishman, 魏贺. 公共自行车近期文献综述[J]. 城市交通, 2015, 13(6): 80-94.

[80] Ewing R, Cervero R. Travel and the built environment: a meta-analysis [J]. Journal of the American planning association, 2010, 76(3): 265-294.

[81] Fábos, J. Introduction and overview: the greenway movement, use and potentials of greenways [J]. Landscape and Urban Planning, 1995, 33(1-3): 1-13.

[82] Forsyth A, Krizek K, Agrawal A W. Measuring walking and cycling using the PABS (pedestrian and bicycling survey) approach: A low-cost survey method for local communities [R]. 2010.

[83] GB17761—1999 电动自行车通用技术条件[S]。

[84] Gehl J, Gemzøe L. Public spaces-public life [M]. 2004.

[85] Guttenplan M, Landis B W, Crider L, et al. Multimodal level-of-service analysis at planning level [J]. Transportation Research Record: Journal of the Transportation Research.

[86] Handy S, Paterson R G, Butler K. Planning for street connectivity: getting from here to there [M]. 2003.

[87] Hillier B. Space is the Machine: A Configurational Theory of Architecture [M]. 1996.

[88] Hogertz C. Emotions of the urban pedestrian: Sensory mapping [J]. Pedestrians' Quality Needs, 2010, 31.

[89] Institute of Traffic Engineers. Tranditional Neighborhood Development Street Design Guidelines [R]. Washington, DC, 1999.

[90] Institution of Highways and Transportation. Transportation in the Urban Environment [R]. London, 1997.

[91] Jacob J. The Death and Life of Great American Cities [M]. New York: Modern Library, 1993.

[92] Jensen S U. Pedestrian and bicyclist level of service on roadway segments [J]. Transportation Research Record: Journal of the Transportation Research Board, 2007, 2031:43-51.

[93] Jiang B, Claramunt C. Integration of space syntax into GIS: new perspectives for urban morphology [J]. Transactions in GIS, 2002, 6(3): 295-309

[94] Jiang Y, Zegras P C, Mehndiratta S. Walk the line: station context, corridor type and bus rapid transit walk access in Jinan, China [J]. Journal of Transport Geography, 2012, 20(1):1-14.

[95] Kelly C E, Tight M R, Hodgson F C, et al. A comparison of three methods for assessing the walkability of the pedestrian environment [J]. Journal of Transport Geography, 2011, 19(6): 1500-1508.

[96] Kordi M, Kaiser C, Fotheringham A S. A possible solution for the centroid-to-centroid and intrazonal trip length problems [C]. International Conference on Geographic Information Science. Avigon, 2012

[97] Krambeck H, Global Walkability Index Survey Implementation Guidebook [R]. World Bank, 2011.

[98] Krizek K J. Residential relocation and changes in urban travel: does neighborhood—scale urban form matter? [J]. Journal of the American Planning Association, 2003, 69(3): 265-281

[99] Kuzmyak J R, Walters J, Bradley M, et al. Estimating Bicycling and Walking for Planning and Project Development: A Guidebook [M]. 2014.

[100] Leslie E, Coffee N, Frank L, et al. Walkability of local communities: using geographic information systems to objectively assess relevant environmental attributes [J]. Health & place, 2007, 13(1): 111-122.

[101] Leyden K M. Social capital and the built environment: the importance

of walkable neighborhoods [J]. American journal of public health, 2003, 93(9): 1546-1551.

[102] Li F, Fisher K J, Brownson R C, et al. Multilevel modelling of built environment characteristics related to neighbourhood walking activity in older adults [J]. Journal of epidemiology and community health, 2005, 59(7): 558-564.

[103] Lillebye E. The architectural significance of the street as a functional and social arena [J]. The sustainable street: the environmental, human and economic aspects of street design and management, 2001.

[104] Making London a walkable city: the walking plan for London [R]. Transport for London, 2004.

[105] Manaugh K, El-Geneidy A. Validating walkability indices: How do different households respond to the walkability of their neighborhood? [J]. Transportation research part D: transport and environment, 2011, 16(4): 309-315

[106] Marshall S. Streets and patterns [M]. Routledge, 2004.

[107] Millonig A, Gartner G. A Multi-Method Approach to the Interpretation of Pedestrian Spatio-Temporal Behaviour [J] Pedestrian and Evacuation Dynamics, 2010: 563-568.

[108] Nara A, Torrens P M. Fractal Analysis of Pedestrian Egress Behavior and Efficiency [J]. Geocomputation Proceedings, 2007.

[109] Ndubisi, F., Demeo, T., Ditto, N. Environmentally sensitive areas: a template for developing greenway corridors [J]. Landscape Urban Planning, 1995, 33(1-3): 159-177.

[110] Newman P. A Transport Planning Case Study with Emphasis on US and Australian Cities [J]. Planning for Climate Change: Strategies for Mitigation and Adaptation for Spatial Planners, 2009: 70.

[111] Owen N, Cerin E, Leslie E, et al. Neighborhood walkability and the walking behavior of Australian adults [J]. American journal of preventive medicine, 2007, 33(5): 387-395.

[112] Piet Rietveld, "Nonmotorized Modes in Transport Systems: A Multimodal Chain Perspective for The Netherlands," Transportation Research D, Vo. 5, No. 1, Jan. 2000, pp. 31-36.

[113] Portal P. Manual for streets. [J]. Planning, 2007.

[114] Raford N, Ragland D R. Space Syntax: An Innovative Pedestrian Vol-

ume Modeling Tool for Pedestrian Safety [R]. Safe Transportation Research & Education Center, UC Berkeley. 2003.

[115] Randall T A, Baetz B W. Evaluating pedestrian connectivity for suburban sustainability [J]. Journal of Urban Planning and Development, 2001, 127(1): 1-15.

[116] Rodríguez D A, Brisson E M, Estupiñán N. The relationship between segment-level built environment attributes and pedestrian activity around Bogota's BRT stations [J]. Transportation research part D: transport and environment, 2009, 14(7): 470-478.

[117] Saelens B E, Sallis J F, Frank L D. Environmental correlates of walking and cycling: findings from the transportation, urban design, and planning literatures [J]. Annals of behavioral medicine, 2003, 25(2): 80-91.

[118] Schlossberg M, Agrawal A W, Irvin K. An assessment of GIS—enabled walkability audits [J]. URISA Journal, 2007, 19(2): 5-11.

[119] Steve A. Walkability Tools Research [R]. Land Transport New Zealand, 2006.

[120] Suminski R R, Poston W S C, Petosa R L, et al. Features of the neighborhood environment and walking by US adults [J]. American journal of preventive medicine, 2005, 28(2): 149-155.

[121] Tal G, Handy S. Measuring Nonmotorized Accessibility and Connectivity in a Robust Pedestrian Network [J]. Transportation Research Record Journal of the Transportation Research Board, 2012, 2299(-1): 48-56.

[122] TAN D, WANG W, LU J, et al. Research on Methods of Assessing Pedestrian Level of Service for Sidewalk [J]. Journal of Transportation Systems Engineering & Information Technology, 2007, 7(5):74-79.

[123] The National Complete Streets Coalition. The Best Complete Streets Policies of 2012 [R/OL]. 2013 [2014-01-04]. http://www.smart-growthamerica.org/documents/cs-2012-policy-analysis.pdf.

[124] Troped P J, Saunders R P, Pate R R, et al. Correlates of recreational and transportation physical activity among adults in a New England community [J]. Preventive medicine, 2003, 37(4): 304-310.

[125] Troped P J, Wilson J S, Matthews C E, et al. The built environment and location—based physical activity [J]. American journal of preven-

tive medicine, 2010, 38(4): 429-438.

[126] Turner A. From axial to road-centre lines: a new representation for space syntax and a new model of route choice for transport network analysis [J]. Environment and Planning B: Planning and Design, 2007, 34(3): 539-555.

[127] Turner S, Sandt L, Toole J, et al. Federal Highway Administration University Course on Bicycle and Pedestrian Transportation. Publication No. FHWA-HRT-05-133. [R]. US Department of Transportation, 2006.

[128] van Lenthe F J, Brug J, Mackenbach J P. Neighbourhood inequalities in physical inactivity: the role of neighbourhood attractiveness, proximity to local facilities and safety in the Netherlands [J]. Social science & medicine, 2005, 60(4): 763-775.

[129] Weinstein Agrawal A, Schlossberg M, Irvin K. How far, by which route and why? A spatial analysis of pedestrian preference [J]. Journal of urban design, 2008, 13(1): 81-98.

[130] Zampieri F L, Rigatti D, Ugalde C. Evaluated model of pedestrian movement based on space syntax, performance measures and artificial neural nets [C]//Proceedings of the 7th international space syntax symposium. 2009: 1-8.

[131] Zhang Y, Bigham J, Li Z, et al. Associations between Road Network Structure and Pedestrian-Bicyclist Accidents 5 [J] Transportation Research Board 92nd Annual Meeting. 2013 (13-43).